华中师范大学文学院教授文库

边缘行走

——周晓明自选集

周晓明 著

华中师范大学出版社

新出图证(鄂)字 10 号

图书在版编目(CIP)数据

边缘行走——周晓明自选集/周晓明著.—武汉:华中师范大学出版社,2012.6
(华中师范大学文学院教授文库)

ISBN 978-7-5622-5498-0

Ⅰ.①边… Ⅱ.①周… Ⅲ.①社会科学—文集 Ⅳ.①C53

中国版本图书馆 CIP 数据核字(2012)第 105122 号

边缘行走

——周晓明自选集

责任编辑:刘晓嘉　　**责任校对**:王　胜
封面设计:新视点　　**封面制作**:胡　灿
出版发行:华中师范大学出版社
编辑室:文字编辑室　　**电话**:027－67867369
社址:湖北省武汉市珞喻路 152 号　　**邮编**:430079
电话:027－67863280(发行部)　027－67861321(邮购)
传真:027－67863291
网址:http://www.ccnupress.com　　**电子信箱**:hscbs@public.wh.hb.cn
印刷:武汉理工大印刷厂　　**督印**:章光琼
字数:390 千字
开本:710mm×1000mm　1/16　　**印张**:20
版次:2012 年 6 月第 1 版　　**印次**:2012 年 6 月第 1 次印刷
印数:1－1500　　**定价**:43.00 元

欢迎上网查询、购书

华中师范大学文学院教授文库

编写说明

华中师范大学文学院已走过百年，其前身为文华书院大学部1909年设立的中国文学系（文华大学1924年更名为华中大学）。百年来，华中学人严谨治学，代有建树，为今天文学院的发展奠定了深厚基础。此次借“211工程”建设项目东风，并获得学校和出版社支持，我院筹谋编辑“教授文库”，逐年推出教授自选代表作，结集出版，旨在弘扬学术，传承薪火，以延文学院之文脉，亦尽我辈之责任。

文学院教授文库编委会

2009年10月

题　记

边缘行走
随性而至
不问得失成败

行走边缘
途穷不返
但求是非曲直

2011 年 11 月 3 日

目　录

Ⅰ 现代中国文学

Ⅱ 电影与传播学

Ⅲ 思想史与哲学

现代中国文学

重新评价胡适《尝试集》

自胡适的《尝试集》1920年问世，历来评价不一。肯定者固然不少；但否定之批评尤不绝于后，特别是1955年开展胡适思想批判后，就只剩一片否定之声了。主要观点认为：《尝试集》"在内容上存在着很浓厚的属于没落阶级的腐朽意境和情调"[1]。"有的还为浓厚的封建思想或洋奴思想所充塞。"[2]它"既不能带来新的革命的内容，也不能解决诗的形式本身"。"它与我们真正的新文学根本是背道而驰的！"[3]于是，这经鲁迅等人删订过的、在两年之中销售到一万册的中国第一部新诗集，就渐渐地不为人们所知了。文学史上，或在批判中一笔带过，或干脆只字不提；甚至连有关史实也好像无足轻重了[4]。

对《尝试集》不加批判地一概肯定，固是错误的；然而一笔勾销，也不正确。这关系到如何真实地、全面地反映现代文学史上的客观事实，如何历史地、科学地分析现代文学史上的作家作品。在今天，有必要坚持历史唯物主义的思想方法和研究方法，对《尝试集》的思想内容、艺术形式及其在文学史上的地位，进行实事求是的重新评价。

一

《尝试集》初版分为两编：第一编收录1916年至1917年间撰写的诗作；第二编收录1918年以后公开发表的作品(中有部分诗作标明作于1917年)。在四版增订版中，新加入第三编，均为五四运动以后诗作。

《尝试集》的内容，大致可分为以下两类。

(一)反对封建专制，歌颂民主自由

《尝试集》第一编，写作于十月革命前。它表现出反孔、反封建专制、歌颂资产阶级革命的民主主义倾向。

早在1914年，胡适就鄙夷地斥责过袁世凯的《尊孔令》。后来，他在日记中写下《孔丘》一诗(《新青年》2卷2号发表，收入《尝试集》初版)。胡适在诗中先套用孔子的话，揶揄嘲笑了被历代统治者尊为圣人的孔丘。接着又以"认得这个真孔丘，一部论语都可废"一语，淡淡否定了两千年来被奉为儒家"圣经"的《论语》。这种对孔子不恭的态度和讽刺，在当时的文坛上是不多的，也预示了五四新文化、新文学的一个重要的价值取向。

俄国二月革命爆发后，我国激进的民主主义者如李大钊、陈独秀等都起而称道，“祝其成功”[5]。胡适也同样是“读而喜之”。他感于“爱自由，谋革命者”的牺牲奋斗精神和“新俄之未来”“未可量”，作白话词《沁园春·新俄万岁》“以颂之”。上阕中，他热情赞扬，“去独夫‘沙’，张自由帜，此意于今果不虚”。下阕更为爽快：

> 冰天十万囚徒，一万里飞来大赦书。本为自由来，今同他去！与民贼战，毕竟谁输！拍手高歌，“新俄万岁”！狂态君休笑老胡。从今后，看这般快事，后起谁欤？

对革命志士的歌颂，对沙皇专制的愤恨，对资产阶级革命的向往，跃然纸上。这种见解、态度，与当时激进的民主主义者，没什么大的差别。我们不能扬彼抑此，说胡适“何尝在白话文中反对过封建思想”，说胡适对俄国革命志士“深恶痛绝”[6]。

《尝试集》第二编写于“五四”前后。除了对黑暗现实表示不满之外，五四时期的反抗乐观精神，新旧势力的相互斗争，本编中也都有明显反映。

《你莫忘记》和译诗《希望》，表现了胡适对军阀混战和现存社会的愤怒失望。前者借一位遭受毒打、家破人亡的受害者之口，揭露了战乱兵害给人民带来的深重灾难。诗的结尾说：“你老子临死时只指望快快亡国；亡给‘哥萨克’，亡给‘普鲁士’——都可以，——总该不至——如此！”很明显，这是痛恨旧中国军阀残害人民的愤激之言，不应当不顾全诗主题，单就这点断定这首诗是宣扬“亡国论”和“洋奴思想”。当然，联系到胡适留美时复杂的思想状况，以及他归国途中所发的“吾乡真在何许”（《百字令》）的感慨，这首诗也暴露了胡适思想因阶级局限和生活文化教养所形成的消极面：对西方列强存有幻想和感情上的依恋。这正是《尝试集》缺少深切的爱国情怀和鲜明的反帝态度的根本原因之一，也是胡适后来与国民党官方日渐趋近的思想基础之一。但是，就当时来说，胡适还属于民族资产阶级知识分子的范畴。他这种既有一定的爱国心、但又在思想感情上与帝国主义国家保持千丝万缕联系的矛盾状况，正是中国民族资产阶级两重性的表现。我们不能把流露了这种思想情绪的作品与“充塞”洋奴卖国思想的作品混为一谈。因为它们毕竟有敌我之别。

还值得重视的是胡适写于五四运动高潮和稍后时期的一些诗。1919 年 6 月 11 日夜，胡适得知陈独秀被捕，又听说日本东京工人大罢工，于是连夜写下《“威权”》一诗。诗中写奴隶们造反，不说他们起来砸碎铁索，而只是等待它“磨断”，当然是消极的，不真实的。但是五四时期反抗封建权威，破坏旧的偶像，争取民主自由的精神，在诗中打下了鲜明的烙印：

奴隶们同心合力，
一锄一锄的掘到山脚底。
山脚底挖空了，
“威权”倒撞下来，活活的跌死！

这首诗后来与李大钊、刘半农等人欢迎陈独秀出狱的诗，一起发表在复刊后的《新青年》上，锋芒直指反动当局。

这种积极的诗作，胡适不是偶尔为之。革命高潮的影响使他一连写下《乐观》、《上山》、《一颗遭劫的星》等诗，表示了对北洋军阀政府查封进步刊物、监禁进步人士、压制新文化运动等倒行逆施行径的不满。同时在谴责之中，充满了五四时期特有的乐观进取精神。《乐观》一诗采用象征的手法，把进步力量比作大树，把反动当局喻为砍树的人。虽然大树一时会“被斫当柴烧”，“砍树的人很得意”；可是新生力量是压制不住的：“那树还有许多种子”，“裹在有刺的壳儿里”，等到“雪消了”，它又生长出“嫩叶”。

诗的最后，甚至还憧憬了他眼中的美好未来：“坝上田边，都是大树了。辛苦的工人，在树下乘凉；聪明的小鸟，在树上歌唱。”这时，他嘲讽地问道：“那砍树的人到哪里去了？”全诗形象生动，颇有一股蔑视反动势力的乐观气息。《一颗遭劫的星》采取暗喻的手法，也表现了光明终将战胜黑暗的同一主题，不过更显得含蓄深沉一点。

不难看出，“五四”革命风暴的影响和时代精神的激励，给胡适这一时期的诗歌注入新的健康的血液，带来乐观的情绪。仅仅讲《尝试集》“带着浓厚的消极浪漫主义和自然主义色彩”[7]，是不符合事实的。

胡适五四运动后的诗歌，收在第三编(四版增订)。这些诗歌，反对封建军阀统治，歌颂辛亥革命志士，政治态度更为明朗激烈。

《四烈士塚上的没字碑歌》是为纪念辛亥革命烈士而作。诗中，他极力赞扬用暴力推翻帝制的实际行动和牺牲精神：

他们干了些什么？
一弹使奸雄破胆！
一弹把帝制推翻！
　他们的武器：
　炸弹！炸弹！
　他们的精神：
　干！干！干！

看了这样的诗，我们总不能一概说胡适的新诗“形体未脱尽文言窠臼，在思想感情方面也未超出封建意识的范畴”[8]吧？这韵脚的响亮，音调的铿锵，就不提了；单是这自如的形式，急促的节奏，也为表现反封建的内容、民主革命的精神增添了不少光彩。有趣的是，始终被后人鄙为“改良派”的胡适，当时竟也曾被称之为“过激党”。从他诗中在反封建专制这点上所表现出的坚决性来看，不是毫无来由的。例如，在哀悼死于军阀刺刀下的请愿者时，他曾认为：“请愿而死，究竟是可耻的！”因此他激烈地喊道：“尽可以革命而死！尽可以力战而死！”在请愿之风盛行的当时，这当然显得有些“偏激”；与他早年提出的以和平手段改造国家的政治改良主张以及他后来投靠反动军阀政府的可耻行径相比，也说明胡适当时的政治态度还是可取的。他当时甚至是主张像辛亥革命那样，以新的革命暴力推翻反动军阀统治。在《双十节的鬼歌》中，他对统治当局实际上早已背叛辛亥革命，而表面上仍要装门面，搞假纪念欺骗群众的丑恶表演，加以抨击，并提出——

大家合起来，
　赶掉这群狼，
　推翻这鸟政府；
　起一个新革命，
　造一个好政府；
　那才是双十节的纪念了！

这种“好政府”主义，当时是好意的空想；后来是有意的反动。它充分说明，胡适的民主革命思路无论一时怎样激烈，始终脱离不开旧民主主义的藩篱。他始终是站在资产阶级和自由主义的立场上，反对封建势力和专制政治的。但是，在中国革命性质刚刚转变的当时，诗中所表现的资产阶级政治理想和民主革命精神，在客观上还是有积极作用的。不能因为胡适后来政治上的反动，就抹煞这些诗在当时的进步意义；更不能把它们一概归结为“宣传着反人民、反革命，以及亲美崇美等等反动思想”，“直接为资产阶级，为帝国主义服务”[9]。

(二)表达生活感受，抒发个人志趣

《尝试集》中第二类作品，内容复杂一些，思想性也差一些——多是一些个人的小感触，小志趣，小悲哀、小欢喜。它反映了现代知识分子某些生活侧面和思想感情。其中虽不乏消极甚至无聊的东西；但总的来说比较健康明朗。按其题材，可分三种。

其一，写景诗。胡适描写自然风物的写景诗，大都明朗乐观，与封建文人旧诗常有的晦涩、凄苦、腐朽形成对比。如《中秋》一诗，虽未能跳出旧诗格局，但清新可读，有民歌风味：

小星躲尽大星少，
果然今夜清光多！
夜半月从江上过，
一江江水变银河。

《一颗星儿》是作者自诩为“真正白话新诗”14首中唯一的写景诗，主要写出了这样的一时感受：“我望遍天边，寻不见一点半点光明，回转头来，只有你在那杨柳高头依旧亮晶晶地。”在追求新诗韵节方面，该诗是下了一点功夫的。至于《三溪路上大雪里一个红叶》和《湖上》等，就实在有点莫名其妙或空虚了。

“五四”前后，不仅周作人、康白情、俞平伯等致力于写景诗，就是李大钊、陈独秀、鲁迅等也写过不少。这些诗的思想内容无疑有高下之别，但它们对于探索新诗形式、丰富新诗手法都起过一定作用。不能不加分析地一概斥之为“有闲阶级的东西”，会“使人脱离现实，逃避人生斗争”[10]。这样不利于对初倡时期的新诗和作者作出恰当的评价。

其二，抒情诗。《尝试集》的另一些作品，写的是朋友之谊、情人之恋和亲人之情。

留美期间，胡适写的“朋友诗”，有较浓的旧文人式的闲适情调。在形式和语言上也有较重的旧的烙印，如《赠朱经农》、《朋友篇》等。胡适还作过不少情诗，如《病中得冬秀书》、《如梦令》、《新婚杂诗》等。描写还算细腻，用笔也较自然、真切，但情思的执着反大有劝人顺从旧式婚姻的意味。例如，他对“我不认得她，她不认得我”的旧式婚约不仅心安理得，反而宣扬什么“分定长相亲，由分生情谊”（《病中得冬秀书》）。因此，从立意、形式和风格来看，《尝试集》的情诗以《“应该”》为上。这首诗，虽是胡适选取别人两首文言诗改写而成，但那缠绵的情感、委曲的心理、周至的情节、新颖的句式，颇有独到之处。它的积极方面也正在于破除了旧诗格律的拘牵，写出了一种超越旧式婚姻情爱范围的缠绵爱情。当然，这首诗同时也渗透了伤感的、无可奈何的情绪，像胡适所有的情诗一样，缺少五四时代青年那种对封建礼教大胆反叛，对自由恋爱大胆追求的叛逆精神。

其三，说理诗。寄托、说理和论文学的诗，在《尝试集》中数量最多。《景不徒篇》、《老鸦》（当然也包括上面谈过的《“威权”》、《乐观》等诗），大部可归入这一类。胡适是学哲学的，喜欢以理入诗，也颇为此而自傲。读早期新诗，确实可以感到“说理”在当时成为一种风气。那些入诗的所谓“理”，有的阐发了民主革命思想；有的则表达乐观进取的主张；还有的只不过表现了资产阶级、小资产阶级知识分子的一点感慨、清高、甚至是怪癖的“一念”。

至于《尝试篇》、《文学篇》、《艺术》等，是谈及文学的，反映了胡适某些文学观点。《尝试篇》取放翁诗，反其意而用之，表白了“自古成功在尝试”，勇作白话新诗的决心。《文学篇》谈了他立志文学改革——试作白话诗的缘由；同时又暴露了他文学观中某些消闲自娱的审美情趣：“烹茶更赋诗，有倡还须和”；“有酒盈清卮，无客不能诗……”此后，他还说道，“做得一首好诗成，抵得吃人参半磅”！（《例外》）《尝试集》为什么不乏无聊之作，为什么有时流露出旧文人的情调？与他这种创作态度是有关系的。

胡适还提倡“诗的经验主义”。他写道：“醉过才知酒浓，爱过才知情重：——你不能做我的诗，正如我不能做你的梦。”（《梦与诗》）这种强调以经历过的实际生活为创作基础的观点，虽然是受了“实验主义”的影响，但这里应该说还是较实际的。它代表了当时一般人作新诗的态度和方法。当时的一些资产阶级、小资产阶级知识分子，游离于社会斗争之外，不接近人民大众。他们的缪斯，当然大多只能在个人生话的小天地里绕圈子，当然大多只能表现一点那个阶级的小悲哀、小欢喜。那时，“写景诗”、“说理诗”大量产生；而所谓“写实诗”则鲜有深刻社会内容，原因之一也正在于此。不过，对襁褓中的新诗来说，能做到“把自己的主观、客观的事物自然的真实的写出来”，最初也“很受一班社会上的搏击，说他‘诗不成诗；文不成文’”[11]。所以，从这个角度看，当时这样的作家、作品和主张，仍有着反对“文以载道”的旧文学和封建正统思想的积极作用。

综上所述，《尝试集》的思想内容，虽有明显的消极因素，但反封建的政治倾向、进步健康的内容是其主流。它在一定程度上触及了当时的社会生活和斗争，与当时资产阶级民主主义的启蒙运动，与当时反封建的文学革命运动，在总的历史趋向上是一致的。我们不能不顾当时旧民主主义革命和新文化运动的性质，无视当时社会的主要矛盾和文学革命的斗争对象，超越统一战线队伍以及新文学创作的实际，把《尝试集》及其为代表的一批作家作品，戴上与新文学“根本是背道而驰”、“反动”、“反革命”等帽子，一律打出新文学阵营，在现代文学史上判处“死刑”。

二

胡适说：“我现在回头看我这五年来的诗，很像一位缠过脚后来放大了的妇人回头看他一年一年的放脚鞋样，虽然一年放大一年，年年的鞋样上总还带着‘缠脚时代’的血腥气。”[12]《尝试集》确实存在这个缺陷，后来人们也常抓住这点否定它。不过，历史上第一个敢放脚的女人，是可钦佩的；现代文学史上第一部新诗集，又为什么要被完全否定呢？列宁指出：“判断历史的功绩，不是根据历史活动家没有提供现代所要求的东西，而是根据他们比他们的前辈提供了新的东西。”[13]《尝试集》从“缠脚时代”到“一年放大一年”，在诗歌艺术发展上，不能不说是一个进步；因为它“比他们的前辈提供了新的东西”。

(一)突破旧诗藩篱,大胆创新诗体

《尝试集》第一编的诗词,作于美国。当时国内文坛虽有改革的呼声,但尚无一篇实际的作品。胡适试以白话作诗词,在打破旧诗词音韵格律严格限制、抛弃用典对仗陈技恶习等方面,取得一定的成功。然而其诗“未能脱尽文言窠臼”。在语言的运用上,虽有意杂入新词俗语;但其词汇句法,仍半文半白。特别是诗体,多五言七言。因此这一时期的诗词,只能算勉强实行文学改良八事的主张,“实在不过是一些刷洗过的旧诗”[14]。

到北京后,在钱玄同的批评下,胡适认定要作真正的白话诗,来一个“诗体大解放”。于是从第二编起,胡适力图打破一切束缚自由的旧诗镣铐,使旧诗词印痕明显减少,无论诗体、语言,还是立意、描写,都呈现出新的面目。译诗《关不住了》,是胡适自认的“‘新诗’成立的纪元”。它不仅意思神韵都接近原诗,而且诗格句式也比较自如。另外像“生生的”、“时时”、“一阵阵”等叠韵词,自然都是原诗中所没有的,经诗人活译后,语言和音节就显得自然和谐了。比起当时那些削足适履的文言译诗来,不知高出多少。

此后,胡适的诗就基本上突破了旧诗格局。当时,除鲁迅.周作人等几个人全然摆脱了旧诗枷锁外,其他多数人,包括李大钊、陈独秀等,急切里都一时未能全部抛掉旧诗的调子。胡适的《尝试集》还有点“‘缠脚时代’的血腥气”,又有什么可大惊小怪的呢?

(二)吸取中外诗歌艺术长处,探索新诗创作方法

《谈新诗》一文中,胡适提出了在当时颇有影响的“自然音节论”。他强调新诗的音节,全靠语气的自然节奏和每句内部不用韵。这无疑是一种全新的新诗韵节观。它一方面吸取借鉴了中国古典音韵理论和外国诗歌形式中有用的东西,另一方面又是对旧诗声韵格律体系的大胆否定。这是胡适在《尝试集》创作实践的基础上总结出来的。例如,在《老鸦》、《“应该”》、《一颗星儿》、《上山》等诗中,胡适以白话语言本身的自然节奏和音调轻重为基础,有意用双声、叠韵字词对诗句的音步声调进行适当调整,使之语气自然而又和谐动听。另外,胡适还注意诗歌的自由押韵。这样既可克服旧诗格律刻板僵死的弊端,又能避免新诗易于过分散文化的毛病。但《尝试集》中“了”字韵似乎太多,往往一“了”到底,就显得不自然,浮浅了。

胡适喜欢在诗中说理,也是受了外国的影响。但他的“说理诗”,并没有忽视“诗的具体性”。《老鸦》、《“威权”》、《乐观》等诗,都是写“抽象的材料”,但胡适用“具体的写法”,比较形象地揭示了作者的思想。如胡适写那“不能呢呢喃喃讨人家欢喜”的老鸦,以隐喻自己的人格独立和个性解放思想:“我不能带着鞘儿,翁翁央央的替人家飞;不能叫人家系在竹竿头,赚一把黄小米。”(《老鸦》)这样寓理于形象之中,还不至于枯燥。

谈《尝试集》这些新的特点和可取之处,并不是说,它就有什么了不起的艺术成就,有什么永久性的艺术价值。平心而论,就诗集当时的水平而言,或从现在欣赏的角度去看,它在艺术上大多是粗糙幼稚的。但是并不能据此否定它在现代文学史上的作用和影响。

首先,《尝试集》是新文化运动的产物,是文学革命的最初成果。

《尝试集》的产生,除了胡适的主观因素之外,最根本的一条,是因为新文化运动的兴起和发展。胡适的白话诗尝试,最早可上溯到 1916 年。但正如他自己所承认的:由于“没有积极的帮助”,他在美国所作的诗,“无论怎样大胆,终不能跳出旧诗的范围”[15]。这个“积极的帮助”到底应该是什么,胡适的唯心主义世界观决定了他始终没能认识,也不可能认识到。但现在看来,它只能是中国社会的客观需要、反封建的历史要求、启蒙运动的深入发展、外国文学的影响和中国文学革命条件的成熟。在当时,社会政治经济结构的变化为新文化运动准备了条件;新文化运动浪潮的兴起,荡涤着封建社会的意识形态;而作为旧文化一个重要方面的封建文学和文言文,早已成了一条脆弱的防线。同时,诗歌形式本身的发展演化趋势也为新诗的产生创造了条件。这样,《尝试集》白话诗才能应运而生,从已腐朽不堪的封建文学最顽固的旧诗堡垒冲开缺口,初次实践文学革命的主张,取得反对文言文、提倡白话文,反对旧文学、提倡新文学的最初成果。

第二,《尝试集》在开辟诗歌创作新的领域,确定白话新诗的文学地位方面,起过某些重要的拓荒作用。

《尝试集》算不上丰收,可它记录了新诗最先是怎样从荒野荆棘中抽芽、生长起来的。中国的旧体诗词,一直享有霸主地位。直到“五四”前几年,一般人也仍不易接受白话诗形式。所以尽管在古诗和民歌中已有白话入诗的先例,尽管晚清黄遵宪等人高唱过“我手写我口”的“诗界革命”;但是以白话诗为正宗,从根本上完全打破五言七言诗体,推翻词调曲谱的种种束缚,实现“诗体大解放”,仍不能不算是一次诗歌领域的革命,也不能不遭受社会上守旧势力的非难攻击。“自《新青年》提倡新文学以来,招社会非难,也不知多少……而其中独以新体诗招人反对最力。”[16]由此可见拓荒的艰难。而胡适则“搴旗作健儿。要前空千古,下开百世”(《沁园春·誓诗》),尝试写一点白话诗。这种为“新辟一文学殖民地”(《尝试集·代序一》)而勇于实践的精神,是难能可贵的。

不但有耕耘,而且有收获。这对于确定白话诗地位,是重要的。在五四文学革命“发难”时,其他文学式样如散文、小说在采用白话方面,早已有社会的实践和丰硕的成果。而白话新诗,几乎是白手起家,“绝无依傍”。胡适毫不气馁,勤于耕作,也得到了收获。《新青年》四年多(2 卷 2 期至 9 卷 6 期)发表新诗不过两百首左右(包括白话译诗),而其中胡适一人的诗作,就有近六十首。这种收获,引起了社会的注目和反响。在人们的赞扬和反对声中,新诗的实际地位也就确定了。说胡适是新诗“拓荒者”之一，是不过分的。

第三，《尝试集》推动了新诗创作的发展，促进了新诗理论的研究。

胡适开始写白话诗，是孤军奋战。后来当他把个人的白话诗实验同国内的新文学运动结合在一起后，便得到改革者们的赞赏支持。1918 年 1 月，刘半农、沈尹默出来响应。此后，写新诗的人越来越多。其中有些人如鲁迅等，是因为“诗坛寂寞”，有意为新诗助阵；有的则专门致力于白话诗创作了。同时，登载白话新诗的刊物越来越多，读者和作者的范围也越来越大。新诗有了一定的群众基础。据粗略统计，到 1921 年为止，仅《新青年》、《少年中国》、《新潮》三种期刊，就发表白话诗 350 多首，写诗者达 40 多人。可见，新诗已成为有意的文学运动了。这个局面的形成，与胡适及《尝试集》的带动、影响是分不开的。

不仅如此，《尝试集》出版后所引起的批评论争也促进了新诗理论的研究。《尝试集》出版后，在当时曾有上十家报刊围绕《尝试集》展开过一场讨论。复古派和守旧文人对新诗的反对之声也更激烈了。例如胡先骕就曾“不惜穷两旬之日力，诜诜然作二万数千言”《评〈尝试集〉》。此后，复古派对《尝试集》及其他新诗的攻击，也持续了相当长的时间，并形成了一套中西合璧的诗歌改良论。这些新诗反对派的谬论有的被胡适及时加以驳斥，有的受到了新文学阵营的有力回击。同时，新文学阵营内部也就新诗问题展开过一些讨论。正是在这自《尝试集》而始的新、旧诗论的论争以及新文学阵营内部的讨论过程中，新诗人们继承了中国现实主义诗歌的优秀传统，吸取了外国进步文论思想，在新诗创作实践的基础上不断发展了新诗的批评和理论。

总之，《尝试集》在诗歌发展史上，提供了古典诗词所没有提供的“新的东西”，有着一定的“历史的功绩”。它是新文学运动理论和实践的最初成果；它对新诗的产生发展起过实际的作用和影响。所以，尽管胡适后来政治上日渐右转，但他在五四新文学运动中的文学活动和《尝试集》的艺术探索，可以而且应该在中国现代文学史上得到应有的地位。

［原载《破与立》，1979 年第 4 期；后载《胡适研究资料》，北京十月文艺出版社，1990 年。］

注释：

［1］刘绶松：《中国新文学史初稿》，北京：作家出版社 1957 年版，第 69 页。

［2］张毕来：《新文学史纲》，北京：作家出版社 1955 年版，第 20 页。

［3］林彦：《胡适〈尝试集〉批判》，《胡适思想批判》第四辑，北京：生活 · 读书 · 新知三联书店 1955 年版，第 196—199 页。

［4］参见朱自清《中国新文学大系 · 诗集导言》，王瑶《中国新文学史稿》第 59 页；刘绶

松《中国新文学史初稿》第 66 页。也许是出自朱自清的笔误；也许是根本不承认胡适的白话诗词为新诗，新中国成立后的文学史，几乎众口一律地把新诗第一次发表的时间，由 1917 年 2 月《新青年》首次登载胡适八首白话诗，推迟到 1918 年 1 月胡适、刘半农、沈尹默三人同时发表九首白话诗。

[5]陈独秀：《俄罗斯革命与我国民之觉悟》，《独秀文存》第 1 卷，上海：亚东图书馆 1922 年版，第 143 页。

[6]林彦：《胡适〈尝试集〉批判》，《胡适思想批判》第四辑，北京：生活·读书·新知三联书店 1955 年版，第 196—199 页。

[7]张毕来：《新文学史纲》，北京：作家出版社 1955 年版，第 20 页。

[8]吉林大学：《中国现代文学史》，长春：吉林人民出版社 1962 年版，第 39 页。

[9]林彦：《胡适〈尝试集〉批判》，《胡适思想批判》第四辑，北京：生活·读书·新知三联书店 1955 年版，第 196—199 页。

[10]林彦：《胡适〈尝试集〉批判》，《胡适思想批判》第四辑，北京：生活·读书·新知三联书店 1955 年版，第 196—199 页。

[11]田汉：《平民诗人惠特曼的百年祭》，《少年中国》1 卷第 1 期，1919 年 7 月 15 日出版。

[12]胡适：《尝试集·四版自序》，上海：亚东图书馆 1922 年 10 月增订 4 版。

[13]列宁：《评经济浪漫主义》，《列宁全集》第二卷，北京：人民出版社 1984 年版，第 150 页。

[14]胡适：《〈尝试集〉自序》，《胡适文存》卷一，上海：亚东图书馆 1928 年版，第 147 页。

[15]胡适：《〈尝试集〉自序》，《胡适文存》卷一，上海：亚东图书馆 1928 年版，第 147 页。

[16]俞平伯：《白话诗三大条件》，《新青年》6 卷 3 号，1919 年 3 月。

20世纪中国文学主体问题三论

对20世纪中国文学的整体性观照，离不开纵横两个基本的参照系——非20世纪的中国文学和非中国的20世纪文学。前者即通常所说的传统中国文学——它涵盖了近代文学之一部分；后者即现代外国文学——其中尤以现代西方文学最具比较性。因此，笔者打算以这两大参照系为背景，以主体问题为切入点和基本论域，着重讨论20世纪中国文学的主体精神、主体品格，以及主体思维和运思方式这三个问题。

一　自由·它由·相由
——20世纪中国文学主体精神论

本文所谓的"主体"(subject)，除在相关语境中兼顾其一般意义外，特指从事文学活动的主体——它既包括作家、理论家、批评家、研究者等"个人主体"，也指涉由这些个人主体所组成的、以文学活动为其共同联系的"社会主体"。

本文所谓的"精神"，则有两层最基本的含义。首先，它颇近于雅斯贝尔斯对"精神"的特殊理解：即主体在文化层次上或意识形态层次上的存在。他认为，在这个层次上，主体是综合一切意识内容和实存内容的观念性的精神总体。从这种意义上讲，主体与精神(spirit)之间，乃至精神与意识(consciousness)之间都具有同一性，是一种"普遍的具体"——既是各别的，又是普遍的，亦即各别实存和一般意识的综合。此外，在特定语境或某些哲学概念中，"精神"还有实质、本质的含义(the essence of)——在这种情况下，精神与实质、本质也可谓同义语。因此，本文所谓的"精神"，往往相应着有关语境兼取了其"本质"或"特质"的含义。

以上述理解为基础，本文所说的"20世纪中国文学的主体精神"，宽泛地讲，指20世纪中国文学作为精神总体在文化层次上或意识形态层次上的存在及其本质；狭义地讲，指20世纪中国文学活动的主体在意识内容和实存内容方面的统一及其本质。我认为，正是这种广、狭二义层面上主体精神的存在，以及它们同其他相关于20世纪中国文学发展的诸种基本因素和矛盾的相互影响互动，形成了20世纪中国文学运动的内在理据和动力，影响了20世纪中国文学发展的基本路径和品格，构成了20世纪中国文学变迁的主要瞩目之点。

自律与自由　就非20世纪的中国文学——即传统中国文学而言，其主体精神可以概括为“它律性的自律”。

所谓“自律”，就是自我规范和约束。在汉语中，“律”的原始义是“均布”。《说文》：“律，均布也。”段玉裁注：“律者，所以范天下之不一而归于一，故曰均布也。”在汉语中，律还有“音律”，“法律”，“规律”，“约束”，“遵守、效法”，“衡量”，“等级”，“戒律”，“节律”诸义——这些，均相关于“归于一”或“范”的问题。由于“范”同“範”，即“模型”。而“模型”即意味着以某种它物或曰它在来生成具有“常规”、“常度”、“常法”的此物或此在。这样，“自律”，按其本质实际上也是一种“它律”。于是，所谓“它律性的自律”，就是时时不忘“它”的存在，将“它”萦系于心的“我律”——从“它”出发并最终回归于“它”的自我规范与约束[1]。

换言之，在中国文化和文学主体的深层精神和意识结构中，一方面，“自”与“它”自始至终相互设定、相互对立；另一方面，“自”又总是处于对于“它”的屈从、皈依，乃至最终被“它”的消解之中。例如，以中国传统文化论，在夏商时代，对于早期先民而言，最大的至高无上的“它”，是“天命”。因而“天命”成为解释、指导、规范人的行为和生活方式的“它律”。周以后，随着父系家长制的形成，“它律”规范中又增加了“宗法”的新内容。春秋战国时代，尽管百家争鸣，有超脱如老庄、入世如孔子者，但他们或以“道”为“它”，或以“礼”、“仁”为“它”。于是对“自”或“我”来说，“无为”或“无我”、“无已”，便成为老庄或孔子最高的境界和追求。到了秦汉时代，董仲舒的“天人感应神学”更将“它律性自律”世俗化和系统化，建立了以“三纲五常”为基本内容的政治伦理规范。魏晋时代的“玄学”，虽然离经叛道、张扬个性，也具有“纯粹哲学”的意味；但是，他们的“贵无”思想，并未摆脱老庄的影响；他们的“自然”思想，既排斥“名教”，又试图与“名教”调和，因此，最终未能脱逃“以它为自、为本”的窠臼。于是，即使狂放如阮籍者，也还是声称“礼乐正而天下治”。到了宋代乃至明代，占据主导地位、一统天下的则仍然是更具正统保守色彩的理学。所以，在二程、朱熹那里，“天理”竟成为与“人欲”完全对立、势不两立的“它”。

总之，中国的传统文化或正统思想，几乎都无一例外地将“它”——不论它们是“人”、是“天”，是“物”、是“道”，或是“世”——视为比“我”更高一级的东西，将“我”向“非我”的屈从、皈依，或将“我”彻底消解而致达与“非我”的无分无间状态视为最高境界。

表现在文学中，就是一种“以它为自”，或者“以自为它”，最终则“它自不分”的文学主体精神。以中国传统文学论，无论是如歌如诉、率真无邪的春秋风雅，还是汪洋恣肆、酣畅淋漓的战国文章；无论是奇丽诡秘、忧愤深广的屈楚骚人、魏晋怪才，还是平易近人、哀而不怨或怨而不怒的盛唐诗圣、宋代词人；无论是叛逆与随俗、虚构与写实相杂糅的元明杂剧、话本，还是神怪与世情、大观与太虚相比照的明清小说，都几乎无一例外地将言志与载道、述怀与济世或醒世混为一谈。于是，“克己复礼”、“思无邪”，或“发乎情，止乎礼”，便成为做人作文的最高准则；而“骈文"、"八股"、或"律诗",便成为官方文本或传统艺术形式、美学追求之最高典范。总之,在中国传统的文化和文学中,"自"与"它",总是处于一种现代哲学所谓的"主体性暧昧"之中。其结果,就是"它"、"自"不分,以"它"为"自"——"自律"便最终转化为"它律"。故曰"它律性的自律"。

就后一个参照系——即现代西方文学而言,其主体精神可以概括为"互约中的自由"。

所谓"约"(bond),既是"契约之约",又是"规约之约"。从这种意义上讲,"约"也是"律",都意味着理性对本性的制约规范(《说文·糸部》:"约,缠束也"。这也正是 bond 的本义);只不过前者出于类群的认同认可——"是一种'自体立极'的理性",意欲"互相约钳,互相协调";而后者出于个体实质上是被异化的自我要求——"是一种'互体通情'的理性",旨在"自我立法,自我组织"。借用新儒家的一种说法,"自律是爱罗主体超克其自由本能的理性道术,而互约则是良知主体充扩其悱恻本性的理性道术"[2]。

至于"自由",就汉语的字面义而言就是"由自"。"自,已也。"(《集韵·至韵》)"由,因也"(《集韵·尤韵》),"从也"(高亨),"为"(孙诒让:"由、为意相近")、"欲"也(王念孙:"由、尤皆欲也")。所有这些,均相关于国人对自由之理解。

在西方的哲学或文化话语中,我们通常所说的"自由"实际上是两个词——freedom 和 liberty。前者本义为无所拘牵、独立自主;在哲学上作为范畴常与必然(necessity)相对举;后者通常指行动、言论、选择等的自由;哲学上指意志自由、选择自由。这样,在西方的哲学或文化话语中,自由就至少有两重的含义:一是侧重于个体而言的"自主之自由"——它强调个体和自我的独立无碍、充分发展。(即汉语中"自因"、"自从"、"自欲"之义。亦即 liberty 的主要含义。)这是从卢梭、弥尔到雅思贝尔斯和马尔库塞所欲的自由。一是相关于整个世界而言的"自为"境界,或曰"自为之自由"(如前所述,汉语中"由"本来就有"为"义。亦即 freedom 的主要含义)——它追求本真无蔽、自为自觉、从必然而至自然。这是从海德格尔、萨特到马克思所谓的自由。以上述理解为前提,所谓"互约中的自由",实际上就是以理性或自觉意识为底蕴的自主自为之自由。纵观 20 世纪西方文学,从颇带传统性的批判现实主义、新现实主义文学,到以反叛者自居的现代主义、后现代主义文学,尽管各种思潮流派主张或实践着不同甚至相悖的文学观念和价值追求,但就其主流取向而言,对个体或世界、文学表达或人类精神家园之自由的向往,始终是他们一以贯之的主体精神。

自由与它由 至于 20 世纪中国文学,其主体精神的展开和本质,则可表述为"自由与它由间一种摇摆不定和奇怪的混合"。

早在 19 世纪下半期,中国的文化文学就显现出否定自律、追求自由的一系列异动;但是,从自律到自由这一文学主体精神的世纪性转折,无可怀疑地开始于五四新文化运动和文学革命。当时提倡新文化、新文学的先驱者和主将们,无论其各别的思想倾向如何,其否定自律、张扬自由的主体意识却是一致的。所以说,如果要对五四新文化运动和文学革命的初衷、宗旨和基本精神作一简要概括,那么可以归结为"呼唤和追求自由"——它涉及个体的自由,社会的自由,思想和精神的自由,语言、文体和文学的自由。而对旧文化和旧文学的批判,也主要集中在它们以自律为最高价值而对自由的遏制封杀方面。所谓"民主与科学",其本质是对前面所述两种基本自由涵义的演绎:即对"自主个体"和对"自为世界"的向往。所谓"救亡与启蒙"或"反帝反封建",其动机仍在于追求"民族的自主"和"民众的自觉"。

如果说,从自律到自由是20世纪前期中国文学主体精神最重要的发展,那么从自由到它由,则为20世纪中期中国文学主体精神最显著的历史转折。换言之,从20年代末30年代初开始,在新文化、新文学中占据主导地位的自由精神,逐渐为"它由"的呼声和要求所压倒。这里所谓的"它",与"它律之它"一样,是一个与"自"相对而言的互涉与相在概念,其外延内涵均相对于"对方"而获得规定。例如,在同一主体中,以"自"为"本我","它"即为"它我"——二者相对立统一而构成"此在"或"这一个"。还如,在不同实体或本体间,以"自"为个体,"它"即为群体;以"自"为文学,"它"便为非文学,如社会、政治、意识形态等。这样,所谓"它由",实际上就是"由它"。而当"由它"不是出自"强迫"而是出于一种"自主选择"或"自律要求"时,"它由"便成为一种"新的它律性自律"。从这种意义上讲,"它由"或"由它"本质上是中国传统文化文学"它律性自律"精神在20世纪中期的一种"变奏"或"借尸还魂"。20世纪中期主流文学的倡导者和追随者们一以贯之、大力主张和实践的,就是这种"它由或曰由它的文学"。这种文学和主体精神在新中国成立后各历史阶段中得到了延续、推演,并最终在"文革文学"中发展到了极致。而在五四时期占据主导地位的自由精神,要么产生与它由相混杂的"变异",要么逐渐由中心退居边缘,甚至只能在夹缝中抗争乃至苟延。

从新时期——亦即20世纪70年代中后期开始,随着中国社会、文化开放性和进取性的日益增强,中国文化文学的基本格局发生了边缘与中心再次易位的巨大变化,中国文学的主体精神亦开始向自由的重新复归。

以新时期第一个十年为例,无论是在政治决策层、文化管理层还是在文学创作和理论思想界,文学从属于政治的它由定位受到巨大挑战和质疑;无论是在个体精神领域、作家实践领域还是在艺术作品中,主体意识和自由精神都得到重新评估和张扬。从这种意义上讲,在"伤痕文学"的里层和"反思文学"的意识结构深处,隐含着对它由取向的历史余痛与反省;在"归来的歌"中,浸蕴着对自由复归的当下庆慰与认同。至于理论批评界和学术界的"主体说"、"断裂说"、"救亡启蒙说"等,无一不相关于20世纪中国文学中它由和自由的基本对立的历史的轨迹、情结乃至反省。

然而,在20世纪80年代中后期以来中国文化、文学的走向中,自由精神的复归又面临着新的矛盾与困惑:在对"传统文化"的提倡和对"新儒家"的向往中,"自律"试图恢复昔日的辉煌;在对"自由化"的谴责和对"主旋律"的呼唤中,"它由"似乎重新涂抹上积极性油彩;在对"解构主义"的阐释和关于"后现代"的中国版本以及当下的流行文学话语中,自由要么被阐释为"无由",要么被理解为"乌有"——与自律、它由乃至主体自身等一同被怀疑、否定或消解(如所谓"王朔现象")。于是,在自由与它由的抗争中,自律与保守也加入后者的行列助战,导演出现在正在上演的活剧。从这种意义上讲,20世纪后期的中国文学是自由与它由并存相持的文学。值得强调的是,也正是在这种并存相持中,自由和它由的内涵乃至其对立结构本身也发生了新的变化,出现了自由和它由本身的多元化乃至无边界状态——或许这正是我们即将带给下一世纪的文学遗产。

相由——解脱与超越 这里,我不想全面评判中国文学主体精神在20世纪不同阶段中历史性转向的是非功过;但是,我想简要强调我个人的两点基本认识:

一、如果将对自由和它由的确然性和本真性问题暂时悬置,仅仅依据以上的理解和语境加以评述,我个人比较认同20世纪中国文学中追求自由的主体精神。我认为:无论从事实还是逻辑上看,它由总是意味着受制于现实,甚至意味着对既定存在和秩序的妥协——因而也无须努力;意味着被动乃至主体性缺失——因而与人乃至文学的基本存在方式和精神相驳悖。而自由——无论对于个体还是对于世界,无论对于文学还是文化——则属于理想的王国,它需要争取和付出代价。因此,从历史进步或文化、文学发展的战略考虑,对自由的追求总是更具积极性的主体选择。

二、另一方面,从根本上讲,自由和它由的理念,——至少是将自由与它由绝对化以及由此所造成的二元对立本身,都或许是一个神话或错误。就后者而言,正如"自"与"它"是相对而言的一样,自由与它由也是相互设定、"相在而在"的。因此,自由和它由皆是相对的;而"互由"或曰"相由"才是绝对的。所谓"相由",就是既充分肯定"自"与"它"的差异和各自的存在价值,又充分体认"自"和"它"的相对性、相容性乃至相有(存在)性,从而以一种超脱的心境跳出"自"与"它"二元对立的恶性循环,致达"有自—有它"同时又"无自—无它"的化境。从这种意义上讲,如果说有什么东西可以解脱20世纪中国文学在自由和它由上的历史循环,那么这种解套和超脱之途在于"相由"。也正是在这种意义上,我以为21世纪中国文学的主体精神,应该是"相由的精神"。

二　忧患·否定·悲剧
——20世纪中国文学主体品格论

或许正因为20世纪中国文学的主体精神始终困惑和动摇于自由和它由之间，或许正因为这种困惑与动摇植根于自由和它由理念自身的暧昧性或驳悖性，因此20世纪中国文学在与主体精神密切相关的主体品格方面，表现出较普遍显明的“忧患情结”、“否定意识”、“悲剧色彩”。

忧患情结　以往不少研究者试图以“社会历史意识”、“人文关怀”等说法，来概括20世纪中国文学或者其主体的一些显而易见的特征。但我总觉得它们要么过于陈旧，要么流于宽泛。例如，以“社会历史意识”、“人文关怀”论，东欧、西欧的20世纪文学，甚至19世纪的文学，又何尝不是如此？

“焦灼”的说法，初一想很受鼓舞；但不久就又感到迷惘。且不说“焦灼”惯常用于对个人心理的描述，这不要紧，海德格尔不是连“畏”、“烦”都搬到了哲学中吗？主要的问题是：“焦灼说”者自己也承认，整个20世纪世界文学，都浸透了焦灼感。那么，什么是特异性呢？更难断言21世纪的文学，不可能是“烫手得可以”。

比较起来，“忧患情结”似乎还确切一点。中国知识分子历来格外忧国忧民；进入20世纪时，内忧外患，更是如此。加上此后中国仍是多灾多难，甚至还多了另一重意义上的“内”（精神）忧“外”（物质或环境）患，于是，情结于中而发乎外，其文学自然较之那些据说已进入“后现代”的富国、“民主化”的洋国，情理之中应该少一些焦灼，多一点忧患。所以，我觉得还是应该把“焦灼”这个“模糊空泛的深刻”，留给21世纪或更后的中国文学。

如果对20世纪中国文学主体的“忧患情结”作更进一步的考察，其情结所系，不外乎个人、民族、思想、社会、文化乃至文学的诸种现实关怀和选择；而作为其根底的，则是明显的功利主义的价值基准。崇尚自由的文学，提倡它由的文学，无一不以对现实有所为而为自己的抱负和使命。当我们从这一视点和前理解切入，对20世纪中国文学主体的忧患情结作一番读解时，首先，我们可以毫不费力地发现，无论是取向自由者或是力行它由者，都无一例外地将审美意识、审美活动，同社会历史、泛政治化意识和活动密切渗透交织在一起；所不同者，只在于前者以个人或人类的自立、自觉为指归，后者则以整个类群、社会或世界的解放或进步为最终理想。其次，我们还可以强烈地感受到，在这种功利主义的价值坐标系中，文学的全部价值和功用，被浓缩或简单化为“工具”二字；所不同者，前者以文学为工具呼唤或实践其自由的追求，而后者则在它由与功利的关系中，寻求到某种一致和平衡。所有这些，归根到底，出自对文学这样一种基本理解：文学是对包括人在内的社会性存在予以审美描述、并经由这种审美描述干预社会存在的途径和工具。

究其原因，在于中国文人“兼济天下”、“经世致用”的心理积淀，与20世纪中国知识分子“立国立人”或“忧国忧民”现实情怀不谋而合；在于中国文学“载道”、“证道”的久远传统，与中国近现代文化“实证”、“实践”倾向的相互激荡。加上“唯物”、“崇用”、“尚众”一代统治思想的推波助澜，功利主义自然成为百余年来中国文学乃至理论批评的价值基准。

将这样一副沉甸甸的担子担在肩上的中国文学家们，岂能不无时无刻地忧患？

否定意识 到了忧患所聚、结为情结的地步，自然会对一切不满。加之“从自律到自由，从自由到它由，又从它由回到自由，或至无由”这过于频繁的中心与边缘的易位，不满就更容易发展到批判——对己的，对它的，相互的，莫不如此。

批判也是否定，它们有相通之处。但我不喜欢这个词。原因之一，是批判一词太俗，太滥。在国外，至少从康德开始就大谈各种批判；19世纪的“主潮文学”、“次潮文学”，也多以批判命名；迨至现在，“解构”、“后现代”之说，也无一不在骨子里充满忧患和批判意识。在中国，从“五四”批到“四五”，从“革命文化”批到“文化革命”；进入“新时期”或“后新时期”以来，被批判者又反过来批判批判者。布景不断更换，角色轮换登场，批判的“主旋律”却始终高昂回响。说20世纪的中国，其时代是批判的时代，其文学是批判的文学，一点也不过分。

但，“批判说”易让人仅想到社会、历史、政治、意识形态什么的，还容易勾起一些不愉快的回忆和感觉。为避免偏狭或不快，我倾向用“否定”这个色彩柔和，但哲学意味更强的表述。

20世纪的中国作家形形色色，20世纪中国文学涉及的东西更是五花八门：有的谈天，有的说地；有的“写世态”，有的“画灵魂”；有的担忧历史政治民族社稷人类生存世界末日，有的觉得大便也很美。然而无论怎样千差万别，有一点却是共同的：不满意——中国作家、理论批评家即使在热情赞美、忘情肯定时，也有一种或浅显或深沉，甚至刻骨铭心的否定意识。一个曾以“仁”、“善”为美，以“中庸”、“中和”为美的国度，一个“自满”、“自足”甚至“自大”、“自傲”的民族，进入20世纪后在文学中表现出如此普遍而深刻的否定精神，不能不算是一大特征——他国亦少见。深想下去，有时真让人不寒而栗。

与之相关联和相印证的，是20世纪中国文学主体在思潮和批评方面所体现的批判意识。

概括地说，20世纪中国文学思潮和批评，在理论和方法上，主要有三个重要的思想来源：一是西方近代或近现代之交的哲学、社会、美学、文艺学思想——它们主要为“五四”前后崇尚自由（即我所谓的“广义的”而非仅为通常所谈论的“自由主义”意味上的）的文学思潮和批评提供思想材料和武器。二是以社会、历史、政治、经济分析见长的马列主义、毛泽东思想——它们主要为它由性的主体精神和价值选择提供理论、理据,并在中国占据主导地位长达三分之二世纪。三是西方现代或后现代主义的各种思潮——它们主要被广泛接纳于新时期的文学理论和批评话语。然而,对于作为个体或群体而存在的文学主体而言,无论他们的家学渊源或门派如何不同,批判意识却始终是共有的意识,区别只是在立场、起点、对象、尺度和归宿的方面。如果说前两者按其思想来源和理论立场本身就具有浓重的社会批判和历史批判色彩,那么后一种思潮则表面宽容豁达而骨子里更反叛和更激进。因此,说20世纪中国文学是充满批判意识或否定意识的文学,一点也不过分。如果说这种批判或否定的文学具有什么中国特色的话,那么就在于它的批判激情往往更多是相因于和相关于"外"或"它"的忧患情结,而对于"内"、"己"或"我"意义上的自身——无论是实行批判的主体还是用于批判的武器,大多缺少西方文化和文学中那种深刻的自我反省和不断否定的精神。而这就是悲剧。

悲剧色彩 自由与它由的矛盾、冲突和频繁转换,本身就提供了丰富的悲剧情境;忧患情结和否定意识的相互激荡,使这种悲剧更具力度和深刻性。于是从"忧患"而至"否定";在"否定"中产生出更深刻的"忧患"——这便是双重的悲剧。读鲁迅的全部作品,巴、老、曹的部分作品,新时期的一些作品,包括一些半懂不懂(或许本身就是半通不通的)的小说、戏剧、电影,特别是诗,或明确或朦胧感到的,就是这样一种东西。"悲凉"的自然也有,不少,但并非全部。在我,往往更多咀嚼出"沉痛"。当然也还有其他的可被纳入悲剧范畴的感受、风格,如忧伤、怅然、愤怒、惨烈、壮美、崇高之类。因人、因作而异,不一而足。以单一的美感或风格代表这全部的丰富,恐怕不妥;但有一点是可以肯定的:它们都是悲剧性的,具有无可怀疑的悲剧色彩。不仅如此,就连20世纪中国文学中一些本为(或貌似)喜剧、滑稽、幽默的东西,骨子里面,也有不少青色的苦涩、黑色的悲哀。

应该说,这种苦涩和悲哀并非只来自于对象或客观之"它";它应当包含主体或主观之"我"自身的困顿或困惑。加之20世纪中国文学中的忧患大多是"忧天下而非患自己"的救世主式的忧患;而否定也大多是他人"皆有原罪而惟独自身清白"的上帝式的否定,因此,就连这种忧患和否定也带上了命定的悲剧性。而这种悲剧性,对中国而言,既是民族的,也是现代的、这个世纪才可能有的。

三 "象"与"符"

——20世纪中国文学主体思维和运思方式论

文学创作和批评,无论作为一种主体活动和精神现象,还是作为一种交流行为和传播方式,在本质和实践上,都基于一定时代、社会和文化中人的思维活动,同时也反映着一定时代、社会和文化中人的运思方式。反言之,从思维活动和运思方式的分析入手,亦可对一定时代、社会、文化中的文学主体及其特征的把握,提供又一方法和视角。

就文学的思维或运思过程看,其构成不外乎审美或批评主体对于审美或批评对象进行"观照—读解—判断—表述"这几种基本环节。而20世纪中国文学也正是在这些基本环节方面,表现出同"非20世纪的中国文学"以及"非中国的20世纪文学"的联系和区别。如果我们对这些联系和区别的起点或根源予以进一步的追逼考量,我们还可以发现:它们的"阿基米德支点"或"原动力"至少相关于"象"与"符"的二元对立,以及由于这种对立所产生的基本驱力或张力。

观照:宏观与微观　"象",作为汉语言特有的表述、概念和范畴,在中国传统哲学、美学和文艺学发展中占有十分重要的位置。笔者曾把中国民族思维和民族文化的总体特质概括为"象本位"(参见拙文《象论——兼述一种表现学构想》,载《华中师范大学学报》1990年第6期)。其特征之一,是偏于对于外部世界的直观把握、整体拥入。这种"象思维"、"象文化"传承积淀于中国历代文学主体,就表现为他们在观照审美或批评对象时,偏于"集零为整",宏观地逼近对象,整体地拥抱对象,在对象的外延属性、整体特征乃至对象与置身于中的环境方面,尤具有较强的敏感。

与之相比,大多数西方民族的思维和文化具有"符本位"的色彩。其表现之一,是长于对客体的理性思辨、剖析切入。因此,当西方文学家、批评家在接触对象时,他们往往很快将对象"化整为零",聚焦于某些局部的、然而是富有深度的东西,条分缕析。他们对对象的本体内涵和逻辑要素更感兴趣。

然而,20世纪中国文学,毕竟是发生在中西文化文学大碰撞、大交汇的20世纪中国的文学,因此,其主体在观照审美对象或批评对象时,一方面保留了民族思维"象本位"的传统,注重宏观、整体和广度;另一方面又受染于西方"符本位"的科学和理性精神,开始聚焦宏观中的微观、整体中的局部,乃至广度中的深度问题。

读解:直读与曲读　这里所谓的"直"与"曲",主要指主体读解、领悟对象或彼此交流的基本方式。一般说来,中国人的思维方式,具有"象思维"的特点——它比较注重对象的"象性",长于以笔者所谓的"模象化"的方式与同类沟通,并在沟通中有意强化"象具"的直观性以及"象指"的暧昧性。而西方则在"符文化"、"符思维"的影响下重视对象的"符性",长于以"符号化"的方式交流,并在交流中偏重"符具"的抽象性以及"符指"的确定性和逻辑性。

体现在文学艺术活动中,例如在文学理论和批评活动中,中西审美主体在对对象或本文读解态度和方式上的"曲直之分",就表现得格外明显。

例如,中国式的审美读解大多十分关注"符中之象"——强调对象"质料要素"如音、韵、形、态的直接感受体验;习于表达层与被表达层的外延性直接对应,以及形象、语象、感象、意象的获取;其最高的美感体验和满足似乎是较为直接的表现性、意象性或象征性。

而西方则更倾向于“象中之符”间接领悟——在强调符具“形式要素”如组合、结构的同时，更强调符具与符指内涵性间接关联；更敏感于意指意蕴中的间接隐喻、转喻及功能。其最高的美学追求和境界，似乎是较为曲折或玄妙的意念乃至理念。

但是，也是由于我在上面已经指出过的原因，20 世纪中国文学在运思方式上发生了一些明显的变化。简要地说，20 世纪中国文学和批评在读解艺术对象、艺术本文时，一方面保留了偏于“直读”，补之于“想象”的传统；另一方面吸收了西方喜好“曲读”，辅之于“玄思”的长处。所有这些，与我所谓的整个 20 世纪文化、文学乃至思维方面世界性的“符象互补、符象合一”大趋势是一致的。

评价：外展与内敛　中西文化、思维象本位与符本位的差别，不仅造成双方在认知结构、理解方式上的不同，而且极大地左右了双方的主观选择、价值取向，造成了评价模式方面的差异。具体地说，当审美主体、批评主体经由观照、读解而进行审美判断、价值认定时，中国传统的审美概括和评判往往取向于“外”——呈“外展”、“扩散”式；而西方则趋于“内”——属“内敛”、“内省”态。

这里所谓的“外”，主要指外部世界状况，如社会、政治、经济、文化、意识形态及相关参照体系、价值体系。中国传统文学主体的审美价值判断，往往由作家、作品之“内”，外联、外挂，扩展、扩散至上述领域、体系之中，求得“定位”。究其原因，在于“象本位”的民族文化、民族思维比较取向笔者所谓的“象域性”，或者说，颇近于当代哲学所谓的“场有性”；而“域”或“场”的观念，则是注重事项间相互联系和依存的观念。

西方文学则不同。它们注重“内省”、“内敛”式的思考，向内部世界——如作家的主观世界、作品的内在世界、接受者乃至个体和一般人类的精神世界——追逼、反思具有本源、本体性或永恒价值的存在。这与西方“唯心”、“唯识”、“唯理”乃至“反理性”、“反现代性”的传统或新潮，自然都是相联系的。

同样，在 20 世纪世界化、一体化潮流的影响下，20 世纪中国文学从价值体系到判断方式都开始发生“内外兼及”的变化：一方面它保留了传统中国文学的功利心、忧患意识以及对外部世界的关注之情与责任感——此所谓“忧天下之忧而忧，乐天下之乐而乐”；另一方面它也不再将内部世界尤其是人的内心世界当作什么“等而下之”或“秘不可宣”的东西，在人的观念和文学观念等方面，都表现出向域外文学，尤其是域外西方文学的趋同。

于是，20 世纪中国文学，一方面是极富社会情致的文学——这种文学崇尚功利主义的价值基准和社会历史批评的思维范式，先在或本能地强调外部世界的本源性和中心性，要求主体、主观认识向外部客观世界的依归、契合，并以其程度、效用作为“真、善、美”的标准；另一方面，又是极富心理情致的文学——在 20 世纪中国文学中，人格、人性、人的显性的意识世界和隐性的潜意识世界都得到愈来愈普遍的重视。正是因为上述原因,20世纪中国文学的创作、理论和批评的主潮,逻辑地选择了现实主义的旗帜,并在审美概括、审美判断和批评模式诸方面,形成了重客观再现同时又强调主观介入或表现的独特形态。

当然,由于各种原因,尤其是主体方面自身的差异、变化,以及对主观介入的方式、程度理解或强调的不同,20世纪中国文学、思潮和批评的现实主义,在历时和共时的轴向上,都呈现出多元的形态:从历时性角度考察,其发展经历了由偏重"伦理—精神批判"("五四"前后)、"理性—社会分析"(30年代),到强调"意志—理想实践"(《在延安文艺座谈会上的讲话》之后),"反思—价值重构或解构"(新时期)诸发展阶段;从共时性纬度分析,亦存在着从"主观隐性渗透",到"主观显性表现"这两大极点间无限丰富的组合级次和实际形态。

表述:开放与自足 严格地讲,文学的运思与表述是两个既相互联系、又存在根本区别的概念。但是,对于实际的分析操作而言,我们只有通过表述来把握和理解思维。因此,笔者在这里将表述问题也纳入对于运思方式或特点进行讨论的范围。

总的说来,在文学和批评话语的构成和表述方面,中国20世纪文学和批评兼收并蓄、中西杂糅、较为"开放""随意";而西方则具有相对稳定、承续性强的话语和表述传统,显得"谨严"与"自足"。

所谓"开放"与"自足",一是就话语文本、批评表述中运思材料如术语、概念、范畴、观念的性质或品格而言。

笔者认为:中国"象思维"、"象文化"的另一特征,是"象性范畴"优势;而象性范畴又具有"诗化"倾向:形象然而模糊,自由但又随意,包罗广泛、表现力强,但往往失之笼统、含混。而这些正是中国古代乃至现代文学尤其是理论批评在概念范畴运作和表述上的特征之一。

与之相比,西方"符思维"、"符文化"是"符性范畴"优势;而符性范畴先天具有"思化"特质:其符号、术语重规约、规范;概念、范畴讲求明晰、理据和精确。由此,也形成了西方从古希腊而至当代在理念或理论传达,包括文艺批评传达方面思虑周密、逻辑谨严、自满自足的重要传统。

所谓"开放"与"自足",也是就整个话语体系的材料来源,乃至构成、表述形态的完熟程度而言。这一点,在20世纪中国文学理论批评方面,表现得格外突出。

20世纪中国文学理论和批评,作为在当时用于传达、如今与之对话的话语系统或"巨符号系统",尤以兼收并蓄、融贯古今中西为特色。

从语体看,它扬弃文言,采用白话,并大量吸收西方语系中相关概念、范畴、术语、语汇、表达句式和方式,创造出一种既是民族的、又是现代的文论文评符号系统。这种符号系统以符具符指的关系对应明确,符规意指系统的规范统一,极大地增强了现代中国文论文评的创新性、分析性和逻辑性,并为其科学化和世界范围的可交流性，提供了必要条件和前提。

从文体看，它引进了西方以立论明确、逻辑严谨、论述周密而见长的近现代论说、议论文体，同时也继承了中国古代文论、文评或形象生动，或精炼含蓄，或洒脱空灵的品格文气，从而使整个20世纪中国文论文评的体裁样式千姿百态，并在话语体系的逻辑性和表现性两方面，达到了前所未有的兼顾和统一。

但是，值得强调的是，20世纪固然是中西文化大碰撞、大交汇的世纪，但这主要发生在中国。西方文化作为"强势文化"，对中国文化并不像后者对前者那样渴求。因此，一方面，是中国的文学家、理论批评家们主动面对世界，兼收并蓄，集纳各种思想、思潮和流派，由此形成了从创作、理论、批评到研究话语、表述方式上前所未有的"开放性"；而西方文学、文论、文评对中国则所知甚少，较为"偏狭"，或曰"自满自足"。另一方面，同西方文学尝试、文学思潮乃至文学理论批评活跃发达的现状相比，中国20世纪文学或在外来思想材料的接纳、消化、吸收方面显得博杂、仓促，或在自身理论范畴、体系的创造、整合、发展方面显得欠缺、不成熟，因此，相对而言缺少当代西方文学在话语构成和表述方面的系统性、逻辑性和自足性。

［原为"20世纪中国文学与理论批评国际学术研讨会"（1997年4月，武汉）论文；后载《华中师范大学学报》1997年第7期］

注释：

[1]自律（autonomy）与它律（heteronomy）是康德最早采用的一对伦理学术语。但笔者的理解与其原意有所不同。

[2]以上引文见唐力权：《自由与自律之间：存在主义与当代新儒学的主体性观念》，《场与有——中外哲学的比较与融通》（二），北京：中国社会科学出版社1995年7月版，第11页；但笔者对"自律"的界说与唐文有所不同。

从“中国现代文学”到“现代中国文学”

从20世纪90年代初开始,国内中国现当代文学的研究格局乃至整个学科体系即处于不断的调整之中。但到目前为止,我们认为这一调整并没有很好地实现,其重要原因之一,是缺乏逻辑与现象相结合的基本学科意识,以及具有核心意义的文学史观念从学理上统帅全局。而基本学科意识和核心文学史观念的确立,在很大程度上,又相关于现代文学研究、学科建设中“名—实—言”三者的关系问题。孔子说:名不正则言不顺。所谓“名”,即符号化的概念;“实”即对象化的事物;而“言”则是对名、实及相互关系的表述。由于“学术研究”实际上也是一种“言说行为”,而“文学史”本质上也是一种“言说史”,因此,无论是要拓展深化中国现当代文学学术研究,还是要完善中国现当代文学史的研究和教学体系,首先都有一个学科自身的正名问题。

一

我们现在通常所说的“中国现代文学”,至少有两层含义:其一,指一门学科。这里又有广狭之分:其广义包含了“中国当代文学”(如教育部颁布的学科专业分类的用法);其狭义仅仅指传统的中国现代文学。其二,指一段文学现象。这里也有宽窄之别:其窄用主要指“五四”前后至新中国成立前这一历史阶段的文学;其宽用也包括通常所说的当代文学。

根据我们的理解,学科意义上的“中国现代文学”在学科意识和文学史观念的演进上,大致经历了三个阶段。

一是以“新文学”的称谓为标志的“前学科”阶段(20世纪20年代至40年代末)。这一阶段的基本特点是:中国现代文学的学科疆域和观念尚处于赋形之中,“新文学”之谓,更多地具有文学形态学而非文学学科学的意味。换言之,在以“新文学”的称谓为标志的“前学科”阶段,现代文学作为一种新的文学形态、现象在当时的文学创作、批评中虽得到普遍认同;但是,一般说来,当时人们并未具备关于这种新的文学形态和文学现象的自觉的、整体性的学科意识。

例如,早在五四新文学兴起后不久,“新文学”便成为当时或而后的流行表述;并在当时的学术研究乃至文学教学中得到了初步的区分或单独的对待,如1922年胡适的《五十年来中国之文学》,1928年陈子展的《最近三十年中国文学史》,

1932年周作人的《中国新文学之源流》,等等。然而,正如王瑶在《中国现代文学三十年·序》中所说:上述著作"都是着眼于新文学与传统文学、特别是与近代文学的历史变迁关系的梳理,这固然反映了当时人们对于现代文学的一个特定的观察角度,同时也显示了现代文学尚未从中国文学整体研究中分离出来,成为独立的学科"。

此外,这一时期也有一些重要的教学活动或著作,显示了"中国现代文学"独立学科意识的觉醒,如朱自清20世纪30年代前后在清华大学等校开设的"中国新文学研究"课程,以及根据其讲义整理出版的《中国新文学研究纲要》。王瑶对这一切也是非常推重的。他说:"真正用历史总结的态度来系统研究现代文学的,应当说是始于朱自清先生";还说:《中国新文学研究纲要》是"现代文学史的开创性著作"(《中国现代文学三十年·序》)。但是,我们认为,这些只能说明"现代文学史",甚至包括"现代文学学科"意识的觉醒,而并不能证明"现代文学史"作为一个"学科"已经确立;——尽管两者间有着内在而密切的联系。

这样,就文学史和文学学科的核心观念论,这一阶段的"新文学"之谓,更多地具有文学形态而非文学学科的意味;而人们对"新文学"的关注则更多地出自"研究的自觉",而非"自觉的研究"。

二是以"新文学史"、"现代文学史"称谓为标志的"学科化"阶段(20世纪50年代至80年代)。这一阶段的基本特点是:随着一个时代包括文学时代的结束,同时,也与新中国的教育事业、文化建设以及意识形态的政策和发展战略相适应,对现代文学进行整体的历史观照和总结不仅成为可能,而且成为一种需求。于是,现代文学教学、研究的迅速发展和体系化、规模化,促进了现代文学的学科化。

例如,20世纪50年代初期,当时高校相继开设了"中国现代文学史"课程;因此,也出现了好几种"比较完备系统的现代文学史著作",如王瑶的《中国新文学史稿》(1951、1953)、丁易的《中国现代文学史略》(1955)、张毕来的《新文学史纲》(1955)、刘绶松的《中国新文学史初稿》(1956)等。"它们为这门学科的研究奠定了基础,形成了后来研究工作者研究的格局和范围,为进一步的深入研究确立了一个起点。"(《中国现代文学三十年·序》)也正是从这一时期开始,"新文学史"、"现代文学史"开始真正具有学科研究的自觉意识;"中国现代文学"成为一门有别于其他文学学科的独立学科。这样,在现代文学史研究、编撰方面,这也是一个"自觉的研究"与"研究的自觉"相互促动的阶段。

三是以"20世纪中国文学"、"中国现当代文学"称谓为代表的"后学科化"阶段(20世纪90年代至今)。这一阶段的基本特点是:随着社会、文化、意识形态领域开放性的增强,导致了基本文学史立场、方法、包括学科观念的多元化;传统的学科意识、文学史观念遭受到自名分或操作层面的解构。"学科泛化"和"学科悬置"即是其中的两种极端。

所谓“学科泛化”，指的是这样一种曾被广泛认同的倾向或做法：即从“世纪性总结”的抱负出发，试图消解传统“中国现代文学”偏狭性，从纵横两个向度扩展“中国现代文学”的领地和范围。新近出版的一批著作，就十分典型地反映了这种世纪性总结的欲望，以及“大现代文学”的史观和诉求。

这一阶段学科研究、学科观念多元化的特点，并不仅限于上述“学科泛化”倾向，也体现为另一种极端状况——“学科悬置”。即干脆悬置现代文学学科自身的规定性或学科建构意识，而转向所谓“自由阐释”或“个人写作”。例如，“20 世纪中国文学”首倡者们，就放弃了先前那种雄心勃勃的“宏大叙事”，而转向“中国现代文学三十年”……所有这些，反映了“中国现代文学”已经由“研究的自觉”进一步转向“研究的自省”。

从以上的简要回顾中，至少可以得出以下几个相关结论：

其一，“中国现代文学”之名本身是一个发展中的、变化中的概念；在不同的阶段、时代，它的表述及内涵和外延一直有所不同。

其二，这种变化和不同，本质上反映了“中国现代文学”基本对象意识、观照意识的不同；也包括核心学科观念和基本文学史观的不同。

其三，从上述两点可以推断出第三个结论：目前广泛认同的“中国现代文学”之“名”，不仅本身已发生了很大的变化，而且面临着来自“实”、“言”两方面的挑战和危机：它的合法性和经典性的神话，正处于消解之中！而新的事实、新的言说，需要新的名分！

于是，根据本学科名实各方以及名实之间已经变化了的、并将不断变化着的事实或趋向，我们在几年前便提出了这样一种构想：应当将现在普遍接受的“中国现代文学”或“中国现当代文学”更名为“现代中国文学”。

二

“中国现代文学”与“现代中国文学”之谓，虽然只是个别语序的颠倒，却具有基本学科意识、核心文学史概念乃至文学史研究和编撰方面的重要意义。其基本理由如下：

1. 开放性。众所周知，“大现代文学”的史观和诉求是时下现代文学研究，尤其是体系性建构的潮流之一。其代表性的表述有“20 世纪中国文学”、“百年中国文学”的流行提法。历史地看，这两种提法，在现代文学学科意识和基本文学史观念的进化方面，确有自身的重要贡献：它们拓展了人们的视野，事实上导致了传统现代文学领域的突破，以及与相邻分支学科的整合。但是，这两种提法也有自身明显的局限：在分期问题上，它们都仅依据于一种确定“量”——它在两种表述中体现为一种时间跨度——的文学断代方式。而这种方式，既可以因“量的初始点”取舍的武断性、随意性而容易与先前的文学形态（如相对而言的“19 世纪文学”，或传统的"近代文学")区分模糊;同时,又可因"量的终止点"的限定而带来对研究对象自身进程(如当代文学从"20 世纪到 21 世纪"的自然进程)的强行终止。与此相比,"现代中国文学"中的"量",是一种开放性、与质相关的量:从起点到终点都是开放性的——所有与中国现代化进程相关的各时期、时代或世纪的文学,都在其审视度量之中。

2. 包容性。根据我们的理解,无论"前学科时代"的"新文学"提法,还是"学科化时代"的"现代文学"提法,有意无意都强调了学科对象的性质:"新"与"现代"。一方面,它有助于将"新文学"与"旧文学"、"现代文学"与"传统文学"区别开来,强化"中国现代文学"独立的学科意识和地位。但是,另一方面,它又带来了学科领域、学科意识或文学史观念的偏狭:许多现代中国文学史上无法按传统学科观念分类的、或按主流文学史观念入围的文学现象,如"台港澳文学"、"少数民族文学"、"民间文学"、"通俗文学"、"留学文学"、"国民党文学"、"现代旧体文学"等,则被排斥在学科视野或文学史编撰范围之外。但是,由于"现代中国文学"是以现代民族和主权国家概念划分其范围和性质,因此,其文学对象、文学形态的包容性更强:凡"现代中国史"上发生的文学现象,均可被视为"现代中国文学史"的研究对象。

3. 过程性。任何历史研究,本质上都是一种过程研究。但是,传统"中国现代文学史"研究要么由于时间跨度短(如狭义的"现代文学史"),要么由于时间段明确限定(如"20 世纪中国文学"),而容易带来分期过细,或分期武断的种种弊端。而"现代中国"的概念,既是一个具有较长历史跨度的概念,也是一个前有过渡性、后有发展性的概念。于是,它更有利于我们描述现代中国文学的一般史或专题史。

4. 现实性。与"20 世纪中国文学"、"百年中国文学"乃至传统的"新文学"、"中国现代文学"等提法有所不同,"现代中国文学"的提法,作为一门学科的名称,作为一种发展了的具有核心意义的文学史概念、观念,不仅有着历史和学理上的依据和合理性,同时也更有利于现有近、现、当代文学等文学学科分支的重新整合。例如,我们可以从"现代中国文学"新的学科观念出发,以既有中国现当代文学专业为基础,整合其他相关专业和学科,建构起纵向上中国近代、现代、当代文学打通,横向上文学、文史、文化多学科互补的新的研究和教学体系。

要言之,从"中国现代文学"到"现代中国文学",既意味着基本学科意识、核心文学史观念的转变,也意味着学科建设现实目标和总体思路的转变。而所有这些,都是我们思考中国现当代文学研究和教学问题时应当考虑和重视的一个问题。

[原为"中国现代文学史编撰研讨会"(2000 年 3 月,海南)论文。曾发表于《文学评论》2000 年第 4 期。后为《中国社会科学文摘》2000 年第 6 期全文收录。]

一个元神话的建构与拆解
——关于现代中国理性主义的反省

早在上一个世纪行将结束的时候，一种世纪性反省和总结的欲望便弥漫于知识界。这种情形一直延续到现在。当下关于中国现代文学传统的回顾和研讨，从某种意义上讲，也是这种普遍欲望的表达之一。

在这里，本文所要探讨的，既不是这种反省和总结欲望的合理性，也不是作为现象而存在的现代文学传统的种种表现。我所感兴趣的，是关于作为上述欲望和传统之所出和之所由的基本趋力和基本立场问题。换言之，在我的理解中，无论当下的反省和总结会导致什么结论，总有一种或多种规定和制约着我们的运思方向或话语方式的基本理论立场和思想预设；无论正在进行的工作可以梳理出多少作为表象的文学或文化传统，也总有一种或多种潜伏于这些诸多“现象传统”之下或之中的“基本传统”。于是，前者便具有了“元话语”的性质；而后者也具有了“元传统”的意味。

元话语、元传统，无论作为一种叙述或叙述方式，本质上也都是一种“元叙述”或“元神话”，至少是“元神话”在不同层面上或语境中的同一表述。于是，从“元神话”的分析入手，可以为我们这个时代元话语和元传统的分析，找到一个更为宏观而深入的角度。

一　从神话到“元神话”

神话是最古老的认识和表达世界的方式，也是最普遍乃至最现代的形而上学和形而下学的综合。

维科说：神话源自原始人的“诗性的智慧”(Sapienza poetica)，正是这种诗性的智慧，“指导他如何对周围环境作出反应，并且把这种反应变成隐喻、象征和神话等‘形而上学’的形式”。如果恰如其分地解释神话，便可以把它看做是“最初的一些民族的文明史”[1]。于是，神话，即使在最原初的意义上，与其说是对世界一种原始的被动反应，不如说是对世界最初的主动建构，或曰思想格式化。而这种“人化的世界”一旦由人“构造”出来，就成为一股潜在的持续构造力量，一种无形的和强有力的洗脑机制。从这种意义上讲，神话问题，一开始就与人的思维范式、文化范式，尤其是“元话语”或“元叙述”的问题相关。

这样，当罗兰·巴特进一步指出神话是“一种讲述”乃至“讲述方式”[2]时，神话自身便被进一步“神话化”了——过去、现在乃至未来的一切文明、文化，包括文学现象，都可抽象或隐喻为神话化的话语；而且，这种话语本身意味着一种基本言说方式和言说前提的存在。于是，对神话问题的认识乃至神话范畴本身，便完成了从表象到话语而至元话语(后设语)的转变。

当我从以上意义上使用神话这一术语，并试图回溯和寻觅现代神话的基本言说方式、言说前提的时候，我感觉到，像对原始神话的分析一样，各种形态万千的现代神话，无论它们是意识形态的还是日常生活的，社会的、政治的，还是文化的、文学的，似乎都可以归并通约为某种或几种神话“母题”、“原型”乃至笔者所谓的“元神话”。换言之，在作为现象或表象而存在的各种具体的神话化的话语中，或许存在某种或多种具有元话语性质或元叙述方式的“元神话”；我们正是经由“元神话”而制造了各种神话；这种或这些元神话往往不经检验而作为预设的前提或基本的言说方式支撑着一个时代的造神运动和神话工程。

当我进一步回忆和检视整个现代中国纷繁复杂的思想表象和文化话语的时候，诸如此类的这样一些问题开始引起我的注意：我们这个时代是否有属于自身的元神话？如果有，它是什么？又神话化了什么？它从哪里开始？又将在哪里终结？它给我们带来了什么？我们又为它付出了什么样的代价？我们是否自身便是它的产物？我们是否仍然笼罩于它历史和现实的阴影里——包括我们现在的存在乃至提问的方式……

当我在提出和试图回答以上问题的时候，我突然反省到：这些问题自身乃至提问方式自身，作为一种讲述和讲述方式，已经不可避免地具有神话的性质，甚至就是某种元神话的话语表象。换言之，不论这些提问或回答会以或将以什么样的表象或形式出现，一种基本的、作为思维范式和思想预设的东西或许已经存在在那里，并规定着我自己的思考方向和提问方式。

那么，这种此时在场并决定我自己的存在方式、思维方式和提问方式的东西是什么呢？当我悬置或抽取所有这些问题的特定意指或言语表象后，一个先前藏而不露而又无处不在的幽灵便现出了其朦胧的身影——“理性”，以及“对理性的迷信”！

换言之，至少在复制“我”或“我们”，并为“我”和“我们”所复制的文化中，即“为我－我为”的文化中，理性是人的本质之一，是人的思维基础、前提和运作机制之一。因此，在“我”和“我们”看来，人之为人的规范性和超越性存在，出于认识目的的任何思考或提问，首先是基于理性、诉诸理性的思考和提问。从这种意义上讲，理性本身便具有本元之元乃至元叙述的性质：我们将理性的存在视为人的本质存在；我们也以理性思考和讲述至少是大部分的消息——或者说，我们自以为是直接把握或表述的一切，其大部分形式和内容都在理性中“事先”被重新讲述或格式化。

于是,在我们这个时代,我们不仅被理性化——它往往被视为“主体化”和“人化”的同义语或本质,而且被“唯理化”——尽管也有人将非理性,如感性、情感等,视为可以与理性对举的东西,甚至也有人力图张扬前者,但至少在我们的文化中,在大多数人的思想心理中,非理性往往被当作比较原始的、低级的、次要的东西;而理性才是现代的、高级的、主要的东西。于是,作为人类精神之矛盾统一体“理性与非理性”,在相对关系和价值取向上发生了向“理性”的偏移。其结果之一,是作为当下存在的我自己、我们自己,对于理性有了近乎本能的依赖和不加怀疑的信任。

由此,我开始醒悟到:至少在我们这个时代,在我们的文化中,普遍的“理性意识”已经深入我们的骨髓;而“理性主义”则成为我们这个时代和文化的一种“元神话”或“元传统”——甚至我们在试图将它暂时悬置时,也摆脱不开以它的方式思考或言说。

由对“我”、“我们”的自省,延伸到对造就了“我”、“我们”的时代、社会、文化的反省,我发现:理性以及对理性的崇拜,不仅不是一种个别的现象或例外,而且已经成为一种“集体有意识”,一种被元神话化了的思想、文化乃至文学传统。例如,当鸦片战争以来各个时期的先驱者试图建构一个新的世界秩序的时候,他们所高举的,几乎无一例外地都是理性主义的旗帜;不同的,只是旗帜上的名号——如“维新”、“改良”、“启蒙”、“救亡”、“革命”、“改革”等。说现代中国社会形形色色的话语,尤其是现代化的主流话语,置根于理性主义的元话语;说现代中国文化文学各种各样的传统,尤其是现代化的主流传统,置根于理性主义的元传统,应该都是可以讨论的话题。

二　作为元话语的现代中国理性主义

那么,现代中国理性主义到底在何种意义和程度上已经具有元话语或元神话的性质?或者说,作为元叙述、元传统的现代中国理性主义具有哪些基本构成因子或要素呢?我以为它们至少应该包括以下几点:

1. 唯理化。应当申明:肯定理性并非就是理性主义;但当这种肯定达到“唯理独尊”程度的时候,或一种思想、文化以理性为主要价值取向而拒绝对理性自身反省的时候,对理性的肯定或崇拜便升级为一种“主义”了。在中国,作为传统文化基本资源和核心成分的儒家思想,从一开始就具有注重理性甚至唯理论的倾向。这种倾向至宋明理学发展到极致,并建构起完整的古代中国理性主义的体系。从这种意义上讲,古典理性主义在中国很早就具有元叙述、元神话或元传统的性质——古代传统主流文化话语,如果不是全部,至少大部可以追溯还原到其古典理性主义的基本命题和言说方式。在西方,唯理论也是古希腊罗马最重要的哲学传统之一。文艺复兴以后,宗教理性意识虽然呈现出式微的征象,但人文和科学理性逐渐成为近代社会的主流话语;加之宋明唯理论对西方启蒙主义者的影响,在西方近代文明的演进中,理性主义至少在其起步阶段也充当着元叙述的角色。于是,当鸦片战争以后西学随西力而东渐的时候,西方近现代理性主义文化便成为最合乎逻辑的选择和输入之一;本土与域外兼取杂糅的唯理化倾向,便成为现代中国理性主义元话语、元传统的基本渊源和逻辑起点。

2.整体化。唯理化的基本前提和必然结果之一,是一元化的世界观,是相信世界普遍本质的存在,是对世界基础、本原、本质及其确定性或可把握性的幻想。因此,理性主义虽然也可以有“分析性的”或“综合性的”之区别,但是,其基本的认知世界的方式,是求得对本原性、真理性最大程度的逼近。由此,便产生了一种本质主义和整体主义的基本思维方式。从这种意义上讲,一元化与整体化,是一个硬币的两面。在西方,自亚里士多德、柏拉图时代起,就有一种本质主义、整体主义的思维范式。这种思维范式,在中世纪神学,在近现代科学和哲学中一再得到不同向度的表述,并成为西方近现代文化最基本的思想动力和潜在结构之一。在中国,对世界的整体化追求和一元化的描述,也一直是中国民族思维、民族文化占有主导优势的基本范式之一。一元论式的整体观,既是中国古典理性主义的所由和所出,也是中国现代理性主义的所持与所归。在整体化欲望的驱使下,几乎每个现代中国文化文学大师,或几乎每个现代中国文化文学的发展阶段,都提出了自己的宏大叙事目标乃至整体解决方案。此外,在现代中国各个时代、各种版本的话语表达中,深藏其中、发挥作用的,仍然多是一种宏观把握、整体言说的方式或倾向(包括本论文的基本言说方式)。

3.绝对化。一元化、整体化倾向的逻辑延伸,就是“绝对”。而“绝对”正是元神话的逻辑特征:在绝对中,一切处于原初或终极的状态;一切处于无外或封闭的状态,是谓“绝对之域”。而“绝对之域”,从逻辑上根本排除混沌以外的任何“存在”,或把一切化为一个不可言说的混沌——“新”与“旧”,“左”与“右”,“革命”与“反动”,都变成一个个或一组组“能指”鲜明而“所指”含混的符号。于是,“绝对”最终消融了差异,将一切蔽绝于“透明的黑暗”之中。在对现代中国主流话语的现象学式的还原中,我看到的正是这样一种境况。因此,不仅仅是早在五四时期,“德先生”与“赛先生”就已变成了张灏所谓的“德菩萨”与“赛菩萨”[3];就是所谓“五四时代”、“五四精神”、“五四文化”、“五四文学”自身,也早已成为过去乃至今天我们这个时代已经绝对化了的偶像。现代中国理性主义的历史命运就是如此:它以绝决的反传统、反权威、反秩序的姿态登上历史舞台,最终可能也会成为它先前所反对的一切而被淡出历史。

4.理想化。理想化既是绝对化的直接产物,也是绝对化的主观前提。鸦片战争以来的中国,既是一个多灾多难、令人不得不忧患焦虑的历史空间,也是一个变幻莫测，让人充满希冀、希望乃至奋发昂扬乐观情绪的思想舞台。在这个舞台中，几乎每一种新思想、新理论、新方法的引进，都让人——至少是部分人——以为找到了某种解决问题的良方，进入一时的亢奋甚至是全民族的狂欢状态。于是，理想加上理性，产生了一种具有中国特色的"理想化的理性"，从而使现代中国理性主义神话更具有神话色彩。从"五四"到"四五"，从"新文化"到"新时期"，理想一直是理性的衍生物或孪生物；而理性则一直是理想的发酵场或催化剂：无论是激进主义还是保守主义，无论是自由主义还是民主主义、民族主义，几乎每一种思潮、势力或群体，都确立了各自基于理性的理想，或出于理想的理性。而作为各自"主义"或理想的实践者，一旦他们套上了现代理性主义元话语的"红舞鞋"，就会不由自主舞蹈下去，不断制造和上演一幕幕现代神话剧，直至筋疲力尽，或观众全部退场。

5. 文化化。理想一经制造出来，或理性进入实践的范畴，便成为文化。当文化一旦成为一种既定的存在时，它便开始走向其原初精神的对立面：即试图将一切它所能掌握或触及的东西"文化化"——亦即"文化场化"。这种"文化化"，一方面浓缩了一定文化圈中以往人类发展的全部或部分历史，并以"社会遗传"、"文化濡化"或"文化涵化"的方式传递既有文明的成果，——这就意味着在个体、群体乃至社会意义上人化和社会化过程的加速；另一方面，文化化又意味着以某种既定的传统，某种超有机体的存在"强加"于人和社会，由此构成对人和社会的某种规范、统摄乃至强制，——这又势必造成对人和社会的一种新的"异化"、"类化"和"场化"。正是在文化化的过程中，现代中国理性主义找到了自己的阿基米德支点和位置：在现代中国文化建构过程中，现代中国理性主义从一开始就具有一种"唯文化"的倾向和"文化化"的力量。前者积淀为现代中国文化主体(或知识分子)的一种"文化情结"；后者则试图将"场强"所及的一切，包括文学，"文化场化"。也正因为如此，文化化以及由此所酿造的"文化理性"，是现代中国文学史上许多流派、社团乃至作家的一个共同倾向；也是一个在世界范围来看非常具有中国特色的现象。也正因为如此，在中国走向现代、走向世界的过程中，我们的文学运动，更多地具有文化运动的色彩；我们的文学表达，更多地具有文化话语的特征。而所有这一切，都或明或暗地勾连着现代中国理性主义元传统的"文化化"乃至理性文化倾向。换言之，由于中国特有的文化传统和现实环境，理性文化或文化理性已经成为我们深入骨髓的东西，并凝聚为"五四"以来的一种基本文化精神。

三　现代中国理性主义的困境

对现代中国理性主义元神话性质和特征的描述还可以进行下去，但就在这种描述中，已经涉及现代中国理性主义的困境问题。在我看来，这种困境主要来自两个方面：历史语境和话语逻辑。由此，形成了相互联系的两类困境：历史语境困境和话语逻辑困境。

所谓历史语境困境,是指现代中国理性主义元话语因特殊的历史语境所遭遇的历史尴尬。

众所周知,在世界范围的现代化进程中,中国不仅基本置身于世界第一次现代化浪潮之外,而且滞后于第二阶段世界现代化的进展:在世界现代化进程的第一阶段(18 世纪 60 年代至 19 世纪 30—40 年代),当欧美一些主要国家完成资产阶级革命和工业革命,拉美和中东的一些主要国家相继进入民族、民主革命时期和早期工业化过程时,当时的大清帝国仍然是封建专制一统天下,基本上还处于静态的农业社会和汤因比(Arnold Joseph Toynbee)所谓的"隐士王国"时代。在现代化发展的第二阶段(19 世纪 40 年代至 20 世纪 30 年代末),当英、法、美等国率先进入现代化国家行列,德国、意大利、日本、俄国紧随其后而步入现代化阶段时,古老的中华帝国尚处于从传统封建社会的末世和衰世向早期现代化的过渡之中。于是,这一现代化过程中的基本时间差和错位,不仅影响了中国走向现代化时的基本环境、途径和方式,而且一直影响着中国式现代化的历史语境、实际进程和特点。

例如,正是因为中国的现代化起步,与西方各主要国家的现代化起飞存在着一个时间差,所以,在现代化方面已经远远走在前面的西方各主要国家,便自然而然地成为中国在现代化方面的一个可以效仿的楷模。于是,对于处于现代化起步阶段和早期转型过程中的中国人来说,"西化"几乎就是"现代化"的代名词,几乎就是"如何走向现代化"方面一种合乎逻辑的认识。于是,从"中体西用"到"全盘西化",最后而至"中西互补","西方"和"西化"始终是现代中国精英集团和知识分子群体思考中国现代化问题的一个基本背景和基本参照系。从这种意义上讲,中国现代化的进程和走向,如果不是全部,但至少在相当的程度上始终受作用于"西方"的势力场和文化场,并在相当长的一段时期内表现为"西化"与"现代化"的同步性和一致性。正因为如此,作为西方现代化运动之思想元动力的理性主义,便成为鸦片战争以来中国思想文化先驱者们合乎逻辑的历史选择。于是,他们在对西方现代化现状的肯定中,在对西方近现代文化的引进吸收中,往往一并不加审视地肯定了它的主流思想及其所包含的预设前提。

不仅如此,由于中国的现代化起步和发展水平同西方各主要国家存在一个明显的时间差,因此,在中国知识分子认识西方、阐释西方的时候,往往将其现代化的历时性语境予以忽略,而仅将其现代化话语压缩或简化为一个共时性的平面——"五四"前后的启蒙主义者,往往不加选择或区分地同时介绍、宣传各种甚至是相互抵牾的思想、主义,就是一个例证。此外,当西方近代理性主义传入中国,成为五四主流话语的基本资质的时候,西方主流思想——至少在西方哲学中,已经相继走过了理性主义、非理性主义阶段,而转向反理性主义阶段。从这种意义上讲，现代中国理性主义从崛起之日起就面临这样的尴尬境遇：一出世就已经垂垂老矣！现代中国文化进步性与保守性、革命性与反动性矛盾并存的基本悖论，与此大有干系。

由于上述这样一些原因，当现代中国知识分子试图参照西方的模式解决中国的现代化问题时，西方对我们而言既是一个具有某种现实吸引力和未来魅力的现代化的榜样，也是一个充满裂痕和怀疑的后现代思想的实验场。这样，当我们的先驱者乃至我们自己在现代化的语境中思考现实的问题和目标时，我们往往忽略了西方现代话语自身的先天不足，并对其尔后的发展作出了超越实际的乐观估计。另一方面，当我们离开现代化的语境而进入沉思或独语状态时，我们又往往自觉不自觉具有了某种超越的思想态度乃至后现代的立场。鲁迅就是一个例证。当这位思想巨人卸下现实的重负而独自反省或面对某些个人体验或人类的终极问题时，他更多的是一位非理性主义者，甚至颇具反理性主义的、后现代的思想姿态；而当他进入社会改造或文化批判的角色，进入群体的社会的民族的现代化论域时，他便身不由己地陷入理性主义元神话的泥淖。

所谓话语逻辑困境，是指现代中国理性主义元话语由于自身的逻辑规定而陷入话语上的逻辑悖论。这主要体现在以下几个方面：

其一，从反叛传统到回归传统。反省、批判并试图超越传统是现代中国知识分子，尤其是具有激进倾向的知识分子一个十分重要的文化立场和思想姿态；也是现代中国理性主义有别于古代中国理性主义的一个重要标识。于是，在对待传统的基本立场或策略上，古代中国理性主义往往先以"认同传统"获得言说的合法性，而现代中国理性主义则更倾向于以"拒绝传统"标示自己的独特存在价值。于是，在现代中国思想文化的演进中，"反传统"几乎是一切重大社会文化运动的标志性口号。然而，当各种思想新文化运动的先驱者或推动者在批判传统并试图建立新的价值理性或工具理性王国的时候，他们不仅往往实际上采取了与传统基本一致的思想方式（如绝对化和整体化的思想方式——它们本身已预设在"拒绝"的姿态中），而且，其中不少人仍然最终回到了认取、回归传统的立场；或以新的形式延续了传统的生命。从梁启超到胡适，从周作人到梁漱溟，从新儒家到当代新左派、新保守主义等，莫不如此。

其二，从意欲启蒙到疏离启蒙。如果说反传统的思想动力和现实目标之一，是不断打破各种思想文化枷锁，促成思想的解放、社会的进步；那么，各种各样的启蒙主义便成为各种各样反传统主义者合乎逻辑的理论选择。事实上，自强维新运动，尤其是五四新文化运动以来，启蒙主义一直是各历史阶段社会变动，尤其是思想解放运动的重要理论武器和文化资源之一。然而，由于中国的启蒙运动，始终承担着思想解放和社会发展两大基本任务，而这两大基本任务相应中国的现实处境，尤其是历史焦点的变化时而同步时而错位。因此，在现代中国理性主义元话语的作用下，个体理性往往被要求服从群体理性、社会理性；自我解放和思想解放往往被要求服从社会解放或社会发展的话语优先权。于是，启蒙主义者往往自愿或被迫地走到启蒙精神的对立面。例如，启蒙的本质如康德所说在于“自我的解放”，而以启蒙为指归的现代中国社会运动、文化运动的直接后果之一，却是“自我的放逐”。于是，现代中国的理性主义作为一种元话语，虽然制造了我们现在仍然受惠于中的现代中国文化，包括启蒙文化；但同样不可否认，我们过去、现在，恐怕也包括将来，都一直在为它付出代价。

其三，从崇尚民主到否定民主。从“五四”到“四五”，民主在现代中国知识分子的价值理性构成中一直占有相当的分量；在现代中国相异甚至相互对立敌视的各政治文化势力中，“民主”或“民主革命”也一直是各方一致认同或自我标榜的口号。然而，一个值得深思的现象是，无论是其间存在的哪种政治势力，或是依附于哪种政治势力的知识分子，他们最终或至少在某个阶段都表现出对从“狭义”到最“广义”的专制或集权的向往。例如，信奉三民主义的国民党，在以“旧民主主义革命”推翻了古代专制政体后不久，很快重建了新的现代专制政府。而以“新民主主义革命”推翻蒋家王朝专制统治的共产党，在“文化大革命”中也有过以所谓“大民主”而几乎毁掉“党内民主”和“人民民主”的惨痛教训。当然，这些现象所涉及的问题是十分复杂的，也不能做简单的比附；但是，其中有某些共同的原因，至少可以追溯到“民主”观念自身的“反民主性”乃至压制个体的“暴力倾向”。或许正是出于这同样的观察，贡斯当把卢梭的人民主权论斥为“各种专制主义的最可怕的支持力量”。

其四，从确证主体到消解主体。从逻辑上讲，理性是主体的一种能力和属性，甚至是主体之为主体的本质之一。但是，当理性发挥到极致，成为一种主义时，主体便异化和消解了，或成为理性的奴隶甚至是幻影。维新运动尤其是五四运动以来，主体的寻觅和拷问曾经是并一直是中国知识分子的思想焦点之一；然而，也正是因为这种寻觅和拷问往往出自他者理性或世界普遍理性的干预，其方式也往往带有浓重的唯理化倾向，由此反证出主体或主体性的缺席状态。换言之，在现代中国理性主义元话语的作用下，现代中国知识分子主体性的丧失，更多地不是表现为理性的缺乏，而是体现为他者理性乃至世界普遍理性的充溢。由此所产生的直接后果之一，是中国知识分子不仅没有了“自己的声音”，甚至也没有了“自己”。

[原为“中国现代文学传统国际学术研讨会”(2001年7月，南京)论文；后载《华中师范大学学报》2001年第6期]

注释：

[1]特伦斯·霍克斯：《结构主义和符号学》，上海：上海译文出版社1987年版，第2—

3 页。

[2]Roland Barthes:*Mythologies*,New York:Hill and Wang,1972,pp.109—110.

[3]张灏:《五四运动的批判与肯定》,见萧延中、朱艺:《启蒙的价值与局限——台港学者论五四》,太原:山西人民出版社 1989 年版,第 51 页。

留学族群与现代文化

现代中国的留学运动和留学族群，对现代中国各个领域和层面都产生了重大而深远的影响。作为这种影响的直接产物之一，便是现代中国留学文化的诞生。从这种意义上讲，现代中国的留学文化，是以现代中国的留学运动为前提、以现代中国的留学族群为实践主体的文化。

不仅如此，作为现代中国文化运动中的一支生力军，现代中国留学族以其特有的优势，在现代中国现代化进程中、世界化潮流中，以及文化化的发展中，都扮演着十分重要的角色。从这种意义上讲，现代中国留学族的文化实践和影响，已经远远超越于他们所创造的留学文化之外。

于是，现代中国留学族在现代中国社会文化的演进中，便至少具有以下两个方面的历史文化地位：一方面，他们以留学族群、留学文化自身的多源性，为现代中国多元文化的发展注入了新的资源、新的养分和新的精神；另一方面，他们又以留学族群、留学文化自身的多元性，为现代中国多源文化传统的整合和重建，提供了新的参照框架、新的透视角度和新的文化驱力。

一　先行与先导——在现代化的进程中

无论从何种角度和意义上看，现代化始终是现代中国社会、文化演进的内在动因、基本过程和主要目标之一。在现代化进程中，现代中国留学族群因其得现代化风气之先的独特优势，故能承前启后，在中国从传统向现代的转型中发挥十分重要的先行先导作用。

现代化：世界与中国　从全球的范围看，现代化进程的起步至少可以上溯至18世纪60年代英国的工业革命。到了19世纪30—40年代，大西洋沿岸的各主要国家，如法国、美国、德国相继进入工业革命时期，经济迅速起飞，并初步形成世界性的资本主义体系；拉丁美洲的一些国家，如巴西、阿根廷、智利进入民族民主革命时期，纷纷宣布独立，并大多建立资产阶级民主共和国；就连奥斯曼帝国统治下的埃及，也在穆罕默德·阿里的领导下开始了以建立近代工业为先导的现代化进程。这样，以西方各主要国家第一次工业革命的完成，以及相关国家开始工业革命为主要标志，形成了世界上第一次现代化浪潮。

从19世纪40年代至20世纪30年代末（第二次世界大战之前），是世界现代化进程的第二个阶段。在这一阶段,英、美等国的现代化过程继续发展;德国、意大利在建立了统一的民族国家后,也很快实现了工业化;加拿大、澳大利亚、新西兰等白人移民国家相继获得自治,并走上欧美式的现代化道路;俄国、日本、印度也在不同的条件中相继展开了各自的现代化进程。因此,可以说现代化浪潮的扩展尤其是波及东方,是世界现代化进程第二阶段的主要趋向。

从20世纪40年代后期(第二次世界大战结束)开始,世界现代化进程进入第三阶段。在这一阶段,英、美、法、德等欧美主要国家进入空前发达的“后工业化”乃至“后现代化”阶段;苏俄、日、印等位于或跨接亚洲的国家在各自经历一番政治变革或动荡之后明显加快现代化步伐;墨西哥、智利、巴西等拉丁美洲国家在现代化过程中摇摆前进;中东和东亚诸国或相关地区也相继于60年代前后开始经济起飞,迅速缩短与现代发达国家的差距。这样,全面展开,加速发展,以新的科学技术革命作为“第二次工业革命”带动全球经济的持续增长,是世界现代化进程第三阶段的基本潮流[1]。

以上述世界范围内现代化潮流为背景和参照,中国的现代化进程明显地具有自己的特点。

其一,中国的现代化进程起步较晚。在世界范围的现代化进程中,中国不仅基本置身于世界第一次现代化浪潮之外,而且滞后于第二阶段世界现代化的进展:在世界现代化进程的第一阶段,当欧美一些主要国家完成资产阶级革命和工业革命,拉美和中东的一些主要国家相继进入民族、民主革命时期和早期工业化过程时,当时的大清帝国仍然是封建专制一统天下,基本上还处于静态的农业社会和汤因比(Arnold Joseph Toynbee)所谓的“隐士王国”[2]时代。在现代化发展的第二阶段,当英、法、美等国率先进入现代化国家行列,德国、意大利、日本、俄国紧随其后而步入现代化阶段时,古老的中华帝国尚处于从传统封建社会的末世和衰世向早期现代化的过渡之中。于是,这一现代化过程中的基本时间差和错位,不仅影响了中国走向现代化时的基本环境、途径和方式,而且一直影响着中国式现代化的实际过程和特点。

其二,中国的现代化准备严重不足。当英、法、美等国进入早期现代化时,不仅基本完成了社会意识形态尤其是社会制度的资产阶级革命,而且大多挟社会生产的持续发展、社会财富的持续增长之势而转向工业革命。当拉美国家、日本、俄国乃至印度等开始现代化转型时,它们也要么因新兴的资产阶级,以及资本主义的生产关系和方式的产生,而较早导致封建经济、封建社会的瓦解;要么因较早经历了一个殖民化、早期工业化、民族革命或社会革命,而与周围世界尤其是资本主义世界保持较高水平的经济社会文化联系。至于中国,作为一个有着数千年历史和文化的古老文明国家,其往昔具有的一切优势,如较早形成统一的,幅员广阔、人口众多的民族国家,长期稳定并高度集权的中央政权,以及历史悠久、具有高度凝聚力的儒家正统文化等,在向现代社会的转型中反而更多地显现其副作用:使得中国社会因袭着格外沉重的历史包袱和传统文化的重负,使得上层统治阶级愈发闭关自守、盲目自大。于是,中国一再错失早期现代化准备和启动的良机,在很长的一段历史时期内停滞不前。用费正清的话说:

> 幅员广大、自给自足、统治阶级的麻木不仁和漠不关心,所有这一切使得清帝国在与西方国家接触时毫无应变准备。更确切地说,当这种接触在近代成为事实时,导致中国衰落的一个原因恰恰就是中国文明在近代以前已经取得的成就本身……因为这种成就之大竟使中国的领袖人物对于灾难的降临毫无准备。[3]

这样,当中国于19世纪中叶被迫与世界接触,被动地卷入世界现代化浪潮时,延续了千余年的内向经济、专制政治、封闭社会和保守文化的基本格局,几乎是一仍其旧;而唯一明显的改变,只是生产更趋萎缩,经济更趋衰败,政治更趋集权,社会更趋混乱,文化更趋僵化。这种情形,既与英、法、美等国进入早期现代化时的状态大相径庭,也不能与日本、俄国乃至拉美国家和印度等同日而语。

其三,中国的现代化始终深受西方的影响。正是因为中国现代化的起步比第一阶段进入现代化的国家晚整整一个世纪,其准备也较之于第二阶段转向现代化的国家如日本、俄国等明显存在巨大的差距;所以,中国的现代化在起因、性质上,一方面表现出被动和防卫性;另一方面又体现为回应和接受挑战。例如,不少国外研究者认为:"中国的'现代化'不是起因于'内发的力量',而是源自于'外发的压力'"[4];用布拉克(C. E. Black)的话说:"中国的现代化是一种'防卫性的现代化'(defensive modernization)。"[5]与此同时,近年来也有不少研究东方国家现代化进程的学者明确提出:"现代化并不是一个单向的历史过程,而是外部刺激与内部回应两者相结合的过程,具体地说,就是近代西方的冲击与东方国家本身做出反响的一个错综复杂过程。"[6]而无论被动、防卫,还是回应和接受挑战,都相关于西方先于中国进入现代化这一基本的历史事实。

这一事实,从根本上影响着中国实际的现代化进程和取向。换言之,也正是因为中国的现代化起步与西方各主要国家的现代化起飞存在着一个时间差,所以,在现代化方面已经远远走在前面的西方各主要国家,便自然而然地成为中国在现代化方面的一个可以效仿的楷模。于是,对于处于现代化起步阶段和早期转型过程中的中国人来说,"西化"几乎就是"现代化"的代名词,几乎就是"如何走向现代化"方面的一种合乎逻辑的认识。于是,从"中体西用",到"全盘西化",最后而至"中西互补","西方"和"西化"始终是现代中国精英集团和知识分子群体思考中国现代化问题的一个基本背景和基本参照系。从这种意义上讲,中国现代化的进程和走向,如果不是全部,但至少在相当的程度上始终受作用于“西方”的势力场和文化场,并在相当长的一段时期内表现为“西化”与“现代化”的同步性和一致性。

正是在这样一种特殊的情势中,现代中国留学族群以其直接接受他国现代化教育、亲眼目睹他国现代化实际、较早感获他国现代化风气等优势,为中国从器物层面到制度层面,再到文化层面渐次起步、逐层递进和全方位展开的现代化过程,作出了作为先行和先导者的独特贡献。

从器物、制度到文化 梁启超曾经把近代中国五十年的历史演进、尤其是对世界的开放过程划分为三个时期;从现代化的视角看,它们也分别代表着中国现代社会和文化转型中的三个彼此关联,但又有区别的三大层级。

(一)器物层面

第一期是从鸦片战争至甲午战争,亦即器物层面的现代化起步阶段。

梁启超认为:这一时期的总的特点是中国人“先从器物上感觉不足”——“很觉得外国的船坚炮利,确是我们所不及,对于这方面的事项,觉得有舍已从人必要”[7]。

事实上,早在19世纪初,魏源作为“当时社会所面临的变化的一面镜子”,以及“集十九世纪初一切主要思潮于一身的人”[8],就提出要用经世致用的态度来实行改革,即通过对新问题作出新反应来加强国家[9]。在19世纪60年代兴起的自强运动中,从清廷的高层涉外决策亲王大臣,如恭亲王、文祥等,到地方的一些主要督抚及其幕僚,如曾国藩、李鸿章、左宗棠、郭嵩焘、冯桂芬等,也开始认识到中西方的接触不可避免,并提出了“自强以练兵为要,练兵又以制器为先”等基本原则;以及向西方学习,“穷其取胜之术”[10],“用夷变夏”而求“自强之术”[11],“法苟善,虽蛮貊,吾师之”[12]等相关主张。

因此,从这一时期开始,清朝政府一方面通过各种途径引进“西学之用”,并聘请“洋人”担任技术指导“开铁路、制船炮”;另一方面也着手向西方批量派遣留学生,试图通过学习西方先进的科学技术以应对西方的威胁和挑战。在这样的背景和认识水平中,早期中国留学生自然首先担当其“师夷之长技以制夷”的历史使命,并为近代中国在器物技能层次上的现代化起步,发挥了先行和先导的作用。

例如,清末首轮官派留美生中,首批归国的21名均送电报局从事电报电讯;第二、三批归国者除船政局、上海机器局留用23名外,其余50名均分配于“天津水师、机器、鱼雷、水雷、电报、医馆等处当差”[13]。数年或数十年后,他们中大多数人成为中国近现代工业、矿山、铁路、船舶、建筑、电讯、企业等经济建设部门的技术骨干;其中不少人还成为中国政界、军界、商界乃至科技和教育界的重要人物。如曾任内阁总理的唐绍仪、曾任外交总长的梁敦彦、曾任海军次长的徐振鹏、曾任清华学堂校长的唐国安、曾任北洋大学校长的蔡绍基,以及著名翻译家蔡廷干、著名工程师邝荣光、詹天佑等。以下是高宗鲁根据 *China's First Hundred* 资料编制的《幼童职业分配表》[14]：

国务总理	1人	铁路局长	3人
外交部长	2人	铁路官员	5人
公使	2人	铁路工程师	6人
外交官员	12人	冶矿技师	9人
海军元帅	2人	电报局官员	16人
海军军官	14人	经营商业	8人
军医	4人	政界	3人
税务司	1人	医生	3人
海关官员	2人	律师	1人
教师	3人	报界	2人
在美病逝	3人	不详	4人

就清末首轮官派留欧生而论，他们归国后也为近代中国海军建设、船舶工业建设、工程技术乃至思想文化建设作出了重要的贡献。例如，在分配到北洋海军的留欧学生中，刘步蟾、林泰曾曾分任北洋海军右翼和左翼总兵，叶祖珪为海军副将，萨镇冰为海军帮统；其余大都也担任了舰船的军事领导或技术骨干：清朝北洋海军的主要舰船——无论是早期的“镇东”、“镇西”、“镇南”、“镇北”等舰，还是后来的“镇远”、“定远”、“靖远”、“经远”、“来远”、“济远”、“超勇”等舰，几乎均以这批留欧学生任管带(即舰长)。此外，在分配至福州船政局的留欧学生中，魏瀚、李寿田全面负责福州船政局工程处，先后自行设计制造出“开济”、“镜清”、“寰泰”、“艺新”、“登瀛洲”、“泰安”、“横海”、“广甲”、“龙威”等巡洋舰和铁甲舰，“创中华未有之奇”[15]；林芳荣钻研枪炮制造，“能得其要领，通其精微”[16]，为近代中国枪炮火器技术作出了重要的贡献；陈才瑞专攻鱼雷制造，“深窥机键，究其精微”[17]，解决了国内巧匠一直未能攻克的难题，福州船政局遂有了自己的鱼雷车间；陈兆祥作为工程处蒸汽机制造的总工程师，在蒸汽机的自行设计、制造乃至革新创造方面，取得了“为西人所宗”[18]的成果。在分配至福州船政学堂、天津北洋水师学堂等校担当教习的留欧学生中，也涌现一批具有现代科技意识和思想文化意识的人才。例如，马建忠曾总管北洋水师学堂营务处；严复则先在福州船政学堂任教，后担任北洋水师学堂校长 20 多年[19]。

一般说来，社会和文化变迁中的器物层面的变化，往往先于其他层面的变化；同时，中国上层统治集团和传统士绅精英集团，在外部威胁和内部需要的双重压力下，一般也并不反对器物层面上现代化因素的引进和纯粹技术领域里的变革。但是，另一方面，由于中国当时主要是从西方国家引进器物技术，而这种器物技术实际上也是西方“文化光线”(cultural ray)的一支。这样，尽管它表面上并不侵害到中国社会的内部结构、中国文化的内部价值，并在所受阻力上，远较之于西方文化中的其他方面为小；然而，也正因为如此，它对中国社会、文化的穿透力，远较之于西方文化的其他方面为大。正是在这种意义上，这一时期的留学生，除严复等少数人外，虽大多并未自觉从事西方意识形态方面的传播和文化实践，但是，仅就他们学习、引进西方科学技术的实践而论，无疑就具有了突破中国社会、文化的价值防线，为西方文化进入中国而开路的先锋和先导作用。

(二)制度层面

第二期是从甲午战争至五四运动，亦即制度层面现代化的起步阶段。

梁启超说：这一阶段的总的特点“是从制度上感觉不足”——“觉得我们政治、法律等等，远不如人，恨不得把人家的组织形式，一件件搬进来，以为但能够这样，万事就有办法了。”[20]于是，不仅向西方学习科学技术，还学习他们的社会、政治、法律制度等，这便成为当时先进知识分子的共识。正是在这样的背景中，一方面，最早一批留欧学生和留日学生开始大量翻译介绍西方社会科学、尤其是政治科学书籍——在下一节，笔者将更详尽地讨论这一点；另一方面，早期中国留学生亦开始普遍关注西方的社会、政治、经济、法律、教育制度等，并试图将其引进移入中国，从而在中国制度层面上的早期现代化起步中，又扮演了先行者和先导者的角色。

客观地讲，“土生土长”的中国上层统治集团和传统士绅精英集团中的有识之士，很早也看到了器物革新与制度革新的内在联系。这种认识大致经历了“经世致用论”、“自强运动”、“维新变法运动”三个阶段。

鸦片战争前后是“经世致用论”盛行的阶段，林则徐、魏源、姚莹、徐继畬等通过“翻夷书”、“悉夷情”，也看到了西方国家的强盛并非仅因“船坚炮利”等器物优势，而应当包括经济、社会、政治等制度优势。林则徐曾这样暗诩过美国的政治制度和政治运作机制：

> 君国重事，关系外邦和战者，必合议而后行。设所见不同，则三占从二。升调文武大吏，更定律例，必洵谋佥同。……国政操之舆论，所言必施行，有害必上闻，事简政速，令行禁止，与贤辟所治无异。此又变封建郡县官家之局而自成世界者。[21]

魏源也称赞过美国的总统制度和议事制度：“议事听讼选官举贤，皆自下始。众可可之，众否否之，众好好之，众恶恶之。三占从二，舍独徇同，即在下预议之人，亦先由公举，可不谓周乎？”[22]此外，即于《皇朝经世文编》刊行后30年，魏源还“写出了范围非常广泛的关于制度改革方面的各种建议”[23]。

在19世纪60年代以后兴起的自强运动中，洋务派前后期的领袖人物如曾国藩、李鸿章、张之洞等，即使在忙于"练兵制器"的时候，多少也看到了"器"与"制"，或"体"与"用"的不可分割的关系。例如，曾国藩就曾在日记中写道："欲求自强之道，总以修政事、求贤才为急务；以学作枪炮，学造轮舟等具为下手工夫。"[24]李鸿章则在提出种种自强之道的同时，指出欲求自强，则需要调整中国现存的教育制度和文官录用制度。他还建议在上海设立外语学校，并在一般学校教授西方的数学和科学。

维新变法运动中，制度层面尤其是国家政治体制、结构和功能的现代化问题被提到理论和实践上来。在康有为看来，各种制度层面的改革不仅有必要，而且不可避免。但是，进行自上而下的变革，由皇帝或国家促成中国工、商、矿、农、交通运输乃至文化教育的现代化，则是康有为的改革纲领中一个万变不离其宗的主题。于是，君主立宪与国家富强便成为这场运动的两个基本目标。至于梁启超，则较之于他的老师康有为更具有激进的民族主义和民主主义色彩。以"变"与"群"两大观念为核心，梁启超一方面强调教育制度和政治制度的改革的重要，另一方面则更大胆地提出了建立"新的政治共同体"的理想。

但是，总的说来，从鸦片战争前后的经世致用论者到自强运动中的洋务派，再到维新运动中的变法人士，由于经历和视域所限，他们对西方政治、经济、社会以及教育等制度的了解和理解，不仅有赖于文化"中转"和"转贩"，而且带有明显的封建正统思想和皇权意识。用现在时髦的话说，他们提倡的是"体制内的改革"，而并非完全推翻现行体制的革命。

从这一角度看，以孙中山为代表的民主派、革命派的现代化思想和实践，也就具有了前所未有的革命性意义。例如，孙中山一开始就提出中国必须"取法西人的文明而用之"，"择地球上最文明的政治法律来救我们中国"[25]的主张，并以"驱逐鞑虏，恢复中华，建立民国，平均地权"的民族、民主革命理念和实践，最终推翻了封建皇权统治，为中国早期现代化初步扫清了政治道路。

又由于这场革命的伟大"先行者"孙中山本身就曾是一名留学生，"一位西方化了的中国人"——他"说英语，信基督教，得了医学学位"；长期在海外尤其是留学生中间进行革命活动，"自十三岁到四十五岁期间只有约四年是在中国"[26]；而以他为核心的这批资产阶级民主派、革命派的领导阶层和中坚分子，也多为19世纪末以来留学、游学或流亡国外尤其是日本的学生、知识分子和军人——以同盟会为例，1905年—1907年同盟会为数可考的会员有379人，其中354人是留学生，尤其是留日学生，占93%[27]；因此，可以毫不夸张地说：19世纪20世纪之交的留学运动，尤其是20世纪头10年间的留日学生运动，——包括留日学生在日本和国内的各种社团、社会乃至政治活动，为近代中国从维新变法转向政治启蒙，从社会改良转向政治变革、军事革命，作出了不可磨灭的历史贡献。在谈到辛亥革命直接起因时，孙中山曾经说过这样的话：

> 留东学生提倡于先，内地学生附和于后，各省风潮，从此渐作。[28]

由此可见，在社会政治革命和制度层面的现代化起步方面，近代中国留学生尤其是留日学生仍然发挥了先行和先导的作用。

(三)文化层面

第三期开始于五四新文化运动，其主要着眼点是文化层面的现代化起步阶段。

梁启超说：这一阶段的总的特点"是从文化根本上感觉不足"——"觉得社会文化是整套的，要拿旧心理运用新制度，决计不可能，渐渐要求全人格的觉悟。"[29]于是，反对旧文化，提倡新文化；反对旧文学，提倡新文学；为中国的现代化重铸现代民族精神和人格，便成为五四新文化运动和新文学运动的初衷和夙愿。而通过这两大运动促进和推动中国文化、泛文化乃至社会的价值体系、意识形态等完成从传统到现代的转型，便成为整个中国现代化进程中不可或缺的重要方面。正是在上述两方面的意义上，现代中国留学族以及现代中国留学文化又承担了不可取代的历史重任，扮演了先行和先导者的角色。

例如，五四时期文化、文学两大运动的"发难者"、"先驱者"或较有影响的人物，几乎无一例外地都有留学国外的经历。所以梁启超说："新近回国的留学生，又很出了几位人物，鼓起勇气来做全部解放的运动。所以最近两三年间，算是划出一个新时期来了。"[30]

在谈到五四时期白话文运动时，作为留美者的梁实秋，也明确强调过留学生尤其是留美学生在其中所发挥的先导和骨干作用：

> 近年倡导白话文的几个人差不多全是在外国留学的几个学生，他们与外国语言文字的接触比较的多些，深觉外国的语言与文字中间的差别不若中国言语文字那样的悬殊。同时外国也正是一个文学革新的时代，例如在美国英国有一部分的诗家联合起来，号为"影象主义者"，罗威尔女士佛莱琪尔等属之，这一派唯一特点，即在不用陈腐文字，不表现陈腐思想。我想，这一派十年前在美国声势最盛的时候，我们中国留美的学生一定不免要受其影响。试细按影象主义者的宣言，列有六条戒律，主要的如不用典，不用陈腐的套语，几乎条条都与我们中国倡导白话文的主旨吻合。所以我想，白话文运动是由外国影响而起。随着白话文运动以俱来的便是新式标点，新式标点完全是模仿外国，也可作为旁证。[31]

就五四时期新文学的主要社团流派而言,情形也是如此。不过,作为留日过来人的郭沫若,则更强调日本留学生的功绩和地位:

> 中国文坛大半是日本留学生建筑成的。创造社的主要作家是日本留学生,语丝派的也是一样。此外,有些从欧美回来的彗星和国内奋起的新人,他们的努力和他们的建树,总还没有前两派的势力浩大,而且多是受了前两派的影响。
>
> 就因为这样,中国的新文艺是受了日本的洗礼的。而日本文坛的毒害也就尽量的流到中国来了。[32]

二　中介与中坚——在世界化的潮流中

伊曼纽尔·沃勒斯坦(Immanuel Wallerstein)在《现代世界体系》一书中指出:作为现代社会,无论是欧洲还是非洲以及世界其他地区,都不是独立地存在和发展的;相反,现代社会是在世界的各个部分不平等的互动交往中诞生的。沃勒斯坦这一观点,支持了笔者的基本看法:中国的现代化问题,同时也是一个世界化的问题。

于是,中国与世界的互动交往,包括跨文化交流,便在中国的现代化,以及世界现代体系的建构中具有十分重要的意义。换言之,对中国而言,世界范围内的跨文化交流,既是本身具有独立意义的事件,也是现代化过程中的一个重要方面。这样,现代中国留学族群的文化实践,包括跨文化交流实践,便同时具有了现代化和世界化的双重意义。

正是在上述意义上,笔者认为:现代中国的留学族群和留学文化不仅始终处于现代化的前沿阵地,而且一直置身于世界化的结合地带,并在本土文化与异域文化、中国文化与世界文化的互动交汇的潮流中,扮演不可替代的文化中介和中坚角色。

世界化:中心与边缘　一般说来,在一个民族或国家的任何发展阶段,都存在着本土文化与异域文化的交流;此外,留学生或留学族群也并不一定是这种跨文化交流的唯一主体。但是,在近现代中国应对世界、走向世界的过程中,由于中国留学族所独具的中介者地位,遂使这种跨文化交流,以及作为其产物的留学文化本身不仅格外活跃,而且呈现出格外明显的"半边缘性"乃至边缘性。

从民族和文化传统渊源上看,现代中国留学族首先是本土文化的天然承传者和承载者。他们绝大多数生于华夏,长于中国,承续的是华夏民族的血脉,接受的首先是本土文化的熏陶。正是这一点,赋予现代中国留学族以割不断的本土文化情结和意识,并在他们所创造的现代中国留学文化中留下了抹不去的本土文化基质和印记。

另一方面，从生活和学习经历上看，现代中国留学族又是异域文化的直接亲历者和接受者。这种身处异国、期限不等的生活和学习经历，势必对他们的见识、学识、人生观、价值观，尤其是文化观产生程度不等的影响。正是这一点，又使得现代中国留学族对异域文化有着自己的切身体验和认识，并表现出程度不等的文化亲近感和认同感。

于是，在现代中国走向世界的互动过程中，在现代中国与世界的跨文化交流中，现代中国留学族群便成为一个有着明显“半边缘性”乃至边缘性的群体。留学他国时，相对于异域文化，他们无法割舍本土文化的传统；学成回国后，相对于本土文化，他们又难于剥离异域文化的影响。此外，无论是留学中还是回国后，两种不同文化的对立乃至冲突，也常常使他们处于事实上或心理上的半边缘状态，处于多中心文化场的互动或夹击之中。正是这种种从个人经历到族群心理的“半边缘性”或边缘性，造成了现代中国留学族群时为中心、时为边缘，或既是中心也是边缘的独特境遇，造成了现代中国留学文化“不中不西”又“亦中亦西”的独特品格：从文化生成和整体上看，现代中国留学文化自然应当是现代中国文化的一部分；然而，从文化资源和资质的角度看，现代中国留学文化既不是纯粹的本土文化，也不是完全的异域文化，而是本土文化与异域文化、中国文化与世界文化结合后的“混血儿”——而这，又在很大程度上，是整个现代中国文化乃至文学的一个极重要的特征。

现代中国留学族群和现代中国留学文化的这种“半边缘性”和边缘性，从根本上决定了它们在跨文化交流中的中介性和中坚性：现代中国留学族群和留学文化是世界通向中国，以及中国走向世界的一个重要桥梁和中介地带，并在本土文化与异域文化的交流中扮演着特殊的、以主动吸纳和全面沟通为特征的中坚角色。

严格地讲，本土文化并不等于本位文化。前者着眼于文化的资源性和区域性；而后者更强调文化的本源性和中心性。但是，就中国的本土文化尤其是传统本土文化而言，其强烈的本位性是众所周知的：表面上“天人合一”，实际上“以天为本”，或“以天子为本”的世界观和世界秩序意识，“普天之下，莫非王土”的天下观和天朝意识，以及“以中国为中心看待世界的观念”等，都是与这种文化的本位性互为表里的东西。加之中国的本土文化相对于异域文化，尤其是周边国家的异域文化曾长期处于优势地位，因此，更助长和强化了中国本土文化中盲目自大和闭关自守的本位意识。

鸦片战争以来的一系列灾难性事变，使中国的天朝意识、自我中心意识乃至本位文化观均受到前所未有的冲击：在发生了变化的世界格局中，中国已经从中心走向边缘，由领先转为落后。闭关自守既然已无可能，对外开放便成为无可奈何的唯一选择。然而，即使是在这样一种被迫走向世界的过程中，中国的上层社会、本土士绅群体和传统文化中的本位性乃至保守性仍然是显而易见的:从夷夏之辨到中体西用,再到全面学习和开放;从物质文化到制度文化,再到精神文化,近现代中国尤其是"五四"之前的士绅精英集团和本土主流文化,对待域外文化、世界文化基本上取被动接受乃至逐层防守的姿态。

另一方面,就"五四"以前本土文化的实践主体——中国士绅知识分子群体而言,他们也带有传统教育所造成的学识和能力局限:国学基础和传统文化根底扎实,但西学尤其是外语能力欠缺。这就不能不影响到他们对于西方文化直接有效的汲取和接受。以中国近代的维新派知识分子为例,他们中许多人一方面饱读诗书、满腹经纶,另一方面又对西方文化知之甚少,尤其对外文目不识丁。因此纵然迫切希望与世界、与域外文化沟通,却苦于无门可进。关于这一点,梁启超曾经有过生动的描述:

> 这班人中国学问是有底子的,外国文却一字不懂。他们不能告诉人"外国学问是什么,应该怎么学法",只会日日大声疾呼,说:"中国旧东西是不够的,外国人许多好处是要学的。"[33]

正因为如此,即使是当时上海制造局采用传统方式(即以外国人口述加中国人笔译方式)翻译的"很陈旧、很肤浅"的"几部科学书",对于康有为、梁启超这些"不懂外国话的西学家"来说,不啻为"开出一条血路了"[34]。近代中国士绅知识分子群体在面对域外文化时既渴望吸纳又无力沟通的窘境,由此可见一斑。

别求新声于异邦 与上述情形形成鲜明对比的,是现代中国留学族群对域外文化全面开放的心态以及主动集纳的能力。以清末民初的一批留学生为例:从容闳"以西方之学术,灌输于中国,使中国趋于文明富强之境"的理想,到严复翻译《天演论》(1896年)、《群己权界论》(1899年)、《群学肆言》(1902年)、《社会通诠》(1903年)、《法意》(1906年)等西方思想学术名著的创举;从鲁迅"别求新声于异邦"、"我以我血荐轩辕"的战斗一生,到胡适"愿得西乞医国术"、"南北东西处处到"的文化实践……中国早期留学生不仅能以全面开放的心态面对外部世界,而且能以较扎实的西学功底、较强的外语能力,为本土文化与异域文化的沟通作出历史性的贡献。

仍然以清末民初的留学生为例,他们的翻译实践和由此所创造的翻译文化,在当时的跨文化交流中,在中国走向世界、走向现代的过程中,都发挥了极重要的中介、桥梁乃至促进作用。

众所周知,域外文化典籍的翻译,一直是引进移植外来文化的重要途径之一。从汉魏之交到明清之际,均出现过的西书中译的高峰时期。但一般说来,这一阶段的翻译活动带有浓重的宗教文化色彩:其主译者多为宗教僧侣或教士;所译典籍即使并非全为宗教内容,但至少与传教活动或传教目的相关。进入19世纪以后,以西方基督教文化的全面侵入为背景,西书中译活动中,增添了西方自然科学乃至社会科学译介的分量。但是,就翻译主体而言,则仍然为西方传教士;就译介目的而言,仍然是以西方"新学"辅助西方"福音"的传播。

鸦片战争以后,随着海外留学人员的增多,国外学子的回国,西书中译的整体面貌开始发生转折性的变化,这主要体现在以下几个方面:

其一,留日族群成为翻译的主力军。

当首批留欧学生回国后,中国留欧群就开始登上西书中译的历史舞台,并以其翻译实践对近代中国知识分子产生较大的影响。例如,留英学生严复以《天演论》等系列译著,第一次"把19世纪主要思潮的一部分介绍进来",为国内知识分子打开视野。留法人员马建忠以《马氏文通》一书在介绍西方语言学观念、方法的同时,对汉语语法进行了最早的现代语言学研究;陈季同"图以译著改革社会",在中法论著互译和文化交流方面作出了出色的贡献,曾被誉为"19世纪欧洲最有影响的中国人之一"。

当大批留日学生负笈东洋后,中国留学群就开始成为西书中译的基本力量。20世纪初,仅留日学生组建的以翻译为主的团体就有数十个。其中较有影响的有"译书汇编社"(1900年)、"湖南编译社"(1902年)、"教科书译辑社"(1902年)、"国学社"(1903年)、"会文学社"(1903年)、"闽学社"(1904年)、"新译界社"、"人演绎社"、"东新译社"等。此外,还有一大批留日学生社团或杂志相涉于翻译出版活动,如"新女界杂志社"、《湖北学生界》、《江苏》等。不仅如此,当时国内一批出版社和书局,也大多具有留日学生背景,或以留日学生译稿为主要稿源。由此可见,清末民初的翻译主体,已经由传教士转换为留学生尤其是留日学生。

其二,径取东洋成为翻译的大热点。

翻译主体的变化,势必带来译材来源的变化。19世纪下半叶,由于当时的翻译队伍以欧美传教士为主体,因此,在此期间出版的译著,大多取材欧美,其中又以英美图书占多数。据统计,1850年—1889年间,汉译外著共567种,其中英美图书占65%,日本虽是近邻,其图书却不过15.1%左右[35]。

20世纪初,一方面,是官方强调"各种西学书之要者,日本皆已译之。我取径于东洋,力省效速";另一方面,是留日学生大量身体力行,"学东洋文,译东洋书"[36],"日本每一新书出,译者动辄数家"[37]。于是,留日学生开始取代欧美传教士而成为翻译的主体队伍,日文译著和著作也就自然而然地成为汉译图书的主要译材来源,并迅速取代汉译英美图书的优势地位。据《译书经眼录》记载,1901年至1904年间,外文译著约533种,其中日文译本多达321种,占全部译著的60%[38]。另据统计,1896年至1911年间,日文中译本共计988种,每年平均达66种[39],几乎一统当时全国的译书市场。由此可见,西学通过日本人的介绍翻译,再度汉译引进入中国,成为清末民初翻译文化的一大热点和特点。

其三,社会人文著作成为翻译的新选择。

在译介内容方面,近代翻译文化也发生了较大变化,其主要表现是社会人文著作开始成为一种新的选择。

梁启超曾经指出:甲午战争之前的译著多为自然科学著作,而"思想界所受的影响很少"[40]。甲午战争之后,随着留学规模的扩大,最早一批留欧学生和留日学生开始大量翻译介绍西方社会科学,尤其是政治科学书籍。例如,译书汇编社就将其宗旨明确规定为"采择东西各国政治之书……务播文明思想于国民"[41]。于是,随着20世纪的来临,以留学生尤其是留日学生为主体的翻译文化,迅速将兴趣和重心从纯科技转向制度和政治方面。

> 兴趣的变化反映在翻译作品方面,因为对过去几个世纪的自然科学和应用科学的热情转到了社会和人文科学方面。新的重点对以后几年中国的政治和社会发展起着重大影响。自1902年至1904年,几乎一半翻译书籍与历史和制度有关。对制度改革的兴趣以及日本的影响是本世纪最初几年翻译作品中决定性因素。[42]

尤其值得强调的是:中国人最早主动接触传播社会主义、马克思主义学说,也是自留日学生始。从1900年开始,不少留日学生开始经由日文著作阅读、翻译马克思主义学说,并在留日学生社团主办的各类刊物上进行了介绍评述。例如,1901年,译书汇编社创办的《译书汇编》杂志,就出现一些介绍社会主义、马克思主义学说的文章。此后国内出版的一些相关著作,如《近世社会主义》(福井准造著,赵必振译,上海广智书局1903年出版),《社会主义神髓》(幸德秋水著,1903年出版)等,均由日本留学生翻译。稍后,流亡日本的革命党人、无政府主义者等,也开始直接译介马克思主义的原著。其后,现代留日群及其译述活动,也一直是20世纪二三十年代马克思主义在中国传播的一个重要来源。

"五四"期间,人文社会科学乃至西方文学的翻译引进,仍然是五四新文化运动和新文学运动的重要组成部分。五四时期这两大运动的先驱们,不仅几乎都有留学国外的经历,而且几乎都无一例外地曾致力于域外文化文学著作的翻译引进。以日文文学书籍的翻译为例,五四运动后10年间,约有140名日本作家、共324种作品(含理论著作)被翻译成中文[43]。

这种情形,虽因时局或政局的变化而有所变化,但仍一直延续到新中国成立前乃至新时期。仍然以日文图书的翻译为例,有关研究指出:从五卅运动爆发至北伐期间,"关于工人问题、社会问题等的社会科学研究兴趣兴盛起来,译自日文图书占压倒性的大多数";计达374种。其中单是河上肇的译本,就有18种之多[44]。在1880年至1940年期间,约有2204种日文著作被译成中文,其中几乎有一半是社会科学、历史和地理方面的[45]。

此外,经由日文图书翻译而产生的影响,还进一步扩大到"对西文图书著作的选择和词汇使用方面。中文借用日文术语的情况是大量的。……根据近来作的一次统计,在那几十年中,有四分之三的中国新词汇来源于日文,通过已在日文中通用的汉字词组传入"[46]。

不仅如此,日本的影响不但涉及书的内容,也涉及书的形式;中国人自己印刷出版的第一本"洋装书"《东语正规》(1900年)就出自留日学生之手。所以,费正清等人指出:中国留日"学生运动在清末民初传播文化技术的知识及经验的每一个方面都留下它的痕迹"[47]。

要言之,逐次展开、层层深入的本土文化与异域文化接触交汇,是现代中国文化运动、尤其是跨文化交流中的一大特点。在这场逐步升级的文化运动和跨文化交流中,现代中国的留学族群不仅因其独特的中介性而扮演了不可替代的中坚角色;还直接以其所创造的留学文化加入这场史无前例的大规模文化运动中来,相应着不同的历史阶段而积极主动、卓有成效地推进着现代中国与周围世界全方位沟通交往。

三　互渗与互动——在文化化的发展中

现代中国的留学运动和留学族群,虽然产生于现代中国各相关领域或层面的变动之中,产生于中国对面临的压力所作出的文化反应和文化应对之中;但是,它们又反过来对现代中国的"文化化"[48]过程,包括现代文化族群和文化形态的构成、演化,产生巨大的、多方面的影响,并进而影响到整个现代中国的文化运动乃至文明运动。

文化化:整合与重建　文化,从其产生的根源上看,首先是作为人对自然的适应机制及其结果而出现的。至少在我们产生并存在于其中的这个星球上,至少在从猿到人的进化中,文化与人化是同步的:人创造并发展着文化,而文化则意味着从非人到人的转变。因此,我们虽然承认文化自身的相对独立性,或曰"超有机性";但是,归根到底,文化是人的实践的产物,是人的生存和存在方式。没有作为主体的人的存在,也就没有文化的存在。所以哈维兰说:"文化是人类用以解决其成员所觉察到的生存问题的手段。"[49]

这里,值得注意的是"觉察到"这一限定。也就是说,文化,总是对意识到的问题的反应。这就使得文化在其一开始就具有"为人一人为"的性质。这样,与结构主义或后结构主义的理解相反,笔者认为文化归根到底具有"人化性"和"人本性":文化归根到底是人的实践产物,并以人为基本出发点和最终尺度。

由于一切文化,归根到底是人所创造的、属人的文化;同时,一切文化都具有超越自然客观的类本质，因此，一切文化实践或文化形态，从根本上讲，是人的主体性活动，尤其是人的主体精神的展开——无论这里的主体是“逻各斯”意义上的，还是现象意义上的；是个体性主体，还是群体性、社会性主体。于是，从这一基本理解出发，可以说人、主体、主体精神、主体活动以及现象和现实意义上作为集合主体的群体，永远是文化发生、发展的基本动力。同样，从这一基本理解出发，当人、主体、主体精神、主体活动以及现象和现实意义上作为集合主体的群体发生改变的时候，他们所创造的文化也势必会发生相应的改变。

从这种意义上讲，现代中国文化的整合和重建问题，首先相关于文化主体、文化族群的整合和重建问题。正是在这一点上，现代中国留学族群，作为一种新的主体性因素和主体性存在，便不可避免地具有了文化主体和文化族群方面的重要意义。

另一方面，就具体的、作为现象而存在的文化来说，一定社会、一定时代中的文化类型或形态，在构成要素、结构形式、系统功能诸方面，势必存在着某种差异。这种差异，既可体现为历时性文化发展上的迟缓迅疾之分，又可显现为共时性文化构成上的予求取舍之别。这样，在文化与文化之间，文化族群与文化族群之间，亦可同样存在或平衡或失衡、或互补或冲突的状态。

于是，就文化变迁或文化发展而言，它们本身又具有自己的特质和规律性。正是这些特质和规律性的存在，造成了文化之间、文化主体或群体之间，文化运动或文化族群之间，乃至它们相互之间十分错综复杂的关系。

例如，文化作为人化的结果，作为主体实践的产物，其本身可被视为是一个具有积累性、传承性和某种稳定性的连续统。从时间一维看，文化可被视为是一系列事件的流程，它穿越历史，连接过去、现在、将来，从一个时代纵向地传递到另一个时代；从空间一维看，文化能越过种群、民族的边界，超越地理、国界的限制，横向地从一个种族或地域播化到另一个种族或地域。从这种意义上讲，文化具有自己的自足性和统一性。也正是出于这个原因，不少学者倾向于“把文化从其人类载体中分离出来加以思考”[50]；并主张文化是与人所不相干的“超有机体”。例如，美国著名文化人类学家、新进化论学派的主要代表人物莱斯利·怀特(Leslie A. White)就曾这样说：“应当把文化当作自成一格的事物，当作基于自身的公理和法则而运转，因而归根结底也只能根据其自身的要素和发展来说明的一类事物和进程。这样，文化就被看作为一个无求于外的自我决定的进程，一个惟独从其自身中才能予以阐明的进程。”[51]

笔者虽然不赞成将文化与人，与主体、群体乃至社会完全分开的基本观点——因为在我看来，人和主体不仅仅是文化的载体，更是文化之所出和所归；而社会，归根到底总是“人的社会”。但是，以文化即人化的观念为前提，笔者仍然主张这样一种基本认识：文化既是一种具有积累性、传承性和某种稳定性的连续统，也是一种具有生成性、互动性和变异性的扩散场。

这样，当文化一旦成为一种既定的存在时，它便开始走向其原初精神的对立面：即试图将一切它所能掌握或触及的东西"文化化"——亦即"文化场化"。这种"文化化"，一方面浓缩了一定文化圈中以往人类发展的全部或部分历史，并以"社会遗传"、"文化濡化"或"文化涵化"的方式传递既有文明的成果，——这就意味着在个体、群体乃至社会意义上人化和社会化过程的加速；另一方面，文化化又意味着以某种既定的传统，某种超有机体的存在"强加"于人和社会，由此构成对人和社会某种规范、统摄乃至强制——这又势必造成对人和社会的一种新的"异化"、"类化"和"场化"。于是，就产生了新的变异乃至新的文化。

从这种意义上讲，以现代中国留学族群为主体所创造的留学文化，作为存在于现代中国的一个特殊的文化场，可以反过来对它所能触及的一切东西，如现代中国社会的各个层面，以及现代中国的其他社会族群尤其是文化族群，造成一种新的"文化化"或"场化"。作为这种新的文化化的一个直接的体现和结果，就是整个具有"超有机性"的现代中国文化文学，在现代化和世界化双向互动中，在多源传统和多元趋向的复杂纠结中，产生了新的场化和场变。所谓现代中国文化的整合与重建运动，本质上也是这种文化化或文化场化过程的一个方面或部分。

这样，在现代中国文化化发展中，现代中国的留学族群和留学文化不仅以其现代性、世界性构成其自身独特的文化品格，而且以其多源性和多元性对整个现代中国民族文化的生成和走向产生直接的作用；从而形成现代中国文化史上本土文化与域外文化、留学文化与民族文化、传统文化与现代文化互渗互动的独特人文景观。也正是在这样一种互动互渗的文化化的过程中，现代中国留学族群完成了从一般教育学和社会学意义上的群体，向文化学以及文学意义上的群体的转变。现代中国文化文学运动此起彼伏、波澜壮阔的进程，现代中国文化文学社团林立、流派纷呈的局面，大多与此密切相关。

从留学族群到文化、文学族群 应当承认，即使是仅从留学族群的视角考察现代中国文化化的问题，这也是一个涉及广泛、具有相当难度的课题。

从涵盖面讲：它既涉及现代中国留学族群与现代中国文化文学族群的基本关系，也涉及基于这种关系而对现代中国文化文学复杂多样的现象、流派进行总体把握和分类梳理；不仅如此，它还涉及具体考察留学族群各阶段、各派别的社团流派活动、文化文学实践及其影响。

就难度而言，如何正确界定、区分和辨析现代中国文化文学运动、族群、流派中"留学指向性"与"非留学指向性"，或"留学相关型"与"非留学相关型"现象；如何具体梳理现代中国留学族群与现代中国文化文学族群、派别之间具体的现象和逻辑联系；如何从留学运动、族群、文化的角度，科学阐明现代中国文化、文学流派中"源、元之间"的互动关系和规律，如此等等，都是需要以大量材料、史实为依据，进行认真细致和深入探讨的问题。

由于上述原因，笔者不可能在此全面论述现代中国留学族群在现代中国文化化过程中的实践、作用、地位、影响等问题，而只是从现代中国留学族群与现代中国文化、文学族群的基本关系入手，概要地指出以下几个基本事实和相关结论：

其一，现代中国留学族群通过对现代中国文化运动、文学的直接介入和参与，而成为现代中国文化、文学族群的一个有机的构成部分乃至生力军，并对现代中国文化文学运动的实际进程和走向，产生了不可避免的影响。

如前所述，尽管中国从鸦片战争以来就开始了早期现代化的一系列呼吁和尝试，然而，大量的材料表明：这些呼吁和尝试至多只是当时统治阶级中的精英分子对外部压力和内部张力的一种初步的也是较低层次的反应。戊戌变法前后，体制和制度的变革问题被提到议事日程上来，然而，从现代社会和现代文化形成条件或构成要件看，这种变革是相当有限的：它不仅被严格地限制在皇权所能允许的范围内，而且，其倡导者始终没能跳出士绅精英集团的藩篱，获得群体意义上的现代性尤其是现代独立性。

从辛亥革命到五四运动，情况有了极大的不同：一方面是现代政治诉求开始成为现代政治精英们的有意识的追求；另一方面，现代文化诉求已从后台进入前台，成为现代文化精英们迫切的、一以贯之的努力。这一局面的形成，自然有多方面的原因，但与中国真正具有现代意识和现代独立性的政治族群、文化族群的崛起，有着非常直接的因果关系。而在这种崛起中，现代中国留学族群的催生和促动作用，是毋庸置疑的：从清末的留日运动和留日群体到民初的留美运动和留美群体；从孙中山、黄兴、蒋介石到陈独秀、鲁迅、胡适，几乎所有的政治精英、文化精英，都无一例外地是留学归国者。从这种意义上讲，辛亥革命、五四运动发生在中国，但其资源和准备至少部分地发端于国外。也正是以留学归国者的群体性参与为标志，中国文化族群、文学族群的主体，开始了由士绅精英集团向现代知识分子集群的转变，现代中国留学族群也随之具有了现代中国文化文学族群之有机构成部分和生力军的性质。

五四运动之后，从国共的合作与分裂到十年内战、八年抗战，以及三年的解放战争；从革命文学到左翼运动、延安文学，以及战后文学，各个历史阶段以及各文化文学的发展阶段，不仅可以看到归国留学者以个体身份从事的各项活动，更可以看到他们作为一个族群的参与与实践。例如，如果没有 20 世纪 20 年代初期的留法勤工俭学运动、20 年代中期的留学苏俄运动，我们很难设想此后的中国政治、社会、文化和文学运动将仍然会是同样的面貌或走向。至少，中国现代史上风云人物的名册会被极大幅度地改写。由此亦可反证：现代中国留学族群通过对国内一系列事件的参与，不仅在很大程度上决定了现代中国文化文学运动的实际进程和走向；而且已经成为整个现代中国文化文学族群的重要组成部分和生力军，并对整个现代中国文化族群的构成、成分，产生了不可取代的影响和作用。

其二，在现代中国文化化的过程中，现代中国留学族群自身的类群性和特异性，孕育、触发、制衡着现代中国文化文学族群的分立、互补和互动，从而最终改变了整个现代中国文化文学发展的基本格局。

如前所述，现代中国留学族群可以大致划分为四大基本族群：现代留美群、现代留欧群、现代留日群、现代留苏群。由于这四大基本族群的形成过程、群体特征各有不同，因此，在现代中国文化化的实际进程中，以现代中国的留学族群为实践主体的现代中国留学文化，——无论是体现在个体的行为和实践中，还是反映在群体的倾向或主导方面，都可相应地划分为四大基本派别：留美文化派、留欧文化派、留日文化派、留苏文化派。他们分别有着各自的群体或派别特征。

一般说来，现代留美群成员在留学期间大多崇尚实证科学、民主政治和和平改良，且受到正规系统的现代西方教育。因此，他们不仅对所在留学国家及其文化往往保持一种亲和心态，而且大多在回国以后有着较稳定的中产阶级的社会地位。所有这些，使留美文化派呈现出自由主义与保守主义矛盾并存的基本风貌。

与现代留美群形成鲜明对比的，是现代留日群及其文化。尽管现代留日群在群体结构以及个体际遇、思想和价值观念方面也存在较大的歧异；但由于他们独特的留学环境、留学经历，加上中日间民族矛盾、国内社会政治事件的更为直接的作用，以及马克思主义在留日学生中的重大影响，所以无论是就现代留日群的主导倾向而言，还是就他们所创造的文化、文学而言，其民族情结、政治情结以及文化批判情结远比现代留美群及留美文化派强烈。

与留日群情况相似的，是现代留苏群及留苏文化。从很大的程度上讲，现代留苏运动是现代中国政治运动、政党活动的直接产物。因此，现代留苏群体、留苏文化基本上是政治取向性群体和文化，且带有浓重的政党政治和意识形态色彩，以及理想主义与功利主义奇特混合的品格。

至于现代留欧群及其文化，由于欧洲国情不一，出国者的动机、原由和经历不一，从而使整个现代留欧群及其文化呈现更为复杂的局面。但就几个主要欧洲国家的总体情况来看，留学英国者与留美者相近，但更增添了几分保守和绅士气；留法者则与留日和留苏者相仿，于激进主义之外，更多了浪漫主义的色彩；留学德国者，往往既有留日者的民族主义情结，也有留美者的实证主义倾向，此外，还沾染了一些现代主义的精神。

所有这些特点，都直接或间接地反映到现代中国文化文学的社团、流派以及个人的实践中来，从而影响了现代中国文化文学的基本格局。

其三，现代中国留学族群的群体性的存在、尤其是文化文学实践，赋予现代中国文化、文学族群前所未有的复杂性和多样性，从而为现代中国文化文学社团、流派乃至个体多样化传统和风格的形成，提供了直接的文化文学资源和合力。

由于以上原因，当然也包括其他一些因素，现代中国的文化运动、文学运动，从来就不是单一的或曰一元化的运动。这种状况的形成，自然取决于多方面因素(这本身即是其多源性的一个方面)：从国际政治的格局，到国内社会的现状；从党派、阶级、意识形态之争，到民族、区域、社会分层之别；无一不以自身特有的方式给现代中国文化文学运动打上各自的印记。然而，不可否认的一个事实是：现代中国的留学族群也以其自身的多源与多元性存在及实践，为现代中国文化文学构成和演进，留下了自己的印痕。这一点，仅从现代中国文化文学社团、流派的群体结构、主导倾向中，就可以或明晰、或模糊地观察出来。

从群体结构、尤其是成员构成考察现代中国文学社团流派与现代中国留学族群的关系，大致可以看到这样几种基本情形：

一是由单一留学族群成员为基本成员的社团流派。它们或本身就“受胎”(郭沫若语)赋形于留学时期，如“春柳社”、“创造社”、“中华戏剧改进社”等；或以同一国家的归国留学生为基本群体，如“学衡派”、“甲寅派”、“南国社”等。这样，各次属留学群体的群体特征、留学文化特征在这些社团流派中表现得格外突出。因此，他们往往就是相关留学族群、留学文化派别在文化文学领域里的典型代表。

二是由复合留学族群成员为基本成员的社团流派。从“《新青年》杂志社”，到“新月派”；从“语丝社”、“未名社”，到“现代评论派”；从“民众戏剧社”、“太阳社”，到“论语派”、“现代派”、“新感觉派”等，无一不是如此。这类社团流派不仅数目多，而且成员复杂。但是，不同的留学族群背景，也使这些社团流派明显地带有相关留学文化的特征。此外，这类社团流派各成员在思想、倾向、意趣乃至风格上的复杂性和多样性，往往可以从他们各自的留学族群和留学文化背景中找到答案。

三是以少数或部分归国留学者为主要发起者或重要参与者的社团流派。如“文学研究会”、“七月派”、“九叶诗派”、“战国策派”等，其相当部分的成员虽不具有留学背景，但是，其主要成员或部分骨干成员，大多具有留学他国的经历。在这些社团流派的活动中，也可以看到不同留学族群、留学文化比较重要的、有时是主导性的影响。

就各别的、个体的文化文学实践而言，现代中国文化文学史上更是充满大量的个案和例证，足以说明留学活动与文化文学活动的相关性。以现代文学论，从鲁迅、郭沫若、茅盾以及巴金、老舍那样的一代文学巨匠，到冰心、周作人、郁达夫、闻一多、徐志摩、李金发、瞿秋白、艾青、李劼人、胡风等一大批名家，其观念、作品、风格等，无一未受到留学生活、留学文化的影响。

如果我们完全打破既有社团流派的界限，同时也将各别作家的活动作一整体性的考察，我们还可以发现：在现代中国文学史上，相应着现代中国四大基本留学族群的划分，也存在着四大留学归国者作家群(简称留学作家群)，如留日作家群、留美作家群、留欧作家群、留苏作家群。他们各以其留学族群、留学文化文学的同一性和差异性，以及其与本土作家群相对而言的互补性，极大地丰富了现代中国文学多源与多元的品格和传统。

大量的事实表明：现代中国留学族及其创造的文化、文学，不仅本身即构成了现代中国文化化发展进程中的一个重要契机、动力和生力军，而且已成为真正具有现代性和世界性的、新的多源与多元民族文化形态和传统的一部分。于是，从现代中国留学族群和留学文化的多源传统和多元品格中，从这种多源传统和多元品格所参与和渗透的现代中国文化化的过程中，亦可为整个现代中国文化文学族群乃至文化文学现象本身的爬梳、分析和透视，找到一种全新的、更为宏观的，同时也更具有统摄性和分析性的视角和视域。

[节选于《多源与多元：从中国留学族到新月派》，华中师范大学出版社2002年；曾发表于《世纪中国》(http://www.cc.org.cn/)，上网日期2001年6月29日]

注释：

[1]参见章开沅、罗福惠主编：《比较中的审视：中国早期现代化研究》，杭州：浙江人民出版社1993年版，第38—55页。

[2]A. Toynbee: *The World and The West*, Meridian Book, The World Publishing Co, 1964, p.268.

[3]费正清：《剑桥中国晚清史·上》，北京：中国社会科学出版社1993年版，第7页。

[4]金耀基：《中国的现代化》，《港台及海外学者论近代中国文化》，重庆：重庆出版社1987年版，第1页。

[5]R. E. Ward & D. E. Rustow: *Political Modernization in Japan and Turkey*, ed. Princeton University, 1964.

[6]罗荣渠：《中国近百年来现代化思潮演变的反思》，《从西化到现代化》，北京：北京大学出版社1990年版，第2页。

[7]梁启超：《50年来中国进化概要》，《梁启超文集》，北京：北京燕山出版社1997年版，第450页。

[8]费正清：《剑桥中国晚清史·上》，北京：中国社会科学出版社1993年版，第159页。

[9]魏源：《明代食兵二政录叙》，《古微堂外集》，卷三，第4页。

[10]《清代筹办夷务始末·同治朝》，卷二五，第1—3页。

[11]《李文忠公全集·朋僚函稿》，卷一，第9页。

[12]冯桂芬：《校邠庐抗议》，卷二，第10页。

[13]《中国近代史资料丛刊·洋务运动》，第2册，上海：上海人民出版社1961年版，第167页。

[14]拉法格著，高宗鲁译注：《中国幼童留美史》，台北：华欣文化事业中心1982年版，第75页。

[15]《皇朝经世文续编》，卷一〇八，洋务第八。

[16]《船政奏议汇编》,卷三九,第 4 页。

[17]《船政奏议汇编》,卷三五,第 1 页。

[18]《闽县乡土志·侯官县乡土志》。

[19]参见李喜所:《近代中国的留学生》,北京:人民出版社 1987 年版,第 104—105 页。

[20]梁启超:《50 年来中国进化概要》,《梁启超文集》,北京:北京燕山出版社 1997 年版,第 451 页。

[21]林则徐:《四洲志·弥利坚国即育奈士迭国》,《小方壶斋舆地丛钞》。

[22]魏源:《海国图志·墨利加洲总叙》,郑州:中州古籍出版社 1999 年版,第 369 页。

[23]费正清:《剑桥中国晚清史·上》,北京:中国社会科学出版社 1993 年版,第 161 页。

[24]转引自邓嗣禹、费正清:《中国对西方的反应:1839—1932 年文献概览》,美国哈佛大学出版社 1954 年版,第 62 页。

[25]孙中山:《在东京中国留学生欢迎大会的演说》,《孙中山全集》(第 1 卷),北京:中华书局 1981 年版,第 281 页。

[26]费正清、费维恺:《剑桥中华民国史·下卷》,北京:中国社会科学出版社 1993 年版,第 534 页。

[27]李喜所:《近代中国的留学生》,北京:人民出版社 1987 年版,第 191—192 页。

[28]见《中国近代史资料丛刊·辛亥革命》,第 1 册,上海:上海人民出版社 1956 年版,第 10 页。

[29]梁启超:《50 年来中国进化概要》,《梁启超文集》,北京:北京燕山出版社 1997 年版,第 451 页。

[30]梁启超:《50 年来中国进化概要》,《梁启超文集》,北京:北京燕山出版社 1997 年版,第 451 页。

[31]梁实秋:《浪漫的与古典的》,上海:新月书店 1931 年版,第 6—7 页。

[32]郭沫若:《桌子的跳舞》,《沫若文集》,第 10 卷,北京:人民文学出版社 1957—1959 年版,第 10 页。

[33]梁启超:《50 年来中国进化概要》,《梁启超文集》,北京:北京燕山出版社 1997 年版,第 450—451 页。

[34]梁启超:《50 年来中国进化概要》,《梁启超文集》,北京:北京燕山出版社 1997 年版,第 450 页。

[35]参见顾燮光:《译书经眼录》,1927 年版;钱存训:《从翻译看西方对中国的影响》,载《远东季刊》,第 13 卷,第 3 期(1954 年 5 月),第 318—319 页。

[36]张之洞:《劝学篇·外篇》,光绪戊戌,三月西湖书院刊本。

[37]朱维铮校注:《梁启超论清学史二种》,上海:复旦大学出版社 1985 年版,第 80 页。

[38]顾燮光:《译书经眼录》(上海石印本),1927 年版。

[39]谭汝谦:《中国译日本书综合目录》,香港,1980 年版,表二。

[40]梁启超:《50 年来中国进化概要》,《梁启超文集》,北京:北京燕山出版社 1997 年版,第 450 页。

[41]《新民丛报》第一年,第 6 号广告。

[42]钱存训:《从翻译看西方对中国的影响》,载《远东季刊》,第 13 卷,第 3 期(1954 年 5 月),第 318—319 页。

[43]实藤惠秀:《中国人留学日本史》,北京:生活 · 读书 · 新知三联书店 1983 年版,第 244 页。

[44]实藤惠秀:《中国人留学日本史》,北京:生活 · 读书 · 新知三联书店 1983 年版,第 240 页。

[45]钱存训:《从翻译看西方对中国的影响》,载《远东季刊》,第 13 卷,第 3 期(1954 年 5 月),第 318—319 页。

[46]费正清、费维恺:《剑桥中华民国史 · 下卷》,北京:中国社会科学出版社 1993 年版,第 420 页。

[47]费正清、费维恺:《剑桥中华民国史 · 下卷》,北京:中国社会科学出版社 1993 年版,第 421 页。

[48]笔者所谓的"文化化",与英文中 culturalization 有相近之处,但更强调"使成为文化",以及"文化濡化"、"文化涵化"的意味。此外,由于"文化"一词,有宽窄之分,本书大多取其宽义。由于一般性的宽用,也当涵盖制度、精神文化的诸方面,如政治、教育、文学等,因此,严格地讲,行文中"文化"一词,不能与后者如"政治"、"文学"等并举。但是,在较狭义的意义上,或为了强调某些宽用中的某些方面,笔者有时也在文中宽狭二义混用,如"文化族群"、"文学族群"的说法。这是必须首先申明的。

[49]威廉 · A · 哈维兰:《当代人类学》,王铭铭等译,上海:上海人民出版社 1987 年版,第 558 页。

[50]L. A. 怀特:《文化的科学》,济南:山东人民出版社 1988 年版,第 2 页。

[51]L. A. 怀特:《文化的科学》,济南:山东人民出版社 1988 年版,第 2 页。

留学族群视域中的新月派

文化按其本质或形态，从来就是多源与多元的。多元的文化，如果不是全部，至少在相当的程度上来自多源的文化。正是文化的多源性，影响着文化的多元性。反言之，多元文化的本身，又十分有利于多源文化的选择、吸纳、整合和创造。正是在多元与多源的互动展开中，创造了迄今为止的一切文化文明。

从这种意义上讲，现代中国留学运动、留学族群和留学文化，便具有了双重的独特地位和价值：一方面，它们以其自身格外显明的多源与多元品格而成为现代中国文化文学史卷中的一道亮丽风景；另一方面，它们又为整个现代中国文化文学从多源到多元的演进，以及多源与多元间的良性互动作出了独特的贡献。

事实正是如此：在20世纪中国，几乎每一个时期或阶段，都可以看到以现代中国留学族群为实践主体的文化文学活动。这种活动，不仅本身即是现代中国文化文学活动的一部分，而且对整个现代中国多源与多元文化文学形态、品格的生成整合和演化，都产生了巨大的影响。因此，可以毫不夸张地说，离开了现代中国留学族的文化文学实践，所谓现代中国文化文学的发生和展开，即或不是不可想象的，也肯定将是另一面貌。

从这一新的视角视域考察新月派，可以发现：新月派首先可被理解为"后五四时期"美英留学群的一个次属文化族群和文化派别。正是这一点，从根本上决定了新月派的族群性质、思想取向、政治抉择、文艺思想乃至文学实践。反言之，从新月派的族群性质、思想取向、政治抉择、文艺思想乃至文学实践的分析中，亦可以看到后五四时期美英留学群中一个次属文化族群和派别的基本品格。

一

说新月派是后五四时期美英留学群的一个次属文化族群和文化派别，这种理解，基于以下两种基本透视：从群体性质看，新月派首先是一个以美英留学生为主体的文化族群；从派别性质看，新月派也可归属为现代中国文化史上的美英文化派。

作为一个文化族群　从留学族群的视域考察，新月之群既不能全然划归为现代留美群，也不能笼统名之为现代欧美群。就其基本队伍尤其是骨干成员而言，新月派是一个以留美者为主体，兼纳留英者以及其他各类成员的群体。这样，新月之群，可谓之为美英留学群，并兼具现代留美群和留英群的留学族群和留学文化特征。

留美经历，几乎是新月主将及大部分新月派骨干成员的共同经历：从胡适、徐志摩、闻一多、罗隆基、潘光旦、梁实秋，到顾一樵、吴景超、王造时、余上沅、熊佛西、张嘉铸、赵太侔、瞿世英、张君劢等人，他们都无一例外地在美国学习生活过。新月派成员中具有留美经历的，还有陈衡哲、林徽因、饶孟侃、方令儒等，他们或为新月派中十分活跃的女作家，或为新月派中的青年诗人。新月骨干中具有留英经历的，则有徐志摩、丁西林、陈西滢、林徽因、邵洵美以及丁文江、叶公超等人。

在新月之群中，包括与新月派成员过从甚密者，还有朱湘、杨世恩、孙大雨、于赓虞、陈梦家等。他们当时或为"准留学生"——清华留美预科学生；或后来也踏上了赴美英留学的旅程。此外，新月派也有个别成员，虽既非"准留学生"，也无正规的留学经历；但是，他们却因为各种原因而与新月留学族有着密切的联系，如凌叔华、刘梦苇等。

这样，从主要成员和活跃分子的教育背景和文化经历看，新月之群与"五四"前后的美英留学族群乃至整个留学运动和留学文化，有着非常密切的关系。这种关系，既是新月之群、之派得以形成的前因和基础，也是我们考察新月派源流和性质的一个必要前提。

作为一个以美英留学生为主体的文化族群，新月派在以下三个方面表现出自己的基本特性：

其一，从新月派的群体构成来看，其基本成员可被概括为具有留学美英经历的"文化人"，而不仅仅是纯粹的或一般的"文学家"。

就基本兴趣或志向而言，"新月"群体的基本成员可分为三类或三个衍生派别：一是以徐志摩、闻一多、邵洵美、梁实秋、陈西滢、余上沅、熊佛西、张嘉铸、赵太侔、瞿世英、饶孟侃、朱湘、凌叔华、林徽因、陈衡哲、沈从文、方令儒、孙大雨、陈梦家、丁西林等人为代表的"文艺派"。他们都是诗人、小说家、散文家、戏剧家、批评家或文学青年，其涉及的领域，虽然也时常包括政治文化方面，但主要兴趣或努力的重心，则集中在文学方面。二是以胡适、罗隆基、潘光旦、王造时、吴景超、叶公超、丁文江、张君劢等人为代表的"政治派"或"政治文化派"。他们固然有时也涉及创作或文艺批评，如胡适；但他们的主要志趣，是在政治思想文化及相关学术方面。三是在"新月社俱乐部"时期较为活跃的"社交派"，如徐申如、王赓、陆小曼等。他们或是实业家、银行家，或是职业政客、军人，或是交际花等。其参加新月派的活动，主要是出于某些人际关系方面的原因或需求。因此，新月派作为一个成分复杂的集合体，其成员志趣所在并不一致，甚至相去甚远；只有从最为宽泛的"文化"或"次文化"的意义上，才可以把握其内在的一致性。

其二，从新月派的群体活动来看，其性质不能单以"文学"或"文艺活动"来概括。

早在新月派的孕育形成期，议论政治和文化，便是早期“聚餐会”的主要话题。由“聚餐会”而至“新月社”，想演剧固然是其直接诱因；但在新月同人的思想深处，或者说最基本的动机，恐怕还是徐志摩所谓的“这一群人，在这新月的名义下结成一体”，要在中国社会上“露棱角”，或像“肖伯纳卫伯夫妇合在一起在政治思想界里”打开“一条新路”[1]。

徐志摩执掌《晨报副刊》后，起先也主要是谈政治、社会、思想等泛文化问题。直到《诗镌》和《剧刊》创办，才增加了文艺方面的分量。1927 年“新月”在上海的重振，也是以“文化沙龙”而非“文艺沙龙”活动为开端。

以新月派上海时期的主要传播媒介《新月》论，它也不是一个纯粹的文艺性刊物，而是一个综合性的文化刊物：它“希望为这时代的思想增加一些体魄”的创刊宗旨，它对“现代思想或言论市场的十多种行业”的一并扫荡，它所提出的“尊严与健康”这“一双伟大的原则”[2]，等等，无一不是首先着眼于思想文化问题。徐志摩可算是“新月”中文艺派的代表，可是他写的发刊辞，却并没有一点纯文艺的味道。其实，这正是新月同人共同思想意趣的传达，也预示着《新月》尔后文艺与文化并重，甚至更偏于后者的倾向。在《新月》发表的全部理论文章、杂论、短评中，谈文学、文艺的，只占很少篇幅；余者则泛及政治、思想、社会、法律、伦理、道德、民族、历史、宗教等各领域里的问题，——这正是新月“文化沙龙”向社会的推广和公开化。至于新月派后期的衍生组织平社，显然更不是一个纯文学家的集合。

其三，从新月派的社会文化作用和影响来看，其独特地位的获得，也主要相关于它作为一个文化族群的独特价值。

1931 年 5 月，上海《民报》曾发表一篇文章，说“中国目前三个思想鼎足而立：(1)共产；(2)《新月》派；(3)三民主义”[3]。可见“新月派”之谓，首先即以政治思想文化派别知名于世。事实上，新月派中一些人也是以此而自诩自得的——“想不到《新月》有这样重要。”[4]

此外，新月派与左、右翼阵营的对立，首先也是表现为政治、思想等泛文化方面的对立。对左翼文化阵营而言，其对立面不是作为诗歌或文学流派的新月派，而是作为思想文化派别的新月派。他们对新月派的批判，也主要集中在政治思想和文艺倾向方面。至于蒋介石当局对于“新月”的压迫，也是恼怒于它的自由派的政治思想立场和言论。

要言之，正是在左、右翼文化势力乃至政治势力的对立中，新月派才获得其独立存在的价值。一旦这种对立开始转化或消解，新月派也就完成其历史使命而走向消亡了。

因此，无论从群体的构成、活动，还是从群体的社会作用和影响看，新月派首先是作为一个以美英留学生为主体的派生文化族群而存在着，作为一个深受西方文明，尤其是美英文化传统浸染的自由知识分子群体而存在着。离开了对新月派这一基本群体性质的认识，我们很难把握其思想取向、政治倾向、文艺思想乃至文学实践方面的特质和品格。

作为一个文化派别 作为一个文化派别，新月派则可进一步地被谓之为现代中国的美英文化派。

如前所述，现代中国留学运动的一个直接产物，是现代中国留学族的诞生。而现代中国留学族的文化实践，便形成所谓现代中国留学文化。从这种意义上讲，现代中国的留学文化，是以现代中国的留学运动为前提、以现代中国的留学族群为实践主体的文化。又由于现代中国留学族可以大致划分为四大基本族群：现代留美群，现代留欧群，现代留日群，现代留苏群；因此，以现代中国的留学族群为实践主体的现代中国留学文化，亦可相应地划分为四大基本派别：留美文化派，留欧文化派，留日文化派，留苏文化派。

在现代中国的文化格局和文化运动中，由于四大留学族群分别具有各自的基本族群特征；因此，以不同的留学族群为实践主体的留学文化，便相应地具有各自的基本派别特征。

就新月派而论，由于新月之群既不能全然归属于现代留美群，也不能笼统名之为现代欧美群；而是一个以留美者为主体，兼纳留英者以及其他各类成员的群体。这样，作为一个文化族群、文化派别，新月派可归属为“美英留学群”这样一个复合型或派生型的群体，并在现代中国文化运动中表现出这一群体特有的种种品格。

另一方面，就美英文化自身而论，它们之间亦既存在着联系，又存在着差异。

其主要联系在于：美英两国具有共同的语言和文化渊源，基本上共属同一文化圈，在历史和现实上都具有较为密切的关系。另外，美英两国也同属全球范围内最早进入并完成现代化过程的主要西方国家，现代化程度高，各方面均比较发达。

其基本差异在于：英国历史文化悠久；而美国历史虽短，却素以民族和文化的多元著称。英国局促于英伦三岛，地理位置相对独立；而美国却幅员广阔，西临太平洋、东接大西洋。英国的资产阶级革命并不彻底，且长期保持君主立宪的政体；而美国却经历了独立战争和南北战争，建立了较为完备的邦联共和制和三权分立的民主制。所有这些，造成了在社会、政治、经济、文化各方面英国相对保守、稳健和强调秩序，而美国更为自由、开放和崇尚进取的总体差异。这种差异，也反映到新月派的群体构成和文化渊源中来，形成了其群体内部多源和多元品格的又一成因和层面。

此外，就美英两国高等教育的风气乃至整个社会风气而言，美国注重科学和自由精神，而英国更具有人文气和贵族绅士气。关于这一特点，蔡元培曾说过这样的话:“……剑桥、牛津诸大学,初不以科学为重,而在养成绅士之态度,此其最著者。其他各种学校,亦多有此习惯。”[5]作为亲身经历者,徐志摩也曾从个人体验的角度,谈到过美英大学教育、大学生活的差别:

> 我在美国是整两年,在英国也算是整两年。在美国我忙的是上课,听讲,写考卷,龈橡皮糖,看电影,赌咒。在康桥,我忙的是散步,划船,骑自行车,抽烟,闲谈,吃五点茶、牛油烤饼,看闲书。

正是上述种种因素的存在,使得新月派既较之于其他族群而呈现出格外强烈的“之间状态”;同时也显现出自身特有的“派中有派”、美英互异而又互补的“兼济状态”。

于是,新月派作为由留美者和留英者所构成的一个复合型派生文化群体,便将中国传统知识分子的责任感与西方现代知识分子的兼容胸怀结合起来,将美国文化的自由性、开放性和进取精神,与英国文化的保守性、稳健性和秩序感奇特地混合起来,形成了一种“斗士”与“绅士”兼具的族群风貌和族群品格,一种“中心”与“边缘”共存、“同一”与“差异”互见的自我定位和文化心态。在新月派全部文化、文学活动乃至人际交往和社团活动中,可以清楚地看到这一点。此外,这也是我们把握新月派内部成员差异和观念分歧的一个重要的透视点。

不仅如此,就整个中国留学族群而言,新月派作为美英留学群这样一个次属和派生的群体,它兼取了现代留美群和现代留欧群的诸种特点,而与现代留日群和现代留苏群形成某种多源与多元的比照乃至对立。事实上,新月派与“五四”后期乃至后五四时期许多其他社团或流派的冲突或对立,如果不是全部,也至少在相当大的程度上,相关于这种留学族群和留学文化派别的归属及差异问题。同时,也正是因为这种归属及差异的存在,促成了五四文学乃至后五四文学格外明显的多源与多元共生互动的文化格局和势态。

“五四”前后的中国,存在着几种基本的文化对立和冲突。一是本土文化与外来文化,民族文化与世界文化的冲突。二是外来文化、世界文化中各潮流、传统之间的冲突。前一种冲突,造成了所谓新、旧文化的对立;后一类冲突,则形成了新文化自身不同的成分和派别的差异。新月派的基本成员,大多是美英留学生或“准留学生”,因此,他们不仅自觉地认同于新文化,而且自然而然地选择了西方尤其是美英文化传统。

胡适说:“我的思想受两个人的影响最大:一个是赫胥黎,一个是杜威……杜威先生教我怎样思想。”[7]

无独有偶,在徐志摩那里,我们也听到了同样的表白:“我的眼是康桥教我睁的,我的求知欲是康桥给我拨动的,我的自我意识是康桥给我胚胎的。”[8]

至于梁实秋，当时以及后来也曾多次谈到白璧德对他的直接影响："哈佛大学的白璧德教授，使我从青春的浪漫期转到严肃的古典，一部分由于他的学识精湛，一部分由于他精通梵典与儒家经典，融会中西思潮而成为新人文主义，使我衷心赞许。"[9]

新月派这几个重要代表人物的表白，很清楚地道出了他们与西方尤其是美英文化的渊源关系和亲和感情。这后一点，在现代中国留学族群中，几乎成为美英留学群的一个带有普遍性的文化心态。

事实上，新月派的"核心人物"和主要骨干们，不仅对西方英美文化传统有很强烈的依恋情感，也算得上英美文化传统在"五四"以后现代中国文化领域里的一方面的代表。

新月派的政治、文化领袖胡适，本身就是五四新文化运动中的"留美文化派"。如前所述：他的"文学革命"的发难文章，就酝酿、完成于美国；其中许多观点、主张本身，就是当时美国文坛流行思潮的翻版。"五四"以后，中国现代文化思潮的发展，呈现出歧异和分裂状态。如果说，李大钊、陈独秀、鲁迅、瞿秋白等人的激进态度，多少与现代留日群和现代留苏群的族群特点相关，因此不同程度地反映了"留日文化派"和"留苏文化派"的思想倾向和文化心态；那么，胡适、徐志摩等则算得上地地道道的留美和留英文化派——简称"美英文化派"，他们继承的是西方具有美英特色的、现代自由主义的文化传统。这种传统，经由胡适等人的努力，在新月派的社团活动中得到进一步"光大"，俨然成为20世纪二三十年代中国现代文化运动中一股不可忽视的文化势力。从五四时期新文学阵营内部的分裂，到新月派与左派、左翼文化阵营的对立，在渊源与本质上，都可以不同程度地追溯或归结到这几大传统乃至几大留学文化派别的差异和对立。

此外，徐志摩、闻一多的诗歌创作主张，余上沅等人的"国剧运动"，梁实秋的文艺论评，胡适、罗隆基、潘光旦等人的政治、学术论文，也都从各自的方面密切地联系着他们所共属的这一文化传统和留学文化派别。

因此，新月派作为一个文化族群和文化派别，首先是一个因其留学美英的经历而深受美英文化传统影响的族群和派别。新月派的活动，如果不是全部，那么在很大程度上可视为美英文化思想、文化精神在中国这一特定地域里的流布与实践。新月派的思想取向、政治抉择、文艺思想和实践，无一不与此密切相关。

二

梁实秋在《忆新月》一文中曾说："新月"一伙人，除了共同愿意办一个刊物之外，没有多少相同的地方，各有各的思想路数……就各自的思想特点看，这句话是符合实际的。"新月"骨干中，徐志摩自称"是一个不可教训的个人主义者"；闻一多、罗隆基曾一度沉迷于"国家主义"；梁实秋积极地宣传白璧德的"新人文主义"；

胡适也忠实地奉行杜威的“实验主义”,甚至自诩为“中国的杜威”。

但是,就新月派的总体倾向而言,却可以看到一个明显的共同点,这就是对美英现代自由主义、改良主义思想或精神的信奉持守。而且,这种信奉和持守在很大程度上源自或联系着他们的留学经历。

自由主义 自由主义是西方文化,尤其是西方近现代文化最重要的传统、资源和成就之一。近现代以来的西方哲学、社会、政治、经济、文学等泛文化思潮,尽管流派纷呈、错综复杂,但就其主流而言,其在信奉自由主义,或在坚持自由主义精神方面,却有着惊人的一致性。自由主义的思想核心和全部出发点是个人本位,即在个人与集体、与社会、与外界一切势力的关系和对立中,将个人视为第一位的。自由主义的思想本质,在于保护个人不受任何无理的外界限制。在经济领域,它表现为维护私有制;在政治领域,它体现为自由、民主要求;在个人行为和一般社会生活、思想领域,它具化为强烈的自我意识、自我实现的要求,以及激昂的个性解放的呼声和人道主义的精神。

此外,在整个西方自由主义的演进中,美英自由主义又具有自身的一些特点。这主要体现在兼取并包的宽容精神与和平渐进的改良精神方面。也正是在这一点上,构成了美英自由主义的现代性品格[10]。

新月派作为美英留学群的一个次属文化族群和文化派别,一方面共时性地全盘吸收了西方近代以来自由主义的思想精髓,另一方面又历时性地、同时也是有所侧重地承继了美英现代自由主义的思想文化传统,从而形成了新月派既强调个人本位、民主意识,又提倡兼容并包、和平渐进的现代自由主义的基本取向。

新月派中,胡适是鼓吹自由主义和个人主义的先驱。早在康乃尔时期,当分别代表自由主义和保守主义的威尔逊和老罗斯福进行竞选时,胡适就作出了自己的选择:“威尔逊氏所持以为政府之职在于破除自由之阻力,令国民皆得自由生活。此威尔逊所谓‘新自白’者是也。罗氏则以政府为国民监督,维持左右之,二者之中,吾从威氏。”[11]

还是在康乃尔时期,胡适就认为“易卜生最可代表十九世纪欧洲的个人主义的精华”,并在该校哲学会上宣读《易卜生主义》英文稿,论述了“一种健全的个人主义人生观”[12]。归国以后,胡适写出《易卜生主义》中文稿,在提倡易卜生所谓“救出自己”,“真实纯粹的为我主义”,或曰“最健全的个人主义”的同时,加进了许多针对中国现实的个人阐释。胡适说:“社会最大的罪恶,莫过于摧折个人的个性,不使他自由发展。”而要发展人的个性,“第一,须使个人有自由意志。第二,须使个人担干系,负责任”[13]。

新月后期,在《介绍我自己的思想》一文中,胡适仍坚持个人主义的人生观和信仰,提出“真实的为我,便是最有益的为人”。此外,针对孙中山以“国家的自由”取代“个人的自由”的主张,胡适认为牺牲个人自由,“去求国家自由”是不可取的。

“争你们个人的自由，便是为国家争自由！争你们自己的人格，便是为国家争人格！自由平等的国家不是一群奴才建造得起来的！”[14]可见胡适的自由主义思想，首先是强调个人本位、个性发展的自由主义思想。这也是胡适与古典或近代自由主义精神相通的地方。五四时期的许多作家，包括来自其他留学族群的作家，也大都持这种相近的立场。

此外，作为20世纪中国最著名的自由主义者，胡适也非常强调民主、容忍以及和平渐进的改革精神。这应当是胡适及五四时期美英留学群自由主义思想的一大特色。

胡适认为，尽管中国自春秋战国时代起，就萌生了自己的自由主义传统——“从孔子老子打开了自由思想的风气，二千多年的中国思想史，宗教史，时时有争自由的急先锋，有时还有牺牲生命的殉道者”；“但是东方自由主义运动始终没有抓住政治自由的特殊重要性，所以始终没有走上建设民主政治的路子。西方的自由主义绝大贡献正在这一点，他们觉悟到只有民主的政治才能够保障人民的基本自由，所以自由主义的政治意义是强调的拥护民主”[15]。

现代美英自由主义不仅强调自由、民主，更注重容忍和和平改革。胡适说：“自由主义在这两百年的演进史上，还有一个特殊的、空前的政治意义，就是容忍反对党，保护少数人的自由权利。向来政治斗争不是东风压倒西风，就是西风压倒东风，被压的人是没有好日子过的，但近代西方的民主政治却渐渐养成了一种容忍异己的度量与风气。……在近代民主国家里，容忍反对党，保障少数人的权利，久已成了当然的政治作风，这是近代自由主义里最可爱慕而又最基本的一个方面。”

胡适还进一步强调和平改革及其与容忍之间的关系：“现代的自由主义，还含有‘和平改革’的意思。”“和平改革有两个意义，第一就是和平的转移政权，第二就是用立法的方法，一步步地做具体改革，一点一滴地求进步。容忍反对党，尊重少数人权利，正是和平的政治社会改革的唯一基础。……我们承认现代的自由主义正应该有‘和平改革’的含义，因为民主政治已上了轨道的国家里，自由与容忍铺下了和平改革的大路，自由主义者也就不觉得有暴力革命的需要了。”胡适最后下结论说：“总结起来，自由主义的第一个意义是自由，第二个意义是民主，第三个意义是容忍——容忍反对党，第四个意义是和平的渐进的改革。”[16]

尽管胡适的上述观点具文于20世纪40年代末期，可是，笔者认为它典型地概括了胡适以及新月派对现代自由主义的基本理解和一贯立场。新月时期，胡适等人无论是关于“人权与约法”、“法制与党治”的讨论，还是关于“思想自由”、“言论自由”的讨论，从基本立场、出发点到阐释和结论，都是着眼于自由、民主、容忍和改良这四个方面。或者说，自由、民主、容忍和改良四者统一的精神，正是胡适乃至新月派的现代自由主义精神。

在新月派其他主要成员那里，也可以看到这种精神的不同方式的表述。

徐志摩是新月派中最典型的个人主义者。而他所谓的个人主义，也就是强调个人本位、自由发展、民主与和平渐进的现代自由主义。徐志摩曾对他所理解的个人主义或自由主义的精髓，作过非常形象的表述：

> 我只知道个人，只认得清个人，只信得过个人，我信德谟克拉西的意义，只是普遍的个人主义；在个人自觉的意识与自觉的努力中涵有真纯德谟克拉西的精神；我要求每一朵花实现他可能的色香，我也要求各个人实现他可能的色香……但我们不要狂风，要和风，不要暴雨要缓雨。我们总得从有根据处起手。我知道唯一的根据处是我自己，认识你自己！我认定了这不热闹的小径上走去。[17]

徐志摩的文艺实践乃至人生实践，无一不与这种根深蒂固的个人主义或曰现代自由主义思想相关；他对苏联和共产主义所持的否定政治态度，也置根于这种个人本位和民主宽容的现代自由主义立场。他说："在共产主义治下，你可以得到不少的自由，正如在中世纪教皇治下，你也得到不少的自由；但你唯一的自由——思想的自由——不再是你的了。……我个人怀疑共产主义，怀疑党化教育，也就为顾恋一点点私人的自由。"[18]

至于闻一多、罗隆基、梁实秋、潘光旦等人，他们虽然自留学时代起就发起组织了主张国家主义的大江会；回国后，也多次参加国内的国家主义团体的活动，闻、罗甚至还作为主要成员参与筹建了"北京国家主义团体联合会"[19]；但是，从文化渊源和基本思想取向上看，他们不仅仍然属于美英自由派，而且其国家主义的主张，仍然以美英现代自由主义精神为底蕴。

例如，早在大江会筹备和成立之初，罗隆基就曾强调过："我们的国家主义，有我们学会里自己的解释，历史上引用的意义，只可供我们的参考，不能包括大江学会的国家主义。"[20]

那么，什么是他们"学会里自己的解释"？什么是"大江学会的国家主义"呢？在《大江季刊·发刊辞》中，他们把"所认定要宣传与实施的国家主义"，或曰"大江的国家主义"，界说解释为如下三个方面的"自由"：

> 中华人民谋中华政治的自由发展，中华人民谋中华经济的自由抉择，中华人民谋中华文化的自由演进。[21]

此后，在《大江季刊》第 2 期刊载的《大江会章程》，以及 1925 年 12 月 20 日《晨报》刊载的《北京国家主义团体联合会缘起》中，可以看到大江会"国家主义"的这三个“自由原则”的一再表述。

要言之，尽管新月同人过去或当时所持的思想见解乃至政治原则不尽一致，但是在自由主义思想，尤其是在美英现代自由主义所强调的个人本位、民主观念、容忍态度以及稳健、理性和改良精神方面，他们却有着内在的一致性。正如《新月》月刊编辑部在《敬告读者》中所说：

> 我们办月刊的几个人的思想并不完全一致的，有的是信这个主义，有的是信那个主义，但是我们的根本精神和态度却有几点相同的地方。我们都信仰“思想自由”，我们都主张“言论出版自由”，我们都主张保持“容忍”的态度……我们都喜欢稳健的合乎理性的学说。这几点都是我们几个人都默认为的。[22]

因此，尽管梁实秋说新月同人“各有各的思想路数，各有各的研究范围，各有各的生活方式，各有各的职业技能”[23]；但也不得不承认这一点——“新月一批人每个都是坚强的个人主义者”。

改良主义 与新月派现代自由主义倾向密切相关的，是新月派的改良主义。如果对其进一步加以分析，我们可以发现，新月派的改良主义主要有三个重要的思想来源：一是近代以来的以赫胥黎为代表的进化论思想；二是以杜威、罗素等人为代表的实验主义和科学理性精神；三是我们上面提到过的现代自由主义的容忍、理性和改良精神。在这三大思想来源中，前两种更多地具有基本世界观、基本思想方法和思想原则的意义，而第三种则更具有现实态度和现实立场的意义。或者更准确地说，前两种思想具体地融贯于后者之中，并成为后者的基本理论和基础思想；而后者则因为前者的介入而更具有现代性和现实性。于是，三者互渗互动，便构成了新月派在社会发展观和政治观方面的改良主义思想取向，尤其是现实态度。与此同时，新月派的改良主义，本身亦成为其现代自由主义精神的一个有机的构成部分——因为“现代的自由主义”，本身就“含有‘和平改革’的意思”[24]。

二是，无论从逻辑的角度还是就历史的事实看，现代自由主义者就往往难免成为改良主义者；而现代改良主义者则永远处于两种势力的夹击之中：他们提倡进步与改革——这使他们与保守主义者相冲突；同时，他们又想在变革中避免突发的巨大变动——这又使得他们与激进派、革命势力相对立。新月派的立场，也正是这种现代自由主义改良派的立场。

新月派并不是像有些人所理解的，只谈文化、文学，不谈政治，不问现实。恰恰相反，正如笔者在前面多次提到的，他们中绝大多数人自留学时代就十分关心政治问题，十分关心中国的现实和社会问题。但是，他们对这些问题的“根本态度”，基本上都是改良主义的态度；而这种改良主义的态度又正是自由主义思潮演进中的“现代”与“古典”的主要区别之一。

一般说来，以卢梭、洛克、亚当·斯密而至穆勒等为代表的古典自由主义更具有反抗和激进的态度，因为其历史使命之一是反对封建专制，鼓吹资产阶级革命，——是一种意识形态反对另一种意识形态的斗争。而现代自由主义，作为资产阶级自身的意识形态之一，则对现行资本主义的原则持基本肯定的态度，他们所需要或面对的，只是改造、修正或内部协调的问题。因此，他们中不少人，如霍布豪斯，更倾向于把现代自由主义的作用解释为“理性秩序的应用”：“自由的基础不是A可以不受B干涉的权利，而是B把A作为一个理性的人来对待的责任。……自由的作用正是理性秩序的应用。自由正是对理性、想象和社会情感的呼声敞开了大门；而且如果对这类呼声没有这种反映的话，也就无法保证社会的进步。”[25]

另有一些人，如杜威，则把自由主义视为在社会事务乃至社会变革方面一种科学理性精神，一种实验主义的方法，一种讲求实际的心态：“作为一种社会哲学，‘自由主义’贯穿的领域很广，一方面，它包括一种朦胧模糊的思想倾向——通常称作向前看的思想倾向；另一方面，它又包括一种关于社会行为的目的和方法的明确信条。第一种思想倾向过于模糊以至它不能提供任何可靠的行为指导；第二种倾向又十分具体和确切以至会造成武断，所以都不是自由主义的思想。作为一种实验方法的自由主义是以对社会愿望和实际条件的正确见解为基础的，因而它可以避免这种二难境地。自由主义意味着，把科学的思想习惯运用到社会事务之中。”[26]

自留学时代起，胡适就受到实验主义乃至现代自由主义的影响。这种影响加上进化论思想的根底，便构成了胡适从留学而至归国后所一贯持有的改良主义的社会发展观。例如，在1916年1月致H. S. 威廉(H. S. Williams)教授的信中，胡适就曾这样说：

对于各种革命我都不谴责，因为我相信，他们是进化过程中的各个必要的阶段。但我不赞成不成熟的革命，因为它们通常都是耗费性的因而也是毫无结果的……正由于这个理由，我才不对当前在中国进行的革命抱更多的希望，尽管我非常同情那些革命者。

就我个人而言，我更喜欢一步步做起。我已认识到，没有通向政治体面与政治效率的捷径。中国的革命者们也想得到这两样东西，但他们是想通过一条捷径——通过革命，来得到它们。我个人的观点是：“无论发生什么事，让我们去教育我们的人民。让我们为我们的后代打下一个他们可以依赖的基础。”

这是一个必要的非常缓慢的过程，人类应当有耐心！但是，在我看来，这个缓慢的过程又是唯一的过程：它对革命和进化都是必要的。[27]

闻一多等人留学期间，也明确表达过其改良主义的思想取向。例如，在 1924 年 6 月给家人的信中，闻一多先谈到近来的思想变化之一，是深感个人对于家庭、社会、国家，皆有“不可脱卸之责任”；接着，讲了如下一些话：

当今中国有急需焉，则政治之改良也。故吾近来亦颇注意于世界政治经济之组织及变迁。我无干才，然理论之研究、主义之鼓吹，笔之于文，则吾所能也。[28]

胡适、闻一多等人上述改良主义思想，不仅在新月时期得到延续，而且成为新月派思想取向的一个重要方面。胡适的《我们走那条路？》，是新月一班人讨论中国问题的产物；由于新月的“几位朋友都赞成有这一篇概括的引论”，并且把这篇引论视为他们对中国问题“根本态度”的表述，因此，这篇文章可算是新月派同人改良主义的思想和政治宣言。

在这篇文章中，胡适首先略述了他们认为应该打倒的五大仇敌：“贫穷”、“疾病”、“愚昧”、“贪污”、“扰乱”——这是他所谓的“消极目标”。接着，他又把“我们要建立一个治安的、普遍繁荣的、文明的、现代的统一国家”，作为“积极的目标”。目标既已定，那么，是取革命(revolution)的路呢？还是走演进(evolution)的路呢？胡适对此作了比较分析。一方面，他指出“革命与演进，是相互联系的”；在铲除一些陈腐的东西方面，自觉的革命优于不自觉的演进。另一方面，他又认为：在“未上政治轨道的国家”，革命极易造成“一乱再乱”，从而使革命“完全失掉用人功促进改革的原意”。因此，在对中国当时左右各派的“革命”进行了一些分析之后，新月同人“很诚恳地宣言”：

中国今日需要的，不是那用暴力专制而制造革命的革命，也不是那用暴力推翻暴力的革命，也不是那悬空捏造革命对象因而用来鼓吹革命的革命。在这一点上，我们宁可不避“反革命”之名，而不能主张这种的革命。因为这种种革命都只能浪费精力，煽动盲动残忍的劣根性，扰乱社会国家的安宁，种下相残害相屠杀的根苗。而对于我们的真正的敌人，反让他们逍遥自在……我们的真正敌人是贫穷、是疾病、是愚昧、是贪污、是扰乱。这五大恶魔是我们革命的真正对象，而他们都不是用暴力的革命所能打倒的。打倒这五大敌人的真革命只有一条路，就是认清了我们的敌人，认清了我们问题，集合全国的人才智力，充分采用世界的科学知识与方法，一步一步的作自觉的革命，在自觉的指导之下一点一滴的收不断的改革之全力。不断的改革收功之日，即是我们的目的地达到之时。[29]

由此可见，在中国的社会问题和发展问题上，新月派既不满于“懒惰的自然演进”，也反对他们所谓的“盲目的暴力革命”、“盲目的口号标语式的革命”。他们所选取的，“只是用自觉的努力作不断的改革”。这也就是他们所谓的“第三条道路”。很显然，新月同人的这种“根本的态度和方法”，是一种典型的改良主义的态度和方法，它既是英美自由主义思想在中国社会发展问题上的典型表现，也是美英留学群中的自由派和改良派一贯所持有的基本立场。

三

新月派所继承的美英文化传统，以及所信奉的现代自由主义、改良主义思想，从根本上决定了新月派在政治理想、理念、立场、态度乃至行为方面的基本抉择：在中国 20 世纪二三十年代的政治变动和冲突中，新月派以美英政体、政制为参照或理想模式，持守资产阶级自由派、改良派的立场和态度，并力图在各种政治势力的对立中，尤其是在左、右两大政治集团的对立中，保持“中间立场”，充当“第三势力”。

皈依“美英” 新月派的政治抉择，首先相关于现代自由主义尤其是美英自由主义传统的影响。这种传统既包括他们所接触的现实政治方面，也包括他们所体悟的思想理论方面。这两个方面的结合，便形成了新月派以美、英模式为皈依的自由主义的政治理想和观念。

20 世纪 20 年代的中国，各种外来思潮，包括政治哲学和政治文化思潮纷至沓来，自由主义、民主主义与社会主义、共产主义就是其中具有较大影响的两大思想政治主潮。反映在政治理想、政治理念以及政治实践方面，就具体地体现为笔者所谓“美英模式”和“苏俄模式”这两大基本政治模式的比照和对立。

在这两大政治模式的选择方面，一般说来，现代留苏群，以及现代留欧群和现代留日群中的社会主义者、共产主义者，或激进民主主义者，大多取向于苏俄模式；而现代留美群中的绝大多数，包括现代留欧群中的自由主义者，则一般认同于美英模式。新月派作为美英留学群的次属文化群体和文化派别，其政治抉择自然更倾向于后者。

历史地看，新月派成员对待以苏俄模式为代表的社会主义、共产主义及其政党和政治实践，大多经历了一个从犹豫、暧昧到最终否定的基本过程。

以胡适论，当俄国“二月革命”爆发时，当时在美国留学的胡适就曾写诗“拍手高歌，‘新俄万岁！’”——当然，他主要是从“去独夫‘沙’，张自由旗”[30]，以及“俄国终成民主"[31]这一自由主义的立场,看待发生在俄国的这场革命的。这样,当俄国革命进入到"十月革命"阶段以后,胡适的态度就开始发生转变:一方面,他对苏联的社会主义实践持观望和实验主义的态度,也并未加入"圈子里"乃至社会上"反赤化"的讨论之中;但另一方面,他对于社会主义、共产主义思想的基本学理和精神,却持时而怀疑否定,时而有所肯定,但最终还是否定的态度。

例如,在《新青年》时代,胡适就多次表明其反对共产主义在中国传播的立场。1922年,他明确地对"一班'新'分子天天高谈基尔特社会主义与马克思社会主义;高谈'阶级战争'与'科学价值'"表示不满;并写下一些具有反共倾向的文章,如《国际的中国》[32]等。但是,1926年6月,胡适在为日本《改造》月刊所写的一篇文章中,又把社会主义纳入西方近代精神文明范畴予以肯定:"十八世纪的新宗教信条是自由,平等,博爱。十九世纪中叶以后的新宗教信条是社会主义。这是西洋近代的精神文明,这是东方民族不曾有过的精神文明。"[33]

还如,同年7月17日,胡适在李大钊的建议下取道莫斯科去英国,并在莫斯科停留过3天。其间,不仅接触过国共双方的有关人士[34],而且亲眼目睹了苏联的社会现实和人们的精神面貌。所有这些,给胡适以强烈的触动,留下深刻印象。在给徐志摩的信中,他这样说:"那里的人有一种 seriousness of purpose,真有一种'认真''发愤有为'的气象。我去看那'革命博物馆',看那1890—1917年的革命运动,真使我们愧死,我想我们应该发愤振作一番,鼓起精神来担当大事,要严肃地做个人,认真地做点事,方才对得住我们现在的地位。"[35]在给好友张慰慈的第一封信中,他谈到自己在苏联的感想与徐志摩访俄时的观感有所不同:

> 此间的人正是我前日信中所说有理想于理想主义的政治家;他们的理想也许有我们爱自由的人不能完全赞同的。但他们的意志的专笃(seriousness of purpose),却是我们不能不十分顶礼佩服的。他们在此做一个空前的伟大的政治新实验;他们有理想,有计划,有绝对的信心,只此三项已足使我们愧死。
>
> 我们这个醉生梦死的民族怎么配批评苏俄!……[36]

在给张慰慈的第二封信中,胡适继续上次的话题写道:"我这两天读了一些关于苏俄的统计材料,觉得我前日信上所说的话不为过当。我是一个实验主义者,对于苏俄之大规模的政治实验,不能不表示佩服……在世界政治史上,从不曾有过这样大规模的'乌托邦'计划居然有实地实验的机会。……我们的朋友们,尤其是研究政治思想与制度的朋友们,至少应该承认苏俄有做这种政治实验的权利。"[37]

胡适的上述观点,在当时曾引起一些疑虑:有人说他"很表同情于共产";还有人甚至惊呼连胡适也"赤化了"。徐志摩的批评虽然委婉些,但也说胡适这些言论是“拉长了面孔”的话。对此，旅途中的胡适曾专门写了一封长信作答。信中不仅强调“我们不能单靠我们的成见就武断社会主义制度之下不能有伟大的生产力”；甚至还提出了所谓“‘新自由主义’(New Liberalism)或‘自由的社会主义’(Liberal Socialism)”[38]的说法。

然而，也正是在这同一旅程中，胡适的观念也还是在不断变化。特别是胡适继续“往西走”——途经德法抵达英国，又从英国来到美国后，他的政治评价和衡量的天平，就开始向美国的社会、政治制度倾斜。胡适发现，离开仅十载，美国社会各方面就取得了明显的进步。例如，美国摩托车和汽车的普及程度就让他分外吃惊。他感叹道：“这都是我们在轿子文明与人力车文明底下所想象不到的幸福。”这次重游美国，也更加强化了他先前关于革命、改良以及社会发展道路的立场：

> 我可以武断地说：美国是不会有社会革命的，因为美国天天在社会革命之中。这种革命是渐进的，天天有进步，故天天是革命。……从前马克思派的经济学者说，资本愈集中，则财产所有权也愈集中，必做到资本全归极少数人之手的地步。但美国近年的变化，却是资本集中而所有权分散在民众。一个公司可以有一万万人的资本，而股票可由雇员与工人购买，故一万万元的资本就不妨有一万万人的股东。……工人收入既丰，多有积累，往往购买股票，逐渐成为小资本家。……人人都可以做有产阶级，故阶级战争的煽动不发生效力。[39]

胡适的这种思想历程和状态，在新月派中并非绝无仅有。例如，徐志摩留美时期，就曾经一度对社会主义非常感兴趣。在《南行杂记》中，他曾这样回忆说：不曾出国时，由于受到实业救国思想的影响，“见着高矗的烟囱，心里就发生油然的敬意，如同翻开一本善书似的”。出国后，“罗金斯和马克思最初修正我对于烟囱的见解”。此外，历史课上对于英国19世纪初年工业状况的描述，尤其是“工厂待遇工人的黑暗情形”，以及一位小孩为清理烟囱而被“熏焦”的事例，使徐志摩“不能不恨烟囱”，“不能不恨资本家”。于是，徐志摩“立定主意研究社会主义”，甚至被一部分中国留学生称之为“鲍尔雪微克”。到了英国，徐志摩“对劳工的同情益发分明了”。加之在英国所接触的“也是工党一边的人物”，所以“贵族，资本家；这类字样一提起就觳挖苦！”“直到我回国，我自问是个激烈派，一个社会主义者……”[40]

然而，“到了中国以后，也不知怎的，原来热烈的态度忽然变了温和”，徐志摩也承认自己“不自觉的退入‘反革命’的死胡同里去”[41]。尽管徐志摩说这番话时多少已有了反省的味道，但是从徐志摩回国后，尤其是新月时期的主要言论看，他实际上不仅“几乎完全忘却了这原先极想用力研究的问题”，而且基本上背离了先前对社会主义的同情态度。例如，新月时期，徐志摩不仅多次谈到“个人怀疑共产主义”，“怀疑马克思阶级说的绝对性”，而且曾主持过关于“苏俄问题”的讨论，并把“共产主义与中国”和“国内共产党一类问题”，视作“始终是不曾开刀或破口的一个大疽，里面有脓水已经臃聚到一个无可再淤的地步”，声称如果不加解剖，“我们怕多吃一碗饭多抽一支烟的耽误就可以使我们追悔来不及”[42]。1926 年 4 月 1 日，徐志摩在给恩厚之的信中，更毫不掩饰地说中国当时的国民革命，“是以俄国革命为蓝本的一场拙劣的滑稽表演”，说“共产党目前在这里最伟大的成就不但划分了阶级，更造成了阶级仇恨”[43]。

尽管在胡适的影响下，徐志摩后来在对待苏俄“政治实验”的态度方面发生了一些变化；但是，总的来说，新月时期他对苏俄的现实是基本否定的，而对英国的政治则表现出更多的向往。

徐志摩曾经坦白地承认：“我是恭维英国政治的一个”；英国人“那天生的多元主义的宇宙观与人生观配干政治”[44]。因此，在徐志摩看来，“不但东方人的政治，就是欧美的政治”，也不如英国。“英国人可称是现代的政治民族”；“英国人的政治，好比白蚁蛀柱石一样，一直啮入他们生活的根里”。“英国人是‘自由’的，但不是激烈的；是保守的，但不是顽固的。自由与保守并不是冲突的。”[45]这样，尽管徐志摩回国后也曾对英国政府的有关政策有所批评，但从政治选择的角度看，他显然更倾心于英国的模式。

拒绝“左右”　新月派活动的年代，也正是国内各种政治势力，尤其是左右两大政治势力此起彼伏、剧烈斗争的年代。由于新月派同人既主张自由、民主，反对独裁和专制；又强调容忍、稳健、理性，反对偏激和暴力；由此，形成了新月派在政治抉择上的又一特点，即对左右两大政治势力均采取一并拒斥的态度，而力求在左右两大政治势力的冲突中保持“中间状态”，或充当“第三势力”。——于是拒绝“左右”，便同时意味着“不受左右”，保持“独立”。

新月派同人的这种政治立场和态度，也可以上溯至留学时期。

胡适留美的最后三年，既是“第一次世界大战的头三年，也是中日邦交上最不愉快的三年”。面对着激烈复杂、你死我活的侵略与反侵略的两大阵营的搏斗，胡适却“是个极端的和平主义者”[46]，并试图用他的“不争哲学以盱衡世界大势和中日关系”。例如，1915 年，当日本以战争威胁中国政府接受“二十一条要求”，中国留美学界不少人主张“对日本立刻开战”时，胡适不仅“为此事甚为焦虑”，还发表了《致留学界公函》。文中，他先是指责中国留美学生的抗日情绪和主战言论是“不折不扣的疯癫”，“简直是发了‘爱国癫’”。接着，他作出了如下“忠告”：

在这种紧要关头，冲动是毫无用处的。情感冲动，慷慨激昂的爱国呼号，和充满情绪的建议条陈，未尝有助于任何国家(的危难)。谈兵“纸上”对我辈自称为“(留)学生”和“干材”的人们来说，实在是肤浅之至极。

在我个人看来，我辈留学生如今与祖国远隔重洋；值此时机，我们的当务之急，实在应该是保持冷静。让我们各就本份，尽我们自己的责任；我们的责任便是读书学习。我们不要让报章上所传的纠纷，耽误了我们神圣的任务。我们要严肃、冷静、不惊、不慌的继续我们的学业。充实自己，为祖国争上游，如果祖国能渡此大难的话——这点我想是绝无问题的；或者去为祖国起死回生，如果祖国真有此需要的话！[47]

稍后，在国际和平运动乃至安吉尔(Norman Angell)和杜威等人的影响下，胡适由完全的“不抵抗主义”，转向所谓“新和平主义(New Pacifism)”。

胡适曾这样概括安吉尔新和平主义的理论基础：“两个力量如发生冲突，最后必然是互相抵销而形成浪费和毫无结果。所以新和平主义并不是否定力量；相反的，正是如何使力量用得其所。这便是新和平主义的基本概念。”正是从这一基本理解出发，胡适认为安氏哲学不仅“说明了所有基于强制执行或侵略行为的一切政策——如在一国之内(所因此形成)的特权和迫害，以及国与国之间(所发生)的战争与争霸——的彻底失败”；而且“显明地指出真正的政策——不管是国内的或国际的——之所在。这政策便是大家同一联合一致去抵抗在自然界和人性弱点中所存在的人类的共同的敌人”[48]。

由于胡适已经将新和平主义扩展泛化为一种对待冲突——包括国内冲突和国际冲突——的基本态度，因此，胡适的这种观念，实际上成为他从五四时期而至“新月时期”，乃至抗战爆发前期，在国内、国际一切政治冲突中呈现“中间状态”的基本思想基础之一。

这种形成于留学时期的基本立场和政治态度，自然会影响到他们在新月时期的政治定位。

1927年前，国共合作的国民革命势力与北洋军阀势力的对立，是当时中国政治斗争的焦点。在这场“南北”政治势力的冲突中——其本质也是当时“左右”两大政治势力的冲突，新月派基本上处于“中间”或“独立”状态：既不满意北洋军阀的统治，又同国民革命阵营保持着相当的距离。

例如，早在新月社成立之前，胡适就一再表示对北洋军阀政府的不满。他称辛亥革命以来的政治是“假共和政治”，呼吁人民起来“为自由而战”[49]，并提出了以美英政治、政体为参照，具有改良主义色彩，同时又具有批判现政府倾向的“好政府主义”口号。新月社孕育成立之时，胡适的反政府立场并未改变。他在《努力周刊》停刊文章《一年半的回顾》中，历数北洋军阀、政客的反动行径，指出：“今日的反动政治已到了登峰造极的地位。”[50]1925年五卅惨案发生，胡适曾上书北洋政府外交部长，提出对外交涉，并斥责政府“太不像样了……不但不能用民气，反惧怕民气了”[51]。

作为新月派的政治领袖，胡适不满北洋军阀统治的倾向是有代表性的。1926年“三·一八”惨案发生后，新月诗人们亦在《诗镌》创刊号上，以论文和诗歌的形式，众口一词地表示了对北洋军阀政府血腥罪恶的谴责。徐志摩在《自剖》中沉痛地写道：

> 这回却不同，屠杀的事实不仅是在我住的城市里发生，我有时竟觉得是我自己的灵府里的一个惨象。杀死的不仅是青年们的生命，我自己的思想也仿佛遭着了致命的打击，比是国务院前的断脰残肢，再也不能回复生动与连贯。[52]

徐志摩的感受、思想，反映了新月一班人的心态：军阀专制统治的黑暗与残暴，不仅与他们自由主义的政治理想相去甚远，而且使他们的思想、理想遭受到了极大的打击；因此，在严酷现实的刺激下，他们亦可产生一些较为激烈甚至革命的要求。20世纪20年代初，胡适曾因当时现实事件的刺激，骂北洋军阀政府是“强盗政府”，愤恨地提出“非打倒军阀专横不可”。“三·一八”惨案，也使徐志摩等联想到“革命”问题，指出“俄国革命的开幕就是二十年前冬宫的血景。只要我们有识力认定，有胆量实行，我们理想中的革命，这回羔羊的血就不会是白涂的。”[53]北伐战争中，闻一多甚至还一度参加了北伐的政治工作。

然而，这些并不意味着新月派全体成员与当时革命势力持完全一致的政治立场。事实上，新月派大多数人，特别是胡适等人，在思想、政治上同革命民主势力是有相当距离的。一方面，他们基本上属于反对军阀专制统治的民主阵营；另一方面，他们又同这个阵营中的共产党人、左翼激进派，存在着很大分歧。例如，共产党人如李大钊、周恩来、瞿秋白、毛泽东等，都曾对胡适在“问题与主义之争”、“陈炯明反叛”、“驱逐清室出宫”、“联省自治”、“善后会议”等问题上消极甚至倒行逆施的政治行为和态度进行过批判。以鲁迅为代表的革命民主主义者，对“现代评论派”、“新月派”在学生运动及与当局关系上的政治立场，也一直取非常尖锐的批判态度。

胡适及新月派这种既不满于反动势力，同时亦为革命势力所不满的特殊政治定位，典型地反映着中国自由主义知识分子，包括“自由派”的独特处境：他们不满于反动势力，是因为这种极具封建专制性的势力，与他们自由主义知识分子的思想理念、价值观，与他们以美英为皈依的自由民主的政治理想，都大相径庭；但是另一方面，他们的不满，又仅仅停留在“发泄不满”的层次上，停留在提倡改良而不是革命上——这又使得主张革命的共产党人和激进民主义者反过来对他们不满，认为他们“太缺乏了革命精神”，只能算毛泽东所谓的“非革命的民主派”[54]。胡适及新月派这种政治态度和定位，一直延续到1927年以后。

1927年后，国民党和共产党的分裂，使得这两大政治集团的对抗成为此后二十多年间中国社会最严重的"左右"两大政治冲突。在这场冲突中，新月派在一个较长的时间内，仍扮演着"第三势力"的角色。

在新月同人中，闻一多、罗隆基、梁实秋、潘光旦等人早在留学时期和新月前期就一再表达过这样的政治立场：他们既不满国民党的民族主义或三民主义（尽管他们中不少人对孙中山个人的人格和革命精神非常推崇），也反对共产党的社会主义和共产主义，并试图在国家主义的旗号下，以国共之间第三势力的姿态出现。

例如，梁实秋、潘光旦在谈到"大江会"时，都曾明确提到过他们当时组织大江会时的基本政治态度。梁实秋说：他们当时"共同的看法"之一，就是"主张由国家倡导从农业社会进而为工业社会，反对以阶级斗争为出发点的共产主义"[55]。潘光旦则说：

> 这些人对国民党无好感，对共产党则怕，政治立场是改良主义的，也提国家主义，想搞一点势力。[56]

尤其是回国以后一段时期，闻一多、罗隆基等人对苏俄和中国共产党的看法似乎更趋否定。例如，在给梁实秋的信中，闻一多曾这样说：

> 国内赤祸猖獗，我辈国家主义者际此责任更加重大，进行益加困难。国家主义与共产主义势将在最近时期内有剧烈的战斗。我不但希望你赶快回来，并且希望多数同志赶快回来。我辈已与醒狮社诸团体携手组织了一个北京国家主义团体联合会，声势一天浩大一天。若没有大批生力军回来作实际的活动，恐怕要使民众失望。醒狮社的人如李璜乃一书生，只能鼓吹主义，恐怕国家主义的实践还待大江。……国内漆黑一团，切望同志快回来共同奋斗。[57]

1927年后，新月派的反共态度，不仅未有根本变化，反而因国共的分裂而变得愈来愈有针对性。

例如"四·一二"政变当日，正值胡适结束在美国三个多月的游历，取道西雅图登船回国之时。4月24日，胡适抵达日本横滨。一是出自当时国内许多朋友来信好意警告和劝说，二是为了弄清当时国内扑朔迷离的政治格局，胡适有意在日本停留了3个多星期。在同日本政界、学界名流频繁接触，了解他们对中国时局看法的同时，胡适还仔细阅读了那几个月关于国内政局的报纸。当他得知蔡元培、吴稚晖等人也主张“清党”及其理由之后，终于作出了自己的政治选择，并通过与哈佛大学著名法学教授赫贞的谈话，——后者刚从上海来到东京，委婉谨慎然而明白无误地传达出来：

蔡元培、吴敬恒不是反对派，他们是倾向于无政府主义的自由论者。我向来敬重这几个人。他们的道义力量支持的政府，是可以得着我们的同情的。

谈到正在进行的“清党反共”，胡适还这样说：

蒋介石将军清党反共的举动，能得到一班元老的支持，你们外国朋友也许不认得吴敬恒、蔡元培是什么人，但我知道这几个人，很佩服他们的见识与人格，这个新政府能得到这班元老的支持，是站得住的。

胡适的态度，基本上可以反映国共分裂后新月一班人的共同态度。仅以《新月》上发表的文章为例：胡适在《介绍我自己的思想》一文中，从思想启蒙和科学人生观的角度，提出他的名言——“被孔丘朱熹牵着鼻子走，固然不算好汉；被马克思、列宁、斯大林牵着鼻子走，也算不得好汉。”[59]罗隆基则从讨论学理的角度，专门撰写了《论共产主义》一文，简要而全面地批判了整个共产主义的理论，其范围涉及“马克斯派的思想”几乎所有方面，如“历史哲学”、“经济理论”、“革命策略”、“理想社会”等。虽然罗隆基的文章，据笔者看来大多是转引西方学者的观点；但他的态度，却是很分明的：“共产主义在目前的中国，俨然哄动一时，有许多人觉得他是万验灵丹，其实他的长处短处，外国的学者，早有定论了。”[60]在另一篇《论中国的共产》中，罗隆基甚至公开进行了政治表态，“在今日中国的状况下，为中国人民求生路计，自然只有希望国民党剿共及早成功”[61]。此外，梁实秋的政治、文学论文，如《论思想统一》、《文学的纪律》、《关于文艺政策》；徐志摩的部分诗作，如《秋虫》、《西窗》等，都流露出明显的反共、反革命的政治情绪。所有这些，表明新月派作为一个文化派别，在其前、后期均持反共的立场和态度。

另一方面，新月派对国民党尤其是其集权政治统治，也曾在一个较长时间内持激烈的批评态度。这种批评，主要开始于平社建立以后，并主要集中在以下几个方面：

一是人权问题。1929 年 3 月 26 日，在国民党“三全大会”上，上海特别市党部代表陈德征提出了一个《严厉处置反革命份子案》，明确提出“反革命份子包括共产党、国家主义、第三党及一切违反三民主义之份子”；“凡经省及特别市党部书面证明为反革命份子者，法院或其他法定受理机关应以反革命罪处分之……”[62]胡适从报纸上看到此提案后，对国民党明确要求各司法机关必须听命于国民党的各级组织，将“党权”公然凌驾于“法权”之上，肆意践踏“人权”的作法十分震惊和不满。他当即给耶鲁出身的法学专家、时任国民政府司法部长的王宠惠写了一封公开信，激愤然而不无挖苦地说：

在世界法制史上，不知那一世纪那一个文明民族曾经有过这样一种办法，笔之于书，立为制度的吗？我的浅识寡闻，今日读各报的专电，真有闻所未闻之感。中国国民党有这样党员，创此新制，大足以夸耀世界了。

其实陈君之议尚嫌不彻底。审判既不须经过法庭，处刑又何必劳动法庭？不如拘捕，审问，定罪，处刑，与执行，皆归党部，如今日反日会之所为，完全无须法律，无须政府，岂不更直截了当吗？[63]

当这封公开信被各报扣发，而陈德征则发表《胡说》一文，奚落嘲笑胡适“不懂得党”，“不懂得主义”[64]后，胡适等人愈发愤怒，便以刚组织的平社为基本队伍，以已经创办年余的《新月》为主要阵地，以西方相关政治学说尤其是“人权思想”为武器，开展了群体作战，由此引发了新月派与国民党一系列直接的冲突。

胡适说：“今日我们最感觉痛苦的是种种政府机关或假借政府与党部的机关侵害人民的身体自由及财产。”“无论什么人，只须贴上‘反动分子’、‘土豪劣绅’、‘反革命’、‘共党嫌疑’等等招牌，便即没有人权的保障。”[65]罗隆基也指出：人权破产，是中国目前不可掩盖的事实。特别是当罗隆基主办《新月》，大谈政治，招致逮捕后，他对国民党践踏人权的行径，更是十分愤慨：

今日国民党统治下的中国，人民依然是无故可以被逮捕，无故可以被监禁，无故可以被惩罚。这是野蛮，这是黑暗，这是国家的耻辱！这是党治的耻辱！[66]

那么，人权问题的症结在什么地方呢？新月派认为关键在于法治。于是，“约法与法治”，成为新月派政治思考以及对国民党政治批评的又一焦点。

胡适指出，现在中国的政治行为根本上从没有法律规定的权限。人民的权利自由也从没有法律的规定的保障。因此，“在今日如果真要保障人权，如果真要确定法治基础，第一件应该制定一个中华民国的宪法”[67]。在《我们什么时候才可以有宪法?》一文中，胡适认为，孙中山 1924 年后便放弃了约法的思想，只讲军政训政，是一个“根本大错误”。胡适接着指出，在民主法治意识淡薄的中国，“人民固然需要训练，政府也需要训练。人民需要‘入塾读书’，然而，蒋介石先生，冯玉祥先生，以至于许多长衫同志和小同志，生平不曾梦见共和政体是什么样子的，也不可不早日‘入塾读书’……”因此在他看来，“无宪法的训政只是专制”；“只有实行宪政的政府才配训政”[68]。罗隆基的《论人权》、《专家政治》等文章，还进一步批判了国民党“党权高于国，党员高于法”的党人政治，以及国家党政大权“都受武人的支配”的“武人政治”。很明显，这些批评，既触犯了国民党的思想、政治权威，又在一定程度上切中其统治时弊和本质。

与人权、法治问题相联系的，还有思想、言论、教育的自由问题。这也是信奉自由主义的新月同人，对推行思想文化专制政策的国民党最不能容忍的方面。

梁实秋在《思想自由》一文中说：“中国现在令人不满的现状之一，便是人民没有思想自由。”他认为，妨碍人民思想自由的有两种人：一种指所谓“狂热的宣传家”——他们用谩骂和诬蔑的手段攻击异己，夸大地宣传自己的主张。很明显，这是指左翼文化人。另一种则指国民党“当局者”——他们“滥用权威，侵犯人民言论出版自由，不准人民批评，强迫人民信仰一种主义”[69]。在《论思想统一》一文中，梁对国民党所宣扬的“思想统一”的口号，进行了辛辣的热嘲冷讽：“思想这件东西，我以为是不能统一的，也是不必统一的。”因为“天下就没有固定的绝对的真理。真理不像许多国的政府似的，可以被一个一家一族所把持霸占”；假如一定勉强要求统一，势必“只能在外表上勉强做出清一色的样子”，只能以“强横高压的手段”，“维持暂时的局面”。这样“不仅是徒劳无功，而且是有害无利”。所以，他大声疾呼：“我们反对思想统一！我们要求思想自由！我们主张自由教育！”[70]胡适的《新文化运动与国民党》，罗隆基的《告压迫言论自由者》，都抨击了国民党当局以“思想统一”为由，摧残思想自由，压迫言论自由，推行党化教育的思想和文化专制政策。

值得注意的是，新月派，特别是胡适，对国民党的文化思想性质，以及国民党运动在新文化运动史上地位，是有过较深刻的历史分析的：

> 根本上国民党的运动是一种极端的民族主义的运动。自始便含有保守的性质，便含有拥护传统文化的成分。因为国民党本含有这保守性质，故起来了一些保守的理论。这种理论便是后来当国时种种反动行为和反动思想的根据了。

同一篇文章中，胡适还进一步指出：

> 现在国民党所以大失人心，一半固然是因为政治上的设施不能满足人民的期望，一半却是因为思想的僵化不能吸引前进的思想界的同情。前进的思想界的同情完全失掉之日，便是国民党油干灯尽之时。[71]

总之，在对待国民党和共产党两大政治势力的态度上，新月派既反对后者，又否定前者，而这种反对和否定都基于一种共同的政治理想和信仰，这就是自由、民主、人权和法治。罗隆基说："我们相信民主政治的人，很诚实地认定国民党的一党专政，不能把中国的政治引上常轨。共产党一旦得势，政治上党治的方式，自然是一丘之貉。在我们爱护自由，崇敬平等，坚信民主政治的人，对国共两党的党治，最少是一视同仁，无所偏爱。"[72]罗隆基这番话，是对新月同人美英式自由派、改良派政治立场和态度的极好概括。

四

单单就各别的主张和具体的观点而论，新月派成员在文艺思想的渊源和构成上是很复杂的，有的甚至是相互抵牾的。例如，徐志摩偏好欧美浪漫主义文艺思潮，也喜欢现代主义的诗歌；闻一多则于浪漫主义之外，明显地受到康德以来，尤其是王尔德、布洛、贝尔等人唯美主义思想的影响。至于梁实秋，则直接承教于美国新人文主义文学批评运动的领袖白璧德，反对浪漫主义和现实主义，提倡新古典主义。此外，新月派的一些其他作家，如丁西林、余上沅、凌叔华、林徽因、朱湘、沈从文等，在所受影响和文艺观念上也是不尽相同的。但是，就新月派整体的文艺倾向而言，却在以下三方面表现出基本的一致性：

强调"人性" 强调"人性"，指新月派十分看重人性在文学艺术中的地位，其文艺思想带有浓重的人本主义的色彩。换言之，新月派作为深受西方化传统影响的文化派别，其大多数成员，无论是提倡浪漫主义，还是主张现实主义；无论是崇尚现代主义，还是呼吁返归古典主义，几乎都无一例外地高扬人本主义的旗帜，把人性看做是文学艺术的核心问题。

早在20世纪20年代初，徐志摩作为新月社的创始人之一，就曾强烈地抨击中国传统文化思想对人的精神压抑和禁锢，热情推崇古希腊，特别是文艺复兴以来所谓能"表现理想的人性"的新文艺。他说："这种艺术主要是人道主义的，我们的艺术也必须如此。"[73]闻一多在早期诗论如《冬夜评论》中，也多次强调应在艺术中"渗渍人性，使之更接近于吾人"。至于赵太侔、余上沅、陈源、熊佛西等人发表在《晨报·剧刊》上的剧论，其基本思想之一，仍是强调戏剧从内容到形式都与人生有着"太直接的关系"，戏剧的要旨就是"表现人生"、"人情"。

如果说徐志摩等人关于人性与文艺关系的观点，大多以零散的创作论的形式表述，那么梁实秋作为新月派乃至当时文坛中"唯一研究文学批评的人"[74]，则较为系统地阐发了他的"人性论"的文艺思想。

梁实秋的人性论，首先是一种更强调"理性"的指导和制约作用的人性论。梁实秋说："人性是复杂的，(谁能说清人性所包括的是几样成分？)唯因其复杂，所以才有条理可说，情感想象都要向理性低首。在理性指导下的人生是健康的、常态的、普遍的。”[75]于是,梁实秋认为理性才是人性的中心:“人性之所以是固定的普遍的,正以其有理性的纪律为基础”[76];应当以理性节制人的情欲。

梁实秋的这种人性观,显然与启蒙主义时期建立在“自然人性”这一核心概念基础之上的人性论大有区别。究其原因,它既受到传统儒家思想、尤其是宋明理学理性主义的影响,更重要的是与留学时期所接受的白璧德新古典主义和新人文主义有更直接的关系。例如,白璧德就说过这样的话:

> 十九世纪之自然主义,逼人类为“物质之律”之奴隶,丧失人性,今欲使之返本为人,则当昌明“人事之律”,此二十世纪应尽之天职也。

在白璧德看来,理性、伦理性是人的“最高的意志”,是人的特点和美德。为了抵御现实中物欲横流的诱惑,恢复往昔美好的社会秩序,就应当以“人的法则”去制约“物的法则”,以自我节制和完善来对抗物质世界对人性和心灵的侵蚀。正是以白璧德这种新古典主义和新人文主义的人性观为基础,梁实秋进一步阐发了他对于文艺、文学相关问题的看法。

首先,梁实秋提出文学的起因、本质和目的,就是表现人性。梁实秋说:“文学乃‘人性’之产物”[78];“文学发于人性,基于人性,亦止于人性”;“文学的目的是在藉着宇宙自然人生之种种的现象来表示出普遍固定之人性”[79]。

其次,梁实秋认为人性应当成为文学审美和价值评判的唯一标准。正因为无论是文学创作,还是文学批评、研究、欣赏,“都不在满足我们的好奇的欲望,而在于表现出一个完美的人性”;因此,人性应当成为“测量文学的唯一标准”[80];或者说“在这种标准之下创作出来的文学才是有永久价值的文学”[81]。而“文学批评的出发点”,也应着眼于“人对人生的态度”。换言之,“纯正之‘人性’乃文学批评唯一之标准”[82]。

再次,也正是基于以上这种认识,梁实秋对不符合其新古典主义和新人文主义文艺观的种种文学现象或主张,进行了全方位的“孤军作战”:一方面,他不满意五四新文学因缺乏理性而造成的所谓“混乱浪漫”[83];另一方面,又极力反对左翼文化阵营关于文学阶级性的主张,并与之进行了激烈的论战。

要求“纯正” 从审美和艺术追求上看,新月派作家虽各有偏好侧重,但是,在对文艺“纯正性”的要求方面,却是殊途同归的。

“新月”成员中,有些人,如徐志摩、梁实秋等,是主张“为人生而艺术”的。在《文学的严重性》一文中,梁实秋明确指出:“有史以来,凡是健全的文学家没有不把人生与艺术联在一起的,只有堕落派的颓废文艺才能创造那‘为艺术而艺术’的谬说。”[84]在《新月的态度》一文中,他们也再次表达了同样的观点:“我们不敢附合唯美和颓废,因为我们不愿牺牲人生的阔大,为要雕镂一只金镶玉嵌的酒杯。"[85]

但是,"新月"中另有一些人,如闻一多等,则主张"为艺术而艺术"。在留学前期,包括"新月"时期的思想中,闻一多显然接受了唯美主义的一些美学和艺术观点。例如,他赞同康德"自由美"或"纯粹美"的观念;也提出了与济慈相同的所谓"纯形"的审美理想。他欣赏王尔德"自然的终点便是艺术的起点"的看法;也把"为艺术而艺术"作为自己神圣的主张,表示要"大胆地专心地实行之"[86]。

从上述材料看,"新月"同人的艺术观点差别很大,有时甚至极为相左;但是,从本质上考察,这种种不同的主张却大都相关于一种共同的审美要求,这就是追求文学艺术自身的"纯正"或曰"尊严"。所谓"纯正"或"尊严",就是强调文艺就是文艺,它具有自身独立存在的价值,而不是什么其他的、文艺以外的功利性的手段或工具。

闻一多说:"艺术最高的目的,是要达到'纯形'Pure form 的境地",如果作家在提笔时把什么"道德问题,哲学问题,社会问题……"这些"不相干的成份粘在他的笔尖上",那么,"问题粘得愈多,纯形的艺术愈少"[87]。因此,他主张作家在创作时,不要先有什么"理性铸成的成见"(《文艺与爱国》)。他还对伯尔(Clive Bell)关于美的无功利性、无概念性思想,布洛(Bullough)的"审美心理距离说"等表示赞同,甚至说"我的诗若能有所补益于人类,那是我无心的动作(因为我主张的是纯艺术的艺术)"[88]。

至于梁实秋等人,虽主张"为人生的艺术",但在要求文艺自身的纯正、严肃和非功利性方面,却与闻一多是一致的。

梁实秋说:"文学家没有任何使命,除了他自己对于真善美的要求的使命。"[89]因此,他一方面欣赏"普罗文学"对待文学"严重的"态度,反对"把文学艺术当作消遣品";另一方面,又反对左翼文坛"文艺大众化"的口号,认为文学不能"为群众的口胃所囿",迎合大众的趣味。此外,梁实秋之所以否定文学的阶级性,不赞成"无产阶级文学"或"资产阶级文学"的划分,其基本出发点之一,也是在于他认为上述观念,"是把文学当作阶级争斗的工具而否认其本身的价值"[90]。

此后,在《新月诗选·序言》中,陈梦家再次强调了新月诗人"以严正态度认真写诗的精神(并且只为着诗才写诗)",并明确宣称"我们喜欢'醇正'与'纯粹'";"而醇正与纯粹是作品最低限的要求"[91]。由此可见,主张艺术上的"纯正",同时要求创作态度的严肃(或"严重"),创作内容的"健康",是新月文艺家们基本一致、始终认同的审美追求。

注重"形式"　新月同人中的文艺派,大多不仅仅是理论家,而且同时是创作家,因此,他们十分注重创作问题,特别是艺术形式的探讨。

新月派对艺术形式的注重,也可以追溯到留学时期。例如,在写于科罗拉多的《泰戈尔批评》一文中,闻一多一反当时的赞美之辞,在指出"泰戈尔底文艺底最大的缺憾是没有把捉到现实”的同时，明确提出了艺术和诗的形式问题：

> 在艺术方面泰戈尔更不足引人入胜。他是个诗人，而不是个艺术家。他的诗是没有形式的。我讲这一句话恐怕又要触犯许多人底忌讳。但是我不能相信没有形式的东西怎能存在，我更不能明了若没有形式，艺术怎能存在！固定的形式不当存在；但是那和形式本身有什么关系呢？我们要打破一个固定的形式，目的是要得到许多变异的形式罢了。泰戈尔的诗不但没有形式，而且可以说是没有廓线。因为这样，所以单调成了它的特性。我们试读他的全部的诗集，从头到尾，都仿佛不成形体，没有色彩的 amoeba 式的东西。我们还要记好这是些抒情的诗。别种的诗若是可以离形体而独立，抒情诗是万万不能的。[92]

在新月诗派第一次公开“亮相”时，他们就声称“要把创格的新诗当一件认真的事情做”[93]，于创作之外，写下不少的研讨新诗音节、格律问题的文章。而他们所谓的“格律”，其实就是“形式”(form)。闻一多关于新诗“音乐美”、“绘画美”和“建筑美”的著名观点；饶孟侃关于新诗的系列文章，其基本着眼点，都是关于新诗的形式问题。

《晨报·剧刊》创刊后，总共刊登了约二三十篇讨论戏剧的文章，而其中探讨戏剧形式乃至技巧、技术的文章，就占了相当大的比重，“如《国剧》中之论‘程式化’，《戏剧的歧路》中之论‘纯形’，《旧戏评价》中之论‘纯粹艺术’……《中国语言与中国观众》之论‘介体’”[94]，等等。

此后，在《新月》月刊上，纯粹的、非论争性的文艺论文相对减少，而代之于政治、文化论文，或梁实秋与左翼文坛的笔战文字；但是，在一些数量有限但影响颇大的文艺评论中，新月作家仍显示出偏重于创作问题，尤其是形式问题的倾向，如沈从文的《论闻一多的〈死水〉》，胡适的《评〈梦家诗集〉》，闻一多的《谈商籁体》，梁实秋的《论诗的大小长短》等。

至于作为重振新月诗坛最后一次努力的《诗刊》，其“共同的信点”之一，也致力于“集合的纯理的探讨与更高的技术的寻求”[95]。迨至 1931 年陈梦家编定《新月诗选》时，他还再次声明：“主张本质的醇正，技巧的周密和格律的谨严差不多是我们一致的方向。”[96]

值得强调的是，新月派作家对于文艺“形式”的注重，与他们对艺术“纯正”乃至“严重性”的要求，在本质上是一致的，或者说是互为关联的。在新月派的创作实践中，这两种倾向，与他们强调“人性”的人本主义文艺观，以及强调“理性”的新古典主义美学观相互激荡，在内容、形式、风格各个方面都得到了鲜明的体现。

要言之，新月派的文艺思想尽管复杂，但是，在强调文学艺术的“人性”、“纯正”和“形式”方面，却具有相当程度的一致性。究其根源，一是出于他们所受到的欧美文化文学传统，特别是人本主义、浪漫主义乃至唯美主义和新古典主义的影响；二是相关于他们民主个人主义、自由派的思想政治立场；三是受制于他们个人的、社会的、文艺的、特别是艺术实践方面的经历。正是这三方面的原因，决定了新月派在文艺思想上偏于美英传统的价值取向，以及他们与五四浪漫主义思潮乃至左翼现实主义文艺思潮的“距离”或“对立”。

五

从以上的分析中可以看出，新月派作为后五四时期美英留学群的一个次属文化族群和文化派别，从文化渊源、思想取向到政治抉择、文艺思想，都与美英文化文学传统保持着千丝万缕的联系。正是这一点，从根本上决定了新月派在现代中国文化运动中的历史定位和历史命运。

基本认识 现代中国文化运动，根据笔者的理解，至少包含以下几个层次和方面：一是世界化视域中的、以中外跨文化交流为主导的、不同文化圈之间的文化交汇或影响；它更具体地体现为中国本土文化与域外文化或曰世界文化的相互作用乃至趋同。二是现代化视域中的、以新旧文化的更替为主导的、不同文化形态之间的文化对立和冲突；它更进一步集中在现代文化对传统文化的扬弃，以及从传统文化向现代文化的转型。三是文化化视域中的、以诸种新文化潮流的互动为主导的、不同文化派别之间的矛盾乃至互补；它更多地表现为价值和文化选择方面的差异，尤其是多源与多元意义上的现代文化的整合与重建。

以上述理解为前提和参照系，就有可能对新月派在现代中国文化运动中的历史定位作如下分析：

首先，在世界化视域中，在现代中国本土文化与域外文化的交流中，新月派作为后五四时期以美英留学者为主体的社团和群体，其文化、文学活动明显地具有留学文化、尤其是美英留学文化的性质。因此，像其他留学族群和留学文化派别一样，新月派在现代中国跨文化交流、特别是美英文化文学思潮的传播和濡化过程中，扮演了中介和中坚的角色。

其次，在现代化视域中，在现代中国新旧文化的更替，以及新旧两大文化阵营的对立中，新月派无可置疑地归属于“五四”以来现代中国新文化阵线。正因为如此，新月派故能同其他新文化、文学社团或派别一起，致力于以反对旧文化，提倡新文化为表征的现代文化变革；并以其具有自身特色的文化文学实践，为现代中国文化的转型和新文化的发展，作出了独特的、一方面的贡献。

再次，在文化化视域中，在现代中国新文化圈中各种思潮流派复杂交错、此消彼长的发展演进中，新月派作为深受美英文化传统影响的、现代中国知识分子中的自由派、改良派，无疑与其他各种思潮派别，尤其是左右两大文化思潮、文化派别处于比照和对立之中。然而,也正是因为这种比照和对立,一方面,现代中国文化呈现出多源与多元互动并存的精彩格局;另一方面,新月派也因之获得其独立存在的价值,表现出自己的基本特点。

基本特点 从现代中国文化运动的宏观视角考察新月派的基本特点,首先可以发现:在现代中国文化格局、文化运动中,新月派明显地处于各种文化势力的“边缘地带”,并在当时左右两大主要文化思潮的对峙中居于“中间”或曰“非主流状态”。

例如,从文化生成和整体上看,新月派文化自然应当是现代中国文化具有阶段性特征的一部分;然而,从文化资源和资质的角度看,新月文化既不是纯粹的本土文化,也不是完全的异域文化,而是本土与异域相“杂交”的文化。

还如,从文化成分、文化性质的角度看,新月文化自然置身于现代中国新文化的阵营;然而,从文化影响乃至文化冲突的角度看,新月派文化自孕育或诞生之日起,就生存挣扎于左右两大文化主潮的夹缝之中:一方面,新月派与日渐壮大的、“更新”或“更激进”的社会主义、共产主义文化思潮、派别相抵牾,并随着历史的进程而表现出愈来愈大的离异和敌对的倾向。——新月派在思想、文化方面的保守性甚至反动性,新月派与左翼文化运动的对立、冲突,都植根于此。另一方面,新月派又与当时占据统治者地位、文化上先天具有“保守”倾向和“旧的色彩”的三民主义文化思潮、派别有着内在的矛盾;而且,这种矛盾在一定历史时期内也是难以调和的。——新月派同国民党及其政权的思想、政治冲突,在本质上,也相因于这样一种文化性冲突。新月派为西方文化所鼓舞,力图坚持“五四”以来民主与科学的文化精神;而国民党则为现存统治者的利益所驱使,转而寻求向“五四”以前保守、愚昧和专制的文化传统回归。因此,在这种冲突中,新月派又具有不可抹煞的进步性。正是由于新月派同国民党的冲突具有文化冲突的性质,因此,即使新月派的领袖人物胡适在政治上有条件地投靠国民党后,但双方在文化精神方面的不协调和冲突,仍在以后的社会进程中时时显露出来。也正是出于上述理由,同时联系到现代中国整个宏观的文化运动的性质和趋向,我们可以说新月派存在的时间虽然仅有十来个年头,但它所代表的文化精神、文化潮流,一直延续到现在,并为中国现代社会、文化运动,提供了一种重要的多元性合力。

其次,从现代中国思想、政治和社会运动的角度考察新月派,我们还可以发现,新月派作为美英自由主义、改良主义在中国的文化代表,也呈现出进步性与保守性相互联系、交织并存的状态。

新月派的进步性,主要体现在思想启蒙和政治启蒙方面:它以自由主义为思想武器,提倡个性解放、思想自由、民主政治和法治精神,这在反对封建主义和官僚资产阶级的政治专制和文化专制方面,无疑具有进步的意义。这也是自鸦片战争以来,中国近现代先进分子、知识分子所一致高举的思想旗帜。中国百余年来的社会历史发展证明：思想启蒙与政治启蒙始终是中国社会、文化发展的一个重大课题。这一课题，甚至并不因马克思主义在中国的胜利而失去其历史的价值。正如在一个经济上并未充分资本主义化的国家，很难建立一个发达形态的社会主义国家一样，在思想、政治、教育及一切文化领域未经彻底启蒙准备的社会，也很难发育成熟为完全形态的现代社会。新月派作为中国近、现代启蒙主义运动的一个重要环节，作为一个在新的专制主义思潮重新抬头的大背景中，勇敢崛起的现代自由主义、民主主义的文化派别，自然具有承前启后、对抗反动的进步意义。新月派的许多重要成员，后来在思想上、政治上、文艺上都坚持民主、进步的立场，有的甚至还走向了革命，民主主义、启蒙主义甚至包括自由主义，应该是他们的重要思想动力之一。

新月派的保守性、悲剧性或曰反动性，则主要相关于他们的社会改良主义。这主要表现在以下三个方面：

第一，在20世纪二三十年代民主革命势力与专制集权统治严重对立的情况下，新月派坚持改良主义立场，势必同坚持新民主主义革命立场的共产党人、革命民主派相冲突。例如，新月派对“暴力革命”种种弊端的攻击，虽基于“渐进的改良优于以暴易暴的革命”这样一种似无偏袒的理论；但由于当时中国所进行的革命，主要是新民主主义革命，因此，新月派对所有暴力革命的反对，在实际上不可不导致对民主主义革命的否定。

第二，新月派所倡导的渐进的社会改良道路，在本质乃至策略上，终与国民党的政治需要相吻合。改良主义者在本质上反对一切形式的、特别是突发性的、大的社会变动，而这一点，对于当时已经取得国家政权的国民党来说，不仅与之毫无冲突，而且甚为后者所欢迎。例如，在与宋子文的一次私下交谈中，胡适更明确地谈到过这样一番话：

> 我们的态度是“修正”的态度：我们不问谁在上，只希望做点补偏救弊的工作。补得一分是一分，救得一弊是一弊。[97]

不仅如此，新月派出于自由主义和改良主义立场所作的社会、政治批评，一个根本的出发点，就是“替社会国家想出路”；一个基本的任务，就是“要为社会国家寻一条最可行而又最完美的办法”[98]。由于当时的“社会国家”是国民党独裁集权的社会国家，所以，新月派的批评，不仅带有悲剧的意味，而且自身就成为一种“反讽”：它们始终只是一种“善意的期望与善意的批评”，“批评的目的是希望他自身改善”，或者用胡适的话说，是“以中国国民的资格，对于国家社会的问题作善意的批评和积极的讨论，尽一点指导监督的天职”[99]。于是，新月派的改良主义思想，在反对革命，维护现存统治秩序这一点上，便与国民党当局有着相当的一致性。鲁迅把新月派批评家称之为“含泪的批评家”，其任务在于“挥泪以维持治安”[100]，这就很正确地抓住了新月派的思想和政治本质。

第三，从中国政治、社会的历史演进看，新月派的改良主义在当时不仅是保守的，而且根本上也是“不合时宜”或曰行不通的。这一点，很充分地表现在新月派的分化和解体中：胡适、邵洵美、叶公超等，最终取得了与国民党最高当局的“相互认识”，完成了从“非革命的民主派”到“为国家做一个诤臣，为政府做一个诤友”，最终而为蒋介石集团的幕僚、政客、官方文人学者的转变，——尽管他们还多少保持一种超越集权统治之外的姿态。罗隆基、王造时等人则在20世纪30年代高涨的民主、民族革命推动下，选择了抗日救国的道路。闻一多、张奚若等最终相继投身到民主民族革命的洪流中去，甚至走上了共产主义道路。即使是在政治上与胡适密切，而在文艺上又同闻一多等合作的徐志摩，在其早逝前夕也已显露出思想变化的征兆。所有这些，一方面说明新月派作为一个群体，并非铁板一块；另一方面也再次阐明了这样一个蕴含着历史必然性的事实：在中国近现代社会矛盾、阶级矛盾、民族矛盾异常尖锐的情况下，在中国这样一个特定的政治、社会和现实环境中，中国的自由主义知识分子群，中国的资产阶级、小资产阶级的自由派尤其是改良派，很难真正长期保持其“自由的立场”、“独立的精神”，以及“不依傍任何党派”、“反对暴力革命在政治上行渐进改良”的主张，而不得不转而依附或追随其他更强有力的政治、文化势力，——哪怕这种依附是违背初衷的，这种追随是并非自愿或彻底的。从最初想改变社会政治环境，到最后终为社会和政治环境所改变，这就是从梁启超、康有为到胡适等一切中国近现代改良主义者所走过的共同道路。

从这种意义上讲，作为一个深受西方美英传统影响、以资产阶级自由主义为思想旗帜、提倡启蒙主义又具有改良主义倾向的文化派别，在当时中国特殊的思想、政治和文化空间中，“新月”永远只能是“纤弱的一弯”，永远只能“怀抱着”而不能真正致达那“未来的圆满”(徐志摩语)。

[节选自《多源与多元：从中国留学族到新月派》，华中师范大学出版社2002年；曾发表于《华中师范大学学报》2001年第1期]

注释：

[1]徐志摩：《欧游漫录·给新月》，载《晨报·诗镌》，1925年4月2日。

[2]徐志摩：《新月的态度》，载《新月》，创刊号(1928年3月10日)。

[3]《罗隆基致胡适信》(1931年5月5日)，《胡适往来书信选·中》，北京：中华书局1979年版，第64页。

[4]《罗隆基致胡适信》(1931年5月5日)，《胡适往来书信选·中》，北京：中华书局

1979 年版，第 64 页。

[5]《蔡元培全集》，北京：中华书局 1984 年版，第 3 卷，第 281—282 页。

[6]徐志摩：《吃烟与文化》，载《晨报副刊》，1926 年 10 月 1 日。

[7]胡适：《介绍我自己的思想》，载《新月》，第 3 卷，第 4 期(1930 年 6 月 10 日)。

[8]徐志摩：《吸烟与文化》，载《晨报副刊》，1926 年 7 月 14 日。

[9]见陈子善编：《梁实秋文学回忆录》，长沙：岳麓书社，1989 年 1 月版。

[10]以往的研究者，往往没有意识到或不甚强调自由主义的“古典的”与“现代的”之别，“美国的”与“英国的”之别，或“美英的”与其他“欧洲大陆国家”的区别。因此，不仅容易造成含混，也容易招致解释的矛盾。

[11]《胡适留学日记·二》，《胡适作品集》，第 35 册，台北：远流出版公司 1986 年版，第 46—47 页。

[12]胡适：《介绍我自己的思想》，载《新月》，第 3 卷，第 4 期(1930 年 6 月 10 日)。

[13]胡适：《易卜生主义》，载《新青年》，第 4 卷，第 6 期。

[14]胡适：《介绍我自己的思想》，载《新月》，第 3 卷，第 4 期(1930 年 6 月 10 日)。

[15]胡适：《自由主义》，见刘军宁主编：《北大传统与近代中国》，北京：中国人事出版社 1989 年版，第 68 页。

[16]以上引文均见胡适：《自由主义》，见刘军宁主编：《北大传统与近代中国》，北京：中国人事出版社 1989 年版，第 68—71 页。

[17]徐志摩：《列宁忌日谈革命》，载《晨报副刊》，1926 年 1 月 21 日。

[18]徐志摩：《关于党化教育讨论》，载《晨报副刊》，1926 年 9 月 20 日。

[19]1925 年 12 月 13 日，闻一多与罗隆基代表大江会参与发起筹备北京国家主义团体联合会。同月 20 日，北京国家主义团体联合会在北京大学第三院大礼堂正式召开成立大会，与会者“千余人”。此后，该会曾一度将办公处设在闻一多和余上沅住处。

[20]罗隆基：《致施滉》(1924 年 2 月 24 日)，转引自闻黎明等《闻一多年谱长编》，武汉：湖北人民出版社 1994 年版，第 226 页。

[21]《大江季刊·发刊辞》，载《大江季刊》，第 1 卷，第 1 期(1925 年 7 月 15 日)。

[22]《新月》月刊编辑部：《敬告读者》，载《新月》，第 2 卷，第 6—7 期(1929 年 9 月 10 日)。着重号为笔者所加。

[23]梁实秋：《忆〈新月〉》，转引自陈静之《“新月”及其重要作家》，台北：成文出版社 1980 年版，第 4 页。

[24]胡适：《自由主义》，见刘军宁主编：《北大传统与近代中国》，北京：中国人事出版社 1989 年版，第 69 页。

[25]转引自[美]格里德著，鲁奇译：《胡适与中国的文艺复兴》，南京：江苏人民出版社 1989 年版，第 347—348 页。

[26]转引自[美]格里德著，鲁奇译：《胡适与中国的文艺复兴》，南京：江苏人民出版社 1989 年版，第 348 页。

[27]《胡适留学日记·三》，《胡适作品集》，第 36 册，台北：远流出版公司 1986 年版，第 250—251 页。原文为英文。

[28]闻一多:《致家人》(1924 年 6 月 14 日),《闻一多全集》,第 12 卷,武汉:湖北人民出版社 1993 年版,第 203 页。着重号为笔者所加。

[29]胡适:《我们我们走那条路?》,载《新月》第 2 卷,第 10 期(1929 年 12 月 10 日)。

[30]胡适:《沁园春·新俄万岁》,《胡适留学日记·四》,卷 16。

[31]《胡适留学日记·四》,卷 15。

[32]载《努力周报》,第 22 期(1922 年 10 月)。

[33]胡适:《我们对于西洋近代文明的态度》,载《现代评论》,第 4 卷,第 83 期。

[34]如冯玉祥的秘书,共产党人刘伯坚。

[35]胡适:《致徐志摩》(1926 年 8 月 27 日),《胡适书信集·上》,北京:北京大学出版社 1996 年版,第 383 页。

[36]胡适:《致张慰慈》(1926 年 7 月底),《胡适书信集·上》,北京:北京大学出版社 1996 年版,第 379 页。

[37]胡适:《致张慰慈》(1926 年 7 月底或 8 月初),《胡适书信集·上》,北京:北京大学出版社 1996 年版,第 380 页。

[38]胡适:《致徐志摩》(1926 年 10 月 4 日),《胡适书信集·上》,北京:北京大学出版社 1996 年版,第 386 页。

[39]胡适:《漫游的感想》,载《现代评论》,第 140－141、145 期(1927 年)。

[40]徐志摩:《南行杂记》,载《晨报副刊》,1926 年 8 月 9 日、23 日。

[41]徐志摩:《南行杂记》,载《晨报副刊》,1926 年 8 月 9 日、23 日。

[42]徐志摩:《又从苏联回讲到副刊——勉己先生来稿的书后》,载《晨报副刊》,1925 年 10 月 10 日。

[43]徐志摩:《徐志摩书信》,长沙:湖南人民出版社 1986 年版,第 306 页。着重号为笔者所加。

[44]徐志摩:《这回连面子都不顾了》,载《现代评论》,第 1 卷,第 2 期(1924 年 12 月 20 日)。

[45]徐志摩:《政治生活与王家三阿嫂》,载《京报副刊》,1925 年 1 月 4－6 日。

[46]唐德刚译:《胡适口述自传》,《胡适研究资料》,北京:北京十月文艺出版社 1989 年版,第 191 页。

[47]胡适《致学界公函》,作于 1915 年 3 月 19 日,《胡适研究资料》,北京:北京十月文艺出版社 1989 年版,第 194 页。

[48]唐德刚译:《胡适口述自传》,《胡适研究资料》,北京:北京十月文艺出版社 1989 年版,第 198 页。

[49]胡适等:《争自由宣言》,载《晨报临时增刊》,1920 年 8 月 1 日。

[50]胡适:《一年半的回顾》,载《努力周报》,第 75 期(1923 年 10 月)。

[51]胡适:《爱国运动与求学》,《胡适文存》,第 3 集,第 9 卷,上海:亚东图书馆 1926 年版,第 1148 页。

[52]徐志摩:《自剖》,载《晨报副刊》,1926 年 4 月 3 日。

[53]徐志摩:《自剖》,载《晨报副刊》,1926 年 4 月 3 日。

[54]毛泽东:《外力革命与军阀》,载《新时代》,第1卷(1923年)。

[55]梁实秋:《谈闻一多》,台北:传记文学出版社1967年版,第48页。

[56]潘光旦:《谈留美生活》,转引自闻黎明等《闻一多年谱长编》,武汉:湖北人民出版社1994年版,第245页。着重号为笔者所加。

[57]闻一多:《致梁实秋》(1926年1月23日),《闻一多全集》,第12卷,武汉:湖北人民出版社1993年版,第229—230页。

[58]胡适:《追念吴稚晖先生》,载《自由中国》,第10卷,第1期(1954年1月1日)。

[59]见《新月》,第3卷,第4期。

[60]罗隆基:《论共产主义》,载《新月》,第3卷,第1期(1930年3月10日)。

[61]罗隆基:《论中国的共产》,载《新月》,第3卷,第10期(1930年12月10日)。

[62]陈德征之提案(简报),见胡适:《致王宠惠·附》(1929年3月26日),《胡适书信集·上》,北京:北京大学出版社1996年版,第480页。

[63]胡适:《致王宠惠》(1929年3月26日),《胡适书信集·上》,北京:北京大学出版社1996年版,第479页。

[64]陈德征:《胡说》,载《民国日报·星期评论》,第2卷,第46期。

[65]胡适:《人权与约法》,载《新月》,第2卷,第2期(1929年4月10日)。

[66]罗隆基:《我的被捕经过与反感》,载《新月》,第3卷,第3期(1930年5月10日)。

[67]胡适:《人权与约法》,载《新月》,第2卷,第2期(1929年4月10日)。

[68]胡适:《我们什么时候才可有宪法?》,载《新月》,第2卷,第4期(1929年6月10日)。

[69]梁实秋:《思想自由》,载《新月》,第2卷,第11期(1930年1月10日)。

[70]梁实秋:《论思想统一》,载《新月》,第2卷,第3期(1929年5月10日)。

[71]胡适:《新文化运动与国民党》,载《新月》,第2卷,第6—7期(1929年9月10日)。

[72]罗隆基:《论中国的共产》,载《新月》,第3卷,第10期(1930年12月10日)。

[73]徐志摩:《艺术与人生》,载《创造季刊》,第2卷,第1期。

[74]熊佛西:《长城之神·序》,载《晨报副刊》,1926年3月22日。

[75]梁实秋:《文学的纪律》,载《新月》,第1卷,第1期(1928年3月10日)。

[76]梁实秋:《文学批评辨》,见梁实秋:《浪漫的与古典的》,上海:新月书店1931年8月第3版,第168页。

[77]白璧德著,吴宓译:《白璧德之人文主义》,载《白璧德与人文主义》,上海:新月书店1929年版。

[78]梁实秋:《文学批评辨》,见梁实秋:《浪漫的与古典的》,上海:新月书店1931年8月第3版,第168页。

[79]梁实秋:《文学的纪律》,载《新月》,第1卷,第1期(1928年3月10日)。

[80]梁实秋:《文学与革命》,载《新月》,第1卷,第4期(1928年6月10日)。

[81]梁实秋:《文学的纪律》,载《新月》,第1卷,第1期(1928年3月10日)。

[82]梁实秋:《文学批评辨》,见梁实秋:《浪漫的与古典的》,上海:新月书店1931年8月第3版,第168页。

[83]梁实秋:《白璧德与人文主义·序》,上海:新月书店1929年版。

[84]梁实秋:《文学的严重性》,载《新月》,第3卷,第4期(1930年6月10日)。

[85]《新月的态度》,载《新月》,第1卷,第1期(1928年3月10日)。

[86]闻一多:《致吴景超、梁实秋》(1922年10月10日),《闻一多全集》,第12卷,武汉:湖北人民出版社1993年版,第95—96页。

[87]闻一多:《戏剧的歧途》,载《晨报副刊》,1926年6月24日。

[88]闻一多:《致梁实秋》(1923年3月22日),《闻一多全集》,第12卷,武汉:湖北人民出版社1993年版,第159—160页。

[89]梁实秋:《文学与革命》,载《新月》,第1卷,第4期(1928年6月10日)。

[90]梁实秋:《文学是有阶级性的吗?》,载《新月》,第2卷,第6—7期(1929年9月10日)。着重号为原作者所加。

[91]陈梦家:《新月诗选·序言》,上海:新月书店1931年版,第8、9、12页。

[92]闻一多:《泰戈尔批评》,载《时事新报·学灯》,1923年12月3日。

[93]徐志摩:《诗刊弁言》,载《晨报·诗镌》,1926年4月1日。

[94]徐志摩:《剧刊终期》,载《晨报·剧刊》,1926年9月23日。

[95]徐志摩:《诗刊·序语》,载《诗刊》,创刊号(1931年1月20日)。

[96]陈梦家:《新月诗选·序言》,上海:新月书店1931年版,第17页。

[97]《胡适的日记》(手稿本),第8册,1929年7月2日,台北:远流出版社1991年版。

[98]胡适:《我们我们走那条路?》,载《新月》第2卷,第10期(1929年12月10日)。

[99]胡适:《我们要我们的自由》(手稿),转引自耿云志:《胡适年谱》,成都:四川人民出版社1989年版,第171页。

[100]鲁迅:《新月社批评家的任务》,《鲁迅全集》,第4卷,北京:人民文学出版社1981年版,第159页。

现代中国文学研究的史学问题
——以古代中国文学的史学传统为切入点

论者所谓的“现代中国文学”[1]，涵盖通常所说的“中国现代文学”和“中国当代文学”两大学科分支。

现代中国文学研究既是一种文学研究，也是一种史学研究。例如，在现有国家学科分类体系中，上述两大学科分支合二为一，被命名为“中国现代文学史”(国标学科代码 75031)。

尽管我们所从事的这一学科已经明白无误地被加以“史”的界定；然而，在其演化或操作的实际过程中，不少人往往重视其文学研究的性质，而忽略其史学研究的性质。究其原因，自然是多方面的；但古代中国文学史学传统的特点及其影响，以及现代中国文学学科体系自身的不完善，是其中重要的原因之一。

论者认为，从完善学科体系的意义上讲，现代中国文学研究的学科构成至少应包括三个分支领域：

一是文学史研究——即对作为历史的文学现象的研究；它涵盖通常所说的作家作品、社团流派、文学理论批评史研究，具有文学史学实践的性质。

二是文学史学研究——即对文学史学实践本身的理论化研究；其又可分为三个层面：“一般理论”，主要研究现代中国文学史学的基本观念、理论与方法；“专题理论”，即对现代中国文学史学所涉及的“史与论”、“源与流”、“时与势”等基本问题进行专门的研究；“事件理论”，即对现代中国文学研究中的一些典型事件，如文学史编撰、作家作品研究、思潮或流派研究的历史或个案进行现象与逻辑相结合的研究(有点类似现有的学术史研究)。

三是文学文献学研究——即以文学记载及其载体为对象的文献学研究；它既包括版本、校勘、目录、注释、辨伪、辑佚、编纂、典藏等传统文献整理和文献研究模式，又须与现代科学技术结合，研讨现代中国文学文献的产生、分布、交流、利用等手段或规律。

就目前的研究现状而言，现代中国文学史研究一直是我们学科的主体部分；而现代中国文学史学和文学文献学研究，则一直处于与文学史研究乃至其他研究相混杂的“前学科”阶段。

因此，很有必要大声呼吁：重视现代中国文学研究的史学性；加强现代中国文学史学、现代中国文学文献学建设。

由于篇幅所限，这里不可能全面地讨论上述问题。下面仅以古代中国文学的史学传统为切入点，谈谈现代中国文学研究中具有古今对话意味的几个史学问题。

1 “杂”与“纯”的问题

这里所谓的“杂”与“纯”的问题，主要涉及“文学”和“文学研究”的对象、范围问题。亦即古代中国“文学”这一概念的外延、内涵及其对文学史学的影响问题。

众所周知，在古代中国，我们的文学观念，可概括为“杂文学”的观念；其内涵外延，也一直摇摆于“杂”与“纯”之间。

例如，在先秦，“文学”一词泛指学术文化——此其“杂”也。两汉时期，“文学”和“文章”有了分化，“文学”指学术，“文章”则包括诗、骚、文、赋等文体样式——后者虽仍非专指文学创作，但相对而言已接近“纯文学”的观念。六朝以后，传统典籍中经、史、子、集四部的分类渐趋明朗和定型；但其中集部仍然具有“杂文学”性质。此后，尽管有昭明《文选》文学总集的出现，也有南朝人“文笔之辨”的进一步区分；但是，美文与应用文混杂不分，文学、史学、经学、子学、语言文字学、目录文献学诸领域相互交渗，是古代中国学术观念乃至文学观念上的一大特点。由此，也带来文学史学观念上的混杂与混乱。

古代中国“文学”的内涵与外延一直不够明确，加上文学史学基础和意识的淡薄，也直接或间接影响到现代中国文学史学对象的明晰。例如，现代文学学科的对象到底有哪些？其范围如何圈定？现代文学学科能否研究纯文学以外的其他对象？等等，这些问题在实际的研究中并未完全解决。因此，我们的现代中国文学研究，就学科角度而言，也有“杂文学”的学科性质。

2 “史”与“论”的问题

笔者这里所谓的“史”、“论”，相应不同的语境有两层含义。

就一般史学领域而言，所谓的“史”，主要指“史料”、“史实”；而“论”，则指“理论”、“观念”，或“论述”、“阐释”。这样，所谓的“史”与“论”的关系问题，涉及通常所讨论的“论从史出”或“以论带史”或“史论结合”等史学原则或方法问题。

就古代中国文学史学的传统而言，这里所谓的“史”与“论”，偏重于指涉其学科属性。“史”指“文学史”；“论”则指“文学理论”、“文学批评或评论”等。

由于古代中国文学“杂文学”观的影响，也由于其他原因，古代中国文学史学意识的出现，不仅大大滞后于一般意义上的史学意识，而且直至近代，仍未出现通常意义上的文学史乃至文学史学。因此，文学理论、文学的鉴赏批评较为发达，而文学史学意识、史学研究相对淡薄，是古代中国文学留给我们的遗产。

例如，在古代中国，文学理论、文学批评乃至文章文体及其具体写作技巧方法的研讨，一直是文学学术活动的主要疆域乃至主要目的；即或出现文学史性质的思考或表述——如关于文体流变的讨论，但它们要么与文论、文评结合在一起，要么与其他学术领域，包括一般史学领域交叉混合。在《文心雕龙》、《诗品》以及《文章流别论》、《文章辨体序说》乃至部分史学著作中，可以明显地看到这一倾向。

从上述意义上讲，现代中国文学的史学研究乃至现代中国文学学科的发生发展，只是一个“现代事件”——尽管其中仍然存在着与西方、与古代文学史学传统的对话。清末民初，随着新史学的兴起，随着外来思潮的进入和新文化、新文学的发生，现代中国文学的史学意识逐渐萌生、发育，并成为推动现代中国文学史研究乃至文学史学科的一个重要的动力。然而，由于现代中国文学史学意识、史学学科在很大的程度上受到外来思想、理论乃至学术方法上的影响，其发端时期的许多重要表述、突破或成果亦更直接地受益于这些思想、理论和方法；加上现代中国文学研究一开始就具有与它的研究对象——现代中国文学——同步发生的特点；文学史学的研究，往往孕育在当下文学批评的形式或话语之中；因此，现代中国文学研究中，一开始就存在一种“史论不分”，或“史论合一”的传统。于是，“重理论”、“轻历史”，甚至对历史进行“理论殖民”，在过去乃至现在的研究中并不少见。

3　“源”与“流”的问题

传统文学史学的中心命题之一，是“源流正变”。“源”者，文章、文学的“源头”；“变”，文章文学的流变。由此，发展出两大文学史观。

其一，文学的发展是“同源异流”——天下文章皆出自一个共同的本源；而这个本源或为“六经”，或为“天道”。进而发展出以“道”为本源，以“经”为典范的“原道”、“宗经”思想。

其二，文学史研究则要“审正察变”——以文学的本源状态为“正”，后世流易变化的状态为“变”，并将文学的“正”、“变”同它自身的盛衰联系起来，多认为“正”即“盛”，而“变”即“衰”，进而主张“伸正诎变”乃至“返本归源”[2]。

“源流正变”这一文学史观虽然强调考源，但其对“源”的理解显然流于虚幻；虽然注意到流变，但其对“流”的评价也不免偏狭。加上其价值判断上以源为正、以流为变倾向的存在，遂构成古代中国颇具代表性的一种“向后看”的文学史观。

在现代中国文学史学中，“源”与“流”的问题，仍然是学界十分关注的问题，但其语境、立场或表达方式有所变化。例如，在现代中国文学史学的发生时期，在“进化论”的影响下，“源流正变”的文学史学观受到极大的挑战。“流”虽被“正名”，被视为“源”的进化或进步；但由此又衍生出新的“线性发展”历史观和文学史观。还如，在“五四”以来新的历史语境中，“源流正变”所包含的“原道”、“宗经”思想，置换为具有新的内涵的道统思想：即以某一种思想或意识形态为“道”为“统”，以某一种文学或文学形态为“源”为“正”。于是，思想、文化乃至意识形态的合法性、正统性，而不是文学自身的历史性和多样性，成为文学史学批评的基本原则。

4 “时”与“势”的问题

在传统文学史学中，“时”主要指时代背景、氛围，“势”主要指文学发展趋势。

尽管古代中国亦有人看到“时”与“势”之于文学的双重作用，如明胡应麟就曾指出：“四言不能不变而五言，古风不能不变而近体，势也，亦时也。”但是，在中国“政教合一”、“文以载道”思想的影响下，人们似乎更重视“时”的作用，更重视社会政教对文学的决定性制约[3]。

如果说，重“时”轻“势”是传统文学史学的倾向之一，那么现代中国文学史学亦有这个毛病：注重文学的外因或外部条件，忽视文学的内因或内部规律。换言之，我们的文学史学著作，对于现代中国文学发生发展的外部条件，如社会、思想、文化、政治等，往往有较充分的注意和阐述，而对文学自身的内部发展规律、趋势，如语言的、形式的、文体的、风格变迁的等内部发展的规定性，则往往缺少深入而系统的分析。因此，现代中国文学史学在理论上应该解决的问题，就包括正确地阐释文学发展的“时”与“势”的问题，重视“文学之势”——文学自身发展动因、内部规律和趋势——的研究。

5 “题”与“体”的问题

这里所谓的“题”，主要指文学的“题材”、“主题”等，而“体”，则主要指“文体”。在古代文论中，它包括体裁与风格两大层面。

如果问：在古代中国文学史学意识或传统中，有哪些是古人较为重视，而现今我们较为缺乏的要素？那么，“体”显然是其中之一。

一个很有意思的现象是：古代中国的文论文评，固然有时也论及文学、文章的内容，包括我们今天常津津乐道的题材、主题等，但更多的是谈论体裁、风格及其流变问题。换言之，重文体（体裁、风格）流变，是古代文学研究，包括文学史学研究最重要的话题之一。可以毫不夸张地这样说：对文学体裁和文学风格流变进行史论结合的研究，是古代中国文学史学的基本范式之一。

与之形成鲜明对比的是：在现代中国文学研究中，人们往往更重视文学内容层面的研究，包括对内容层面如“题材”、“主题”的意义进行过度挖掘和阐释；而对其形式层面的问题，或与形式层面密切相关的问题，如现代文学的体裁、风格流变问题，则大多注意不够。

当然，古代中国文学史学传统及其影响并非局限于上述几个方面；而对现代中国文学史学问题的探讨，也是一个十分复杂、需要下大力气进行专门研究的问题。本文的目的，在于抛砖引玉，就教于各位专家，并引起大家关于现代中国文学史学问题、包括史学理论问题的注意。

［原为“现代中国文学学科观念与方法”国际学术研讨会(2007 年 8 月，武汉)论文；后载于《江汉论坛》2008 年第 5 期］

注释：

[1]参见周晓明：《从中国现代文学到现代中国文学》(笔谈)，《文学评论》，2000 年第 4 期。

[2]参见董乃斌等主编：《中国文学史学史》(第一卷)，石家庄：河北人民出版社 2003 年版，第 4—5 页。

[3]参见董乃斌等主编：《中国文学史学史》(第一卷)，石家庄：河北人民出版社 2003 年版，第 5—6 页。

现代中国文学的组织化传统

“组织”是许多学科里的基本概念，学科不同，对其理解亦有不同。在社会科学，包括传播学领域，组织指以人为基本构成要素的社会性实体。组织的概念与群体的概念相联系而又相区别。简括地说，组织是高度结构化、等级化的正式群体。因此，任何组织都是一种群体，但并非任何群体都是组织。将组织与群体区分开来，是近几十年来西方社会学、社会心理学和传播学的一个趋势。

所谓“组织化”，简单地说，就是“使成为组织”，或与组织发生密切关联。高度的组织化，是现代社会的特征之一。现代社会中的每一个人，无论他是否意识到，都以这种或那种方式与“组织”发生关联。社会学家厄佐尼(Amatai Etzioni)说：

> 我们的社会是一个组织的社会。我们出生在组织中，受教育于组织中，而且，我们中的大多数耗去大量的生命为组织工作。即使是在许多余暇的时间里，我们也在组织中娱乐，在组织中祈祷。我们中的大多数将死在组织中，并在葬礼到来的时候，还须得到最大的组织——政府——所赐予的官方许可。[1]

同样是组织或组织化，在我看来，中国与西方发达国家存在着一些明显的差异。总的说来，现代西方国家的组织更具有社会化倾向——连政党、政府这样的组织，都趋于社会化。相比较而言，现代中国的组织更具有政治化的倾向，如政治取向、政党意志、政府行为等。就连理应是与政治无关或关系较少的一些组织或非正式组织，如文艺协会、专业学会、行业组织等，都不可避免地政治化了。

现代中国文学与现代中国社会乃至意识形态更为密切的关联性，包括更为强烈的当下性，决定了其文学实践乃至学术活动较之其他文学(如古代中国文学、外国文学等)就整体而言具有更为强烈的组织化倾向。囿于篇幅，本文着重探讨“五四”至新中国成立前夕现代中国文学自身的组织化传统问题[2]。

我的基本看法是：从上个世纪 20 年代中、后期至新中国成立前夕，是整个中国社会组织化进程加速、程度趋强的时期；为中国特定的政治格局尤其是国共两党长期对立的政党政治特点所决定，中国共产党一直把高度的组织化作为生存和发展的基本策略。与之相关联的，现代中国文学从价值取向到实际运作，从文化文艺运动到文学创作、学术研究,也存在一个明显的转向和趋势:从个体、群体走向组织,并具有愈来愈浓重的受制于政党和国家组织的特点。

一　从五四文学到革命文学:组织转向

现代中国文学的组织化传统,就其思想因子的孕育而言,可以上溯至五四时期马克思主义思想文化的传播;就其成为一种自觉的文学运动、文学实践而言,则发端于20世纪20年代中后期"革命文学"、"无产阶级革命文学"的倡导和实践中。

胡适曾把中国现代思想划分为两个时期:"(一)维多利亚思想时代,从梁任公到新青年,多是侧重个人的解放。(二)集团主义(Collectivism)时代,一九二三年以后,无论为民族主义运动或共产革命运动,皆属于这个反个人主义的倾向。"[3]而现代中国文学从个体到群体、阶级、政党乃至国家的转向,正与现代中国思想的这一重大转向密切相关和同步。

许多当事人和研究者都注意到:五四文化文学思潮中占有主导地位的核心价值观之一,是对个体、个人、个性乃至自我前所未有的高度肯定。郁达夫说:"五四运动的最大的成功,第一要算'个人'的发见。"[4]茅盾在回顾五四文学时也曾强调:

> 人的发见,即发展个性,即个人主义,成为"五四"时期新文学运动的主要目标;当时的文学批评和创作都是有意识的或下意识的向着这个目标。……个人主义成为文艺创作的主要态度和过程,正是理所必然。而"五四"新文学运动的历史的意义,亦即在此。

到了20世纪20年代中后期,在一批身为共产党或受其影响的知识分子那里,否定个体、个人、自我,强调群体、阶级,肯定文学的组织性,便成为他们所倡导的"革命文学"或"无产阶级革命文学"中最核心的观念要素。

例如,五四时期,创造社一班人不仅强调回到个人,甚至力主回到内心。成仿吾说:"文学上的创作,本来只要是出自内心的要求,原不必有什么预定的目的。""如果我们把内心的要求作一切文学上创造的原动力,那么艺术与人生便两方都不能干涉我们,而我们的创作便可以不至为它们的奴隶。……所以我们最好是把文学的根蒂放在一个超越一切无用的争论之地点。"[6]

然而,在"革命文学"、尤其是"无产阶级文学"倡导中,五四时期文学的个人观、个性观、自我观,成为被批判的对象;而强调文学的群体性、社会性、阶级性乃至组织性,成为几乎一致的立场。同样以成仿吾为例,其观念的转变是显而易见的:

我们须热爱人生。而我们维持自我意识的时候，我们还须维持团体意识；我们维持个人感情的时候，我们还须维持团体感情。要这样才能产生革命文学而有永远性。

如果说以上这段话，还带有早期革命文学倡导时期的过渡性特征，在强调群体(团体)的同时，并未完全抛弃个体、个人；那么，下面这段话，则典型地代表了“无产阶级革命文学”倡导时期“组织化”的文学观念：

文学在社会全部的组织上为上部建筑之一；离开全体我们不能理想一个个的部分，我们必须就社会的全构造考究文学这一部分，才能得到真确的理解。

资本主义已经到了他的最后的一日，世界形成了两个战垒，一边是资本主义的余毒“法西斯蒂”的孤城，一边是全世界农工大众的联合战线。各个的细胞在为战斗的目的组织起来，文艺的工人应当担任一个分野。前进！你们没有听见这雄壮的呼声么？[9]

这种非个人、个体，尚集体、群体、阶级乃至组织的价值观念，是“无产阶级革命文学”核心的价值观念之一。李初梨说，“文学的社会任务，在它的组织能力”、文学是“一个阶级的武器”[10]。蒋光慈则更明确地表达道：

我们的社会生活之中心，渐由个人主义趋向到集体主义。个人主义到了资本社会的现在，算是已经发展到了极度，然而同时集体主义也就开始了萌芽。无政府式的个人主义之发展的结果，只是不平等，争夺，混乱，无秩序，残忍，兽性的行为……这种现象实在不能再维持下去了，今后的出路只有向着有组织的集体主义走去。现代革命的倾向，就是要打破以个人主义为中心的社会制度，而创造一个比较光明的，平等的，以集体为中心的社会制度，革命的倾向是如此，同时在思想界方面，个人主义的理论也就很显然地消沉了。[11]

从“个人的发见”、“个人的解放”，转为“向着有组织的集体主义走去”，这不仅意味着五四文学“个人”、“个体”话语及其精神的逐渐淡出，也预示着左翼文学“群体”、“集体”、“阶级”价值取向的强化，尤其是“组织化”文学运动转向的到来。

二 “左联”与“左翼文学”:组织化文学运动预演

如果说20世纪20年代中后期的“革命文学”的组织化转向,大多停留在理论倡导和初步实践层面;那么,30年代中国左翼作家联盟的成立以及“左翼文艺运动”、“左翼文学”的发生,则可视为一场组织化文学运动预演。这主要体现在以下几个方面:

其一,从“左联”的酝酿、成立到运作乃至解散的过程看,它自始至终受到共产党有组织的领导。例如,结束“无产阶级文学论争”,以及筹备成立“左联”的指令,直接来自中共中央[12];第一次筹备会上确定的“左联”筹委会成员——亦即后来“左联”发起人——共12人[13],其中除鲁迅、郑伯奇外,都是中共党员。“左联”成立大会上,选举的7名常务委员中,仍有5名当时或其后具有中共党员身份[14]。即便是“左联”的解散,亦是秉承中共驻共产国际代表团的旨意[15]。

其二,从“左联”的组织结构和组织形式看,它具有共产党领导下的正式文艺组织的性质。例如:它有正式组织常见的所谓“成立大会”以及“加入”、“盟员”之说;有最高权力机构“常务委员会”,各分支机构如“马克思主义文艺理论研究会”、“国际文化研究会”、“文艺大众化研究会”;有机构化的媒介杂志如“联盟机关杂志”以及后来陆续创刊的一系列左翼杂志;还有组织的扩展计划,如“参加革命诸团体等等的提案”[16],以及此后在北平、天津、保定、南京、杭州及日本东京、南洋一带建立的分盟组织,等等。

其三,从“左联”的行动纲领和理论纲领看,它具有明确的组织化的活动目标和价值规范。例如,前期“左联”以“站在无产阶级的解放斗争的战线上,攻破一切反动的保守的要素,而发展被压迫的进步的要素”为己任,明确提出“我们的艺术是反封建阶级的、反资产阶级的又反对失掉社会地位的小资产阶级的”,并将“从事无产阶级艺术的产生”,“参加世界无产阶级的解放运动”作为自己的文艺目标和政治目标[17]。后期“左联”则进一步强调:“中国左翼作家联盟,在目前不独是中国无产阶级革命文学的基本队伍,且又负起了中国无产阶级革命文学总的领导任务。”“作家必须从无产阶级的观点,从无产阶级的世界观,来观察,来描写。作家必须成为一个唯物的辩证法论者。”“中国左翼作家联盟,无疑地是中国无产阶级革命文学运动的干部,是有一定而且一致的政治观点的行动斗争的团体;而不是作家的自由组合。”[18]

其四,从“左联”的组织活动、文学活动看,它已经具有组织化文学运动甚至政治、政党运动特质。例如,在社团活动方面,“左联”成立后的四月和五月,曾分别召开两次全体大会,并派代表参加全国苏维埃代表大会、第二届世界革命作家大会,参加“五一”和“五卅”纪念活动,并积极扩大与其他相关社团和社会组织的联系。以理论研讨为例,“左联”开展了一系列有组织的文艺活动,如马克思主义文艺理论宣传和苏联文学介绍、文艺大众化问题论争、创作方法的探讨、新文学运动的总结，等等。此外，还对国民党民族主义文学进行批判，与新月派以及“自由人”、“第三种人”进行文艺思想论争。不仅如此，针对国民党的反革命政治围剿、文化围剿，“左联”甚至组织过游行集会、罢工、罢市等，并利用文字和媒介进行旗帜鲜明的政治和文化抗争。“左联”这种浓重的政党政治色彩，亦引起后来党内高层的检讨：“左联内部工作许多表现，也绝不似一个文学团体和作家的组织，不是教育作家，吸引文人到反帝反复古之联合战线方面来的组织，而是一个政党，简单说，就是共产党！”[19]

其五，从“左翼文学”创作看，其不同于五四时期文学的一个最大特点，在于从个体言说、同人写作(如社团流派)，趋于一种为统一意志所支配的、愈来愈具有组织化倾向的文学生产。这种组织化的文学生产方式，在新中国成立后、尤其是“文革”前后曾一度发展到极致。

三 《延座讲话》：文学组织化原则的全面确立

在现代中国文学组织化的演进过程中，毛泽东的《新民主主义论》、《在延安文艺座谈会上的讲话》的发表，以及延安工农兵文学运动的展开等，尤具有划时代的意义：它们将中国现代文学的组织化传统，推向整体性的组织领导、组织行为水平。限于篇幅，下面着重分析《讲话》中高度自觉的组织意识。

其一，文艺性质、功用的组织化定位。进步的、革命的文化、文艺运动，被纳入整个中国革命运动中予以定位——是“文武两个战线”之一。而延安文艺座谈会的目的，就是“要使文艺很好地成为整个革命机器的一个组成部分”：“革命文艺是整个革命事业的一部分，是齿轮和螺丝钉，和别的更重要的部分比较起来，自然有轻重缓急第一第二之分，但它是对于整个机器不可缺少的齿轮和螺丝钉，对于整个革命事业不可缺少的一部分。”[20]

其二，文艺运动的组织化领导。进步的、革命的文艺运动，不仅仅是整个革命运动的一部分，而且必须接受无产阶级、尤其是中国共产党的领导：“现阶段的中国新文化，是无产阶级领导的人民大众的反帝反封建的文化。真正人民大众的东西，现在一定是无产阶级领导的。”[21]

其三，文艺队伍的组织化改造。即要求文艺工作者，尤其是党员文艺工作者，必须站在阶级、人民乃至党的立场上：“立场问题。我们是站在无产阶级的和人民大众的立场。对于共产党员来说，也就是要站在党的立场，站在党性和党的政策的立场。”[22]为此，需要思想和组织上的高度统一：“我们希望文艺界的同志们认识这一场大论战的严重性，积极起来参加这个斗争，使每个同志都健全起来，使我们的整个队伍在思想上和组织上都真正统一起来，巩固起来。”[23]“由一个阶级变到另一个阶级。”[24]

其四，艺术创作的组织化规训。在创作立场、途径上，要“要去接近工农兵群众，去参加工农兵群众的实际斗争”；在创作题材、主题上，要“表现工农兵群众，去教育工农兵群众”；在普及与提高关系上，“要向工农兵普及”，“从工农兵提高”；在政治与艺术两个标准上，要“以政治标准放在第一位，以艺术标准放在第二位”[25]。

其五，文艺受众的组织化指向。“文艺作品在根据地的接受者，是工农兵以及革命的干部。根据地也有学生，但这些学生和旧式学生也不相同，他们不是过去的干部，就是未来的干部。”[26]“我们的文学艺术都是为人民大众的，首先是为工农兵的，为工农兵而创作，为工农兵所利用的。”[27]那么，到底什么是人民大众呢？毛泽东的论述中，始终蕴含着以社会组织成分、社会运动目标划线的标准：“所以我们的文艺，第一是为工人的，这是领导革命的阶级。第二是为农民的，他们是革命中最广大最坚决的同盟军。第三是为武装起来了的工人农民即八路军、新四军和其他人民武装队伍的，这是革命战争的主力。第四是为城市小资产阶级劳动群众和知识分子的，他们也是革命的同盟者，他们是能够长期地和我们合作的。这四种人，就是中华民族的最大部分，就是最广大的人民大众。”[28]

简言之，从现代中国文学组织化传统的演化发展看，《延座讲话》的发表以及延安工农兵文学运动的展开，既意味着毛泽东的社会革命思想与文化文艺思想完成其初步整合和体系性建构，也标志着新民主主义的社会革命运动对进步、革命文化文艺运动所进行的有组织的全面调适、规范和格式化。自此，在理想与价值、方针与政策、理论与创作诸层面，进步、革命文学之组织化原则得以全面确立。

四　延安学术：现代文学研究组织化起步

延安时期，由于国共合作和抗日民族统一战线基本政治架构的确立，共产党及其领导下的民主政权的组织化活动获得了一个前所未有的较宽松、稳定的发展空间。这也使得延安社会全方位地走向组织化，包括文化、教育、文艺、文学乃至学术领域的组织化[29]，成为可能。由此，在现代中国学术史上，一种广泛涉及哲学、史学、军事、政治乃至文学诸领域的“延安学术”现象得以发生。

在现代文学研究方面，延安时期的一个重要特点，是毛泽东《新民主主义论》、《延座讲话》成为文学批评、文学研究，尤其是文学史观念乃至文学史编撰的指导思想；而现代文学研究本身，开始成为一种有组织的学术行为，且较为全面地体现了共产党这一政党组织的目标、价值、意志和意愿。在这方面，周扬的《新文学运动史讲义提纲》尤具有代表性。

首先，周扬本身就是共产党在文化文艺战线的领导人，其《新文学运动史讲义提纲》的产生，也与延安时期组织化的文学教育和文学研究活动相关。早在“左联”

时期，周扬就是左翼文化运动的实际领导人。1937 年秋，周扬来到延安，先后担任陕甘宁边区教育厅长、文协主任、鲁迅艺术学院院长、延安大学校长等职，其《新文学运动史讲义提纲》，即为他 1939 年至 1940 年在“鲁艺”主讲“中国文艺运动史’必修课的讲授提纲。

其次，《新文学运动史讲义提纲》的基本指导思想，源于毛泽东《新民主主义论》。例如，毛泽东关于新旧民主主义革命之区分和不同性质的思想，关于新民主主义文化的缘起、内容、性质的判断，关于新文化运动统一战线和领导问题的论述，等等，均构成周扬这一讲义提纲的基本观点。从这种意义上讲，周扬的《新文学运动史讲义提纲》，本质上是毛泽东等共产党人关于近代以来社会、政治、革命乃至文化之政党化、组织化立场和观念的文学史学表述。

此外，在《新文学运动史讲义提纲》中，将新文学运动纳入有组织的社会革命运动和无产阶级革命事业的思想，也得到更为明确的强调。例如，周扬多次谈到："新文学运动就是文学上的民族民主革命的运动"，"属于世界无产阶级社会主义文学的一部分"；"新文学运动史是一部三十年来中国民族斗争社会斗争之反映的历史，是文学服务于民族的大众的解放事业的历史……"[30]

最后，也是更重要的，周扬《新文学运动史讲义提纲》的思路、方法、框架、观点，极大地影响了此后尤其是新中国成立后一段时期现代文学研究的基本格局。例如，周扬“把这段时期的文学现象放在当时中国社会的整体系统和动态系统中来加以考察”的“文艺社会学”研究方法，关于新文学之新民主主义性质和无产阶级领导作用的阐述，关于近代文学、五四文学联系与区别的基本分析，关于新文学历史分期的划分，关于新文学的基本精神是“现实的、大众的”论断，关于鲁迅突出文学史地位的强调，等等，构成了现代中国文学研究一种新的流派和解释传统，并深刻地影响到此后的现代中国文学史观念、框架、阐释乃至著述。

事实上，具有浓重组织化色彩的“延安学术”模式和传统，成为新中国成立以后相当长的一段时期学术研究，包括文学研究的基本模式与传统。笔者曾以新中国成立 60 年来中国现当代文学研究为例，将其组织化的基本走向和特点概括为“在组织中诞生的学科，被组织起来的学人，为组织所规训的学术”[31]。限于篇幅，这里不再赘述。

五　第一次文代会：走向体制化的组织

“体制”最基本的含义就是指正式组织的结构形式，尤其是体系和制度。从这种意义上讲，所谓“体制化”，可理解为组织的高度结构化、体系化和制度化。于是，走向体制化的组织，实际上是趋于更正规、更正统、更具有约束和规范性的组织。

1949 年，随着国民党统治趋于全面瓦解，建立新中国这一当时最高的国家政权组织的目标和任务被提上了议事日程。在当时中国所发生的新一轮的社会组织更替与新的社会秩序的重建中,传统中国大一统的、中央集权的政治观念,新民主主义时期的共产党的政治理念与实践,苏联社会主义的政体、社会发展模式,等等,相互激荡、融合,产生出一种格外强烈的、以高度组织化乃至体制化为取向的政党意志和国家意志。中华全国文学艺术工作者代表大会(第一次文代会)的筹备和召开,就是这种体制化的政党意志和国家意志在文化艺术、文学领域里的体现。这主要体现在以下几个方面:

其一,从第一次文代会的背景、筹备、召开的过程看,它是文学艺术领域一种典型的有组织的政党和国家行为。

进入1949年,为了新中国建国大业,新的全国政治协商会议处于紧锣密鼓的筹商之中;而各社会阶层或领域各种代表大会的召开(如"全国劳动大会"、"青代会"、"妇代会"等),则成为新政协会议重要的舆论准备和政治基础之一。从这种意义上讲,全国第一次文代会,首先出自新政权、新秩序建立的政治需要。事实上,周恩来5月中旬约见文艺界代表时,就谈到新的全国政治协商会议召开前,要先开全国文代会[32]。

1949年3月22日,在华北文化艺术工作委员会和"华北文协"共同举行的茶会上,郭沫若出面提议:发起召开全国文艺工作者代表大会,成立新的全国文艺界的组织。这一倡议得到全体与会者的一致赞同。3月24日,中华全国文学艺术工作者代表大会筹委会正式成立[33]。1949年5月1日,筹委会通过了《大会代表资格与产生办法》。

1949年7月2日至19日,中华全国文学艺术工作者代表大会在北京举行,824位代表出席了大会。其中绝大多数代表,不仅是根据事先确定的标准有组织地产生,而且都具有分属各代表团的组织成员身份[34],分别代表各地区或领域的"七万上下的新文艺部队……此外还有大量的旧艺人"[35]。事实上,在大会的领导和组织者看来,这次文代会并不单纯是"文艺工作者"的代表大会,而是"文艺军队的会师":

> 是从老解放区来的与从新解放区来的两部分文艺军队的会师,也是新文艺部队的代表与赞成改造的旧文艺的代表的会师,又是在农村中的,在城市中的,在部队中的这三部文艺军队的会师。[36]

不仅如此,会议期间,毛泽东曾亲临大会讲话,朱德代表中共中央祝贺大会成功,周恩来则向大会作了政治报告;董必武、陆定一、李济深、沈钧儒、叶剑英、朱学范、李秀真、李德全、钱俊瑞等分别代表地方政府、主管部门、各社会团体向大会致贺。7月20日大会闭幕前,周恩来代表中共中央及中央军委还举行了多达两千人参加的招待会。所有这些,充分说明了第一次文代会的政党和国家行为性质。

其二,从第一次文代会上共产党高层各种讲话、贺词、报告看,它旨在以左翼文艺运动,尤其是《延座讲话》以来共产党关于文学艺术基本路线、方针、政策和历史经验为基础,建立符合共产党政治诉求和新中国国家意志的文艺文学体制。

以周恩来的政治报告为例。周恩来的政治报告分为两大部分,第一部分主要谈“三年人民解放战争”,除介绍战争进展之外,主要强调“造成这个胜利的最有决定性的因素,却是中国人民革命的组织者中国共产党的正确领导,却是中国人民领袖毛泽东同志的正确领导”,“同时号召一切进步的文艺工作者努力认识中国共产党,因为中国共产党已经与中国人民的生活和斗争形成了不可分离的联系,不认识中国共产党,也就不能够正确地认识和表现今天的中国人民的生活和斗争的主要部分”[37]。这是对共产党领导地位的重申——它构成了新中国成立后文艺文学体制化发展的基本政治原则。

周恩来政治报告的第二部分专门谈“文艺方面的几个问题”;而这些问题,绝大多数是对《延座讲话》相关问题的重申,如“为工农兵服务(为人民服务)”、“普及与提高”、“改造旧文艺”、“文艺与政治”(全局观念)等问题。这是对《延座讲话》以来共产党关于文学艺术基本路线、方针、政策的强调——它构成了新中国成立后文学体制化发展的基本文艺原则。

当然,由于局势的发展及其产生的新的政治需求,周恩来的讲话也有两大新的内容:一是“团结问题”,主要“希望代表们回去以后,能领导各方面的文艺工作者发扬这次大会的团结精神,并且希望大家经常地密切地联系这支广大的文艺军队”;二是“组织问题”:

> 因为这次文代大会代表大家都感到要成立组织,也的确需要解决这个问题。不仅我们要成立一个中华全国文学艺术界的联合会,而且我们要像总工会的样子,下面要有各种产业工会,要分部门成立文学、戏剧、电影、音乐、美术、舞蹈等协会。因为只有这样,我们才便于进行工作,便于训练人材,便于推广,便于改造。[38]

不仅如此,在周恩来看来,文代会不仅仅是一个群众性的社团组织,而且应当是政府机构中文艺部门组织的基础。周恩来说:“人民政治协商会议将要产生全国性的民主联合政府,而在这个政府机构之中,也要有文艺部门的组织。这种文艺部门的组织,那就要依靠我们上面说的那些群众团体来支持,因为这个部门是为我们广大人民及群众团体服务的。……我们新民主主义的政权机构里面的文艺部门,也需要我们全体文艺工作者来积极参加工作。”[39]所有这些,是对文学艺术队伍和文艺界社团组织的定位——它确立并预示了新中国成立后文学体制化建构中文艺队伍,尤其是社团组织的机构化或半政府化趋向。

其三,从第一次文代会各类文艺工作报告看,努力用毛泽东的政治、文化、文艺思想阐释现代文学的历史发展,规范新中国文学的未来使命,成为主流文学艺术家的共识。这不仅意味着“五四”以来多元文学格局的正式终结,而且预示了现当代作家对一元化文学体制转向的思想或心理认同。

在第一次文代会上,郭沫若作了《为建设新中国的人民文艺而奋斗》的总报告,茅盾作了《在反动派压迫下斗争和发展的革命文艺——十年来国统区革命文艺运动报告提纲》的报告,周扬作了《新的人民的文艺——在全国文学艺术工作者代表大会上关于解放区文艺运动的报告》。此外,傅钟、张庚、袁牧之、吕骥、江丰、艾青、戴爱莲、周文、刘芝明、沙可夫、张凌青、阳翰笙、李凌、叶浅予等还分别就部队、解放区、国统区文艺作了专题报告或总结。从中可以看到:以毛泽东的《新民主主义论》、《延座讲话》为代表的政治、文化、文艺思想,已经成为阐释现代文学的历史发展,规范新中国文学未来使命的基本原则、阐释框架和政治纲领。在郭沫若的总报告中,这一点得到最鲜明的体现。

1.“五四”以来中国新文化和新文艺,被视为是与新民主主义革命具有同质性的文化和文艺——即“无产阶级领导的人民大众反帝反封建的新民主主义的文艺”。郭沫若说:

> 在那部名著里面,毛泽东主席指出现阶段中国革命的性质是新民主主义的革命。他用最简单的话概括了新民主主义革命的特点,就是“无产阶级领导的人民大众反帝反封建的革命”。中国革命的这种性质就决定了中国的新文化和新文艺的性质。这就是说,五四运动以后的新文化已经不是过时的旧民主主义的文化,而是无产阶级领导的人民大众反帝反封建的新民主主义的文化;五四运动以后的新文艺已经不是过时的旧民主主义的文艺,而是无产阶级领导的人民大众反帝反封建的新民主主义的文艺。这就是五四以来的新文艺的新的地方。这就是五四以来的新文艺和以前的文艺在性质上的区别。[40]

2.“五四”以来的文学运动,被视为是一个有组织的、统一战线的运动——即无产阶级领导的,包含了工人阶级、农民阶级、小资产阶级和民族资产阶级所联合组成的统一战线的运动;而新中国文艺界统一战线如何发展,则包括“今后应该如何加强组织”的问题。

郭沫若说:“三十年来的新文艺运动主要是统一战线的文艺运动。”

> 毛泽东主席最近在新政治协商会议筹备会上说:“中国的革命是全民族

人民大众的革命，除了帝国主义者，封建主义者，官僚资产阶级，国民党反动派及其帮凶们而外，其余的一切人都是我们的朋友。我们有一个广大的和巩固的革命统一战线。这个统一战线是如此广大，它包含了工人阶级，农民阶级，小资产阶级和民族资产阶级。”文艺界的统一战线也是这样，文学艺术工作者首先应该在毛泽东主席所说的这样的范围内在政治上团结起来。[41]

郭沫若还强调：当“中国革命即将开始一个广泛的从事政治建设，经济建设，文化建设和国防建设的新的历史时期”，当“我们回顾过去，瞻望未来”的时候，就“不能不考虑到我们文学艺术工作者当前的任务和这个广泛的文艺界统一战线今后应该如何加强组织，以便我们共同奋斗的问题”[42]。

3. 基于上述“对于中国新文艺的性质和文艺界的统一战线的认识”，郭沫若提出了文艺工作者今后的三大任务：一是“要加强团结，和全国人民一起为彻底打倒帝国主义封建主义和官僚资本主义，建设新民主主义的人民民主共和国而奋斗，努力用文学艺术的武器来加紧这种斗争和建设”。二是“要深入现实，表现和赞扬人民大众的勤劳英勇，创造富有思想内容和道德品质，为人民大众所喜闻乐见的人民文艺”。三是“要扫除半殖民地半封建的旧文学旧艺术的残余势力，反对新文艺界内部的帝国主义国家资产阶级文艺和中国封建主义文艺的影响”，在批判地接受一切文学艺术遗产，发展一切优良进步的传统的同时，“充分地吸收社会主义国家苏联的宝贵经验，务使爱国主义和国际主义发生有机的联系”[43]。

而作为这三大任务之出发点和归宿的，是认为新中国文艺应当是政治革命、社会动员乃至国家行为的有机组成部分。所以郭沫若补充阐释说：“我们的文艺运动历来就有一种和政治运动相结合的宝贵的传统。从五四运动起，在各个历史时期，中国新文艺运动的主流都是当时的革命政治运动的一个重要的战斗单位。”“为了能够更好地反映人民的斗争和创造，满足人民的要求，我们文学艺术工作者就必须深入现实，加强学习。”“在新文艺界内部，也不容讳言的仍然存在着帝国主义国家资产阶级文艺和中国封建主义文艺的影响，我们应该以批评和自我批评的方法来彻底消除。”[44]

其四，从第一次文代会上的运作方式、实际成果和未来影响看，它通过共产党领导下文艺队伍的重新整合，尤其是具有正式组织性质的各级、各类文艺机构的建立，为新中国文艺的高度体制化奠定了组织基础。

正如周恩来、郭沫若等报告中指出的：“成立一个中华全国文学艺术界的联合会”，是第一次文代会最重要的任务之一；而以共产党为领导核心，并参照共产党的组织运作方式建立文联及下属各级组织，则是第一次文代会组织运作上一个最显著的特点。例如，在第一次文代会会议期间，尤其是在文联的筹备过程中，先是多次分层、分级、分专业召开党组或党小组会议；然后由各级党组或党小组商定、议决相应层次协会或专业协会的筹备、组建，尤其是人事安排问题；最后才以全体或专业会议选举方式予以定型和合法化。

1949 年 7 月 14 日，大会讨论并通过了《中华全国文学艺术界联合会章程》。该章程把全国文联的宗旨概括为“团结全国一切爱国的民主的文学艺术工作者，和全国人民一起，为彻底打倒帝国主义、封建主义和官僚资本主义，建设中华人民民主共和国和新民主主义的人民文学艺术而奋斗”；把全国文联的任务归纳为“发动与组织全国的文学艺术工作者”进行具有明确规定性，尤其是政治参与性的“各项活动与工作”[45]。由是，毛泽东新民主主义政治思想、文艺思想成为新中国文艺组织的根本宗旨。

此外，《章程》还参照共产党自己的组织传统、经验(如“民主集中制”)，以及苏联文艺组织方式、模式等，对全国文联的组织制度、组织形式、组织原则、组织权限、组织程序、机构设置、经费来源等方面进行了明确的规定。加之文联及其分会几乎所有的主要领导人都在政府或党的部门担任领导或负责人，所有这些，充分加强和保障了全国文联的体制化乃至半政府化的组织性质。

7 月 19 日，全国第一次文代会举行闭幕式，公布文联全国委员会当选委员名单，中华全国文学艺术界联合会正式成立。7 月底前后，全国文联各下属协会或筹备会亦告陆续成立。至此，一个高度体制化、涵盖广泛的全国性文艺组织网络，遂告确立。现代中国文学的组织化进程与传统，终于承前启后，达到高潮，并以此奠定尔后当代中国文学体制——包括文学生产、文学研究体制——的基础和基石。

[原为“中国现当代文学研究六十年国际学术研讨会”(2009 年 9 月，武汉)论文；后载《华中师范大学学报》2011 年第 3 期]

注释：

[1] Amitai Etzioni, *Modern Organizations*. Englewood Cliffs, N. J.: Prentice-Hall, 1964, p. 1.

[2]2009 年 9 月，在“中国现当代文学研究六十年国际学术研讨会”上，笔者曾提交《中国现当代文学研究的组织化走向与特点》论文提纲并作了大会发言。本文为该发言提纲第一部分的扩充。

[3]胡适：《日记 · 1933 年 12 月 22 日》，《胡适全集》(第 32 卷)，合肥：安徽教育出版社 2003 年版，第 244 页。

[4]郁达夫：《中国新文学大系 · 散文二集 · 导言》，上海：上海良友图书公司 1935 年版。

[5]茅盾：《关于“创作”》，《茅盾文艺杂论集》(上)，上海：上海文艺出版社 1981 年版，第 298 页。

[6]成仿吾：《新文学之使命》，《创造周报》第二号，1923 年 5 月 20 日。

[7]成仿吾:《革命文学与他的永远性》,《创造月刊》第1卷第4期,1926年6月16日。

[8]成仿吾:《从文学革命到革命文学》,《创造月刊》第1卷第9期,1928年2月1日。

[9]成仿吾:《从文学革命到革命文学》,《创造月刊》第1卷第9期,1928年2月1日。

[10]李初梨:《怎样地建设革命文学》,《文化批判》创刊号(1928年1月)。

[11]蒋光慈:《关于革命文学》,《太阳月刊》2月号,1928年2月。

[12]藤晓梅:《"左联"的酝酿经过》,《作品与争鸣》,2008年第6期。

[13]即:创造社的郑伯奇、冯乃超、阳翰笙、彭康;太阳社的钱杏邨、蒋光慈、洪灵菲、戴平万;其他方面的鲁迅、冯雪峰、柔石、夏衍。

[14]7名常委为:鲁迅、沈端先、冯乃超、钱杏邨、田汉、郑伯奇、洪灵菲。其中田汉于1932年入党。

[15]刘晓滇、刘小清:《左联解散真相》,《党史博览》,2006年第8期。

[16]以上引文引自《左翼作家联盟的成立及其理论纲领》,《萌芽月刊》第一卷第四期,1930年4月1日。

[17]以上引文引自《左翼作家联盟的成立及其理论纲领》,《萌芽月刊》第一卷第四期,1930年4月1日。

[18]左联执委会:《中国无产阶级革命文学的新任务》,选自钱杏邨《1931年中国文坛的回顾》。

[19]刘晓滇、刘小清:《左联解散真相》,载《党史博览》2006年第8期。

[20]毛泽东:《在延安文艺座谈会上的讲话》,《毛泽东选集》第三卷,北京:人民出版社1953年版,第804—805页。

[21]毛泽东:《在延安文艺座谈会上的讲话》,《毛泽东选集》第三卷,北京:人民出版社1953年版,第812页。

[22]毛泽东:《在延安文艺座谈会上的讲话》,《毛泽东选集》第三卷,北京:人民出版社1953年版,第805页。

[23]毛泽东:《在延安文艺座谈会上的讲话》,《毛泽东选集》第三卷,北京:人民出版社1953年版,第832页。

[24]毛泽东:《在延安文艺座谈会上的讲话》,《毛泽东选集》第三卷,北京:人民出版社1953年版,第808页。

[25]毛泽东:《在延安文艺座谈会上的讲话》,《毛泽东选集》第三卷,北京:人民出版社1953年版,第813—826页。

[26]毛泽东:《在延安文艺座谈会上的讲话》,《毛泽东选集》第三卷,北京:人民出版社1953年版,第806—807页。

[27]毛泽东:《在延安文艺座谈会上的讲话》,《毛泽东选集》第三卷,北京:人民出版社1953年版,第820页。

[28]毛泽东:《在延安文艺座谈会上的讲话》,《毛泽东选集》第三卷,北京:人民出版社1953年版,第813—826页。

[29]据粗略统计,中国共产党先后在延安创办了30多所干部学校;此外,先后成立了十余所学院、尤其是研究院(所)。

[30]周扬:《新文学运动史讲义提纲》,载《文学评论》1986 年第 1—2 期。

[31]参见笔者:《中国现当代文学研究的组织化走向与特点》,"中国现当代文学研究六十年国际学术研讨会"论文汇编,2009 年 9 月。

[32]参见张柠:《再造文学巴别塔(1949—1966)》(共和国文学 60 年 · 第 1 卷),广州:广东教育出版社 2009 年版。http://data.book.163.com/book/section/0000JcbD/0000JcbD12.html.

[33]郭沫若任筹委会主任,茅盾、周扬为副主任,成员则有叶圣陶、郑振铎、田汉、曹禺、丁玲、徐悲鸿、阳翰笙、欧阳山、艾青、何其芳、刘白羽等 42 人。

[34]与会代表团共有 10 个:平津代表第一团、平津代表第二团、华北代表团、西北代表团、华东代表团、东北代表团、华中代表团、部队代表团、南方代表第一团、南方代表第二团。

[35]周恩来:《在中华全国文学艺术工作者代表大会上的政治报告》(1949 年 7 月 6 日),《中华全国文学艺术工作者代表大会纪念文集》,北京:新华书店 1950 年版,第 27 页。

[36]周恩来:《在中华全国文学艺术工作者代表大会上的政治报告》(1949 年 7 月 6 日),《中华全国文学艺术工作者代表大会纪念文集》,北京:新华书店 1950 年版,第 33 页。

[37]周恩来:《在中华全国文学艺术工作者代表大会上的政治报告》(1949 年 7 月 6 日),《中华全国文学艺术工作者代表大会纪念文集》,北京:新华书店 1950 年版,第 25 页。

[38]周恩来:《在中华全国文学艺术工作者代表大会上的政治报告》(1949 年 7 月 6 日),《中华全国文学艺术工作者代表大会纪念文集》,北京:新华书店 1950 年版,第 32 页。

[39]周恩来:《在中华全国文学艺术工作者代表大会上的政治报告》(1949 年 7 月 6 日),《中华全国文学艺术工作者代表大会纪念文集》,北京:新华书店 1950 年版,第 32 页。

[40]郭沫若:《为建设新中国的人民文艺而奋斗》,《中华全国文学艺术工作者代表大会纪念文集》,北京:新华书店 1950 年版,第 35—36 页。

[41]郭沫若:《为建设新中国的人民文艺而奋斗》,《中华全国文学艺术工作者代表大会纪念文集》,北京:新华书店 1950 年版,第 39—40 页。

[42]郭沫若:《为建设新中国的人民文艺而奋斗》,《中华全国文学艺术工作者代表大会纪念文集》,北京:新华书店 1950 年版,第 40—41 页。

[43]郭沫若:《为建设新中国的人民文艺而奋斗》,《中华全国文学艺术工作者代表大会纪念文集》,北京:新华书店 1950 年版,第 40—41 页。

[44]郭沫若:《为建设新中国的人民文艺而奋斗》,《中华全国文学艺术工作者代表大会纪念文集》,北京:新华书店 1950 年版,第 41—43 页。

[45]《中华全国文学艺术界联合会章程》,《中华全国文学艺术工作者代表大会纪念文集》,北京:新华书店 1950 年版,第 572 页。

电影与传播学

一个亟待开发的研究领域

目前已经发展成熟的电影艺术已培养出一个新的果实，一种新的文学形式，那就是电影剧本。现在很多电影剧本是适宜出版的，比起较为抽象的舞台剧本来，电影剧本可能很快就会流行得更广泛。我们很难预言，文学批评家们还要等多久才能注意到发生在他们眼前的这一新现象。

——贝拉·巴拉兹:《电影美学》

20世纪飞速发展的科学技术，引起了传统文学艺术领域里巨大的变革。作为这种历史性变革的一部分，就是新兴的视听文学的诞生。

视听文学——姑且让我这样概括——是传统文艺与新兴视听技术结合的产物，是文学之园中的一簇新花。它从古老的文学之树中吸取营养，在新的视听艺术的母体中迅速成长，目下，已经形成演化出电影文学类(电影剧本、电影故事、电影小说、电影报告文学，电影诗等)、电视文学类(电视剧本、电视小说、电视报告文学、电视故事等)和广播文学类(广播小说、广播剧、广播报告文学)等文学新品种。

这是许多世纪以来，人们第一次有机会看到的、发生在他们眼前的新的文学现象。视听文学以视听技术为媒介，获得了空前广阔的审美接受面，并在艺术的直感性、普及性和发展性诸方面为其他许多古老文学门类所不及。以视听文学为基础的视听文艺大有日新月异，压倒其他传统文学艺术之势。

一切文艺学术研究家们，应该看到它宽广的社会基础和远大的发展前景，促进它、研究它。我相信:在以后的文学艺术史中，视听文学将留下辉煌的篇章;它将给传统的文学批评、文学理论乃至美学论著，提供许多新的研究材料和课题。现当代文学史家们，尤会给予它应有的、日甚一日的注意。

事实也是这样。

在欧美，从20世纪50年代起，新兴的电影文学艺术就开始得到许多传统的文学艺术已经得到的公正待遇，引起人们的关注。有的国家成立了专门的电影文学研究机构(如苏联);有的国家把电影文学艺术列为普通大学的选修或必修课程[1];近来，甚至还有人吁请把电影艺术、文学课纳入中学教学大纲[2]……然而在中国，特别是在“正统”的学术界，电影文学还未受到应有的重视。

电影研究者们，因为它是“文学”，不肯越俎代庖;大都仅将自己的兴趣专注于电影美学、电影批评和电影艺术发展的一般历史。

文学研究家们，又认定它属于“电影”而无暇旁及；文学理论、文学批评、文学史专著中，也很少为它留下一角容身之地。

仅就中国现代文学史研究而言，电影文学是“五四”以来新文学中唯一的一门与国外同类文学样式同期发展起来的新兴文学，它理应同新诗、现代小说、现代散文、话剧、报告文学等一样，在中国现代文学史上得到自己应有的地位。可是，国内至今仍没有一部现代文学史、没有一篇现代文学论文略加提及！研究者们可以对诸如洪深、田汉、欧阳予倩、夏衍、阳翰笙、郑伯奇、阿英、宋之的、于伶、陈白尘、曹禺等现代知名作家在其他方面的著作，甚至是只言片语都详加揣摩考证，唯独对这些作家在电影文学领域重大的开拓作用，辛勤的劳作，以及所取得的艺术成就——甚至是超过他们自身在其他文学领域实践的成就——却从没给予应有的注意。

应该说，这是一个不正常的现象。事实是：

中国现代电影文学，是中国现代文艺史上一个重要的文学现象，是中国现代文学中一个有机的组成部分。考察这一客观存在的文学现象，开展对这一曾被忽略的文学门类的研究，是现代文学史研究者（当然也包括现代电影史研究者）应该做而没有做的一项工作。而这项工作对于描述中国现代电影文学发展的历史过程，再现中国现代文学史的完整面貌，深入现代文学有关课题研究；对于扩展电影史的研究范围，总结电影创作的历史经验教训，启迪和促进当前电影文学艺术的发展，都是必要的、有益的。

一　中国现代电影文学的性质与特征

中国现代电影文学，是电影艺术和文学结合的产物，是随着电影艺术的发展而发展起来的。它萌生形成于 20 世纪 20 年代，于 30 年代初、中期获得较大发展，并确立了其在电影艺术领域中的应有地位。中国现代电影文学的出现，虽然是在“五四”以后，它存在的历史，也较之于五四新文学其他文学样式为短。但是，同现代报告文学一样，它是“五四”以后产生的为数不多的文学新品种之一，并在三四十年代发展成为一个崭新的、独立的文学门类。

中国现代电影文学，作为现代文学史上的一种文学现象，像其他姊妹文学艺术一样，同样地，是中国现代社会状态、历史变动、阶级对立和斗争在文艺领域里的反映。它所包含的成分不是单一的，可划分为对立的两大类。这是因为，一方面，现代中国社会矛盾的复杂性、社会力量的多样性，决定了中国现代电影文学复杂多样的成分；另一方面，中华民族同帝国主义，无产阶级人民大众同封建主义、买办资产阶级这一主要矛盾，构成了中国现代电影文学的基本分野。

以地主阶级和封建文化为基础的封建主义的电影及文学，在 20 世纪 20 年代曾一度泛滥成灾，在三四十年代的电影文化中从未绝其踪迹。

作为帝国主义、买办资产阶级意识形态反映的帝国主义、买办资产阶级电影文学，随着帝国主义加紧对中国的侵略，以及官僚买办资产阶级的愈趋反动，从20世纪30年代开始，不断扩张其势力。

右翼资产阶级电影文学，虽不无某种程度的反封建因素；但是在中国电影文化这一特殊领域，它不仅表现出更多的消极性和反动性；而且羼杂了更多的封建意识和买办意识。

在中国电影文化发展的实际进程中，这三种反动的、消极的成分常常是相互渗透、纷然杂陈的。

与这三种文学成分相对立而存在的，是进步的小资产阶级民主主义电影文学和无产阶级革命电影文学。它们以反帝反封建为共同倾向，是中国新民主主义的反帝反封建的政治文化力量在电影文化领域里的具体体现。

如果我们不仅从阶级基础、思想倾向上分析现代电影文学的各种成分，而且从它们赖以存在的实际形态、社会、文学基础，以及艺术情趣、美学特征上加以归纳，那么我们还可以看到：在中国现代电影艺术史和文学史上，主要地并存着官办的、小市民的和人民大众的这三大电影文艺形态。

小市民作为一个阶层，本属于人民的范畴。但是，在半殖民地半封建的社会条件下，中国落后的小市民尤具有更多的封建性和奴化思想；特别是他们的文化思想较之于他们的政治思想更为落后消极。当时中国电影观众以小市民居多，加上当时的电影创作者多为“五四”以后在文坛上受到冲击而转入电影创作的“鸳蝴派”文人，以及趋于堕落的文明戏成员，这就为市民电影的大量产生准备了温床。又由于中国新民主主义革命过程中的曲折和反复，使得小市民电影在流露一定民主倾向的同时，也表现了种种消极落后的思想情趣，并随着中国各社会力量的消长，在相当长时期内得到流行和延续。如20世纪20年代大肆泛滥的“新剧片”、“言情片”、“古装片”、“神怪武侠片”；30年代中期重新抬头的“鸳蝴派趣味片”，鼓噪一时的“软性电影”；40年代绵延不断的古装、色情、恐怖、打斗片等。小市民电影文学，产生于小市民电影摄制过程中，并为之推波助澜。它同“五四”以后在小市民中广为流传的“鸳蝴派”小说、剑侠神怪小说互为影响，与小资产阶级趣味主义作品同流合污，构成了现代电影文学中带有封建思想情绪、消闲资产阶级色彩和消极浪漫主义色彩的一股浊流。

国民党官办电影文学除具有小市民电影文学的一切消极因素之外，还带有强烈的反动政治倾向和反现实主义特征。它赖以存在的社会基础是代表大地主大资产阶级利益的国民党反动统治。随着国民党政权愈来愈法西斯化，官办电影愈来愈暴露其反共反人民的真面目。20世纪30年代，国民党和特务文人所鼓吹的“民族主义电影”、“生产教育电影”、“剿匪电影”是它的滥觞；它配合着国民党反动派的“军事围剿”,配合着对人民的政治统治、精神奴役和欺骗。抗战期间和解放战争期间,国民党卵翼下的“汉奸电影”、“特务电影”、“警察电影”和“戡乱电影”是它的继续和扩展。它旨在宣传国民党投降卖国,反共反人民的政策,维护现行制度和法西斯统治,压制和扼杀民主的、革命的、人民大众的电影文化。与此同时,国民党官办电影还极力从小市民电影中吸取趣味主义的东西,编写和摄制了不少描写凶杀、恐怖、侦探,打斗、心理变态,渲染艳情、色情以及腐化堕落生活的电影作品,以吸引小市民观众,抵消进步电影的影响。

思想内容的反动腐朽,艺术表现的低劣卑下,对现实生活的严重歪曲,是国民党官办电影文学的特征。国民党官办电影文学,是比小市民电影文学更为消极反动的一股逆流。

因此,在中国现代电影艺术史和电影文学史上,小市民的、官办的电影文学都没有真正的地位;唯有无产阶级人民大众的电影文学,才是现代电影文学中具有前进趋势、日益发展壮大,并取得思想和艺术上重大成就的主流。

这一文学主流,由两类既相互联系、又相互区别的文学构成,即小资产阶级的民主主义的电影文学和无产阶级的革命电影文学。前者发端于20世纪20年代的旧、新派电影创作中,于30年代初、中期受到无产阶级文学思想影响,同新兴的无产阶级革命电影文学结成了可靠的同盟军,并在以后的发展中逐渐转换自身的性质,朝着社会主义文学方向前进,最后与无产阶级革命电影文学汇为一流;后者起源于30年代初左翼电影文化运动,并在抗战期间和解放战争期间不断扩大其阵营,壮大其力量,提高其思想艺术水平,最后在40年代末以最有声势、最有成就的主潮姿态,胜利地进入当代社会主义电影文学的发展阶段。

由此可见,中国现代电影文学尽管包含着多种成分,尽管因其本身的特殊性而呈现出复杂的情形,但是,作为其主流的并具有蓬勃生命力的是无产阶级人民大众的电影文学,它是现代中国新民主主义革命力量、革命要求在电影文化领域里的反映。因此,像在现代文学其他文学门类中成为主流的民主的、革命的文学一样,这一电影文学主流无疑地也具有新民主主义的性质。

首先,这体现在无产阶级的思想影响和领导方面。

像在其他文艺领域里所发生的情形一样,无产阶级对电影文化的影响和领导,经历了一个发展过程。不过在电影文化领域中,这个发展过程要曲折一些。在新文艺界,社会主义、共产主义思想因素和无产阶级文学萌芽,一开始就并存于新文学的理论和实践中,并在1927年前后获得较大增长,成为新文学运动的领导思想。可是,在20世纪20年代的电影文化领域,无产阶级的思想影响虽在个别编导、个别作品中有所显现,但并没有具体地、主导地体现在电影文化的领导思想中。在当时的电影文化领域,帝国主义、封建主义和右翼资产阶级文化思想混乱杂陈,即便是进步的资产阶级民主主义的文化思想,也没占据支配地位。这就严重地阻碍了中国电影文学的发展。20年代末，无产阶级左翼文艺运动开始波及电影文化领域。中国共产党和左翼革命文艺战士开始关注电影文化的发展。在党的地下组织和“左联”的直接领导下，左翼文艺工作者有纲领、有组织、有计划、有步骤地向电影文化领域进军，从而使无产阶级的文化思想突入电影文化领域，并成为这个领域的主导思想。30年代左翼电影文化统一战的建立，新、旧派的左转和左翼创作群的形成，无产阶级革命电影理论的传播以及彻底的反帝反封建电影的大量出现，就是这一历史性转折的最突出的标志。此后，在中国革命发展的各历史时期，无产阶级及其政党通过自己的组织和政策，通过电影界民族、民主革命统一战线的建立，通过理论建设和电影评论，通过无产阶级思想对创作队伍，创作方针和创作方法的影响，推动展开了国防电影运动、抗战电影运动和战后进步电影运动，从而具体地、卓有成效地指导了中国民主的、革命的电影文艺的发展，并使之适时地反映了中国各革命时期的历史趋向和社会生活。

其次，现代电影文学主流的新民主主义性质，还体现在它是人民大众自己的文学。

如上所述，在中国现代电影发展中，一直存在着迎合和反映落后小市民思想情趣的小市民电影，以及代表统治阶级利益的国民党官办电影；而民主主义和无产阶级的电影和电影文学则始终作为它们的对立面而存在、而发展着。这一电影文艺形态，虽只是以进步的、革命的小资产阶级知识分子，以及无产阶级知识分子为主要创作力量，但是由于他们所隶属的这两大阶级在中国新民主主义革命中所处的历史地位，由于无产阶级思想起着主导作用，所以这一电影文艺形态实际反映了以无产阶级为代表的整个中国人民大众的生活、思想、愿望和政治文化要求，并在自己的发展过程中显示出越来越强烈的人民性和革命性。

20世纪20年代，民主主义的新、旧两派都把反映大众的实际生活，对大众进行启蒙主义宣传作为自己的创作宗旨。但是，由于受他们政治思想和艺术思想的局限，即使是进步性、民主性较强的电影作品也带有明显的资产阶级、小资产阶级思想艺术特征。30年代兴起的左翼创作群，一方面，以无产阶级文化思想为武器，从理论上对“民族主义电影”、“生产教育电影”、“剿匪电影”，以及“软性电影”等进行了针锋相对的斗争，胜利地捍卫了左翼电影人民大众的立场和路线；另一方面，也直接吸取了左翼文学大众化运动的思想艺术成果，并对电影文学艺术的大众化问题进行了有益的探索，在艺术实践中大大地扩展了电影创作的社会生活面，大大地丰富了电影文学的人民性。由此产生一批既具有较高思想性和艺术水平，同时又为广大群众所接受、所欢迎的电影作品。但是，也必须指出，在这一时期，左翼电影工作者并没有从世界观改造和人民革命实践方面，根本解决大众化问题，因此，即使是在他们社会革命思想特别浓烈的电影作品中，也还残存着小资产阶级的思想艺术烙印。在抗日战争和解放战争期间，电影文化界在党的直接领导下，结成了更为广泛的民族、民主革命统一战线。爱国的、进步的和革命的电影文化工作者以自己的影论、影评和创作，同日伪汉奸电影、国民党特务电影、反共电影、法西斯电影，以及小市民的所谓“娱乐电影”进行了不懈的斗争，在电影创作理论和实践的一系列重要问题上，坚持了进步电影的民族、民主原则和人民大众的方向。尤应指出的是，毛泽东同志《在延安文艺座谈会上的讲话》发表以后，大众化问题在理论和实践上得到基本解决，世界观的改造问题引起了革命文艺工作者的普遍重视。这一重大的历史性变化也不可避免地反映到电影文化领域中来，并对战后进步电影思潮和创作发生了深远影响。进步的革命的电影工作者在极其艰苦复杂的情况下，与中国人民和中国革命同呼吸、共命运，创作出一批取材于中国人民大众反侵略、反压迫斗争生活，反映中国人民大众的苦难、觉醒、成长和斗争的作品。这些作品，努力克服小资产阶级的思想艺术情趣，努力表现人民大众的真实生活和思想感情，并以人民大众所喜闻乐见的艺术形式，丰富了电影文学艺术的民族性和表现，从而把自 20 世纪 20 年代发展起来的人民大众的电影文学艺术推向一个新的阶段。

再次，这一电影文学主流的新民主主义性质，还表现在它是彻底地、毫不妥协地反帝反封建的。

彻底地、毫不妥协地反帝反封建，是新民主主义革命的基本任务，也是现代电影文学的基本精神。20 世纪 20 年代的电影文化领域虽没有形成一个自觉的反帝反封建的文艺运动，但是，新、旧派在自己的电影创作中仍表现了明显的反帝反封建倾向。旧派的作品，着重从家庭、婚姻、恋爱等人伦关系、习俗道德方面，对封建主义进行了揭露；新派的作品则基于为人生的立场和民族资产阶级、小资产阶级的改革要求，对封建主义进行了谴责。随着 30 年代以左翼创作群为中坚力量的左翼电影统一战线的建立，无产阶级的彻底反帝反封建的革命精神第一次明确地体现到左翼电影运动的基本路线和方针中来，并促成了电影文化与五四新文化的合流。由此产生的一大批左翼电影剧作，以对封建主义社会制度、阶级基础的批判，对帝国主义侵略罪行的揭露，以及对中国人民反帝反封建革命斗争的描绘，极大地加强了进步电影文学反帝反封建的彻底性和不妥协性。抗战爆发后，中华民族同日本帝国主义的矛盾上升为国内主要矛盾，自“九一八”后抬头的抗日反帝电影文学也随之获得较大发展，成为抗战期间进步电影文学的主流。战后，蒋介石反动集团同人民大众的矛盾趋于白热化。进步电影文学也随之将主要批判矛头指向国民党反动政治统治和社会黑暗方面，将描写的重心放到无产阶级人民大众所受到的深重的经济剥削和政治压迫方面，并通过艺术形象的塑造，寄希望于无产阶级领导的社会革命和已经显现光明的社会主义未来。由此不仅体现出更为彻底的反帝反封建的革命精神，而且预示着新民主主义革命向社会主义革命的历史性转变。从对封建主义、资本主义个别问题、个别缺陷的暴露，到对半殖民地半封建中国整个社会政治制度的批判；从对启蒙主义、资本主义的肯定，到对社会革命、社会主义的歌颂，中国现代电影文学反帝反封建的革命精神在短短的三十年间得到了不断的增长和加强。

中国现代电影文学的主流不仅是新民主主义的，而且是现实主义的。中国现代电影文学形成和发展的历史，就是电影文学艺术中现实主义产生、发展和深化的历史。

中国现代电影文学艺术，植根于“五四”以来现实生活的土壤，同时也从本国和异域文化中吸取了丰富的营养。正是“五四”前后和中、外文学不同现实主义传统的影响，构成了 20 世纪 20 年代旧、新两派颇有区别的电影创作群，形成了旧、新两派各具有特色的艺术风格。如果说，中国“五四”以前文明新剧、通俗小说的民主主义、现实主义传统对旧派电影创作产生很大影响，带来了旧派现实主义长于从伦理范畴构置冲突、叙写铺排情节的传统审美特点；那么，西方近、现代现实主义文学，特别是现代话剧的基本精神，则赋予新派电影创作为人生的、批判现实主义的主导倾向，以及注重性格情绪心理刻画的现代品格。

20 世纪 30 年代初，左翼电影创作群作为无产阶级革命文学的一翼出现于电影文化领域。他们把无产阶级的历史原则同现实主义的艺术原则结合起来，借鉴苏联社会主义现实主义电影的理论和创作经验，吸取中国左翼现实主义文学已有成果，在坚持不懈、富有成效的电影创作实践中，探索出一条全新的、“理性—社会现实主义”之路。这样，大大扩展了电影创作的题材范围，大大深化了电影作品的主题及思想性，大大加强了电影文学的社会整体性和社会分析性，从而把 20 年代电影伦理的、批判的现实主义，发展到社会的、革命的现实主义新阶段。

抗战期间，在抗日民族统一战线的旗帜下，爱国的、民主的、革命的电影文学艺术家团结起来，在电影创作中，形成一股以革命民族主义为基本色彩的抗战电影文学流。它一方面及时反映了日寇侵华后中国社会现实，另一方面极力从中国古代史实传说的艺术再现中，寻求对当时抗战富有启发性的题材和主题，由此使电影文学中的现实主义从纪实性、历史感两个方面都得到了增强和延续。

抗战结束，随着进步电影运动的再度勃兴，出现了一个极有声势的战后现实主义新潮。它以革命的、史诗格调的现实主义为主导，不仅把描写的重心由民族抗争转向阶级斗争，转向重大的社会问题和政治向题，而且于暴露之中显现光明，使作品中出现了越来越多的肯定的、光明的因素。尤其是对无产阶级和人民大众历史命运的展示，越来越多地成为革命电影作品新的主题。这一切，标志着中国现代电影文学中的现实主义，经由资产阶级批判现实主义阶段和革命现实主义阶段，开始了向社会主义现实主义阶段的伟大转变。

总之，无产阶级领导的、人民大众的、反帝反封建的电影文学，是中国现代电影文学的主流。它植根于中国新民主主义的土壤，朝着社会主义方向前进，并以不断发展深化的现实主义为其基本特征。

二　中国现代电影文学的发展分期

中国现代电影文学的发展大致可分四个时期。

（一）形成期　1921年至1931年是中国现代电影文学的形成期。

在这期间，电影文学作为一种新兴文学样式逐渐孕育形成，出现了电影故事、电影小说和电影剧本诸体裁。与此同时，“五四”前后从中外不同文学流派基础上形成的新、旧两派，继承了中、外文学现实主义传统，它们面对现实、反映现实，在题材、主题和情节提炼方面，开辟了中国电影文艺的现实主义之路。正视和剖析人生，是这一时期新、旧派电影创作的共同特征。尽管这时他们的现实主义还不是完全的、文学意义上的现实主义——因为电影文学本身尚处于孕育形成阶段，尽管他们的现实主义带有伦理性和不彻底性特点，以及中国旧戏剧传统思想侵袭的痕迹，但是，在20世纪20年代大肆泛滥的帝国主义、封建主义电影文化浊流中，他们的电影创作，无疑是一股难得的民主主义、现实主义清流。

（二）发展期　1932年至1937年是中国现代电影文学的发展期。

20世纪30年代初，随着无产阶级革命文学的勃兴，以及电影文化与新文化的合流，左翼电影力量作为无产阶级革命文化的一翼，在电影文化领域崛起。它带动和促进了新、旧派的左转，同它们结成广泛的电影文化统一战线，形成了一个声势浩大的左翼电影创作群。这一创作群，大大开拓了30年代电影创作的取材范围，深化了电影作品主题，并以不断发展的现实主义方法把电影创作中的人物、情节向社会化、典型化方向推进。无产阶级文化思想影响所带来的伦理性向社会性的转变是30年代电影文学现实主义最显著的发展，描写人民大众的苦难生活，暴露、批判社会黑暗，是这一时期左翼现实主义电影文学的基本色彩。在这期间，随着有声电影的兴起和大批新文艺家参加电影创作，促使电影文学样式逐渐发展成熟，并且在电影界和文艺界都渐获其应有地位。

（三）延亘期　1938年至1945年是中国现代电影文学的延亘期。

抗战爆发后，中国电影从制片到发行都日渐困难，电影工作者大批转入抗战戏剧运动，使电影创作稍嫌冷寂。但是，中国电影创作和现实主义的发展并未中断。坚守上海孤岛，以及转移到武汉、重庆和香港的电影工作者，继承了“左联”时期电影的现实主义传统，又在新的社会条件下使之得到发展，创作摄制了不少鼓舞人心的、及时反映抗日救亡斗争现实的抗战电影以及充满爱国热情、时代精神的历史题材电影。由此，形成一股以革命民族主义为主导的抗战电影文学流。对民族革命战争、民族气节和中国人民英勇抗战精神的讴歌，是这一时期电影文学的主调。

(四)深化期　1946年至1949年是中国现代电影文学的深化期。

战后电影事业的复苏,以及国民党反动派对进步戏剧工作者的迫害,使大批戏剧工作者重新转入电影文学创作领域,带来了战后革命电影创作队伍的壮大。他们以党所直接领导的昆仑影业公司为基本阵地,团结其他具有进步倾向的影片公司,并利用国民党一手经营的反动影片公司,展开了一个有声有色、战绩显赫的革命电影运动,创作出一大批具有鲜明革命意识、强烈进步倾向的现实主义电影剧作。这批剧本,或回顾八年抗战的艰难历史,或反映"胜利后"令人失望的社会现实,或把两者结合起来,以史诗般的气魄和笔力描绘中国现代社会真实的历史进程和动荡的时代风貌,并在电影的悲剧艺术和喜剧艺术两方面都达到了一个新的高度。讽刺与鞭挞相渗透,暴露与歌颂相结合,是这一时期进步电影剧作新的共同特点。这时期的电影文学创作以其艺术的生动性、历史的真实性和政治上的批判性大大深化了电影文学艺术的现实主义,从而进一步扩展了电影文学艺术的社会容量、历史跨度,提高了电影文学艺术的审美价值,使现代电影文学获得了同期其他文学门类已经取得或不曾取得的高度思想艺术成就。同时,也为新中国成立后社会主义电影文学创作打下了一个可贵的坚实基础。

三　中国现代电影文学在现代文学史中的地位

从中国现代电影文学的性质、特点和发展中我们可以看出,中国现代电影文学是中国现代文学一个不可分割的重要组成部分。

作为现代文学中的一个特殊部门,现代电影文学确实有着自己的特殊性与边缘性,这就是它与电影企业、电影艺术的密切关系,以及由于这种关系的制约所带来的它在发展进程中格外明显的曲折性、起伏性和独特面貌。但是也必须指出,中国现代电影文学作为现代文学的一个分支,它同五四新文学始终具有性质、方向和发展上的一致性。

20世纪20年代新、旧两派的创作,就其精神实质来说,是五四民主主义文学在电影文化领域的支流;30年代初,电影文化与新文化正式合流;转变后的新、旧派和左翼文艺战士在电影文化领域结成声势浩大的同盟军;抗战爆发后,抗战电影呐喊助阵,是抗战文艺的一部分;战后,革命电影队伍迅速扩大,在电影创作中,取得了无愧于同期的叙事性文学如中长篇小说、话剧所获得的高度艺术成就。

电影文学与现代文学的这种一致性,来自无产阶级对于包括电影文艺在内的现代文化的统一领导,来自把电影文艺作为新民主主义文艺一个组成部分的统一的文艺运动,来自新文艺工作者同电影工作者的结合和共同努力,来自同一社会、时代中进步文艺的相互影响、促进。应该说,没有描述现代电影文学发展的现代文学史,是不完整的文学史。

中国现代电影文学既是中国现代文学的一个有机组成部分,同时也对中国现代文学作出了特殊的贡献。

根据电影文学脚本摄制的电影，是中国现代文艺中最有普及性，最为大众化的一门艺术。新文艺家和电影剧作家的电影文学创作，以影片为媒介，突破了新文学作品传统的、以知识分子青年学生为基本成员的、较为狭窄的读者圈，获得了其他文学样式所无法得到的宽广的审美接受面。

此外，以左翼文艺工作者为基本力量的革命的、民主的电影创作者，英勇反击了20世纪30年代国民党的“文化围剿”，粉碎了40年代国民党“党化”电影的阴谋，在电影文化这一特殊阵地，坚持了“五四”以来民主主义、现实主义优秀传统，同其他兄弟文艺部队一起，结成了中国现代文艺中一个全面的、革命民主主义的文艺战线。

同时，党所领导的电影文化方面的统一战线，在克服新文艺界同旧文艺界隔阂方面，在避免“左联”时期关门主义、宗派主义以及理论、创作中的过左倾向方面，在抗日战争、解放战争时期团结一切爱国的进步的民主主义文艺家共同前进方面，也都取得了突出成绩。

因此，忽略了对现代电影文学发展及其独特成就的考察，中国现代文学史就不能全面地反映中国现代文学领域里的历史变动。

对中国现代电影文学的研究，不仅是建立完整的现代文学史体系的需要，也是把现代文学研究扩展开来，深入下去的重要环节。

在近三十年的中国电影文学发展历史中，约有五十名新文学工作者参加了电影文学创作。其中包括洪深、欧阳予倩、田汉、夏衍、阳翰笙、郑伯奇、阿英、沈西苓、袁牧之、沈浮、许幸之、于伶、宋之的、陈鲤庭、周贻白、张庚、侯曜、柯灵、凌鹤、应云卫、张骏祥、司徒慧敏、叶以群、陈大悲、陈白尘、陈残云、吴祖光、姚雪垠、张爱玲、周纲鸣、顾仲彝、桑弧、黄谷柳、端木蕻良、曹禺等知名作家。仅由上述现代文学作家编写脚本、拍摄成片的电影就有二百多部(还不包括他们为数不少的、没有摄成电影的剧本，以及发表在报刊文学杂志上的作品)；还有五十多部电影是根据新文学作品改编的，如《春蚕》、《雷雨》、《日出》、《原野》、《鸡鸣早看天》、《丽人行》、《花溅泪》、《腐蚀》、《祝福》、《女子公寓》、《家》、《虾球传》等著名现代作品。

此外，现代文学史上一些杰出的文学家、评论家，如鲁迅、郭沫若、茅盾、瞿秋白及周扬等，也都曾涉及电影理论、电影批评乃至电影创作。

除了这些兼职或旁涉电影创作的现代作家之外，还有不少专职的、很有建树的电影编导，如郑正秋、蔡楚生、史东山、孙瑜、郑君里等。他们同参加电影创作的新文艺家一起，构成了中国民主主义电影创作的基本队伍，并取得了同一般现代文艺家相比而毫不逊色的文学艺术成就。如郑正秋的《姊妹花》、蔡楚生的《渔光曲》、孙瑜的《大路》、史东山的《八千里路云和月》，蔡楚生、郑君里的《一江春水向东流》等。

因此，现代文学研究范围应该扩大，我们应该考察现代文学作家的电影创作，应该注意电影编导的文学性实践。

还必须强调的是，对现代电影创作的考察，还将有助于完善既成的现代文学史体系，有助于深化已有的作家作品研究。这是因为，电影创作在为数不少的现代作家的创作道路中大都占有不可忽视的地位。

他们或是从电影创作开始其文学创作生涯。如夏衍在发表《包身工》、《赛金花》等著名报告文学、话剧剧本前，已从事过长达五年的电影编剧活动，编写过十多部电影剧本。他们或是在电影创作领域里进行过长期的和富有成效的艺术实践。如洪深就是一个对电影和话剧并重，而且付出过同等艰巨劳动的剧作家。在新中国成立前近三十年的艺术实践中，他创作了三十多部话剧剧本，同时也编写了三十多部电影剧本，其中有二十九部摄成影片。除创作外，他还撰写了十多种电影戏剧理论书籍和大量影论、影评。从创作进程上看，20 世纪 20 年代，他总共只创作一个话剧剧本《赵阎王》，但在这期间他编写的电影剧本就有近十部。还有，如现代文学史上一些著名作家夏衍、田汉、阳翰笙、欧阳予倩等，他们的电影创作活动都贯穿了整个三四十年代；他们编写的电影脚本，都在二十部以上。就这些作家而言，电影创作在他们的文学生涯中占有重要的地位，是他们的主要文学创作活动之一。

他们或在电影创作领域取得了更为突出的成就。洪深对电影文学艺术的贡献，远较之话剧为大：他是中国第一个参加电影创作的新文艺家，也是中国第一个完整电影文学剧本创作者；他是中国第一部有声电影的编剧，也是中国电影剧作最多的现代文学作家。夏衍、阳翰笙在三四十年代的电影文化运动中，起到了远较之于他们在其他文艺部门更为重要的领导、组织作用，并进行了更有成绩和意义的艺术实践。沈西苓、袁牧之、沈浮等，莫不如此。他们的电影创作比他们的话剧创作更有影响和成就。

他们或在电影创作中留下了思想、艺术转变的鲜明路径。如欧阳予倩、田汉、袁牧之、阳翰笙在电影艺术实践中开始或完成的由唯美主义、浪漫主义向现实主义的转变。

他们或在电影创作中显示出新的倾向和风格。如在曹禺的《艳阳天》、田汉的《梨园英烈》、陈白尘的《乌鸦与麻雀》等电影剧作中，既可看到剧作者一贯的思想线索和艺术个性，又表现出新的变化特征。

由此可见，离开了对这些作家电影创作活动的考察，我们就不能够完整、全面地描述他们的创作道路，创作面貌；我们就不能够恰如其分地分析评价他们的艺术实践、创作功过；我们就不能历史地、发展地探索出他们的思想、艺术演变。

不仅如此，对电影创作发展的了解，还有助于现代文学断代史和门类史的研究。

仅就话剧而言,中国电影同话剧一开始就结下了不解之缘:中国早期民主主义电影的基本创作队伍,主要是由“五四”前后话剧活动分子构成;1926 年前后中国戏剧运动的“后退两步”,又与“国制电影的兴起”(洪深),吸引不少话剧人才转入电影创作不无关系。20 世纪 30 年代初,左翼戏剧工作者大批进入电影界,使中国电影获得前所未有的迅速发展。而抗战剧运动格外兴盛,又与抗战爆发后,影片摄制日渐困难,迫使大批电影工作者转向话剧创作密切相关。解放战争期间话剧剧坛不甚活跃,也是“胜利复员后”,话剧工作者重新回到电影创作中去的“直接后果”……不熟悉电影运动、电影创作的实际历史进程,就不能完满解释各时期话剧运动的几起几落。

我们还可以看到,话剧与电影的内容、形式、艺术技巧,一直都是相互影响、相互渗透、相互促进的。中国进步的电影创作,一开始就继承了中国新剧、话剧的现实主义传统,并深受中国话剧艺术形式、表现方式的影响。

中国话剧艺术,特别是 20 世纪 30 年代以后的话剧艺术,又打上了电影文学艺术影响的鲜明烙印。以夏衍的话剧创作为例。他的第一部话剧剧本《赛金花》上演后,很多评论家指出编剧是“想采用电影手法”(章泥),而剧本“类似电影进展”(刘西渭)。他的名作《上海屋檐下》从整体构思到场面结构,都可看到电影思维和蒙太奇技巧影响。夏衍话剧剧作中的知识分子形象系列;夏衍话剧艺术的洗炼、素朴、平易的风格,无一不可在他的电影创作中找到最初的端倪。

此外,还有不少影片取材于话剧剧本,也有一些颇有影响的话剧是由电影剧本改编而成,如阳翰笙的《塞上风云》等。

可见,对电影文学的研究,能够使我们明晰地探索话剧艺术的发展的多方面原因。

上面仅以话剧为例。实际上,中国现代文学中,小说、散文、报告文学乃至诗歌,都与电影文学艺术发生了不同程度的相互影响;缺乏对中国现代电影创作面貌及实际进程的了解,就不易对中国现代文学各门类进行综合的、比较的研究。

对中国现代电影文学发展的考察,不仅有益于在现代文学研究中开拓新的领域,取得新的突破,而且有益于当前电影创作的发展。

电影创作是一个较多地受到各方面因素制约的、特殊而又敏感的艺术领域,要在这样一个领域里不断提高电影的思想艺术水平,使之跟上变化着、前进着的生活和时代,满足人们被其他文艺所培植起来的、日渐“苛刻”的审美要求,就首先必须提高电影剧本的文学质量,坚持电影文学创作中的现实主义。中国电影文学发展的历史证明:电影文学剧本的进步性、独创性,是成功电影艺术作品的基础,是优秀影片得以产生的首要条件;电影文学创作中的现实主义,是电影艺术、电影事业发展的基本动力。

中国电影文学发展的历程告诉我们:电影界和文学界的结合,是提高电影剧本文学质量的重要途径。没有左翼文学工作者大批进入电影创作领域，就不可能有20世纪30年代电影的空前兴盛；没有抗战胜利后的大批话剧工作者重新回到电影艺术领域，就不可能有40年代后期电影的高度艺术成就。中国现代文学作家、批评家，从电影创作到电影理论，从电影批评到电影文化思想论争，都为中国电影艺术、电影事业发展作出了巨大贡献。

早在默片时代，贝拉·巴拉兹就在《可见的人类》一书中发出了这样的呼声："电影艺术到现在还没有得到充分发展的这一事实，却给美学家提供了一个空前未有的好机会，让他们能去研究一种正在形成中的艺术的发展规律。"[3]此后，贝拉·巴拉兹也一再发出这样的感叹：

> 虽然这是人们多少世纪以来第一次有机会亲眼看到文化史上这一罕有的现象，但是，学者们和各学院却让这个机会白白地过去了。[4]

今天，电影艺术理论、艺术史的研究现状已发生了很大的变化，贝拉·巴拉兹提出的问题已不复为我们所忧虑。然而，移至电影文学的研究而言，这位已故电影美学家的呼声和感叹却并未全失其警醒后人的意义。我认为，电影文学研究既是新兴电影学的一个分支；也是传统文学研究在新的社会—文化条件下一个不可避免的延伸。由于它处于多种学科的"交叉结合部"，电影文学研究也必然地带有边缘性、交叉性和综合性的特点，而这又正是一切现代新兴学科的共同性特点。基于这种认识，希望一切不拘成见的文学研究者和电影研究者，打破各自学科固有的"疆域"，把电影文学纳入自己的研究日程中来，从美学、文艺学、电影学、心理学和历史学诸角度，对它进行分类的或综合的研究。如不这样，我们就会白白放过在我们这一世纪所产生的、唯一熟悉其各构成因素的新的重大文学现象的及时记录和分析；我们就会有愧于先前为探索某一古老文学的起源和流变而费尽心血、探幽觅微的文学"考古家"，或者是那些因我们的"失职"而将遭受同样折磨的未来的文学研究家……

［节选自《中国现代电影文学史》(上册)，高等教育出版社1985年。曾以《一个亟待开发的研究领域》为题发表于华中师范大学《语言文学论文集》(1983年)］

注释：

[1]据《美国电影电视课程一览》统计，1997年美国有1067所大学开设了电影电视课程。

[2]见《法国教师争取在中学设置电影课程》，《电影艺术译丛》，1981年第1期。

[3]贝拉·巴拉兹：《电影美学》，北京：中国电影出版社1978年版，第9页。

[4]贝拉·巴拉兹：《电影美学》，北京：中国电影出版社1978年版，第8页。

战后新潮电影的史诗风格

一　中国文学和电影中的史诗传统

中国独特的史诗型文学体系和传统　黑格尔说："中国人却没有民族史诗，因为他们的观照方式基本上是散文性的，从有史以来最早的时期就已形成一种以散文形式安排的井井有条的历史实际情况，他们的宗教观点也不适宜于艺术表现，这对史诗的发展也是一个大障碍。"[1]如果这里所说的史诗仅指那种狭义的、在体裁上也有其严格规定性的文学现象，那么黑格尔的说法或许有事实根据——中国似乎没有东方文学如古印度《腊玛雅那》、《摩诃婆罗多》那种宗教色彩很浓的象征史诗，也没有西方文学像古希腊《伊利亚特》、《奥德赛》那样描写神人与英雄业绩的古典史诗[2]。但是，倘以此全然否定中国史诗型文学体系和传统的存在，这是难以成立的。事实上，如果把史诗不仅仅理解为一种狭义的体裁样式，而且将其理解为一种审美取向与方式，那么，中国文学自有其丰富独特的史诗性材料和悠久伟大的史诗传统。这种史诗性材料的丰富独特之处，就在于它们与口头文学、传说、散文、抒情诗、叙事诗、话本、传奇乃至小说无限多样而密切的联系。在远古神话传说（如"女娲补天"神话以及炎帝、黄帝、尧、舜、鲧、禹等英雄故事），西周、东周诗歌（如《诗经》），战国历史散文（如《左传》、《战国策》等），秦汉传记文学（如《史记》）、乐府民歌（如《孔雀东南飞》等）中，我们看到了史诗性因素在各体文学中的萌发、生长——它们一方面记录了传说中神人、英雄的宏大气概，另一方面对历史人物、普通人民乃至民间风土人情作了简括然而是极富表现力的叙述。在魏晋小说（如《搜神记》、《世说新语》等），唐代叙事诗、传奇（如《石壕吏》、《长恨歌》、《李娃传》、《霍小玉传》等），宋代话本、讲史（如《碾玉观音》、《大宋宣和遗事》）乃至部分元杂剧中，史诗性材料日渐丰厚，并形成自成体系的史诗型文学。它们"生动鲜明地描绘出各种情境，充分展示出公众生活和私人生活，既丰富多彩而又委婉细腻"，使声言中国"没有民族史诗"的黑格尔，也"不得不"为之"惊赞"[3]。在明代长篇小说（如《三国演义》、《水浒传》、《金瓶梅》）、拟话本（如"三言""两拍"），特别是清代小说（如《红楼梦》、《儒林外史》）中，中国史诗性文学系统中出现了一个又一个更相迭起的高峰——它们以对历史、社会复杂广阔艺术画面的再现，以对日常生活乃至人们性格心理细致入微的刻画，把中国古代史诗性文学发展到高度成熟的阶段。

由此可见,史诗性文学是与我国抒情诗文学、戏剧文学等并行存在的主要文学体系之一,它具有悠久的历史,同时也形成了自己的伟大传统:这就是,它一开始就密切地同现实主义结合在一起(不像古印度、古希腊史诗,一开始就表现出浓厚的象征主义、浪漫主义色彩——它们流贯于整个中世纪,构成了以这两大史诗为端源的东、西方文学的基本精神),并在以后的发展中,始终以民主主义、现实主义为其主导精神和动力,同社会生活,特别是人民的生活、思想、情感、意愿、审美习惯、趣味、心理保持着密不可分的联系。因此,中国史诗性文学的独特而伟大的传统,就是富有民族、民主精神,人道主义意识,以及强烈的入世感、人民性的传统。

现代文学中的社会史诗与民族史诗 "五四"以后,一代杰出的现实主义新文艺家把中国古典文学中这种伟大的史诗传统引向中国现代文学领域,并使之发扬光大。鲁迅的小说,就其绝大多数作品来说,既是它们所属的那个领域里的一代杰作,又是中国现代史诗型文学的先驱。它把中国现代民族生活和现实生活大量引进小说领域,开创了我国现代民族史诗和社会史诗两大传统。此后,中国现代作家们分别继承了鲁迅所开创的中国现代史诗型文学的两大传统,使之分为两支,向着两个方向发展:茅盾、沙汀、张天翼、丁玲、巴金、赵树理、周立波等人的小说,郭沫若等人的自传体文学,臧克家、艾青等人的叙事诗,把题材的现实性、主题的政论性、人物性格乃至整体画面的历史动感,同纵贯舒阔的结构,宏微相间的描写结合起来,着重揭示艺术内容的社会情致、历史内涵,从而赋予中国现代史诗性文学以高度的社会历史整一性和壮阔的艺术风格;而老舍、沈从文、萧红、李劼人、钱钟书、张爱玲、无名氏乃至张恨水、秦瘦鸥等人的作品,则偏于世态风俗、社会世相、人生病态、异态以及民族性格心理的描摹剖析,在周至而不失之板滞、温婉含蓄而时有粗放的描写中,开辟了与历史文化传统明显接续,重在表现整体性民族生活情态和意趣的另一史诗路径。

这样,在中国现代文学史上,就形成了现代社会史诗和民族史诗两大脉流。不过,国内史家因前者最与中国现代社会历史运动主潮切近,最能反映中国现代社会、人生的大趋势,且在艺术表现上壮美宏大,故对其非常赞赏,推为正宗;而域外学者则因后者较多地反映了中国传统文化、国民性格、乡俗民情,艺术上也较为温雅敦厚,故特重后者。其实,这两大脉流都是中国现代社会和文化的产物,它们在实际形态上常常是互为交汇渗透的;在审美概括上的所长与所短,也常常是互为补充的。

电影:不断生长的史诗性因素 在中国现代电影文学中,这两大脉流皆有所见,但也以前者最成声势。

20 世纪 20 年代,由于旧派成员与中国传统文学、通俗文学关系密切,他们的电影作品对风俗世态、个人家庭生活作了较多的描绘;而新派成员则在艺术概括中显示出对社会公众生活和人生一般状况的关心。这样,20年代旧、新派电影创作便同时并生出民族史诗和社会史诗两大因素。但是,总的说来,当时的电影艺术、电影文学皆处于早期发展阶段,体裁形式既不成熟,又深受戏剧文学影响;再加上当时的电影创作者或受制于旧时代的惰性、旧文学的羁绊,或囿于自身生活、思想艺术局限,他们大多缺乏开阔的视野胸襟和思想激情,缺乏开放而彻底的现实主义精神。因此他们无力对身处其中的现实生活作出较全面的概括,也无力揭示出已有艺术内容与一般世界复杂多样的联系,从而表现出史诗性色彩的淡薄。

20世纪30年代,在日趋尖锐的阶级矛盾和民族矛盾的推动下,中国社会结构、力量乃至各阶层人民的生活不断发生着重大变化,这就为电影文艺中史诗性因素的生长提供了更为深广的现实基础。左翼文化运动——包括电影运动的兴起,带来了电影文学艺术家社会和艺术视野的开阔,推动了电影文化领域新现实主义思潮和创作的迅速发展;加上无声电影艺术达到高峰阶段,而有声电影继之兴起,带动了电影艺术形式、文学形式的日臻成熟,故使电影文艺的审美功能、审美领域大大扩展,社会历史容量和艺术容量大大增强,从而促进了电影文学中史诗性因素的迅速生长,并表现出与同期左翼文学相一致的社会史诗特征。这就是:在左翼现实主义电影文学系列中,一般社会状况和社会情致被置于突出的地位,艺术家们着重反映了当时的社会生活,着重描写了这种生活中人与社会的联系、人的社会性格,从而使自己的作品具有较为广阔的社会生活画面和较为浓烈的社会学色彩。与此同时,30年代电影艺术、电影文学普遍受到小说、散文、报告文学和诗歌的影响,它们有意无意地吸取了现代文学结构和表现方式上的开放性、变易性和多维性诸长处,使电影作品的叙事功能大大加强。

但是,由于20世纪30年代左翼电影创作群成员在思想、生活和艺术上发展的不平衡状态——激进者激情有余,而缺少丰厚的生活积累和冷静的艺术琢磨,稳健或平和者又一时难于将所有受到的思想感染、理性认识完满地熔铸在自己的艺术形象中;由于理性主义原则对现实主义审美要求或方式的某种压抑,使艺术家们较多地以理性思辨制约对生活的概括,而缺少独特的感受、观察和个人发现,因此,30年代左翼电影创作固然也出现了某些史诗性的杰作,其总体画面也带有史诗型规模,但是,就大多数的作品来说,它们还带有一些不完全、不成熟的印记:它们把握了一般世界关系,注重了史诗所应有的外在环境因素,但在具体的艺术画面中,这种因素往往呈现为一种“滞板状态”,缺少那种能流溢诗意的生气灌注。它们也发掘了情境、冲突、情节和主体动作与客观外在世界的联系,但是这种联系往往又缺乏诗意的独特性和艺术的整一性(如“革命或抗战+恋爱”的公式;“光明的尾巴”等等)。它们突出了人物的社会情致和性格,但又常常忽略人物自身复杂多样的个人性格、民族性格,及其与社会性格有机的、多重性的组合状态,使之流为“扁形类型”。

抗战爆发后，电影创作中社会史诗性因素，基本停留在20世纪30年代左翼时期水平，但民族史诗性因素则有了较大发展。这是“因为在战争中整个民族都被动员起来，在集体情况中经历着一种新鲜的激情和活动，因为这里的动因是全民族作为整体去保卫自己”，这样，民族战争状态中的生活和冲突，便为民族史诗“提供了最适宜的史诗情境”[4]。抗战电影流紧紧抓住了战争所提供的新的民族史诗情境，从现实和历史两个方面，记录了中华民族的觉醒、反抗、可歌可泣的英雄业绩，追述了中国人民反侵略、反奴役的悠久传统和崇高的民族气节，把二三十年代电影中民族史诗的审美重心，由偏于民族风情的描摹、民族性格的批判，转移到民族激情的再现和民族品格的赞颂上来。

然而，由于艰苦的战争环境使整个电影事业处于相对停滞状态，战时电影文艺家缺少从容的时间、稳固的创作基地和条件，因此，从整体上看，战时电影创作成果是逊于20世纪30年代的。再加上民族存亡关头中，对抗战的宣传不仅仅是国民义务，而且成为整个战争时期的客观需要和社会风气，这样，战时特别是战初的电影创作者就无法解决“宣传”与“艺术”的内在矛盾，只好从战时政治需要和政治宣传出发，来进行艺术创造，这就或多或少地影响了他们作品的现实主义成就和史诗文学所应有的深广度。

这样，从中国现代文艺的总体发展进程看，尽管中国现代文学在五四时期就出现了两大史诗型文学系统和传统，尽管20世纪20年代的新、旧派，30年代的左翼作家群，以及稍后出现的抗战电影流也萌生、形成、发展出与现代文学这两大系统和传统相对应的史诗性脉流；但是，作为一个时期、一个流派或群体——而不是个别作家作品的重要审美特征，中国现代电影艺术文学史中的史诗性因素，只是到战后现实主义的深化阶段，只是在战后现实主义新潮中，才真正充裕到堪为主导的一代风格。

二　战后现实主义的深化与史诗风格的形成

战后，随着中国电影现实主义的深化，史诗风格遂成为战后电影新潮一个十分突出的美学特征。

时代与史诗　20世纪40年代，特别是战后三年间，是中国历史上前所未有的急剧动荡变革的年代。民族、社会乃至一般人的生活、命运、心理，都在这短短的几年间经历了前所未有的巨大的历史性变动。这种变动所产生的强大的离心力和向心力，使中国二三十年代固有的社会矛盾，进步与倒退、革命与反动的冲突，以更加尖锐和对立的形式表现出来。其程度之剧烈，波及之广泛，影响之深远，为中国以往任何历史阶段所不及。这是一个适宜史诗并产生了史诗的年代——

> 正是国内自相残杀的战争或对于宗教的狂热使人们揭竿而起，血流遍地的时候，阿波罗头上的桂冠才生气勃勃，碧绿青翠。它需要以血滋润。在和平时期，在安闲时期，它就要萎谢了。黄金时代可能会产生一首歌曲，或者一首哀歌。史诗和戏剧却需要别的风尚。[5]

十多年的外战和内战，给民族和人民带来的是鲜血和苦难，给史诗带来的却是千载难逢的时机和时代风尚。它为战后电影文学艺术提供了空前丰富的民族史诗与社会史诗内容，也为战后的电影文学艺术注入了无限充沛的历史和诗的激情。这种内容和激情达到了这样的广度和强度，以至于使战后电影在以此为审美对象时，都自觉或不自觉地趋向史诗艺术之途，不约而同地表现出一种鲜明的史诗风格。

诗人·现实主义·史诗风格　史诗性的时代，产生了史诗性艺术的要求与条件，也催生了一代史诗的创作者。

战后，是电影文学艺术家普遍成熟的年代。其主要的标志就是电影文学艺术家们在思想认识、生活积累、审美概括和创造诸方面都在急速地进步，已经具有把理性内容与现实形象充分渗透融合的能力，已经具有使这种渗透融合充满生气的丰厚情感，已经具有一个成熟的艺术家最可宝贵的真正的主体性。

就一般情况来看，20 世纪 20 年代的新、旧派艺术家由于缺少科学、正确的理论指导，他们的思想是不够深刻的；他们的理解力是薄弱和片面的；他们的情感虽带有明显的个人性，却因缺少与社会、民众血肉相关的联系而显得苍白无力。由此，他们的审美概括，往往不能对广阔复杂的社会生活作综合的、强有力的把握，而只是停留在他们生活于其中的、较为狭小的圈子里，停留在一般问题、一般现象的描述上。他们即使有时接触甚至概括出本身富有理性内容和诗意的现实材料，也往往因主观认识或体察之不及，而将其轻易放过。这就使他们的现实主义带有偏狭、浮浅的弱点。

在 20 世纪 30 年代左翼电影创作乃至继起的抗战电影流中，情形恰好颠倒过来：电影艺术家们努力地、有意识地以革命民主主义、民族主义甚至是无产阶级的一般原则、立场进行艺术选择和创造，力图再现他们所意识到的现实关系、现实趋向，从而带来了电影文学中历史观念的增强和现实主义的扩展。但是，正如我们一再指出过的，这种努力和追求又带来了他们的艺术创造太重理性以及忽视个人思考和诗情的偏颇。也就是说，他们固然从理论或舆论上接受了社会革命、民族革命的思想或影响，但他们并没有，也来不及从自身生活经历、生活体验中获得深切的个人认识以及与之相一致的现实材料；他们固然也借助现存的科学的理论和思考的方法抓住现实材料中某些本质的真实的东西，但他们并没有，也来不及按照其全部广度与深度加以彻底体会。这样，他们在进行审美概括的时候，一方面不得不以外在的理性原则代替自己的主体认识，以普遍的观念去解说表现现实材料；另一方面又常常把包含有丰富理性内容和诗意的审美对象，在未经长久深思熟虑的情况下，浮浅地加以处理。再加上当时的左翼文学、抗战文学对阶级的、民族的功利性的普遍强调，对题材、主题乃至艺术表现和风格的划一的规定，当时的电影艺术家们便不得不为理性原则、宣传原则和政治功利性，而或多或少地牺牲、放弃他们在审美创造过程中的主体性、独创性。因此，左翼电影文学和抗战电影文学一般都具有过于显露的理性主义、功利主义倾向，以及社会集团性文学种种不可避免的缺陷。他们虽然不乏正确的理性、科学的思想，但这种理性、思想更多的只是源于既有的理论观念和流行的社会思潮，而少有创作主体独特的个人发现，少有生动完满的现实事物自在自为的真实性和完满性。他们虽然也不缺少热情甚至是激情，然而这种热情和激情更多的只是单纯地汲取阶级、民族的普遍情致，而少有以艺术家自身的生活经历体验为基础的、发自他们心底的感受和诗情。所以，就其本性来看，左翼电影文学和抗战电影文学是一种具有浓重社会学色彩、理性色彩的现实主义文学。它们既大大丰富了电影文学艺术的历史内容，扩展了其表现范围，加强了其思想和艺术上的严肃性、社会性，同时又或多或少地缺乏高度成熟的现实主义艺术那种应有的真实深刻、完满生动的境界，特别是那种生气灌注、诗情横溢的状态。

随着历史和艺术发展到战后阶段，这一切便有了根本的改变。八年的民族战争和三年持续的社会大动荡和大变革，把一大批电影艺术家推向生活的激流中，使他们同民族和人民一起，经受了前所未有的忧患、困苦和磨练，在思想、生活、艺术诸方面达到了前所未有的成熟。这主要表现在：他们的社会视野大大开阔起来，能对中国的过去、现在和未来进行全面、综合的考察和分析；他们的个人思想大大深厚起来，能对他们早已长期体验、深思熟虑的社会生活及其本质，作出自己的独立思考和判断；他们的生活积累丰裕起来，仅依据自己经历过的生活、体察过的事实，就足能创造出独立自足的艺术形象，反映出审美客体自满自足的内在真实和理性；这还使他们的个人激情也大大纯正充沛起来，纯正到与民族和人民的普遍情绪心理汇融一致，充沛到不吐不快，不泻不止，溢满于整个的艺术画面。因此，战后出现的新潮电影文学，既是富有理性的文学，又是充分诗化的文学；既是富有深刻思想性、广博历史内涵和强烈人民性的文学；又是具有完满的艺术品格、丰富的独创性和浓厚的个人激情的文学。这种文学的出现，标志着战后电影艺术家和他们的审美方式的成熟，标志着中国电影艺术文学的现实主义进一步深化。

由于史诗与现实主义在审美本质和方式上是基本一致的——它们都要求按照历史或事物本来的形态或规律去描述客观事物；由于现代的史诗风格往往是现实主义高度发展深化阶段的必然产物，因此，战后电影现实主义的深化，就必然地、自然而然地带来了新潮电影史诗风格的形成。

三　特征Ⅰ:外观世界的客观整一与完满生动

战后电影现实主义,主要沿着两个方向深化:它一方面力图开拓它所能概括的外观世界,另一方面又极力挖掘它所能探及的内心世界。由此,形成了战后新潮电影史诗风格的两大特征:表现外观世界时,注重客观整一、完满生动;挖掘内心世界时,追求主观真实和心理深度。

总体概括——主体动作与广阔世界情形的融贯一致　黑格尔指出:"史诗的整一性就要靠两方面,一方面所叙述的具体动作本身应该是完满自足的,另一方面动作进展过程中所涉及的广阔世界也要充分表现出来,使我们认识到。这两方面还要融贯一致,处于不可分割的整一体。"[6]

正如我们在本章已指出过的,20 世纪 20 年代新、旧派电影创作在动作的完满自足方面虽有特色,但往往带有明显的孤立感、隔绝感——它的主体电影动作往往缺乏与广阔世界一般情况复杂多样的内在联系。三四十年代左翼创作群、抗战电影流在广阔世界一般情况的表现方面大有进展,但是,其为数不少的作品在全体动作方面,又缺少应有的完满生动及其与客观外在因素的融贯一致。唯独战后电影文学在不断深化的现实主义推动下,扬长避短,克服了这种主体动作与客观外在世界断裂或失去均衡的种种缺陷,从而在不少优秀作品中都达到了两者的融贯一致。

这种融贯一致主要是通过以下两种途径得以实现的:

第一,战后电影剧作家在选择主体动作时,既要求主体动作具有丰富的历史内涵,又非常强调其本身满贮诗意。左翼电影和抗战电影比较注重电影动作的思想性、社会性,它们选择的电影动作,常常就是现实生活中社会事件、阶级对立、民族斗争典型事例的具象化,但是也往往因之而缺少足够的诗意。战后的新潮电影一方面继承了左翼、抗战电影注重电影动作社会历史内涵的长处,另一方面又非常强调动作本身应具有充沛的诗意。深刻地概括出中国人民战时战后悲剧性命运的《一江春水向东流》、《无名氏》等,其主体动作本身就是一个催人泪下的、富有传奇性的悲剧;而向国民党统治者及其社会基础投以烈火般讽刺的《天官赐福》、《结亲》等,演述的正是一个让人啼笑皆非的丑剧。《松花江上》、《希望在人间》、《梨园英烈》等歌颂了人民在侵略者面前正义凛然的反抗,可是主题的严肃性并不妨碍它们情节的跌宕生动和吸引力;而《忆江南》、《野火春风》等也都在揭示人在战争中的蜕变这一思想主旨的同时,给我们讲述了一个曲折委婉、极尽情致的儿女故事。正是这些既富有深刻历史内涵而又满贮诗意的故事,使战后电影动作一方面具有客观自足的理性内容——无须因思想贫乏而借助外在观念的"标签"或"光明的尾巴",另一方面又具有与之共生的感人力——无须因情致的苍白而求助激动人心的“口号”或主观热情的宣泄。由之,战后新潮电影的主体动作便获得了既完满自足又与一般世界情形保持内在联系的史诗品格。

第二,战后电影剧作家在表现主体电影动作所涉及的一般世界情形时,不是仅仅把它们当作背景处理,而是进一步将其诗化,使之成为参与、制约或激活电影动作发展的有机构成因素。20世纪三四十年代左翼电影和抗战电影也很注意展示一般世界情形,但是,除优秀作品外,一般作品仅把这种一般世界情形当作社会化背景处理,而且,全剧的主体电影动作在进展过程中,也常常游离于这个社会性背景之外。由此,造成了主体动作与广阔世界情形的分裂。在战后新潮电影中,外在的、客观世界的因素一般都得到了充分的诗化,而成为与主体电影动作密不可分的重要构成因素。

在这方面,田汉战前战后的作品是一个对比鲜明的、具有代表性的例子。田汉是一个善于组织情节的剧作家,也是一个对社会状况、特别是民族问题有着浓厚兴趣的剧作家。但是,在他20世纪30年代的作品,如《色》、《肉搏》中,他并未能使这两者达到完美的结合。他常常是精心构置了一个具有人情味的电影动作,并力图把这动作放在广阔的社会、民族生活背景中来表现。但是,由于他所构置的动作同他所力图表现的社会、民族生活背景不够协调,缺乏有机的、内在的联系,因此,无论他怎样努力,无论怎样以主观的解说或热情来强调两者之间的联系,它们之间仍存在着明显的分裂趋势。为了弥补这种分裂趋势所造成的裂痕,他只好强行扭转电影动作发展的内在趋向、逻辑趋向,让男女主人公们在经历过一番纯个人性的爱情纠葛或悲欢离合之后,以“觉醒”或“参加义勇军”、“走向新生活”之类的结局,来使电影动作与一般社会民族生活状况发生剧作者“所希望的联系”。战后,田汉的电影作品如《忆江南》、《梨园英烈》也是以男女主角的爱情纠葛、悲欢离合作为全剧的贯穿动作,也是以民族间的生死搏斗为社会、时代背景。但是,由于他刻意表现了民族的现实生活与男女主人公们个人生活、命运之间内在的、多方面的联系,因此,这两者在他所描绘的艺术世界上,达到了前所未有的协调统一。

田汉曾撰文说,《忆江南》中的女主角谢黛娥,有着真实的生活原型,且连名姓都与之相同。原型谢黛娥本是田汉兄弟和王莹等救亡宣传队途经石公山时所遇见的一个打柴女子。当时,田汉等惊于她“乱头粗服而美艳天然”,曾为之拍照,并题一绝,有“摩登儿女夸颜色,不及西山谢黛娥”之句。田汉接着写道:

> 这照片后来在良友画报上也发表过,我也写一段文章登过这奇遇。于今事隔十余年,大家把这事也忘了。最近重遇王晋生兄,据他说,因我们当时给这谢姑娘拍过照,有人把照片寄给她,她也颇为掀动,很想到上海来做电影,这理想没实现,她结婚了。她丈夫也听得此事,疑心黛娥不够本分,和她吵

闹，后来甚至和她离了婚。黛娥孤苦，一度到上海来帮过人家。其人据说于今还在，只是佳人半老。当时人面不过复识了。[7]

这本是一个颇具感伤情调的故事，照直写来，也可打动不少伤世者的心。但是，剧作者需要的不再是一首哀怨的抒情诗，而是一首充溢民族激情、气概，能最广泛地反映当时一般社会生活状况和趋向的史诗。原型谢黛娥的生活经历纵然真实，但不符合史诗事迹的要求。“在真正的史诗事迹里要完成的因而要描述的并不是一件孤立的偶然的事，而是一件从时代与民族情况的整体中派生出来的动作（情节），所以只有把这个动作放在一个较广大的世界里才能把它认识清楚，在描述中也要求反映出这种结合在一起的实际情况”[8]。为此，田汉舍弃了原型谢黛娥尔后的生活经历，仅保留了战初救亡宣传队员到江浙一带宣传抗日，偶遇谢黛娥的基本情景，并以此为基础，生发出一个既委婉曲折，又与当时社会、民族生活有着广泛联系的动人的故事。在这个故事中，我们看到了战争是如何促成了互不相识的人们的偶遇和结合，而这种结合又是如何为战争中的艰苦沉重及其所造成的人的离异、人的不同方向的蜕变所打破。在这个故事中，我们还看到了战初的全民动员，沦陷前后上海、香港及内地动荡的社会面貌和错综复杂的斗争，以及人们在经历战争之后，带着各种各样的创口、隐痛，正视过去，并重新生活下去的一切真实广阔的情景。《忆江南》正是着意把社会的、民族的一般世界情形加以诗化，使之成为全剧动作所由发生的有定性的冲突情境，成为规范制约全剧动作、人物性格发展的典型环境，成为把动作不断推向前进的外在机缘和内在动力，成为最终决定动作归宿、人物命运的至高无上的力量，才使得《忆江南》中谢黛娥与黎稚云的偶然相识、结合、离异，谢、黎二人的相关而又相异的命运，不再是“一件孤立的偶然的事，而是一件从时代与民族情况的整体中派生出来的动作（情节）”。这一切，显示了田汉在现实主义创作道路上的进步，也显示了战后电影现实主义的深化。正是这种进步和深化，使田汉和战后现实主义新潮的电影编导们提高了把一定时代社会、民族生活的广泛情景加以诗化，使之具体地、有机地与特定电影动作、个人遭遇、命运绞结并融贯在一起的能力，把握住特定的电影动作与普遍客观世界状态本质的同时又是具象化的联系，从而赋予战后电影在整体艺术画面上以前所未有的史诗性质。

人物塑造——社会、民族、个体性格的辩证统一 战后新潮电影的史诗性质不仅体现在主体动作与广阔世界完美融合的整体艺术画面中，而且体现在人物形象的塑造中。具体地说，战后现实主义新潮电影文学吸取了战前、战时电影文学在塑造人物方面的成功经验和失败教训，以对人物社会性格、民族性格和个体性格同时并重的描绘，把电影文学人物形象的典型化，推向一个新的水平，从而在电影人物塑造方面，也表现出客观整一、完满生动的史诗品格。

战后电影在塑造人物方面的一个重要特点，就是把人作为一个真实的、完整的、综合性的整体加以描写，对于人的社会性格、民族性格和个体性格都予以应有的重视。

人物性格是复杂的、完整的综合体。这个综合体包含着社会的、民族的、个体的和生理的诸方面因素。正是这些因素的交汇融合，才形成完整的人物性格。其中，纯生理性的因素，是人乃至一切动物所共有的，当这种生理性因素以纯粹的形式而存在，而没有与社会、民族或个体因素融合，获得定性时，它一般不具有美学上的意义。因此，就审美范畴来看，我们可以把人物性格看做是社会性格、民族性格和个体性格的综合体。在人物塑造中，唯有对这三个层面及其组合方式、特征都加以匀衡、生动地刻画，才能创造出客观整一、完满生动的人物形象。

20世纪20年代的旧、新派电影剧作家，由于缺少对人的社会本质、阶级本质的深切了解，他们偏于刻画人物的民族性格、个体性格，而或多或少地忽略了人的社会性格。三四十年代的左翼剧作家、抗日剧作家在描写人物的社会性格方面大大前进了一步，并以此丰富了人物形象的历史内涵，加强了人物形象的本质真实。但囿于理性主义、功利主义的偏执，他们又往往不大注重人物民族性格特别是个体性格的刻画，甚至有时仅仅突出与作品主旨、人物社会属性相关的一两个方面的社会性情致。这样，战前电影剧作、银幕形象中，固然有不少堪称典型的丰满生动的人物，但是，也混杂了为数可观的、仅以表现人物某一方面性格特征为满足的"扁型人物"。

关于"扁型人物"，爱·莫·福斯特在《小说面面观》中说过一段不无揶揄的话：

> 扁型人物在十七世纪叫作"脾性"；有的时候人们把它叫作"类型"，有时又把它叫作"漫画"。当扁型人物以最纯粹的形式出现的时候，他们表现了一种单一的思想或品质……真正的扁型人物可以用一句话来概括……

20世纪20年代电影中那些贪吝的商人，狠心的婆婆，悲苦的媳妇，痴情的少女，负心的情人……或30年代电影中那些狡猾的地主，残酷的资本家，受苦的农民，觉醒中的工人，挣扎着的妇女，坚强的革命者，如此等等，有不少就是这种"一句话"就可以概括的"扁型人物"。扁型人物虽然是戏剧中不可缺少的人物，而且扁型人物中也出现了不少可以跻身世界文学典型之列的名字，但是，从美学特征上看，他们是与史诗无缘的，至少是与史诗型人物大相径庭的。史诗人物应是这样的人物："他们具有最大程度的完整性和丰富性"；他们本身就是"许多特征的整体，是完整的人，从他们身上可以见出一般心灵的各个方面，特别是全民族的已发展出来的思想和行动的方式"[9]。战后新潮电影正是在这些方面，显示出史诗型人物应有的完整性和丰富性。它们一方面仍注重了对电影人物社会性格的表现，另一方面又加强了对人物民族性格、个体性格的刻画。不仅如此，它们还刻意追求这三个性格层面的立体交叉、多重组合，使电影人物获得了前所未有的整一和生动。

这一点在战后电影所塑造的市民形象系列中，得到了最为鲜明的体现。

战后电影剧作家，特别擅长塑造具有悲喜剧色彩的小市民人物形象。《乘龙快婿》中的陆太太、文兰；《假凤虚凰》中的杨小毛、范如华；《幸福狂想曲》中的王金富、吴志海；《大团圆》中的二哥；《挤》中的孙尚义；《万家灯火》中的胡智清、又兰；《乌鸦与麻雀》中的“小广播”、肖太太、华太太等等，都是给人印象深刻的十分成功的艺术形象。在他们身上，小市民阶层所特有的那种势利、自私、精明、软弱、动摇、患得患失等社会性格特征得到了深刻的表现，中国国民那种保守、骑墙、苟合、自满自足等消极的民族性格得到了应有的刻画。同时，他们各自因地域、家庭环境、文化水平、职业、爱好、经历、天性，甚至是年龄、性别等所产生的个体性格差异，也得到了充分的描绘。电影编导不仅把他们的个体性格交织、集纳于他们的社会、民族性格之中，而且使之充分地相互渗透，多维度地生发、重组，由此塑造出个体性格充分社会化、民族化，而社会、民族性格充分个体化的电影人物形象。在这方面，《大团圆》中的“二哥”，《乌鸦与麻雀》中的“小广播”，就是两个非常突出的例子。

二哥家居文化古城北平。古老的城墙，古老的四合院，古老的生活习俗，古老的艺术和文化，使二哥具有一种根深蒂固的民族性，表现出对传统生活方式、传统文化一往情深的偏爱。加上人丁兴旺，家境宽裕，他无须承担生活的重担，成天修鸽棚，养鸟，哼京剧，以不愁衣食的中国人所特有的那种与世无争的态度，闲散、迟缓的节奏生活着——就像他成天所唱道的那样：他“本是卧龙岗散淡的人”……“小广播”则身处商业都会上海。喧嚷的十里洋场，各色人等杂居的胡同，美货摊贩的职业，市面上并无常规的波动，求生的艰难和竞争，使“小广播”不得不以一种高度紧张、认真的态度对待生活，成天绞尽脑汁，竭尽全力寻找着得以生存下去的生活缝隙。爱打听，爱“广播”，便成为“小广播”绰号之所出的个人性格。像《大团圆》中的二哥一样，“小广播”也颇有一种自得其乐的情趣。这种情趣，也反映了他们所共有的闭锁、狭隘、自我中心和极易满足的小市民生活哲学和社会性格。可是，这种情趣又因他们各自的生活境遇、职业、爱好的不同，而呈现出毫不雷同的个人形态和方式：二哥的乐天、自足是一种偏于精神方面的、传统文人和士大夫式的清高和超脱——无非是企图置身于尘世的纷争之外，以提着鸟笼，哼几句京调自娱而已；而“小广播”的自得其乐却是耽于物质的、世俗气很浓的享乐——当他打完轧黄金、顶房子的如意算盘后，便把这种虚幻的筹划当成了已经实现的现实。于是，他脚踏暖炉，身靠躺椅，抽着香烟，剥几颗花生米，喝几口老酒，“从精神到身体，整个儿沉浸在难言的舒适里”。从这点看来，“小广播”的自得其乐，正恰如孔乙已的“黄酒、茴香豆”+“阿Q精神”——颇有点鲁迅一再痛责的国民性弱点。

像一切处于民族、阶级压迫下的市民群众一样，二哥、“小广播”也都有自发的反抗意识、行为和逐渐觉醒的思想发展过程。但是，这种反抗和觉醒同样地也带有各自鲜明的个人特点。二哥的个体性格特征是含蓄、内向、乐天和幽默，同时，对传统生活方式、传统文化、特别是京剧艺术格外偏爱。这种性格特征也深深地渗透到他的社会意识、社会行为和性格中，形成了他独特的表露方式。当北平陷落、异族压迫的阴影笼罩着这个先前平和宁静的家庭，而这个家庭中的先进分子起而抗争的时候，他的感慨却是一句戏白：“愧煞英雄也”；当他的二姐遭到敌特监视，难以将抗日情报送出时，他的自告奋勇只是流露在淡淡的一句话中：“我替你去趟怎样？”他的这副玩世不恭的神态，连他二姐也不大放心，只是默然打量他一眼，让他“送一件不要紧的东西”。其实，在他这副玩世的外表下，跳荡的却是一颗入世的、不惜为祖国和民族赴汤蹈火的心：

> 他把二姊的纸条装在鸟笼里，唱着：“众英雄，且免送，山头盼望，跳龙潭，入虎穴，去走一场”，扬长着去了……

后来，他虽然一步步更深地卷入民族生死存亡的搏斗之中，但表面上，他仍然是吊儿郎当，不改他固有的沉隐、内向、与世无争的处世态度：

> 二爷的生活好像腐化了，他不但养鸟(谁知道他喂鸟的谷子里却装着火药)，而且还吸旱烟。娘说，“老二，年纪轻轻的怎么又抽上旱烟？”可是老二回答更妙：“各有所好。”

即便当他面临追捕，不得不逃离北平时，他也仍是天生的拖沓脾性，仍然是“本色”不改：

> 大家帮着他理行李，催着他快走。好容易把行头、粉脂、唱戏用的马鞭全带上了，他还说：“别着急，不误事，火车站上尽是熟人；铁路局上有好几个票友呢！”

甚至连他所发的政治牢骚也带有他个人的幽默色彩和他过去生活的印记：

> 沈浩问他这几年在干些什么来着？他说，“抗战哪，在重庆的人都抗战，打打牌，唱唱戏，抗战就胜利了。”

“小广播”的个人性格，恰恰与二哥形成对比。同是社会性的反抗，“小广播”不像二哥那样含蓄、内向、不露声色，而是显得直露、外向，带有几分虚荣心。他喜欢打头阵，喜欢表现自己，也非常注意自己在他人心目中的地位和印象。在反抗的方式上，“小广播”也不像二哥那样幽默、策略，那样在似乎是懒散、无所用心中显出心计，而常常是头脑简单而自以为聪明，方法笨拙而自以为得意，于费尽心机、百般盘算中显出目光如豆和短识。所有这些，又正反映出“小广播”固有的善良、愚直和几分天真气的性格特质。

《大团圆》中的二哥和《乌鸦与麻雀》中的“小广播”，是战后电影市民形象系列中两个异常生动的典型。这两个艺术形象的成功塑造，显示出战后电影剧作家在人物形象及塑造方面一个重要的美学特征，这就是：把人的社会生活、社会思想、行为，与人的民族生活、民族文化、传统以及个人生活，个人气质、心理、爱好，个人生活方式等多方面因素综合起来加以考虑，抓住具体人物的具体性格内核，多层次、多角度地描绘出人物社会性格、民族性格和个体性格相互渗透、多重组合的全部客观状态，从而使战后电影的文学形象、银幕形象，获得了史诗性人物所应有的完整性和生动性。

四　特征Ⅱ：内心世界的主观真实与心理深度

史诗型文学是这样的文学：它除了要再现动作以及动作所由发生的广阔的民族现实生活和一般世界情形外，除了要塑造完整、丰满、复杂、生动的人物形象之外，“内心世界和外在世界具有同样重要的地位”[10]。因此，对于欲把“一切可以纳入人类生活诗篇中的那些分散的事物的整体”[11]，作为审美对象的史诗型文学来说，表现探求人的内心世界，便成为它一个不可忽视的重要审美课题。战后电影正是在这一点上，再次表现出它所具有的史诗特征。

在追求电影内视性的道路上　人的精神世界，是一切以人为中心的艺术所不能回避，且通常是倾尽全力加以表现的审美领域。当然，由于各门艺术的基本表现媒介和基本表现手段的不同，它们在表现人物内心世界时，具有各自不同的形式和方式。以语言文字为中介的文学作品，在表现人的内心世界方面有着最大的直接性：它可以把艺术创造主体和客体的纯主观的意识、心理内容、精神过程，以语言文字符号系统———种与人的思维具有最大的同一性，且能以最大的保真度重现思维过程的编码、解码系统——直接诉诸艺术的“创造—记录—接受（欣赏、感受）”过程，从而最大程度地直接传输了来自内心世界的——包括创造主体和客体的——一切消息，如作者的主观评价、心理分析，作品中人物形象的精神活动、心理过程等。绘画、雕塑、舞蹈、音乐则不然，它们先是将隐秘的、抽象的精神、心理活动，“翻译”、“转载”入自己独特的可感性很强的艺术语言系统中，并以之创造出可视、可闻、可感的艺术形象，直接作用于接受者(欣赏者)的感官，然后才由接受者通过自己心理化、精神化的审美接受活动过程，将其解码、还原或重组，以达到对艺术客体或创作主体那不能直接自我呈露的精神、心理过程、状态进行间接接受的目的。

这样，在表现人的内心世界的形式和方式上，因艺术媒介特性的不同，就形成了分处两端的两大类艺术，即直接型艺术和间接型艺术。在直接型艺术中，其艺术语言符号是最抽象的，但其传输内心世界艺术信息的方式却是最直接的；在间接型艺术中，其艺术语言符号是最可感的，但其传输内心世界艺术信息的方式却是最间接的。介于这直接型与间接型之间的，还有一种混合型艺术，即电影、戏剧、歌唱等。它们将直接型艺术的语言系统与间接型艺术的语言系统结合起来，形成了自己混合型(即综合性)的艺术语言。这样，它们既可以通过文学性概括(不论是诉诸文字的，还是体现在银幕形象、舞台形象中的)，甚至是文字语言对情节、情境、人物乃至人物的心理过程进行构思、创造和表现；同时，它们还可以利用可视、可闻、可感的艺术语言达到同一艺术创造的目的。然而，必须指出，在混合型艺术中，各类语言系统是互为依存又互为制约的。即以电影艺术而言，其文学语言系统始终受制于视、听艺术的基本原则，且须经过视、听语言系统的解码过程，并以视、听艺术媒介体现出来；而视、听语言系统又以文学性审美概括为其基础，其所表述的大部分(不是全部)思想、艺术信息，源自文学性审美概括和文学性编码过程。

于是，电影艺术家在尽可能深入地展示人的内心世界时，就因其混合型语言系统的特性而有了双向发展的可能性：他们一方面可以竭力探索电影视、听语言系统的巨大潜力和不断丰富的表现力，加强电影语言间接性的主观分析性；另一方面又极力寻求文学语言系统与视、听语言系统的某种一致性，并从文学形式的借鉴方面，从文学性审美概括能力的提高方面，扩展电影艺术的审美领域，丰富电影艺术的直接传达内心活动、体验的方式，加强电影艺术的内视性。

就中国电影的发展来看，由于中国悠久文学传统以及偏于故事性审美习惯、审美心理的影响；由于中国电影企业、电影制作设备、技术较为落后，电影语言艺术、理论水平较低；也由于中国电影创作队伍与文学有着格外密切的血缘关系，甚至基本上由戏剧家(文明戏和话剧)、小说家(新、旧派小说)所组成，中国电影一开始就少有视、听语言系统方面的执着而独创性的追求，而偏向于从已有的文学性语言系统、文学性思维方面去扩充电影艺术的审美容量，提高电影艺术的审美概括能力。由此，也形成了中国电影偏于从文学性审美概括方面探求表现人的精神世界的美学传统(在这里，中国电影再次显示出自己“文学电影”特色)。

20世纪20年代，少数旧派电影编导的作品，如郑正秋的《玉梨魂》、杨小仲的《醉乡遗恨》等，采用民国旧派小说、文明戏的某些题材和叙述方式，对中国旧式人物、特别是妇女的性格心理进行了较细腻的刻画。与西方文学、五四新文学有着密切关系的新派电影编导，则从描写人生、人性、人情的角度，对现代都市社会的各类人物——主要是市民阶层人物的精神状态，进行了写实主义的描绘，如洪深的《卫女士的职业》、《爱情与黄金》，陆洁的《人心》，侯曜的《弃妇》，孙瑜的《野草闲花》等。但是，由于当时旧、新派电影一般都较为忽视电影艺术语言和艺术技巧的独创性的研究，而仅将电影创作的注意力放在电影故事、电影剧情的编织、叙述上。这样，电影语言的贫乏和默片自身的限制，又反过来对这种电影的文学化倾向造成格外明显的限制，使20年代的电影即使是全力从文学性概括入手，即使是大量借助文学性手段(如加强故事性、情节性，增加人物形象的伦理性情致和共鸣性，借助越来越多的对白字幕等)，也难以塑造出富有内在心理深度的电影形象。

20世纪30年代，随着有声电影的兴起，后期默片电影语言的丰富，以及叙述表现方式的愈来愈细密化；随着电影文化与五四新文化的合流，以及大批新文艺家参加电影创作，中国电影的电影性、文学性都大大加强，从剧本创作到银幕形象都愈来愈注重对人的内心世界的揭示。洪深的《歌女红牡丹》，首次借助有声片的长处，运用“戏中戏”的唱词唱腔，对一个受到多方压抑的艺人的心理，进行了成功的渲染；吴永刚的《神女》，把悲剧性剧情的叙述同杰出的导、表演艺术结合起来，把一个具有牺牲精神、反抗精神的下层妇女的伟大母爱和至性至情，抒写得曲折委婉；袁牧之的《桃李劫》，写青年怀抱着热切理想投入生活，却被生活碾得粉碎的命运，其由希望到绝望的精神历程，被刻画得清晰可感；夏衍、沈西苓、孙师毅等人反映妇女和知识青年生活的作品，如《脂粉市场》、《前程》、《新女性》、《时代的儿女》、《十字街头》等，对这两类形象系列的性格心理特征和精神状态，进行了真实细腻的展示；而郑正秋、蔡楚生、费穆、史东山、袁牧之、洪深等人的作品，如《姊妹花》、《城市之夜》、《香雪海》、《人之初》、《马路天使》、《梦里乾坤》、《新旧上海》等，也都在开掘都市各类人物内心世界上，下了一定的功夫，并取得了成功。

到了抗战时期，阳翰笙的《塞上风云》，史东山的《还我故乡》，孙瑜的《火的洗礼》等，也都注意了对人物内心活动及其发展脉络的揭示。

但是，总的来说，20世纪30年代电影一般仅限于从客观叙述角度、社会分析角度写人物的内心世界，而且，大多数作品也仅满足于表现某类具有单一化倾向人物的内心世界，或一般人物的某一心理性格层面，如受压迫、受摧残者单纯、善良、美好的心灵，以及它们在现实社会生活的严酷磨砺、创击下所产生的痛苦和渐变；而对于那些具有多样化、复杂化心理、性格因素的人物，以及这些心理、性格因素错综复杂甚至是矛盾的组合状态和运动状态，却往往缺少有意识的、倾尽全力的探究和刻画。也就是说，战时、战前的电影少有整体性的从题材、主题到艺术形式、技巧诸方面都以人的内心世界为审美重心的作品。至于那种以社会性主旨、情致为中心的电影作品，更不太注重调动多种艺术手段，去真切剖示出人的内心世界复杂而又充满矛盾运动的全息状态。

战后，像所有经历过第二次世界大战的国家一样，在中国，人们也在政治、思想、文化和文艺诸领域，对战争进行了认真的思考。紧接着，更激烈的解放战争的冲击，使人们更清楚地认识了许多问题。故中国电影在探索人的内心世界方面较为普遍的努力和较为执着的追求，表现了自己独特的历史—美学价值。这种努力和追求主要体现在以下几个方面：

心理内容与社会内容的统一性 战后电影把现实生活中无限丰富的心理内容和人的内心世界作为自己重要的审美对象，对它所反映的那个特定社会时代中具有代表性的各类人物的典型精神心理状态及其变化，进行了真实而又多方面的概括；并通过这种概括，从内在的、主观的角度，反射、强调出当时外部世界的一般历史趋向及其运动特点。

以《八千里路云和月》、《一江春水向东流》、《无名氏》、《天堂春梦》为代表的作品，在表现中国人民战时、战后生活和命运的同时，以一般民众在抗战胜利前后由希望而至失望的普遍心理变化为主要心理内容、心理线索，对之进行有意识的浓缩、强化处理，从而极大地突出了战后社会急剧变化的时代悲剧因素。以《天官赐福》、《结亲》为代表的作品，则以统治阶级富有集团性、喜剧性的心理内容和变化统领结构全篇，从而揭示出统治集团中各类人物在既定社会秩序、现状的大崩溃中的特有精神状态，及其对比鲜明的历史性、戏剧性转折：他们先是以不可一世的“胜利者”的姿态，寡廉鲜耻地向人民“劫收”(《天官赐福》)；待到末日来临，他们又惶惶不可终日，竟想到用与被奴役者“结亲”的手段，来逃避人民的审判(《结亲》)。在另一类作品中，电影编导们对战后小市民阶层各类人物的性格心理进行了惟妙惟肖的描绘，其性格心理发展的轨迹，成为各作品十分重要、不可割离的重要审美内容。它们源于不同阶段的社会现实、社会心理，同时又投射出当时社会历史发展的阶段性特点。《还乡日记》、《乘龙快婿》中落后小市民自私、势利和投机心理的恶性膨胀，以及由此所产生的喜剧性误会，正是胜利初国民党统治集团疯狂“劫收”的社会现实以及由此所造成的病态社会心理的直接反映。当小市民攀龙附凤、向上爬的幻想破灭以后，摆在他们面前的，是失业、破产、物价飞涨、社会动荡的严重威胁。于是，他们又自然而然地产生了这样一种社会心理，这就是希冀以个人的奋斗、钻营，甚至取巧来摆脱他们所面临的生存危机。《假凤虚凰》、《幸福狂想曲》乃至《乌鸦与麻雀》中的大部分篇幅，描写的正是在这种现实条件中，这种心理支配下所产生的精神悲喜剧。它们的悲，一般决定于当时社会现实的严酷；而它们的喜，往往又是当时小市民自身性格、心理及其固有矛盾性、悖背性的必然反映。至于《乌鸦与麻雀》的后半部分所表现的小市民性格、心理的变化、特别是消极精神因素的自我否定，也正与当时社会、时代的新旧更替趋向取一致步调。在《忆江南》、《万家灯火》、《新闺怨》、《哀乐中年》、《不了情》、《小城之春》等作品中，编导更是着意而全力地刻画了各类小资产阶级知识分子的精神、心理特质：无论是像黎稚云那样一度卷入时代主潮的同路人，还是像周玉纹、代礼言那种彷徨于断墙残垣间的伤感派；无论是像胡智清、黄老先生那种为生存危机所驱役的中下层职员，或是像绿珠、陈绍常那种不愁衣食，同时也不甘当“家庭主妇”、“老太爷”的知识分子，在他们的灵魂深处，都充满了复杂而痛苦的矛盾。这种内心世界的矛盾和运动，构成了这些作品最具特色、最富有感人力的艺术内容，同时，也曲折地透视出它们所由发生、赖以存在的那个特定的社会和时代。

总之，战后电影艺术家在创作中把丰富的心理内容同深刻的社会内容密切结合起来，使之互相渗溶，相得益彰，从而更加生动、更加全面、更加深刻地反映出那个特定时代从宏观历史运动到微观内心世界的全部层次及其相互关联状态。

心理内容与艺术构成的相适性　人的内心世界和丰富的社会心理内容作为战后电影重要的审美对象被大量引入电影文学艺术的审美领域，又反过来对战后电影作品的艺术概括、构成，如题材选择，主题提炼，冲突情节的构置、安排，人物形象塑造，以及艺术体裁、结构和风格等，都产生了重大积极的影响，从而大大提高了战后电影作品中心理内容与艺术构成的相适性，加强了战后电影作品的情绪感染力和心理深度。

相适性原则，是电影乃至一切文学艺术作品都应遵从的美学原则。它要求艺术作品内部的各构成因素，特别是内容与形式这两大方面因素，都要相互适应、契合、协调，并尽可能地达到最佳组合、匹配状态。就其外部关系而言，一部自满自足的、具有高度的艺术上的完美性和感染力的作品，可以是不真的——它所展示的艺术画面，同我们生活于其中的客观世界，可能少有、甚至没有现实主义艺术赖以存在的那种整体或局部的相似性或象真性，如神话、科幻文艺，乃至那些纯系虚构的作品。但是，就其内部状态而言，它们决不能是不相适的，甚至决不能是相适度很差的。艺术作品内部各构成因素的高度匹配、和谐、相适状态，是保证艺术作品——不论它们是真实的、或是虚构的；不论它们是现实主义的，还是浪漫主义、象征主义或其他什么主义的——艺术完整性、完美性的首要的、基本的条件。战后电影作品正是不仅抓取了丰富的心理内容，而且使这种心理内容与其艺术构成保持着高度的相适状态，才使得其展示的艺术画面不仅是真的，而且是美的。

例如，在反映抗战前后普通民众的生活和命运悲剧的作品中，一般民众由希望到失望的情感、心理变化过程，往往自然而然地构成一条贯穿全剧的内在动作线。编导们把这种富有情绪性的内在动作线同富有情节性的外部动作线巧妙组合，使之并行起伏，联动发展，借此一方面赋予作品最具人民性、最能引起普遍社会共鸣的悲剧性情致，另一方面又使之与主人公们的悲剧性命运相互映衬、渲染、印证，从而更富有艺术感染力地揭示出中国人民在政治逆转中所遭受的社会、精神方面的双重打击及双重悲剧。由此，在悲剧内容、情致和悲剧形式、进展方式的相互调整、适应、契合方面,取得了较高的艺术成就。(在下一章《战后电影的悲剧艺术》中,笔者将详细讨论这一问题,这里不再赘述。)

在取材战后小市民生活的喜剧性作品中,小市民固有或在当时社会风气中格外膨胀的自私、取巧、势利、投机的性格心理,正是那种种喜剧性矛盾、冲突所由发生的内在基础和主观条件。它为全剧喜剧性情境的产生、喜剧动作、情节的发展,提供了心理依据和心理动因,并使剧中的种种偶然性很强的喜剧性误会不违背生活和艺术的逻辑。由此,在这类作品中,喜剧性的心理内容、社会内容与喜剧的体裁、形式、风格,达到了较高程度的耦合状态,毫无牵强不适之感。至于那些以人的情感、精神心理活动甚至是潜意识为主要艺术内容的作品,更是竭力为这种内容寻找具有最佳相适度的审视角度、结构形式、风格样式。它们不再像二三十年代的电影作品那样,仅仅把人的生存需要、经济政治方面的利害冲突作为主要的描写对象,而是把人的精神,情感方面的活动、要求,以及这种活动、要求与周围世界的冲突,与自身内在因素的冲突提到了非常突出的位置上,调动一切艺术手段,全力刻画了男女主人公们复杂的心理状态和曲折的精神历程,从而在内容和形式两方面都显示出鲜明的心理电影特征。——这是战后电影在展示人的内心世界的美学追求方面一个最为突出的新倾向。

由此可见,在战后新潮电影中,无论是那些切近时代主潮、富有批判战斗精神的社会剧,还是那些渐次抬头、多方面探索人的内心世界的心理剧,它们在进行审美概括时,都把普遍的社会心理内容,或复杂的个人心理内容作为重要的审美对象,予以前所未有的重视。这种重视,导致了战后电影在结构形式、进展方式、电影语言、技巧乃至风格样式诸方面的自我调节和跟随变化。由之,大大提高了战后电影心理内容与艺术构成方面的相适性,并在一定程度上克服了历来中国电影伦理性、社会性"有余"(相比较而言)而哲理性、心理性不足的"偏颇"。

主观叙述与心理分析　战后电影在对人的精神世界和心理内容的审美把握方式上,也有了新的进展——这正是战后电影在心理内容与艺术构成方面取得较高相适度的一个重要的原因和途径;它主要表现为主观叙述角度和心理分析方法在战后电影、特别是战后"心理电影"中日渐普遍,并形成了自己的特点。

主观叙述角度和心理分析方法,在"五四"以来新文学作品中,早已得到较广泛采用。现代小说的第一篇作品《狂人日记》,就是集两者为一体的开山之作。此后,五四时期的不少优秀作品,如鲁迅的《孔乙己》、《伤逝》、《故乡》,郭沫若的《漂流三部曲》、《叶罗提之墓》、《喀尔美萝姑娘》,郁达夫的《沉沦》、《春风沉醉的晚上》,冯沅君的《隔绝》,以及丁西林的《一只马蜂》,洪深的《赵阎王》等,都在主观叙述或心理分析方法上取得了一定的艺术成就;它们从主观视角展示生活,依据心理分析原则构置情节、塑造人物的审美倾向,对现代电影创作予以一定的启示。二三十年代的某些电影,如田汉的《湖边春梦》、洪深的《梦里乾坤》、袁牧之的《桃李劫》等，或以梦境结构全篇，或以主人公的追叙导出故事，在主观叙述角度方面进行了最初的尝试。现代文坛上以刘呐鸥、穆时英为代表的心理小说派，则从美学情趣、心理分析方法上，对软性电影的理论和创作（如《化身姑娘》、《花烛之夜》等）产生了明显的影响。至于费穆的《春闺梦断》、贺孟斧的《话剧团》等，则更明显地受到了文坛上象征主义、表现主义的影响：它们把现实、梦境、想象等不同时空的现象交错在一起，在增强电影形象的主观性、心理分析性上作了有意识的努力。由于电影本身具有外视性、客观性较强的特点，也由于当时的电影文化思潮具有浓重的社会学色彩，战后电影绝大多数作品都习于采用客观视角和伦理、社会分析方法反映生活，而对从审美方式上加强电影作品的心理内容和深度，没有给予应有的、自觉的重视。

战后电影创作中反思、内省倾向的增强；人的内心世界作为重要的审美对象普遍进入战后电影艺术领域，必然要求电影自身在审美形式和表现方式上有着与之相适应的发展。这样，与文学素有较密切渊源关系的中国电影，便自然而然地再次向文学求助，把文学的主观叙述、特别是心理分析方法较自觉地移用于电影创作中来。

主观叙述，是一种与客观叙述即全视角叙述相对而言的叙述角度、方式。它可以体现在整部作品的叙述结构中，也可以穿插于某些段落或场面。前者恰似小说中的第一人称写法，或是那些没用第一人称而实际上是用剧中人的特定视角述写全篇的方法。后者则如第三人称作品中以 A 写 B 的方式，或那些源于作品中人物的、主观性的回忆、回叙、联想、幻觉等。电影中的主观叙述固然有着自己的特点——这主要表现在主观视角与客观画面的辩证统一；其被叙述的主观视象，同时也保持着相对的、客观视象的全象性。但是，从基本的美学本性上看，电影艺术文学中的主观叙述，与上述几种文学中的主观叙述方式，在原则甚至形态上都有着相通或相近之处。就战后电影而言，文学作品中经常采用的几种主观叙述方式，皆有所见。

李天济编剧的《小城之春》，许幸之的《随波而去》，都以剧中女主角的自叙结构全剧，可称是典型的主观叙述方式。史东山的《新闺怨》、桑弧的《哀乐中年》、端木蕻良的《紫荆花开的时候》、屠光启的《芳魂归来》、裘冲的《浮生六记》，则像《个人问题访问记》那样，是一种没有第一人称的第一人称写法。——它们的共同特点是，不再拘泥于人与环境的社会性冲突，以及这种冲突所引起的外部情节动作，而是将剧中男女主人公的情感、心理、意识的运动轨迹作为基本结构原则和剧情发展线索，貌似客观而实际上是从剧中人所思所虑、所见所闻的主观视角中，描绘他们活动于其中的世界。至于以剧中人的梦境、幻象点染或勾连全篇，更是外视性较强的电影为直现人们精神世界而常采用的具有主观叙述性质的心理外化方式。战后心理电影继承借鉴了战前电影，如田汉的《湖边春梦》、洪深的《梦里乾坤》、费穆的《春闺梦断》等作品的艺术经验，更突出了它们直接透视、分析人物心理状况、深层意识的艺术功能。值得注意的是，这种主观叙述角度和原则，不仅在战后“心理电影”中得到了较完整的体现、较彻底的贯彻，而且在其他类型的电影作品中得到局部的、有意识的运用。《一江春水向东流》中，编导以整场戏的篇幅，描绘了素芬向张忠良倾诉衷肠的梦境；《天堂春梦》中，也多次出现丁建华夫妇憧憬美好未来的幻境；叶尼的《幻想夫人》，更是用了三分之一的场景叙述男主角余进回溯或虚拟的故事。而且，这种回溯、虚拟的形象、情节同现实生活中实际事件、人物穿插交错，构成一幅真实情景与虚幻情景间列、混陈的艺术画面——这正是又一种主、客观叙述并用的多视角的转换方式。

战后电影一方面探求通过主观叙述结构、方式加强电影作品的内视性；另一方面又广泛采用心理分析方法以增强对人物内心世界的透视感。当然，在具体作品中，这两者常常是相互依存和相互补充的。

心理分析既是一种审美倾向，也是一种艺术方法。车尔尼雪夫斯基曾指出托尔斯泰的小说体现了“心理分析主义”的特征。其实，心理分析作为一种审美倾向、审美把握方式，在19世纪以来的文学，特别是现、当代西方文学、戏剧和电影中，得到了愈来愈广泛的体现，并成为现、当代文学、戏剧和电影内向化趋向的重要方面和标志。但是，这里要强调的是，战后中国电影在心理分析方面，具有自己的鲜明特点。

其一，植根于现实主义。现实主义是中国电影发展中的主流和传统，战后电影的心理分析也没有脱离这一轨道和传统。在前面的有关章节中，我们已对战后电影心理分析方面的现实主义内容进行了较详细的介绍；这里仅概要地指出战后电影艺术家在运用心理分析方法方面的现实主义审美特点。即战后电影艺术家从不把人的内心世界当做是一个封闭的、与外界绝缘的体系，而是力图再现人的内心世界与外部世界多方面的联系和交汇状态；他们也从不把人的心理活动仅看做是纯粹的心理机制、心理学现象而进行所谓实验性剖析，而是把它当做人对现实的一种反映形态进行审视，并在具体的艺术概括和艺术形象中，揭示出人的心理活动与人的社会行为、社会实践乃至周围世界的相互影响、渗透的本质联系。无论是《新闺怨》中的“怨”，还是《哀乐中年》中的“哀”；无论是《小城之春》中的孤寂、抑郁，还是《芳魂归来》中的妒忌、心理变态……它们都包含了相当复杂的个人、社会、时代以及历史的生活、心理和思想意识内容。这样，战后电影的心理分析就在现实主义的基础上，把心理现象与社会现象的观察分析结合起来，把人的内在主观真实的表现，与人的生活于其中的外部世界客观真实的反映统一起来，从特定人物内心生活的角度，写出了他们所处的特定时代、特定社会或生活圈子中的局部或全部真实。由此可见，战后新潮电影的心理分析不仅没有脱离先前中国电影乃至新文学既有的现实主义轨道，而且还从审美方式、审美视角上显示出战后现实主义的多样化和深化趋势。

其二,以冲突、情节和细节呈露人的内心世界及其运动。在心理分析的构成和表达方式上,西方电影和中国电影也往往因美学传统的不同而呈现出不同的侧重点。西方电影尤为注重电影中的绘画、雕塑、摄制、音响诸方面的艺术因素,因此,西方电影在表现心理内容时,常借助电影的造型性、直感性语言。中国电影则更为强调电影中的文学性因素,故中国电影在进行心理分析时,更多的是偏于从冲突、情节和细节的构置、选择着眼。

同是从夫妻或家族内部的关系入手,表现人的精神心理状态及变化,奥逊·威尔斯的《公民凯恩》(1941)、《安倍逊大族》(1942)以布景、道具、灯光、摄影、画面构图、场面调度诸方面的精心处理,直观地、同时也是富有隐喻和象征性地表现出人的内心的隐秘,以及人与人之间的不能交流;而史东山的《新闺怨》、桑弧的《哀乐中年》、屠光启的《舐犊情深》,则主要是通过一连串的互为因果、不断发展的冲突、情节,以及精心选择的细节,来揭示人物的精神状态、心理过程。因此,在这类中国影片中,我们很难说哪几个画面、哪几个场景富有心理方面的分析性、暗示性或表征性。可是,它们的全部冲突、全部电影动作的形成和发展,却给我们展示出一个个孤寂、充满矛盾和痛苦而又互相隔绝的魂灵。因此,也可以这样说,欧美电影有一种把全部心理内容集中、压缩到特定空间范围内加以展现的倾向;而中国电影则更具有一种在较长时间流程内逐渐予以揭示的叙述特质。——在这一点上,中国战后电影又一次自显出它的史诗性特征。

其三,人物内心世界与外部世界的同步展示和运动。中国电影较为注重以冲突、情节的发展揭示人物心理状态和运动的特点,带来了战后电影心理分析方面的第三个特点,这就是人物内心世界与外部世界的同步展示和运动。

西方,特别是欧洲现代文学和电影在进行心理分析时,往往把动作、情节因素置于非主要的地位。它们或随意中止动作、情节的发展进程,以造成一种超时空的状态从容刻画人物心理;或干脆打乱动作、情节的正常时序、逻辑,纯粹以人物的主观心境、情绪结构全剧。在战后电影中,这种弱化、淡化动作情节的倾向,超时空或时空交错的心理分析结构、方法,甚至发展到动作情节与人物心态完全脱节,或以人的心理意识流程取代外部冲突动作逻辑程序的极端。中国文化的固有思维模式、传统,中国民众的固有审美习惯、心理,使中国电影在运用心理分析方法展示人的内心世界时,仍然比较注重动作、情节的发展性、连续性。再加上中国电影素来注重以动作写心态,以情节写情绪,这就使得中国电影在表现人的内心世界时,自觉不自觉地形成了内心世界与外部冲突、情节密切交汇、同步运动的独特方式。例如,在那些描写常态生活中的常态心理运动的作品中,《新闺怨》、《小城之春》、《哀乐中年》、《幻想夫人》等,男女主人公们的心理活动、心理变化一方面就是全剧冲突、动作发展的直接的结果;另一方面它们又成为全剧冲突、动作进一步发展的起因和动力。如此递增循环、共生共灭，推动着全部艺术画面的逐次展开，使人物心理运动同剧情运动得到了同步的发展。在那些异态生活、变态心理的作品中，如《芳魂归来》、《怨偶情深》、《相思债》等，人物性格心理特质和精神状态更是全部动作情节所由发生的基础和动因，并与动作情节进展密不可分地交结在一起。例如，《芳魂归来》中，正是主人公内向妒忌的个性心理，使一连串的误会情节真实可信，并导致了一场奥赛罗式的误杀妻子的悲剧。

其四，揭示"心灵的辩证过程"。战前的中国电影在塑造人物的时候，往往难以避免机械化、绝对化的偏颇，即好的一切皆好，坏的一切皆坏。这种机械化、绝对化也必然反映到对人物内心世界的表现上来，使战前电影人物的心理、情绪、意识往往具有一种单一性，一种虚假的平衡性，而且其发展过程也缺少应有的变易性和矛盾运动的幅度。战后新潮电影现实主义向人的内心世界的深化，使大部分电影编导在继续表现客观真实的同时，也开始加强对人的主观真实的追求。这样，探讨人们"心理过程本身，它的形式，它的规律"，揭示人的"心灵的辩证过程"[2]，便成为战后中国电影在心理分析方面致力的又一目标和重要特色。

在战后电影作品中，人的心理因素变得像生活本身那样丰富和复杂起来；人的心理运动也开始具有它本身所应具有的矛盾性、变易性。这一发展，在战后电影城市妇女、小市民、小资产阶级知识分子形象系列中，得到了最为典型的体现。同是出于对妇女问题的关注来描写都市各类妇女的形象，《新闺怨》中的绿珠显然比《脂粉市场》中的陈翠芬，或《卫女士的职业》中的卫淑贞，具有更为复杂的性格心理因素。绿珠的自杀，不仅在社会意义方面，而且在精神心理方面都蕴含着深刻的悲剧性。同是采用同情而又揶揄的笔调描写小市民生活命运，《乌鸦与麻雀》中的"小广播"、肖太太，《幸福狂想曲》中的吴志海，《太太万岁》中的陈思珍，显然比《马路天使》中的吹鼓手、报贩老王、剃头司务，《都市风光》中的李梦华、小押店主，或《新旧上海》中的袁瑞云夫妇、二房东等，具有更多的性格心理上的矛盾性，后者大多以他们性格心理中的某一方面或某一特征，如善良、虚荣、势利等而显得突出；而前者却是各种肯定因素与否定因素的有机综合体——它们相互矛盾地交织在一起，同时又依照生活或自身的逻辑相互消长、转化。至于战后作品中的小资产阶级知识分子形象，其心理状态、运动，更具有复杂性、矛盾性和变易性特点。

在这方面，《一江春水向东流》中的主角张忠良，就是一个极好的例子。张忠良是一个魏连殳式的，具有复杂、矛盾的意识、心态，经历过思想和心理上巨大逆转的悲剧性人物。像魏连殳一样，张忠良也有过自己有价值的追求——对祖国，对妻子、老母，他曾献出过自己真挚的爱和热情。像魏连殳一样，张忠良的追求换来的只是一连串的打击——自诩抗战的政府，无情地抛弃了他这个为抗战离妻别母、流汗流血的战士。而四面进袭而来，窒息着他的灵魂的，是大后方上流社会的乌烟瘴气。于是，也像魏连殳绝望之余，当上了某军阀的顾问一样，张忠良心冷之后，当了王丽珍的“情夫”、庞浩公的“干女婿”、“私人秘书”。还是像魏连殳一样，他开始躬行他先前所憎恶、所反对的一切，拒斥他先前所崇仰、所主张、所珍视的一切。不，张忠良在意识、心理的逆转上，走得比魏连殳还远。魏连殳对自己主张和信仰的否定，只不过是一种绝望至极的悲剧性挣扎和复仇，在自我毁灭中，仍带有先前的清醒和现时的苦闷。而张忠良的沉沦，则带有某种自我背叛和自甘堕落的性质——其间虽不无一些沉沦中的挣扎和痛苦，可是其逆转程度之烈，犹如受伤被获的狼，渐渐脱尽野性，竟成为驯服的狗。当然，即使如此，编导对逆转后的张忠良的性格心理，并未作绝对化的处理。从文艳家张忠良与素芬偶遇、张母训子，到江边素芬自尽、忠良弃母抛子而去，编导在愈来愈激化、强化的冲突与动作中，对张忠良内心深处的矛盾状况、情感波澜，作了非常真切的分析，从而极富层次、极富史诗感地展示出张忠良心灵变异的全部辩证过程，及其残存人性的最后毁灭。

[节选自《中国现代电影文学史》（下册），高等教育出版社 1987 年版]

注释：

[1]黑格尔：《美学》第三卷下册，北京：商务印书馆 1981 年版，第 170 页。

[2]自注：这里的表述应当修正。上个世纪 80 年代以后，以藏族《格萨尔王传》、汉族《黑暗传》等为代表的中国各民族史诗相继得到收集整理，黑格尔关于中国人没有民族史诗的说法已经得不到支持。

[3]黑格尔：《美学》第三卷下册，北京：商务印书馆 1981 年版，第 170 页。

[4]黑格尔：《美学》第三卷下册，北京：商务印书馆 1981 年版，第 126 页。

[5]狄德罗：《论戏剧诗》，《狄德罗美学论文选》，北京：人民文学出版社 1984 年版，第 206—207 页。

[6]黑格尔：《美学》第三卷下册，北京：商务印书馆 1981 年版，第 165 页。

[7]明高：《AB 对话》，载《新闻报・艺月》第四十三期，1947 年 11 月 3 日。

[8]黑格尔：《美学》第三卷下册，北京：商务印书馆 1981 年版，第 116 页。

[9]黑格尔：《美学》第三卷下册，北京：商务印书馆 1981 年版，第 136 页。

[10]黑格尔：《美学》第三卷下册，北京：商务印书馆 1981 年版，第 150 页。

[11]黑格尔：《美学》第三卷下册，北京：商务印书馆 1981 年版，第 150 页。

[12]车尔尼雪夫斯基：《〈童年〉和〈少年〉、〈列・尼・托尔斯泰伯爵战争故事集〉》，《古典文艺理论译丛》第 5 辑，北京：人民文学出版社 1962 年版，第 161 页。

交流传播系统的两大控制形态

交流传播系统的控制问题，可分为两大方面。一是交流传播系统的自我控制——它主要指交流传播系统自身的内部控制。二是交流传播系统的社会控制——它主要相涉于交流传播系统环境的外部控制。

此外，由于交流传播系统在本体上，或在与环境的关系上，都可被视作是组合交流传播系统，因此，无论交流传播系统的自我控制还是社会控制，都相关于闭环控制和开环控制这两种方式①。

不仅如此，在不同的交流环境、情境和交流传播系统中，或在同一交流传播系统的不同运作实施中，交流传播的实际状态会主要地倾向于某种控制方式。而且，其开环，闭环控制的程度也存在差异。这样，按交流控制的主要类别、方式、倾向，可以区分出四种主要的控制形态：

自我控制：自我–闭环控制　自我–开环控制

社会控制：社会–闭环控制　社会–开环控制

图：交流传播系统的控制类别

在本节中，我们着重讨论交流传播系统的“自我－闭环控制”和“社会－开环控制”两种形态。

一　自我－闭环控制

定义与模式　交流传播系统的自我－闭环控制，是指交流传播系统的施控者(体)，主要从受控者(体)的输出中获取反馈消息，并以此构成系统自身的随动性自我调节和控制。不少研究者，都倾向于把交流理解为一种自我－闭环控制系统。从相关模式的建构表达中，可以分明地看到这种理解。

奥斯古德－施拉姆模式　施拉姆(Wilbur Schramn)模式[1]着重描述了人际交流传播的闭环控制系统(见下图)。

---

① 参见周晓明：《人类交流与传播》，上海：上海文艺出版社 1990 年版，第 65－68 页。

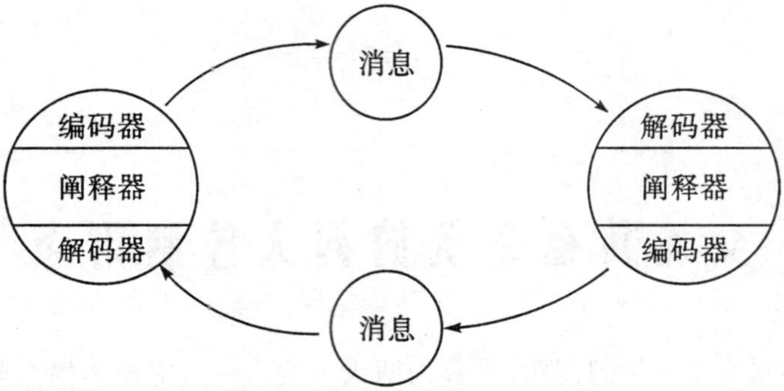

图:奥斯古德一施拉姆模式

施拉姆模式不同于申农-韦弗模式、奥斯古德模式以及格伯纳模式的根本点,在于它引进了反馈的概念,将反馈过程与交流传播者的互动过程联系起来,把交流理解成为一种互动的、循环往复的过程,而不是一种从一点开始,到某一点终止的直线单向过程。因此,施拉姆模式正是对闭环控制交流传播系统的一个形象描述。

在人际交流传播中,施拉姆模式尤具有概括性和适应性。例如,在“A—B二人交流”中,A的输出,如口头语言、身体语言等,对B来说,是一种输入;而B的输出,即对于A的话语、体语的反应,实际上就是一个对于A的反馈。如果站在B的立场上,A对B的话语、体语反应,也可被视作是对B的输出的反馈。

从这个意义上讲,交流传播过程,就是一个闭环的、不断反馈的过程。

此外,在这样一种闭环系统中,反馈还对交流传播系统和过程,构成一种自我调节和控制。例如,二人交流传播中AB双方的输出,作为对方接收的反馈和控制信息,势必对双方在交流传播中的态度、情绪、行为产生影响。而双方要想使交流维持、发展下去,达到一定的目的,就必须根据相关反馈调节自身的行为和输出。这样,交流传播中的各方便在实际上轮流充当着“施控者”与“受控者”,从而使整个交流传播系统基本上始终处于闭环控制状态。

韦斯特利一麦克莱恩模式 与奥斯古德一施拉姆模式不同,韦斯特利(B. H. Westley)和麦克莱恩(M. Maclean)的模式是关于大众传播的模式。

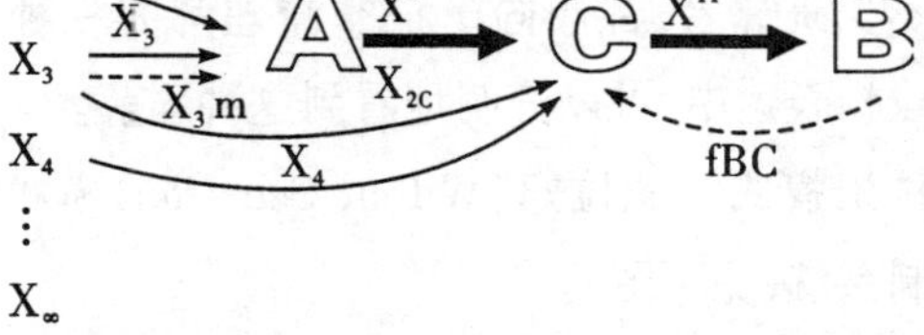

图:韦斯特利一麦克莱恩大众传播模式[2]

模式中——

$X_{1-\infty}$是环境中的对象。如现实的、客观发生的事件等。

A充当“鼓吹者”。它可以是一切意欲传送关于X的消息的组织或人，如新闻发布单位、宣传部门、广告客户或政治家等。在传播实施中，A一方面选择、发送消息(X_1)，另一方面也接收来自C、B的反馈消息(fCA，fBA)。

B是“行为系统角色”，即通常所说的受众。它可以是那些需要得到关于X的消息的任何个人、集团或社会系统.

C则是所谓“信道角色”。如媒介组织或其中的个人等。它具有如下几种功能：

①选择B所需要的消息，尤其是那些并不专为B合用的消息。这些消息可来自A(X^1)；也可直接由C自己感受、选择、抽象于X(X_{2C}，X_4)。

②C将选择得来的消息，转换为某种符号形式(X^{11})；这种形式包含有C与B所共享的意义。

③将这种符号形式以某种信道或媒介传送至B。

④从B到C接收反馈消息fBC，并向A反馈fCA。

至于所有反馈，可划分为以下几种类型：

fBA——由B至A的反馈。如大众媒介受众对新闻发布单位、宣传部门、广告客户或政治家等“鼓吹者”的反馈。

fBC——由B至C的反馈。如受众向电视台、报社及其工作人员的反馈。

FCA——由C至A的反馈。如电视台、报社向新闻发布单位、广告客户的反馈。

这样，韦斯特利－麦克莱思模式，便描述了一个由多级反馈所构成的大众传播闭环控制系统。在这个系统中，“传播－施控者”的角色相对固定；同时，其闭环的程度也明显弱于一般人际交流传播系统。

综合以上两类模式的分析，我们可以得出如下结论：交流传播，作为自我－闭环控制系统，其闭环控制的程度与交流传播系统的规模成反比。也就是说，随着交流传播单位(因子)的增多，交流传播结构的复杂化以及开放性的增大，反馈的可能性、层级性、流量以及反馈的控制力和影响等，会相应减少；反馈的方式，性质也会发生变化，即由并时性、直接性反馈，趋向于延时性、间接性反馈，由事实性反馈，趋向推测性反馈。

另一方面，不论反馈的方式如何，强弱如何，交流传播系统的自我－闭环控制，须以反馈的存在为前提。也就是说，一定量的反馈，不仅始终存在于交流传播过程中，而且始终对交流传播过程发生影响。交流传播系统的“自律性”、“平衡和稳态”、交流传播系统“与环境的交换和适应”，都经由反馈控制而得以实现。从这个意义上讲，反馈是使任何交流传播系统得以自我控制的基本条件和保证。

二 社会—开环控制

定义·特点 交流传播系统的社会一开环控制,是指交流传播系统本身成为受控对象,而为外在环境——主要是一种社会大系统——所控制。也就是说,当交流传播系统本身成为受控系统,而与外在环境中的施控系统发生关系,并受控于外在环境中的控制力量、控制作用,而不是为交流传播系统自身的输出反馈所直接控制时,这就相涉于交流传播系统的社会一开环控制问题。

当然,像交流传播系统的自我一闭环控制一样,交流传播系统的社会一开环控制,相因于一定的交流情境、规模和环境,表现出一些规律性特点。

其一,在不同的交流情境、交流传播系统中,开环控制的程度不一样。一般说来,随着交流规模的扩大,社会一开环控制的程度也相应“升级”。

在人的内向交流传播中,人所受到的直接社会约束最少;其感知、思维的网络,是一个相对自足、完善的闭环控制网络。因此,在人的内向交流传播中,其社会一开环控制机制,主要表现为人的社会性和外在环境的相关控制作用方面。在二人交流传播中,交流情境的社会性、开放性便有所增强。在小群体交流、特别是公众交流传播中,随着交流单元、因子的增多,其社会环境约束力愈来愈强,而传播一控制者所接受的人均反馈量愈来愈少,由此,造成了一种“两极化”的后果:交流传播系统的控制,越来越相关于社会性控制——如权力、身份、地位等社会因素的控制作用越来越重要,而传播一施控者,越来越“孤独”——在交流、特别是反馈通路上,越来越疏远、隔膜于接收者和受众。在大众传播中,由于大众媒介本身成为极重要的社会工具;同时,在媒介的“管理一施控一传播者”与受众之间存在着直接的、单向的控制关系,因此,大众媒介系统愈来愈为外部社会环境而不是系统自身的输出反馈所控制。简言之,交流传播系统的社会一开环控制,虽然并非大众传播中独有的控制形式、控制现象,但却以大众传播为典型的表现形态。

其二,在不同的交流环境中,交流传播系统社会一开环控制的方式、侧重点和实施形态不一样。在大多数情况下,交流传播系统社会一开环控制的形式、途径、内容、特质乃至结果,与社会环境因素表现出内在的一致性。

以大众传播为例,在集权主义国家,大众传播的开环控制,表现为外在权力的控制。其控制途径、内容也主要相关于政权、政治控制。作为其结果,是大众媒介的政治化。在自由主义国家,大众传播的开环控制,体现为外在经济势力的直接决定作用。其控制过程和形态,直接相关于社会环境中占统治地位的垄断或自由竞争的经济形式、经济力量。作为其结果,是大众媒介的商业化。此外,在社会主义国家,大众媒介通常必须与占统治地位的政治哲学,政治、经济形式,特别是共产党的路线、方针、政策保持高度一致。作为其结果,是大众媒介的政党化。

下面,着重从大众传播社会一开环控制(以下简称为“控制”)的角度,对上述三大媒介系统及控制形态,进一步加以讨论。

集权主义媒介控制 集权主义的大众媒介控制,以集权主义的政治哲学为控制准则(参照信息)。这种集权化的政治哲学认为:对于个人来说,某种更高的秩序具有超越个人之上的权威。这些更高的秩序可以是上帝、教会、国家、皇帝、政治领袖、部门领导或不同层级的管理者等。在一个集权的社会中,个人为服务于更高秩序的需求而存在。执政的政府以及作为整体的社会,比产生这个政府,构成这个社会的个人更重要。

从这种政治哲学出发,产生了相应的关于媒介的观念:在一个集权化的社会中,大众媒介为服务于国家、政府或某个权威者的需求而存在。而且,后者作为集权的代表,成为大众传播系统理所当然的最高管理-施控者;大众传播系统内的一切传播-施控者,最终都得接受外在集权势力的一切指令。

集权主义媒介控制,具有以下几个基本特点。

历史悠久 集权主义媒介控制的历史和观念,几乎像人类及其社会自身一样古老。当人类用于传播交流的媒介还十分原始、粗糙,往往还只限于以自然物体或自然属性很强的物体作媒介进行交流传播的时候,氏族、部落、宗教或国家的领袖人物、权威人士们,就产生了控制传播媒介的欲望和企图。在殷商种族奴隶制时代,“帝”被视作上天或人世间的最高主宰。所有自然现象、人类活动,都被视为是受制于“帝”。但世人怎么知道“帝”的意志呢?“卜筮”之法,便应运而生。这里的“卜筮”,实际上意在“人”、“神”之间的“交流”;而这沟通人神的交流工作,在当时主要是由卜、史、巫、祝这一类的“文化官”实施的。这些文化官,正是当时奴隶制政治、文化机器中的一个部分。由此可见,远在殷商时代交流媒介十分简陋的时候,便产生了与集权社会、集权思想相配套的集权化媒介控制系统。这些集权化媒介控制系统,无疑是当时统治机器的一个组成部分。

控制严厉 历史发展到封建时代,集权政治哲学思想不见削弱,反而更加系统化,其控制手段、措施更加严厉。“民可使由之,不可使知之”的思想,便是这种产生于集权社会的、封建集权化政治哲学思想的集中体现。秦始皇的“焚书坑儒”,也正是出于封建集权政治的需要,而对当时的大众媒介(作为交流传播者的“儒生”即文人等,以及当时最主要的大众媒介形式“策书”即书籍)所采取的一次严厉的控制措施。

印刷媒介的出现,使大众传播媒介开始摆脱自然物或半自然物媒介的种种束缚,而更具有效率和覆盖率。因此,无论是古代中国的各代皇帝,还是中世纪西方的君主、教会等,都十分看重对印刷媒介的控制,以服务于君权或神权。这种控制之严酷,已经到了“侵害”媒介自身的完整性以及妨碍交流传播的程度。中国古代文人在对文字符码的使用上,必须讳言皇帝甚至父母的名号,以致造成交流传播的障碍;而西方科学家有违神权权威的种种发现或学说,也往往使他们难逃“焚书坑儒”的厄运。

政治化 人类和他们的交流媒介一起进入20世纪,但在集权国家和集权媒介系统中,一般人和他们的媒介,仍很难建立一个融洽、协调的关系。究其原因,仍在于政府的集权控制以及这种浓厚的政治控制色彩。在现代集权国家,大众媒介可被私人拥有;但政府仍通过法律、政策、登记注册甚至武力等,实施其直接控制。媒介对政府的直接批评通常是被禁止的,因为媒介被认为应该支持政府。蒋介石执政的中国,墨索里尼当政的意大利,以及希特勒当政的德国,都是实行这种"集权化媒介系统"的现代"样板"。在当今许多非社会主义国家中,包括非洲、拉丁美洲、中东以及亚洲的一些国家,仍在继续实施这种媒介制度。

社会主义媒介控制 赛伯特(F. Siebert)等人在他们的《报刊的四种理论》一书中,把社会主义媒介系统——他们称之为"苏维埃共产主义媒介系统",视做"集权化媒介系统的一种直接的延伸"。指出其政治哲学是马列、斯大林主义。这种哲学的基本看法是:个人须被加以改变,以同社会保持一致并支持社会。因此,在社会主义社会中,大众媒介为政府所有。其目的,在于支持共产党使社会"革命化"的努力,在于使人们为全体的利益、而不是个人一己的私利工作。[3]

我个人认为,社会主义媒介系统及其控制形态确有自己的特点,当然可自成一种类型。但是,我们不能简单地将它看作什么"集权化媒介系统的一种直接的延伸"。社会主义媒介系统及其控制形态具有如下三个鲜明的特征:

社会性 所谓社会性,主要体现在这样几个方面:一是媒介系统的社会所有——社会主义国家的大众媒介,几乎无一例外地是全民或国家性的社会所有。这就从根本上保障了社会主义大众媒介的社会性。二是追求社会最大利益——为了社会的最大利益,有时可以对个人或集团利益加以适当调控、限制。三是强调媒介的社会责任。所有这些,是所谓集权主义媒介系统,或自由主义媒介系统都无法与之相比的基本性质和优点。正是这些基本性质和优点,从根本上排除了少数个人或少数集团对大众媒介的控制。

政府性 社会主义大众媒介系统,是一种并非平行或独立于政府,而是从属于政府的媒介控制典范。从本质上讲,它是国家政权、特别是政府职能机构的一种延伸。因此,在这种大众传播系统中,政府是真正的管理-施控者。或者说,政府的机构同媒介自身管理机构一起,构成了一个真正的媒介系统的施控体。因此,社会主义媒介系统,就外部功能而言,它是政府进行社会-政治控制的工具;就内部系统运行而言,它主要是根据来自政府的各种信息,包括指令信息,进行动作,而不是相应于反馈进行随动控制。

党性 社会主义国家的大众媒介系统,像社会主义国家的政府一样,归根到底,要接受共产党的领导,为共产党的路线、方针、政策服务。因此,可以这样说,社会主义大众媒介系统,以共产党作为最大的、至高无上的施控体;以共产党的路线、方针、政策作为最基本的控制理念与原则。

自由主义媒介控制 自由主义媒介系统的出现以及控制原则的确立,与17、18世纪资产阶级的崛起和启蒙主义思潮的勃兴密切相关。启蒙主义的思想家们,如洛克(J. Locke)、密尔顿(J. Mition)等,一直不遗余力地鼓吹这样一种自由主义的政治哲学:在一个社会中,个人是最重要的存在。国家应服务于个人的利益,而不是个人服从国家的利益。凡不符合人民利益的政府皆可被推翻。个人应具有寻求和了解真理的权利,表达他们的思想和意愿的权利、而大众媒介应自由地提供任何个人所需求的东西。很明显,这种自由主义的政治哲学,主要目的旨在反对当时以君主制为基础的集权主义[4]。

由此可见,自由主义媒介系统,是资产阶级不仅在经济上,而且在政治、文化诸领域登上历史舞台后的产物。在这种系统中,政府被认为不应当卷入大众传播的运行。为了确保表达的自由,媒介应当由私人拥有,而且任何人都应被允许占有或掌管大众媒介。在媒介与政府的关系上,自由主义媒介被赋予“政府监察者”的角色,即让媒介时时监视、关注政府是否在服务于人民的需求。在这种系统中,对媒介的唯一限制,是法律。即那些保护个人权利的法律,如“名誉法”、“隐私法”等。这样的媒介和法律意味着,媒介可以被用来批评政府、批评政府官员、批评总统(总统已成为所谓“公众形象”,而不单纯是所谓个人),但不能被用来侵犯个人。美国的大众媒介,往往被视为这种自由主义媒介系统的典范。

就我个人看来,以美国为代表的大众媒介系统,并非是完全排除外在环境控制的系统。如果说,它与前面所述的两类媒介控制存在什么区别的话,那只不过是在控制机制的发生,控制途径、控制内容和重心上有所不同。自由主义媒介系统表面上虽呈现“反控制”的色彩,但在深层结构和本质上,仍然极大地相因于社会环境因素,特别是资本、金钱势力的支配。这主要表现为以下几个方面:

私有化　所谓私有化,是指少数个人和集团成为媒介的主要所有者和最高控制者。美国的大众媒介在所有制方面的一个基本特点,是私人占有。这与美国社会主要经济形态的私有性质是一致的。但是,“私有”,并非“每个人的均等所有”。当一些“个人”比另一些“个人”更有财富,因而更有势力的时候,那么,他们势必更有优势控制某些大众媒介。另外,尽管个人的利益在原则上都受到平等的尊重;但事实上,并非每个个人的利益都是彼此分离,不发生联系或冲突的。这样,当一些更有财力、更有势力的个人想维护他们自己的“个人利益”时,就不能不压抑甚至侵害其他人的个人利益。因此,大众媒介的“私有性”,势必造成少数个人或集团对媒介的占有、控制,以及利用媒介为少数个人的利益服务。对于这种情形,40年前维纳便在他的《控制论》中作过精辟的分析:

> 我国的社会是以买卖为基础的社会,这是大家公认的,在这里,无论自然资源或是人力资源都被认为是具有足够魄力去剥削这些资源的第一个实业家的绝对财产,通讯工具的次要方面愈来愈侵占它的主要方面,由于通讯本身日益精巧并且需要更多费用,这就更助长了上述的情况。……因此,从各方面看,通讯工具都受到重重约束:赚钱少的被代之于赚钱更多的;而这些工具都掌握在极少数的富人阶级手里,因而自然是表达这个阶级的意见的……[5]

40年后的今天，这种情形并没有什么根本的改变。1982年，海伯特(R. E. Hiebert)在《大众媒介III》一书中指出："在最赚钱的100家电视市场中，超过70%的电视台都为'集团所有者'所有。""少于170家的所有者，控制了70%以上的报纸的出版、发行；而其中的25家，控制了半数以上的报业。要知道，美国全国拥有约1800种日报和10000种周报。"海伯特概括说："少数强有力的竞争者，存在于所有的媒介系统中。"[6]

事实证明，自由媒介系统的"私有性"，并不能保证一般民众对媒介的"私有"，或实现媒介服务于"每个社会成员利益"的理想。因为一般个人，即人民大众，虽有权力，却无能力拥有和控制媒介。

商业化　商业化主要指金钱势力成为大众媒介的基本驱动力和控制力。美国的大众媒介，是商业化、企业化的媒介。大量统计材料表明。美国大众媒介系统规模之大，投资之巨，资财之雄厚，不亚于任何其他形式的工业。因而有所谓"大众媒介工业"的说法。

少数个人和财团，在大众媒介中投入如此巨大的财力，自然是必有所图。而其中最主要的一个目的，就是"赚钱"。在金钱的驱使和控制下，媒介成为一种"大生意"。媒介的输出——媒介产品，成为美国国内外商业流通中最重要的商品之一。

就国外而言，好莱坞的电影输出，是美国对外贸易和文化商品输出中最重要的输出之一。美国电影常规收入的40%－50%，都来自北美以外的国家。

就国内而言，大众媒介产品成为国民最重要的"日用消费品"，甚至是"生活必需品"之一。据美国大众传播学家估算，一个美国人，一天花在大众媒介产品上的费用，可达50美元。[7]美国的人口约2亿。这样，全美国人花在大众媒介上的费用，每天即可达近百亿美元。这意味着大众媒介的所有者们，每天都有数量惊人的收入。

除直接的大众媒介产品之外，广告收入是美国各大众媒介系统的主要收入来源之一。例如，美国哥伦比亚广播公司的《六十分钟》，是全国收视率最高的电视节目。它有时能吸引星期日晚间全国近半数的电视观众。在这个新闻节目中插播30秒钟的广告，要花17.5万美元。该节目每周播出一小时的利润，大大超过150万美元。在该节目渐臻全盛的10年间(1975－1985)，净得利润高达7亿多美元，超过了克莱斯勒汽车公司同期的利润。

美国大众媒介系统这种浓厚的工业性、商业性，势必对其媒介产品的内容和形式产生深刻的影响。而这种影响，在很大程度上，在很多方面，都是非积极性的。维纳说："一本不给出版家赚钱的书大概是不会付印的，而且肯定是不会再版的。"[8]海伯特也指出："一些媒介的生意人们似乎仅仅只在市场机制方面敏感。一些媒介的投资人拒绝任何在敏感问题上非温和立场的事物。"[9]因此他不无感慨地说："假如媒介使世界运转，则金钱使媒介运转。"[10]

相对独立与"隐性控制"　这里所谓的"相对独立"是指大众媒介与政府、政党的关系而言。海伯特说：

我们的媒介系统区别于许多其他国家媒介系统的一个基本特征，在于我们美国的大众媒介不是政府机构的一个部分。我们的媒介绝大多数都是经济上独立的，这种经济上的独立，以及我们被选举出的官员和官僚不干涉媒介活动的宪法传统，帮助确保了我们的自由。[11]

美国大众媒介与政府、政党关系上的相对独立性，保障了社会舆论的自由，以及对政府一定程度的监督作用。并对美国社会和政治生活，产生了一些积极影响。美国新闻媒介过去在“越战政策”、“水门事件”、“哈特事件”、“伊朗门事件”中所扮演的积极性角色，印象深刻地显示了它们的“相对独立性”，以及它们在社会、政治交流和国家大组织交流传播中的能动施控作用。

值得强调的是，美国大众媒介的相对独立性，主要是就媒介与政府、政党的关系而言。但是，在媒介与垄断财团、占统治地位的经济势力、政治势力的关系上，它就完全只是一种“被控制”，而不是什么“独立”或“施控”关系。这一点，与美国垄断阶级同政府、政党的关系一样：两者表面上不发生直接关系，但在本质和实际上，后者受控于前者，前者决定后者的“命运”。这就是在西方国家比较普遍的“隐性控制”现象。因此，尽管美国大众媒介的研究者，一方面，十分欣赏美国大众媒介的独立性和舆论自由；另一方面，也看到了这种独立和自由的“范围”和“限度”：

自由媒介系统仍在西欧、北美的民主国家盛行。但是，在大多数这些国家中，包括美国，绝对的言论和出版自由是被诸方面因素加以限制了，如大众社会现实，政治冲突，全球战争，经济困难，以及关于国家的安全等。所以，大众媒介的一些规则，特别是广播方面，已经变得更复杂起来……[12]

20世纪80年代发生在英国的好几起关于出版和电视方面的“事件”——政府以“安全”为由，禁止一部畅销书(《抓间谍者》)及一部电视系列片和报道片在本国公开发行的事件，也以事实说明了自由主义媒介系统“自由”和“独立”的限度，以及“隐性控制”如何转化为“显性控制”。

总之，在当今的世界上，存在着多种类型的大众媒介及其控制系统，但没有一种系统是“十全十美”的——它们或受制于集权，或受制于金钱，或受制于政府和政党。用维纳的话说，都是以交流传播媒介的“次要方面”来控制、“侵占它的主要方面”。那么，什么是“理想的大众媒介系统”呢？我个人认为：所谓理想的大众媒介系统，就是真正地、严格地实现其名称义的媒介系统。

这种系统，首先应该是“大众的”。它们既不为少数个人私有，也不为某一权力集团、政治集团服务。它们的所有者，管理一施控者，以及服务对象，都应是社会的最大多数——最广泛的人民大众。

这种系统，还应该是真正的“媒介”。所谓媒介(media)，其字源义、字面义均为“中介”。在交流传播中，媒介可被理解为参与各方借以沟通、传递各自信息的“中介性”手段、渠道和桥梁。如果一种媒介被认为仅仅应归属于某一方传播者，或完全受一方的支配、控制.那么，它就不再是一种真正的“中介”了。当然，参与交流传播的各方，都可以拥有自己的交流传播媒介，就像每个人都应有自己的喉舌一样。关键的问题是，你不能把你的喉舌当我的喉舌。换言之，政府和人民，政党和群众，甚至每个社会群体，政治实体，都应当有自己的“喉舌”。除此之外，我们还需要一种“中介”——政府和人民，一切社会阶层、社会群体和集团，都可以通过它进行自由的、真正的对话、交流和沟通。

我想，这种理想的大众媒介，可能只有在我们为之奋斗的共产主义的理想社会实现之后，才是可能的。

［节选自《人类交流与传播》，上海文艺出版社 1990 年］

注释：

[1]一说该模式由奥斯古德首创，由施拉姆于 1954 年提出；见麦奎尔等《大众传播模式论》，上海译文出版社，1987 年。

[2]韦斯特利与麦克莱恩：《交流研究的一种概念模式》，载《新闻学季刊》1957 年第 34 期，英文版。

[3]参见 Fred S. Siebert, Theodore Peterson, Wilbur Schramm: *Four Theories of the Press*, University of Illinois Press, 1963.

[4]参见 Fred S. Siebert, Theodore Peterson, Wilbur Schramm: *Four Theories of the Press*, University of Illinois Press, 1963.

[5]维纳：《控制论》，北京：科学出版社 1962 年版，第 161 页。

[6]Ray Eldon Hiebert, Donald F. Ungurait and Thomas W. Bohn: *Mass Media III : An Introduction to Modern Communication*, New York: Longman, 1982, pp. 70—71.

[7]Ray Eldon Hiebert, Donald F. Ungurait and Thomas W. Bohn: *Mass Media III : An Introduction to Modern Communication*, New York: Longman, 1982, p. 57.

[8]维纳：《控制论》，北京：科学出版社 1962 年版，第 161 页。

[9]Ray Eldon Hiebert, Donald F. Ungurait and Thomas W. Bohn: *Mass Media III : An Introduction to Modern Communication*, New York: Longman, 1982, p. 71.

[10]Ray Eldon Hiebert, Donald F. Ungurait and Thomas W. Bohn: *Mass Media III : An Introduction to Modern Communication*, New York: Longman, 1982, p. 57.

[11]Ray Eldon Hiebert, Donald F. Ungurait and Thomas W. Bohn: *Mass Media III : An Introduction to Modern Communication*, New York: Longman, 1982, p. 4.

[12]Ray Eldon Hiebert, Donald F. Ungurait and Thomas W. Bohn: *Mass Media III : An Introduction to Modern Communication*, New York: Longman, 1982, p. 37.

论皮尔斯与索绪尔符号学思想的区别

符号(Sign)概念的出现,以及对于符号现象的描述、研究,见于文字记载的,至少可上溯到公元前几个世纪。在中国,《易经》中的卦画结构、卦爻辞,特别是《易传》中的"象"概念;惠施、公孙龙的名辩思想、逻辑学观念,尤其是他们的"合同异"、"名实论",以及荀子的"正名论"等,对符号学的一些基本范畴,都有所讨论,甚至有很精辟的分析。此后,王弼的"言意之辩"进一步发展了《易经》中关于"象、言、书、意"等范畴的研究,其结论与现在符号学乃至阐释学的基本观点,有惊人的相似之处。在古希腊、罗马,希波克拉底(Hippocrates)的《论预后诊断》,盖伦(C. Galen)的《症状学》,亚里士多德的(Aristotle)《范畴篇·解释篇》,费洛德姆斯(Philodemus)的《符号论》等,都曾从医学、哲学等角度,探讨过符号现象。17世纪末,洛克(John Locke)在其《人类理解论》中,更明确地提出了现代意义上的符号学观念。但是,总的说来,作为一门具有自觉意识的学科领域,现代符号学的历史不过百年左右。

现代意义上的符号学,被明确界说为研究符号现象的科学。19世纪末20世纪初,它几乎同时发端于瑞士和美国。不过,以瑞士语言学家索绪尔为代表的欧洲学派,偏重于符号的心理性、社会性功能研究;而以美国哲学家皮尔斯为代表的英美学派,则侧重于符号逻辑功能的研究。因此,同为当代符号学重要的思想来源,皮尔斯和索绪尔基本符号学思想实际存在较大的差异和区别;其对现代符号学的影响和贡献也各有不同。

1. 理论的视角:"逻辑学"与"语言学"之别

皮尔斯和索绪尔基本符号学思想的差异,首先来自他们因学术渊源、学科背景和学术方法不同而产生的理论视角差异。这种差异可简括地表述为"逻辑学"和"语言学"之别。

皮尔斯(Charles Sanders Peirce, 1839—1914)是19世纪末20世纪初美国著名的哲学家和逻辑学家。因此,他对符号学的理论切入主要基于哲学和逻辑学的视角。

作为美国实用主义哲学重要的奠基者,皮尔斯的符号学观念与他的实用主义哲学思想有着密切的关系。皮尔斯"实用主义"(pragmaticism)的理论兴趣之一,在于解释思想是如何通过符号意义的生成而获得的。受康德哲学思想和逻辑思想的影响，皮尔斯否定了洛克具有绝对客观经验主义倾向的“白板说”，提出了自己独特的主客观结合的经验主义观点：

> 每一项认知都相涉于被表现的或我们意识到的事物，以及自我得以被呈现的行动与激情。前者被称之为客观性的，后者则为主观性的——它们是认知的要素。认知本身是一种对客观要素——所谓直接对象的——的直观。[1]

换言之，在皮尔斯看来，知识的获得并不是外部世界或对象在人脑这块白板上的直接印制，而是一种经由主体参与、并基于认知与阐释的一种符号化过程。皮尔斯把这一通过符号的推理来获得意义的符号过程看作是一种哲学逻辑。

这样，皮尔斯就不仅从哲学而且从逻辑学“切入”到符号学。事实上，他的符号学理论，也是以逻辑学的形式出现的。因为他认为：“就一般意义而言，逻辑学只是符号学的一个别名，是关于符号带必然性的或形式的学说。”[2]而他的逻辑学，则被理解为关于“‘再现’的一般理论”，也就是关于人的“精神产品”怎样真实地“反映”世界的方式的理论。于是，皮尔斯的符号学视点、方法，具有浓重的认识论和逻辑学色彩。

与此形成比照的，是索绪尔偏重心理学、尤其是语言学的理论视点。

索绪尔(Ferdiand de Sausure，1857—1913)是瑞士著名语言学家，欧洲符号学派的创始人。一个很有趣的对比是：当皮尔斯明确声称逻辑学只是符号学的一个别名时，索绪尔则提出符号学应当是心理学的一部分：

> 我们可以设想一门研究社会中符号生命的科学。它将是社会心理学，因而也是普通心理学的一部分。我将它叫作符号学，它将说明符号由什么构成，受什么规律支配。因为这门科学还不存在，我们说不出它将会是什么样子，但是它有存在的权利，它的地位是预先确定了的。语言学不过是这门科学的一部分。将来符号学发现的规律也可以应用于语言学，所以后者[指语言学]将属于全部人文事实中一个非常确定的领域……在此我只想指出一点：如果我们能在各门科学中第一次为语言学指定一个位置，那是因为我们将它归属于符号学。[3]

可见，索绪尔创立符号学的目的首先是要赋予语言学一个科学的地位。由于普通心理学当时已经获得了普遍认可的学科地位，为了给语言学“正名”，所以他提出先把符号学纳入心理学，然后再把语言学归入符号学。

索绪尔之所以强调先从语言学入手探讨符号学，还是因为他认为语言作为一个表达观念的符号系统，比文字、哑语、仪式、军用信号等更能揭示符号学的本质，构成理解符号学的基础。[4]

这样,我们可以清楚地看到:对于索绪尔来说,语言学不仅仅是他介入符号学的学术背景和学科渊源,更重要的,也是他探讨符号学问题的学术资源、学术起点。所以他主张在符号学尚未确立的情况下,应先找出语言符号系统的性质、规律,再应用于符号学。正因为如此,索绪尔的符号学思想的出发点及理论视点,大都与语言问题和语言符号相关。

2. 符号的发生:“三合一”与“统一体”之别

皮尔斯和索绪尔在切入符号学问题时学术背景、兴趣,尤其是理论方法、视角方面的差异,极大地影响到他们各自的符号观,尤其是符号发生观乃至符号结构观。这主要体现为“三合一”与“统一体”之别。

由于皮尔斯的基本学术背景和兴趣是在认识论和逻辑学方面,因此,他关心的是人对自身的经验,以及周围世界的理解;他的符号学重心,也就着重置于符号、人和对象之间的结构性关系方面。

从这一基本立场出发,皮尔斯把符号看做是对象的“再现”:

> 一个符号(sign),或再现体(representamen),是某种对某人来说,从某个方面或能力上代表了某种东西的东西。它能告知某个人,也就是说,在那个人的头脑中制造出一个同等的符号,或是一个更为发展了的符号。我把这个创造出来的符号称为第一个符号的阐释(interpretant)。这个符号代表某种东西,即它的对象(object)。[5]

如果将皮尔斯关于符号(semeiology)、阐释和对象(object)三者间的关系模式化,我们可以得出如下一个三角模式:

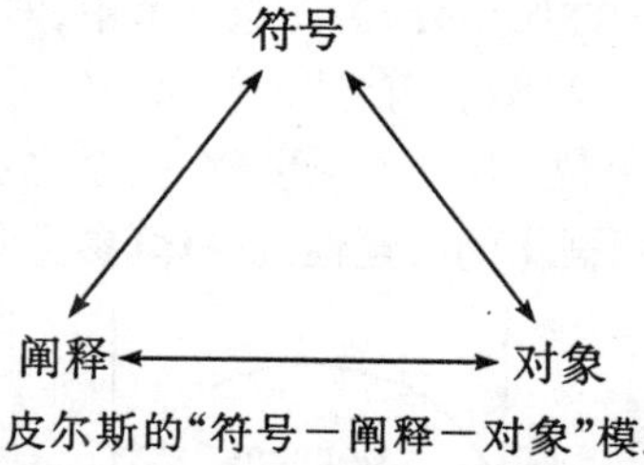

图:皮尔斯的“符号—阐释—对象”模式

模式中的双向箭头强调:每一要素,只有在与其相联系的其他要素的关系中,才能被理解。具体地说,一个“符号”指涉它自身以外的另一东西——即“对象”。这对象可以是现实事物,也可以是另一再现符号,或另一符号的阐释。符号又在与对象的联系中,在符号使用者头脑中产生某种“精神效果”或“思想”——它便是所谓的“阐释”。就符号与阐释的关系而言,皮尔斯的阐释颇与索绪尔的“符指”(所指)相近。但是,就阐释在符号化过程中的“位置”和意义而言,皮尔斯的阐释又与索绪尔的“符指”概念构成重大区别。

与皮尔斯不同，作为语言学家的索绪尔，则更关心思想、语言，尤其是符号自身以及符号间的联系。

索绪尔认为，“思想”在没有被词汇语言表述之前，“只是一团没有定形的、模糊不清的浑然之物”。换言之，“思想本身好像一团星云，其中没有必然划定的界线。预先确定的观念是没有的。在语言出现之前，一切都是模糊不清的”[6]。

与“思想”相比，“声音”本身也并非呈现为事先划定的实体。其实质并不比思想更为固定、更为坚实。声音作为一种可塑的物质，因其可区分性，从而为可思想提供所需要的符指。

索绪尔说：

> 我们可以……把语言叫作分节的领域，每一项语言要素就是一个小肢体，一个节段，其中每一个观念固定在一个声音里，一个声音就变成了一个观念的符号。

索绪尔关于思想和语言，观念和声音关系的论述，实质上可被视作索绪尔的“符号发生论”。在索绪尔看来，符号是一个带有意义的物质性对象。用他的术语来说，一个符号由“符具”和“符指”所组成(国内现通译为“能指”与“所指”)。符具是一个可被感知的“形象”；符指是符具指涉对象的精神性概念。符号则是符具和符指的统一体。

为了进一步解释索绪尔的符号观，我们不妨追索一下索绪尔在谈到这一问题时的思路和观点。

在索绪尔的《普通语言学教程》英文版[8]中，有一节名为“语言在人类生活中的地位：符号学”(中文版中无此标题。由于以下所引索绪尔关于符号的论述，大多出自这一节，故不再一一注明出处)。在这一节中，索绪尔为了阐述他对符号问题的基本认识，先提出了一个“语言符号”的概念。

他说，所谓语言符号单位，不是一个事物，一个名称，而是一个概念和音象。这样，语言符号便是一个两面化的心理性统一体(参见图示)。

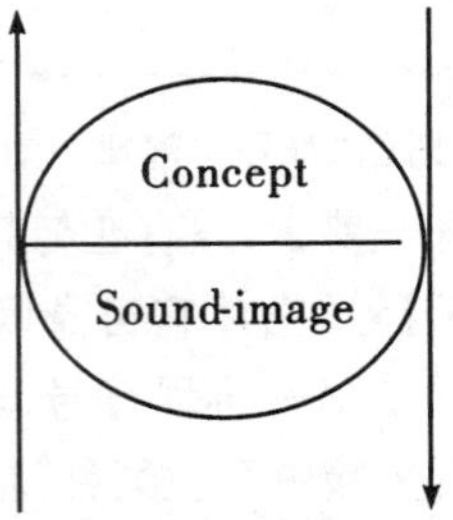

图：索绪尔的语言符号模式

鉴于当时的“符号”这一术语，仅指该统一体中的“音象”部分，即某个字

音——它可以存在于人的头脑之中;为避免混淆和歧义起见,索绪尔提出了如下曾被广泛引述的观点:

> 我建议保留符号(sign,signe)一词,去表示这统一体的全部,并以符指(signified,signifie)和符具(singifier,signifiant)去取代概念(concept)和音象(sound-image);这前两个术语有利于表明它们之间的对应,以及它们作为部分与整体的区别。

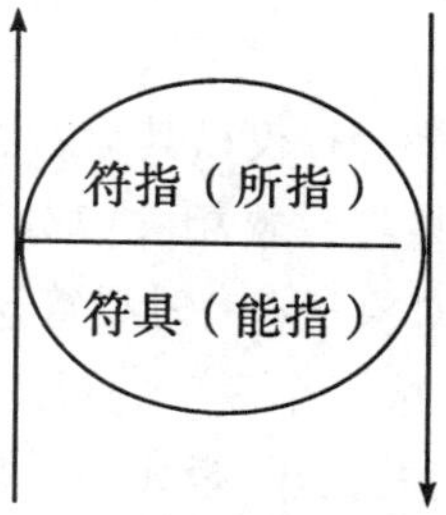

图:索绪尔的一般符号模式

要言之,皮尔斯的符号发生论和符号结构观,具有"三元论"色彩,即强调"符号一阐释一对象"三者之间的整体互动关系;而索绪尔的符号发生论和符号结构观,则具有"二元论"倾向,即注重"符具一符指"间对立统一关系。

3. 符号的分类:"种类"与"关系"之别

不同的符号发生观、结构观,势必影响到他们的符号分类观。换言之,皮尔斯和索绪尔都十分注重研究符号的类别和特性。但是,由于基本符号观的不同,他们的分类方式乃至结果,也不尽一样。

皮尔斯是根据三种符号关系来对符号加以分类的。

第一,根据符号自身或是一种性质,或是一种实际存在,或是一种普遍规则,而将符号划分为"性质符号","实存符号","规则符号"。

第二,根据符号与对象间的关系,如肖似关系,指索联系以及解释关系,而将符号划分为"肖像符号","指索符号","象征符号"。

第三,根据符号在阐释中或是表示可能性,或是表现为事实,或是相关于理由,而将符号划分为"意素符号","实传符号","论证符号"[9]。

根据以上三组九种符号的不同组合,皮尔斯将所有的符号划分为十大类、六十六种。

所有这些划分,构成了皮尔斯体系严密而又庞大的符号分类系统。霍克斯说:

> 皮尔士体系的复杂性显然在于，从他的观点出发，任何事物只要它独立存在，并和另一种事物有联系，而且可以被“解释”，那么它的功能就是符号。这就意味着，皮尔士的符号概念能有效地发挥作用的一个最重要的领域将是认识论；对“认识”过程本身的分析；对知识是怎样获得的分析。[10]

限于篇幅，这里不可能一一解释细述皮尔斯全部符号类别的概念，而只是重点介绍一下皮尔斯的第二组符号：肖像符号、指索符号、象征符号。

肖像符号(icon)。亦称图像或肖似符号，是一种与其指涉对象有某些相似性的符号。

皮尔斯说：“一个肖像符号是一种仅以其自身特征相涉于它所指涉的对象的符号。”[11]换言之，肖像符号以其与对象相关或分享的某种特征、品质，而“看起来”，或“听起来”像它所指涉的对象——有时尽管这种对象并不实际存在。

例如，一张照片，一幅地图，或一个简单的形象性标志，甚至包括厕所门上的男女剪影，都是“看起来”像它们所代表、指涉的对象。口技或音乐中的各种模拟效果者，语言中的象声词，都是“听起来”像它们所指涉的对象。至于视一听觉通道并用的影视艺术，其传递的符号和消息文本，也大多是肖像性的。

指索符号(index)。亦称标志，指征，它是一种与其对象有着某种直接联系或内在关系的符号。

皮尔斯说：“一个指索符号以实际地为对象所影响而相涉于它所指涉的对象。”“当符号的个体存在与其对象确实发生关联时”，即为指索符号。[12]

浓烟之于大火，弹孔之于枪弹，或打喷嚏之于受凉感冒等，在通常情况下，因为两者之间具有某种事实上或“受影响”的因果关系，故前者皆可被视作后者的指索符号。

指索符号一般具有下列特征而与其他符号相区别。

其一，它往往与其指涉对象并无明显的相似之处。这是它与肖像符号相区别的地方。

其二，它一般指涉具体的、单独的对象体，或是单个的对象体集合，或单独的过程。

其三，它往往以人们不曾意识到的“强制”方式，把人们的注意力引向对象。

这后两种特征，使其有别于一般的象征符号。

象征符号(symbol)。它是一种与其指涉对象没有自然的、必然性联系的符号；其之所以成为一种对象的再现，完全是由于某种规则或约定俗成的惯例。

皮尔斯说：“一个象征符号是一种因某种规则而相涉于其指涉对象的符号。这种规则通常是某种普遍观念的协作联合，它的运作能使象征符号指涉于相关对象。”[13]换言之，“当符号在或多或少的肯定程度上，被出自惯例读解为代表某对象时”，它便可被“称之为象征符号”。

口语中的大部分词汇，书面拼音文字，大部分数字，大部分法定的或公认的标志，相对其对象而言，通常都是约定俗成的，或文化性的，其间并没有什么必然的理据关系能决定和解释它们为什么“这样”而不是“那样”代表对象。“六”和“6”并没有什么同样的规定性，非要表示[6]的数目和概念。红旗上的镰刀加锤子，也没有什么不同的理据，在中国代表[共产党]，而在苏联代表[国家]。——是一定的文化、惯例、习俗等，产生或作为某种“规则”，而使上述东西成为相应的象征符号。

上述符号类别，绝非界线森严或完全不相容的。事实上，它们是互相区别、相互联系的。有时，它们还作为不同类别的构成因素，共同并存于同一符号或符码中，并通过这些因素，使该符号或符码具有多种特性。

与皮尔斯不同，索绪尔的符号分类思想和符号特性观，不是相因于符号与外在对象的联系，而是聚焦于“符具”与“符指”之间的关系。他们认为，这种关系主要表现为以下各种类型：

肖像性关系(iconic)。在这种关系中，符具的形式，在某种程度上，是为符指所决定的。也就是说，在符号的符具与符指之间，存在某种“自然联系”。索绪尔虽没有着重讨论这种关系，但是，他对“任意性关系”的论述，就是以这种肖像性关系的存在为对照的。例如，他曾对以“Symbol”一词表示语言符号提出异议。其理由就是：“Symbol 的一个特征，就在于它并非完全武断任意，它不是空的——因为在其符具与符指之间，存在某种自然联系的基础。”[14]索绪尔之后，巴特、索姆等人都曾专门讨论过肖像性符号的问题。其实，在符具与符指间具有肖像性关系的符号，就是皮尔斯所谓的“肖像符号”。

任意性关系(arbitrary)。它是指符号符具与符指之间没有内在的、自然的联系；两者之所以结合为一个符号，是由于某种武断任意的规定。

身为语言学家的索绪尔，其考察分析的对象主要是语言符号，因为语言符号的基本特性，就在于某符具与符指之间关系的任意性。他说：

> 任意性(arbitrary)一词……并不意味着对符具的选择完全是由讲话者所决定的；我是指它是无诱导性的，即，任意性是指符号的符具与其符指并无自然的联系。[15]

由于在语言符号中，符具与符指之间的关系是任意性的，所以他说“语言符号就是任意性的”。正是这种任意性，使语言受到“保护”和发展。

由此可见，索绪尔的任意性符号，完全等同于皮尔斯的“象征符号”。两人都是强调符具与符指关系的“约定俗成”和“不可论证性”。而且，他们都认为这类符号是高度发展了的符号范畴。

4. 符号的意义："阐释"与"价值"之别

皮尔斯和索绪尔都试图描述、解释符号表达意义的方式；他们都认为符号意指问题在任何符号学的理解中，都处于中心的位置。

在皮尔斯看来，阐释作为符号与对象的中介，具有无止境符号化的可能性。换言之，阐释，作为一个"人的头脑中制造出的同等的符号，或是一个更为发展了的符号"，可以产生"新的阐释"。同理，该新的阐释，作为"新的符号"，又可以产生新的阐释，以至于无穷。

皮尔斯对于"阐释'的看法，当然是与他的基本符号学立场密切相关的。他说：

> 再现(representation)[16]的意义不是任何别的什么，而只是一种再现。实际上，不是别的什么，而是再现自身被设想为如同一件被剥离的不相干的衣裳。但是，这一衣裳从来也不能被完全剥离；它只是变得更透明一些。所以，这里存在着一个无穷的复归。最后，阐释(interpretant)不是任何别的什么，而是另一个再现．真理的火炬藉此而被传递；而且，像再现一样，阐释又可以有它自己的阐释。瞧！这又是一个无止境的系列。[17]

这样，"符号(再现)—阐释—对象"这种"三合一"的连动关系，便可以无止境地进行下去。艾柯(U. Eco)把这种以阐释为中介的连动过程，称之为"无限的符号化"过程。皮尔斯这一"符号化"思想，对后世许多理论家、符号学家产生了很大影响。它的重大意义之一，是强调了索绪尔所未曾重视的符号使用者主体地位，以及意指问题。

皮尔斯符号观，特别是他关于阐释和符号化过程的思想，对语言交流乃至整个人类交流的启示是多方面的。

首先，从中我们可以得到这样的认识：就同一对象而言，可以有不同的再现或符号。如同样作为对象物[树]的再现，就可以有中文的"树"，英文的"tree"等。

此外，就同一符号而有，因使用者而异，也可以有不同的阐释——因为每个人对同一对象和符号的体验，不会绝对一致的。或许正是从这种意义上，皮尔斯说，我们有着关于现实的"直接经验"，却不具有关于现实的直接知识。"我们对于事物的知识完全是相对的"。于是，在皮尔斯的符号论中，意义不仅不是被"传递"的，而且与符号也没有必然性的决定关系；即使就同一符号、同一语规的使用者而言，不同的人会因各种不同的原因，形成对同一符号不同的"阐释"，并进而形成对符号理解意义上的差异——尽管这种差异通常是被限制在一定的范围之内。

最后，在皮尔斯的符号论中，编码者与解码者的区别，也变得毫无意义。或者说，解码变得像编码一样具有活力和创造性。无论是发送者还是接收者，他们都离不开符号的使用，离不开“阐释”这一中介要素，离不开符号化过程。

在意义问题上，如果说皮尔斯着重强调的是认知性的“阐释”要素，那么，索绪尔则着重强调的是结构性的“价值”要素。

从符号的发生和构成来看，索绪尔的“符具”，颇近于皮尔斯的“符号”，索绪尔的“符指”也在一定程度上等同于皮尔斯的“阐释”。所不同的是，作为哲学家的皮尔斯，很强调符号与认知主体和对象间密不可分的相互作用关系——即符号化过程所赖以发生的关系；而作为语言学家的索绪尔，则偏于将符号视作相对独立的统一体。在该统一体中，符号与对象的关系，并不像皮尔斯的“三合一连动关系”那样紧密。换言之，索绪尔符号模式中，外在现实对象相对地远离于符号，并通过意指过程而与符号联系起来(参见下图)。

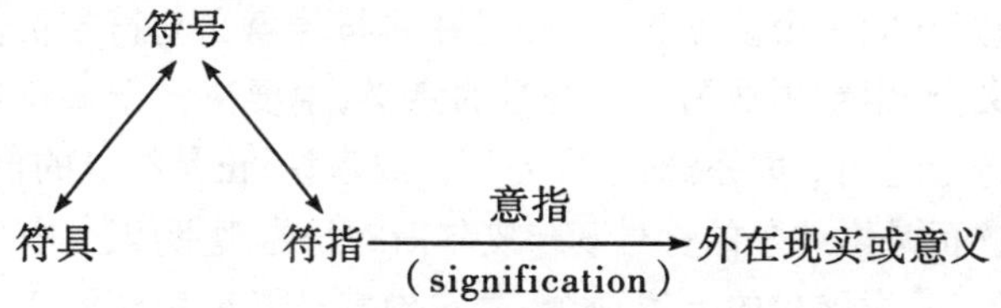

图：索绪尔的“符号—意指”模式

然而，索绪尔本人未曾十分强调符号与外在对象的关系。他认为，任何符指所指涉的现实或经验领域，即符号的含义，都不是取决于现实或经验的性质，而是取决于系统中相联系的符指的界线。因此，在索绪尔看来，以一个符号与另一个符号间的关系来界说意义，比以一个符号同一个外部现实的关系来界说意义要恰当一些。索绪尔将符号在一个系统中同其他符号的关系，称之为“价值”。

索绪尔认为，价值的概念与“系统”和“系统规则”有关，与系统内“各要素”有关。棋子的价值，是由它们在棋盘上的位置决定的。同样，在语言中，每项要素都由于它同其他各要素的对立才有其价值。价值还决定于规约。下棋时有这种规约存在；语言中“也有这种一经承认就永远存在的规则”。

一个符号的价值，也是如此。它主要地有赖于该符号与同一系统内其他符号的区别。——这种区别可以是符具层面的，如词的声音区别、字形区别；也可以是符指层面上的，如“man”的符指，意味着“not animal”，“not human”，“not boy”等。正是从这些意义上，索绪尔说“起作用的只是符号的差别”；符号“只是因为它与别的不同才有它的价值”。[18]

另一方面，符号的价值，还有赖于它与同一系统中其他符号的联系。索绪尔说：“语言既是一个系统，它的各要素都有连带关系，而且其中每项要素的价值都只是因为有其他各项要素同时存在的结果。”[19] 这里之所以以语言为例，是因为在索绪尔看来，语言就是“一个纯粹的价值系统”。

当然,索绪尔的“价值”,并不等同于“意义”。其区别在于:“意义”一般指符号内与符具相对等的符指含义;而“价值”则包括该符号与其他符号的关系。以一张纸的裁切为例。一张纸,可以裁成 ABCD 四份,“意义”主要是“A 具”与“A 指”之间的对等关系;而“价值”除上述关系之外,还存在着 A 块与 B 块、C 块、D 块的关联尤其是对比关系。(参见图示)

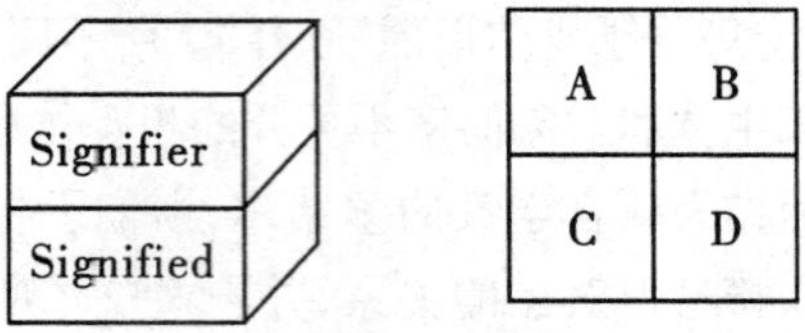

图:符号的“意义”和“价值”

但是,“价值”的概念,又与“意义”是密切联系着的。因为,“价值,从它的概念方面看,无疑是意义的一个要素”[20]。正是在将符号意义与符号价值相区别同时又相联系的意义上,索绪尔认为一个符号的意义,主要决定于该符号与其他任何可以想得到的符号之间的联系、对立和差别。或者说,正是符号的价值,决定了符号的意义——这正是索绪尔的符号观与皮尔斯的符号观形成区别的地方。

值得强调的是,索绪尔的上述观念,对结构主义乃至后结构主义都产生了重大影响。以德里达为例,一方面,他继承了索绪尔对西方言意关系反传统的颠倒——德里达“语言第一”、“语言先在”的观念,从逻辑上起源于索绪尔的基本立场。另一方面,索绪尔关于语言的“纯差异、纯关系”的思想,也是后结构主义者变本加厉加以发挥的激进的、主要的观念之一。换言之,索绪尔的语言符号“价值说”,直接导致了“差异”观念的出现;而“差异”既是结构主义的理论基础之一,也是后结构主义、解构主义的理论基础之一。

[选编自《人类交流与传播》,上海文艺出版社 1990 年]

注释:

[1]Charles Peirce: *Collected Papers of Charles Sanders Peirce*, vols. 2, ed. Charles Hartshorne and Paul Weiss, Cambridge: Harvard University Press, 1931—58, p. 204.

[2]Charles Peirce: *Collected Papers of Charles Sanders Peirce*, vols. 2, ed. Charles Hartshorne and Paul Weiss, Cambridge: Harvard University Press, 1931—58, p. 227.

[3]索绪尔:《普通语言学教程》,北京:商务印书馆 1982 年版,第 15—16 页。

[4]索绪尔:《普通语言学教程》,北京:商务印书馆 1982 年版,第 15—16 页。

[5] Charles Peirce: *Collected Papers of Charles Sanders Peirce*, vols. 2, ed. Charles Hartshorne and Paul Weiss, Cambridge: Harvard University Press, 1931—58, pp. 227—229.

[6]索绪尔:《普通语言学教程》,北京:商务印书馆 1982 年版,第 157 页。

[7]索绪尔:《普通语言学教程》,北京:商务印书馆 1982 年版,第 158 页。

[8]Ferdinand de Saussure:*Course in General Linguistics*. Ed. Charles Bally and Albert Sechehaye. Trans. Wade Baskin. New York:McGraw-Hill. 1966.

[9]Charles Peirce:*Collected Papers of Charles Sanders Peirce*, vols. 2, ed. Charles Hartshorne and Paul Weiss,Cambridge:Harvard University Press,1931—58,p. 282.

[10]特伦斯·霍克斯:《结构主义和符号学》,上海:上海译文出版社 1987 年版,第 132 页。

[11]Charles Peirce:*Collected Papers of Charles Sanders Peirce*, vols. 2, ed. Charles Hartshorne and Paul Weiss,Cambridge:Harvard University Press,1931—58,p. 282.

[12]Charles Peirce:*Collected Papers of Charles Sanders Peirce*, vols. 4, ed. Charles Hartshorne and Paul Weiss,Cambridge:Harvard University Press,1931—58,p. 531.

[13]Charles Peirce:*Collected Papers of Charles Sanders Peirce*, vols. 2, ed. Charles Hartshorne and Paul Weiss,Cambridge:Harvard University Press,1931—58,p. 292.

[14]索绪尔:《语言符号》,载《符号学》,第 38 页,1985 年英文版。

[15]索绪尔:《语言符号》,载《符号学》,第 38 页,1985 年英文版。

[16]作者注:皮尔斯这里所说的"再现",就是"符号"。皮尔斯认为符号是对象的再现。因此他常在等同的意义上,使用"再现"与"符号"这两个术语。

[17]Charles Peirce:*Collected Papers of Charles Sanders Peirce*, vols. 1, ed. Charles Hartshorne and Paul Weiss,Cambridge:Harvard University Press,1931—58,p. 339.

[18]索绪尔:《普通语言学教程》,北京:商务印书馆 1982 年版,第 164 页。

[19]索绪尔:《普通语言学教程》,北京:商务印书馆 1982 年版,第 160 页。

[20]索绪尔:《普通语言学教程》,北京:商务印书馆 1982 年版,第 160 页。

从英尼斯到麦克卢汉
——简述多伦多学派创始人的媒介理论

20世纪中叶,加拿大多伦多学派的创始人英尼斯和麦克卢汉就曾从不同的学术背景与角度,分析过媒介包括科学技术对文化、文明发生、演化的影响。其中不少观点,成为当今所谓“媒介生态学”重要的思想资源。本文的目的,在于通过各自代表性著作的文本细读,在比较的视野中梳理与分析英尼斯和麦克卢汉媒介理论的关联性、差异性及其不同的学术贡献。

1 英尼斯的媒介理论

哈洛德·亚当斯·英尼斯(Harold Adams Innis,1894—1952),经济历史学家、传播学家,加拿大多伦多学派创始人。

英尼斯生平与著作 英尼斯1894年12月5日出生于加拿大安大略省牛津县一个靠近Otterville的农场。他11岁上高中,14岁(1908年秋)进入伍德斯托克学院(Woodstock Collegiate Institute)学习。大学毕业后曾教过一年小学,后就读于汉密尔顿麦克马斯特大学(McMaster University in Hamilton)。第一次世界大战爆发后,他中断学业,于1916年春季到加拿大驻法部队服役。同年7月负伤去英格兰,并在战时学校卡其学院(Khaki College)攻读经济学硕士课程。通过硕士学位考试后,英尼斯回到加拿大,后进入美国芝加哥大学攻读经济学博士学位。1920年毕业并获经济学博士学位。此后,英尼斯一直任教于多伦多大学政治经济学系,在该校工作长达32年,先后任系主任(1937)、研究生院院长(1947)直至去世(1952.12.8)。英尼斯生前还担任过加拿大经济史协会第二任主席(1942—1944)、美国经济协会第54届主席(1951)等职。

英尼斯的学术生涯以1940年为界可大致划分为前后两个时期:前期主要研究经济史、经济理论,并开始涉及传播与社会过程的关系问题。主要著作有《加拿大太平洋铁路公司史》(*A History of the Canadian Pacific Railway*,博士论文,1923)、《加拿大的皮革贸易》(*The Fur Trade in Canada*,1930)、《鳕鱼经济:国际经济史》(*The Cod Fisheries: The History of an International Economy*,1940)等7部。

后期以《报纸在经济发展中的作用》(1940)的发表为标志,英尼斯转向传播史尤其是媒介与文明、文化关系的研究;其代表性著作有《帝国与传播》(*Empire and Communications*,1950)、《传播的偏倚》(*The Bias of Communication*,1951)、《变化中的时间概念》(*Changing Concepts of Time*,1952)3部,以及去世后出版的《加拿大经济史论集》(*Essays in Canadian Economic History*,1956)、《英尼斯论文集》(*The Idea File of Harold Adams Innis*,1980)、《英尼斯论俄国:俄国日记及其他》(*Innis on Russia: The Russian Diary and Other Writings*,1981)著作3部。由于英尼斯后期在传播学研究方面的工作和影响,有学者将其称之为"后英尼斯"("later Innis")时期。

后期英尼斯及其媒介理论 《帝国与传播》和《传播的偏倚》,是后期英尼斯在传播研究方面最有影响的代表性论著。前者源自他在多伦多大学执教的讲稿;后者则为"略经修订的旧文"结集而成,意在更详尽地阐发前者所涉及的主题。

时间与空间 麦克卢汉曾经指出:"'早期的英尼斯',在很大程度上,谨守常规的、只做报道和叙述的学术模式";后期英尼斯"研究方法为之一变,从'观点'出发的方法转到'界面'的方法,以生成洞见"[1]。事实上,采用历史界面和历史阐释相结合的宏观研究方法,从时间—空间思维框架出发切入与传播和媒介相关的"大型主题",是后期英尼斯尤其是这两部著作在方法论和视角上的特色之一。

英尼斯曾转述道:"时间和空间,以及时间和空间的产物,构成了我们的思维框架。"[2]他认为:"文明与时间问题和空间问题都有关系。"[3]"一切文化都要反映出自己在时间上和空间上的影响。它们的覆盖面有多大?在时间上延续了多久?"[4]在谈到政治组织时,他也强调自己主要"考虑政治组织的两个方面。一是该组织持存的时间,一是他们控制的领土空间"[5]。

于是,关注文明、文化乃至媒介"在时间上的延续和在空间上的扩展"问题,是他思考问题的基点之一。他说:

> 在西方文明中,稳定的社会需要这样一种知识:时间观念和空间观念维持恰当的平衡。我们不仅关心对广袤空间的控制能力,而且关心对长久时间的控制能力。我们对文明的评价,要看它发生影响地域大小和时间长短。传播媒介的性质往往在文明中产生一种偏向,这种偏向或有利于时间观念,或有利于空间观念。[6]

总之,在英尼斯看来,一切文明、文化、社会、政治组织乃至人类知识和传播媒介、手段等,都与时间、空间形式和观念有关,都相涉于对空间领域和时间跨度的控制。英尼斯著名的"媒介偏倚理论",就是从这一时间—空间思维框架和基本观念出发,来考察媒介性质、特点及其功用的理论。

媒介偏倚论 正是基于时间和空间问题的思考,在《帝国与传播》一书中,英尼斯就提出了“媒介偏倚论”的基本思想：

> 时间观念和空间观念，反映了媒介对文明的重要意义。倚重时间的媒介，其性质耐久，羊皮纸、黏土和石头即为其例。这些笨重的材料适合建筑和雕塑。倚重空间的媒介，耐久性比较逊色，质地却比较轻。后者更适合广袤地区的治理和贸易。……我们考虑大规模的政治组织，比如帝国，必须立足在空间和时间两个方面。我们要克服媒介的偏向，既不过分倚重时间，也不过分倚重空间。这些媒介在这样一种情况下盛极一时：文明反映的不仅仅是一种媒介的影响，而一种倾向非集中化的媒介总是受到另一种倾向集中化的媒介的抵消。[7]

这一思想包含两个相互关联的层面：其一，可以从时间和空间这两个维度，把媒介划分为或偏倚时间或偏倚空间这两类具有不同传播偏向的媒介；其二，这两类在时间或空间方面具有不同传播偏向的媒介，在文明、文化乃至社会、政治组织的发生、演变和运作机制中具有不同的功能。

在英尼斯看来，所谓“偏倚时间的媒介”（time-biased media），是指质重、耐久的媒介，如石头、黏土等。它们虽然不易搬动，故无克服空间障碍、促成空间扩张之优势，但却能长久保存，故能克服时间的障碍、延伸时间的跨度。因此，偏倚时间的媒介往往与社会等级结构相关，与精神性的、宗教性的和道德性的传播和文明现象相关。

所谓“偏倚空间的媒介”（space-biased media），是指质轻、便携的媒介，如纸草、纸张等。它们虽不能耐久，故无克服时间障碍、促成时间延续之优势，却能克服空间障碍、远距离传播。因此，偏倚空间的媒介往往与区域性社会及其形态有关，与帝国空间性扩张有关。

在《媒介的偏向》论文集中，英尼斯结合知识传播问题，进一步阐发了这一思想：

> 传播媒介对于知识在时间和空间中的传播产生重要影响，因而有必要研究传播的特征，目的是评估传播在文化背景中的影响。根据传播媒介的特征，某种媒介可能更加适合知识在时间上的纵向传播，而不是适合知识在空间中的横向传播，尤其是该媒介笨重而耐久，不适合运输的时候；它也可能更加适合知识在空间中的横向传播，而不是适合知识在时间上的纵向传播，尤其是该媒介轻巧而便于运输的时候。所谓媒介或倚重时间或倚重空间，其涵义是：对于它所在的文化，它的重要性有这样或那样的偏向。[8]

要言之，任何传播媒介要么具有长久保存的优势，便于知识的纵向传播，致达对时间跨度的控制；要么具有远距离运送的优势，便于知识的横向传播，致达对空间领域的控制；二者必居其一。于是，传播媒介便存在着两种“偏倚”：“时间偏倚”(time bias)和“空间偏倚”(space bias)。而文明、文化、社会、组织的存在状态、兴衰或演变，则与占支配地位的、在知识传播上具有某种时空偏倚性的传播媒介密切相关。这就已经涉及英尼斯的媒介影响论。

媒介影响论 谈到后期的英尼斯，人们较为强调他的“媒介偏倚论”。其实，在政治经济学和史学领域具有良好专业学养的英尼斯，往往能对媒介的角色和影响具有敏锐而独特的“洞见”。因此，英尼斯的“媒介影响论”不仅开多伦多传播学派之先河，而且对从历史和宏观角度研究媒介作用和功能，对后来的“媒介决定论”都产生过重大的影响。

英尼斯的媒介影响论主要涉及以下几个方面：

其一，强调传播，尤其是传播媒介在整个人类文明、文化、社会和组织演化中的重要地位和角色。

早在 1940 年，罗伯特·帕克就在《物理学与社会》一文中指出传播对社会过程、社会组织乃至文明“发挥着至关重要的作用”[9]。作为芝加哥时期曾师从帕克的学生，英尼斯当受到其影响。他说：“传播这个课题能给人很多可能的启示，我一直有这样的印象。在政治的组织和实施中，传播占有关键的一席。在历代各国和西方文明中，传播也占有关键的一席。”由于“不同的文明依赖的传播媒介各有不同”；因此，他传播和媒介研究主要目的之一，就是旨在“试图说明不同媒介在各种文明中扮演的角色，并且对不同的文明进行对比”[10]。

其二，根据媒介的形态、形式的阶段性演化，对文明的发展演化进行具有媒介决定论色彩的分期和阐释。

在《帝国与传播·绪论》中，英尼斯曾把西方历史大致“分为文字和印刷两个时期”[11]。在其后的《传播的偏向》一书中，英尼斯基于“西方文明受到传播的深刻影响，传播的显著变化具有重大的涵义”的这一基本认识，进一步按传播媒介的演化把世界史细分为 10 个时期：

> 从两河流域苏美尔文明开始的泥版、硬笔和楔形文字时期；从埃及的莎草纸、软笔、象形文字和僧侣阶级到希腊—罗马时期；从苇管笔和字母表到帝国在西方退却的时期；从羊皮纸和羽毛笔到 10 世纪或中世纪的时期，在这个时期，羽毛笔和纸的使用相互交叠，随着印刷术的发明，纸的应用更为重要；印刷术发明之前中国使用纸、毛笔和欧洲使用纸和羽毛笔的时期；从手工方法使用纸和印刷术到 19 世纪初这个时期，也就是宗教改革到法国启蒙运动的时期；从 19 世纪初的机制纸和动力印刷机到 19 世纪后半叶木浆造纸的时

期；电影发展的赛璐珞时期；最后是20世纪三四十年代的现在的电台广播时期。[12]

根据上述分期，分别阐释其间媒介形态和文明形态之间的关联，是这两本著作的基本内容和论述方式。

其三，关注传播和媒介影响文明、社会或组织的途径和机制问题，尤其是传播媒介与知识和权利的相关性问题。

英尼斯曾这样说明自己的研究意图：

在每一个时期，我都试图追踪，传播媒介对于知识的性质有何含义，并试图说明，知识的垄断或寡头积累到一定的程度时，平衡就扰乱了。[13]

他认为："在文明的政治史和军事史中，知识垄断与有组织力量之间的相关性，是显而易见的。"[14]

此外，英尼斯非常关注"结构成分的相互作用所产生的权力形态和程序。他的研究思路是，弄清每一种权力机构的形态对其他形态起了什么作用"[15]。

总之，在英尼斯的媒介研究中，始终贯彻这样一些基本的问题意识：传播技术是如何运作的？它们从社会获取并对社会贡献了什么？它们促成了何种权力形式？英尼斯认为：传播媒介的发展是社会变化的关键因素之一。在组织和信息控制中，每一种媒介都有其特有的时间或空间的偏倚性。而这种偏倚性则通常密切相关于任何帝国或社会的存在状态和权力方式。[16]

由此可以看出，后期英尼斯的媒介思想已经突破了芝加哥学派研究"地方性社区"的传统，"在挑选大型主题上"，转向了"欧洲学派"[17]。在笔者看来，后期英尼斯的思想与西方马克思主义，与法兰克福批判学派思想乃至稍后的德里达、福柯等人的思想，有着内在的一致性。英尼斯自己也说过："我的许多东西都带有马克思主义的味道。不过我努力尝试的，是用马克思主义的解说来解释马克思。我并没有系统而严格地把马克思主义的结论推向极端，以显示它的局限性。"[18]

总之，从媒介的物质属性考察其传播属性，把媒介问题与文明、文化问题结合起来，思考媒介在时间和空间上对社会组织的影响，进而从媒介与技术、知识、权利问题的结合上，探讨传播和媒介的宏观社会影响和运作机制，是英尼斯媒介理论最重要的贡献之一。

2 麦克卢汉的媒介理论

马歇尔·麦克卢汉（Herbert Marshall McLuhan，1911—1980），传播学家，加拿大多伦多学派代表性人物，现代电子媒介研究开创者。

麦克卢汉生平和著作　麦克卢汉 1911 年 7 月 21 日出生于加拿大艾伯塔省(Alberta)埃德蒙顿市(Edmonton)。其父是一位卫理公会教徒、人寿保险推销员，和蔼可亲、为人本分；其母是一位浸礼会教徒，富有活力和控制力，爱好戏剧。麦克卢汉从母亲那里继承了惊人的记忆力和即兴演讲能力[19]。

麦克卢汉 1932 年获曼尼托巴大学(University of Manitoba)学士学位，两年后获硕士学位。毕业后到英国剑桥大学学习英语文学，相继获得学士(1936)、硕士(1939)、博士(1942)学位。麦克卢汉先后执教于美国威斯康辛大学(Madison, 1936—1937)、路易斯安那大学(1937—1944)，以及加拿大的阿萨普欣大学(Assumption University, 1944—1946)。自 1946 年起任教于加拿大多伦多大学，并于 1952 年至 1979 年期间担任全职教授。

从 20 世纪 50 年代初中期开始，麦克卢汉在加拿大及美国多种学术机构或组织兼任学术或行政职务，先后获得 9 个名誉博士学位和二十多种奖励或荣誉。

1980 年 12 月 31 日，麦克卢汉在多伦多家中去世。[20]

麦克卢汉的学术生涯和著述大致可划分为三个时期。

早期：20 世纪 40 年代前后任美、加多所大学的英美文学教授，主要致力于文学批评研究，并开始涉及媒介和文化的关系研究；其代表著作有《机械的新娘》(*The Mechanical Bride: Folklore of Industrial Man*, 1951)。

中期：20 世纪 50 年代参加了传播与文化研讨会，关注文化人类学研究。1953 年与美国人类学家卡本特(Edmund Carpenter)合作，在福特基金会资助下创办《探索》(*Explorations Magazine*, 1950*s*—1970*s*)杂志，学术兴趣转向媒介与人类感知、经验和人类关系研究。

后期：20 世纪 60 年代聚焦于传播和传播媒介研究，相继出版了《谷登堡群英：印刷文人的诞生》(*The Gutenberg Galaxy: The Making of Typographic Man*. 1962)[21]、《理解媒介：人体的延伸》(*Understanding Media: The Extensions of Man*. 1964)和《媒介即按摩：效果一览》(*The Medium is the Massage: An Inventory of Effects*. 1967)[22]等书，提出了新的传播媒介理论。由此，不但引起学术界的重视，而且被美国各种大众传播媒介竞相评论宣传，引起了公众的关注和议论。纽约《先驱论坛报》一篇评论甚至这样认为："麦克卢汉是继牛顿、达尔文、弗洛伊德、爱因斯坦以来最主要的思想家。"

麦克卢汉勤于写作，著述颇丰，生前撰写或编辑出版了二十多本著作(含合作)，发表了数以百计的论文。但其影响最大的，还是《谷登堡群英》、《理解媒介：人体的延伸》和《媒介即按摩：效果一览》。

麦克卢汉的媒介理论　在讨论麦克卢汉的媒介理论之前，有几点是应当提前予以说明的。

首先，必须强调的是，"媒介"一词，在麦克卢汉那里其实是很宽泛的。麦克卢汉自己曾这样强调:“我所谓的媒介是广义的媒介,包括任何使人体和感官延伸的技术,从衣服到电脑。”[23]在实际的论述中,麦克卢汉也有一种泛媒介化的倾向。

其次,麦克卢汉媒介理论的思想资源实际上也是很复杂的。无论是早期还是中期,许多人的思想,如芒福德(Lewis Mumford)、帕里(Milman Parry)、洛德(Albert B. Lord)、乔伊斯(James Joyce)、波普尔(Kart Popper)等,都曾直接影响过他研究媒介的思路、方法、视角和视野。

其三,作为英尼斯的学生和多伦多大学的同事,英尼斯的传播思想在麦克卢汉传播思想的形成中有着特别的地位。麦克卢汉曾经说过:“我乐意把自己的《谷登堡星汉璀璨》看成是英尼斯观点的注脚,首先是他关于文字的心理和社会影响的观点,然后是他关于印刷术心理和社会影响的观点。”[24]

但另一方面,麦克卢汉也认为英尼斯的研究存在一些盲点或局限。例如:他说英尼斯在分析社会形态的相互作用时常常不大精确;对书面形态和口头形态媒介的相互作用时常搞错;尤其是对电子技术媒介性质和文化模式关注不够或存在误读[25];等等。

于是,在麦克卢汉的媒介研究中,他一方面继承或发扬了英尼斯关注媒介属性、功能、运作机制,尤其是社会作用的传统;另一方面则更致力于从电子技术、电子媒介角度来阐述信息时代现代传播媒介的社会学、人类学,尤其是心理学和生态学特征。因此,麦克卢汉被誉为“电子时代的预言家”(“Oracle of the Electronic Age”)。

媒介是人体的延伸　麦克卢汉之前,乔伊斯、霍尔等人都提出过这样的观点:“一切人造的物质性的东西都可以被当作人曾以身体或身体的一部分所做事物的延伸。”[26]麦克卢汉的媒介理论要点之一,是把这种看法推及媒介或技术,提出了“媒介是人体的延伸”。

其一,一切媒介都是人体某些部分(肢体、器官、感官等)乃至中枢神经系统的延伸。

早在《古登堡群英·导言》中,麦克卢汉就提出了人的传播行为是人体的感觉和感官的延伸:

> 人这个制造工具的动物,无论是讲话、写作还是广播,都一直在以扰动所有其他感觉和机能的方式,使他这一或那一种感官得到延伸。尽管进行了这样的实践,人们始终忽略对其加以考察。[27]

麦克卢汉曾谈到英尼斯没有意识到电子技术实际上是中枢神经系统的延伸[28]。因此,在《理解媒介·导言》中,麦克卢汉进一步把“人的中枢神经系统”考虑进来,结合电子和信息时代特点,对其“延伸论”作了更为完整的表述:

在机械时代，我们完成了我们的身体在空间的延伸。今天，经历了一个多世纪的电力技术后，我们超越了这个星球的时空局限，完成了我们的中枢神经系统自身在全球范围内的延伸。我们正在迅速地逼近人类延伸的最后阶段——对意识的技术模拟。在这个阶段，创造性的认识过程将会集体性和共同性地延伸至人类社会一切领域，正像我们的感觉和神经经由各种媒介而得到延伸一样。[29]

其二，媒介作为人体感觉和神经系统的延伸，反过来对人本身乃至文化环境产生重大的影响。

在《谷登堡群英·导言》中，麦克卢汉就从人类学角度论及媒介—感觉—文化三者之间的关系，指出媒介造成的感觉方式变化或曰“扰动”，会直接导致文化变迁：

人的感觉和功能的压抑和延伸，都会产生不可避免的“关闭”、“完成”或平衡的驱力。《谷登堡群英》是对因“扰动”而产生的新文化成果的一系列历史考察，先是考察文字，然后考察印刷术。[30]

在《理解媒介》一书中，麦克卢汉进一步发挥了上述思想。他认为媒介作为人体的一切延伸，最终会影响到人类心灵和社会：

离开了对人体延伸各相关部分的整体性考虑，要回答人体的延伸这类问题几乎是不可能的。人体任何一部分的延伸，不论是皮肤、手或脚的延伸，都会影响到人类心灵与社会的整体。[31]

正因为如此，麦克卢汉说自己《理解媒介》一书的主要内容，就是研究媒介作为人体延伸的一些主要方面，以及它们所带来的心理性和社会性后果。[32]

媒介即讯息　麦克卢汉关于另一个著名的命题，是所谓“媒介即讯息”。严格地讲，无论从基本理论立场看，还是从主要理论框架看，麦克卢汉“媒介即讯息”的观点，当是他“延伸论”的逻辑推演。这里只是为了叙述方便，而将其单独分开来谈。

《理解媒介》导论之后，麦克卢汉就从“延伸论”出发，开宗明义提出了“媒介即讯息”的命题：

在我们这种长期习惯于将一切事物分开和切割，以作为一种控制手段的文化中，我们有时难免为这样的说法感到震惊：就操作和实践而言，媒介即讯息。这只不过是说，任何媒介——即任何我们自身的延伸——的个人的和社会的影响，都会产生新的尺度，这种新的尺度经由我们自身的延伸或任何新技术而被引入我们的诸种事物。[33]

麦克卢汉"媒介即讯息"的思想，主要包含以下两层意思：

其一，任何媒介从单纯的物理或技术性质而言，就是"信息"；其表达的"内容"则常常是另一种媒介。

麦克卢汉以电光为例，解释了媒介即讯息的观点。他说，电光（electric light），当它没有被用于拼出词汇性的广告或姓名时，就其自身而言只是一种单纯的信息（information），一种不带讯息（message）的媒介。所有媒介的这些特征说明，任何媒介的"内容"常常是另一种媒介。书写的内容是言说，正如文字是印刷的内容，而印刷又是电报的内容一样。如果要问"什么是言说的内容"则需这样回答，"它是实际的思维过程，其自身是非语言的"[34]。

其二，任何媒介或技术本身能引入新机制、产生新模式、提供新的活动范围，并最终改变人类感知、认识事物的方式，影响人与人的关系乃至社会生活。从这种意义上讲，媒介本身比它负载传达的东西更重要。

麦克卢汉说：

任何媒介或技术的"讯息"，是它在人类事物中所引起的规模或速度或模式的变化。铁路并没有把运动或运输或车轮或道路引入人类社会，但它加速和扩张了先前人类功能的范围，创造了全新的城市、新的工作和新的休闲。……而这些与铁路货运或铁路媒介自身的内容没有关系。另一方面，飞机加速了运输速度，使因铁路而产生的城市、政治和社团形式趋于瓦解。所有这些，又与飞机所运载的东西没有关系。[35]

他还以电光举例说：尽管它的使用目的、内容可以变化，如用于脑外科手术或晚上棒球赛照明；但最重要的是，这种媒介自身能形成和控制着人类协作和行动的范围和形式。在谈到电子媒介时，麦克卢汉更明确地说：

正如工业中电力的讯息一样，电光的讯息完全是基本的、普遍的和非中心化的。电光和电能在用途上不同，但它们都能消除了人类协动中的时空要素差异，正如广播、电报、电话以及电视所做的那样，在更深入的程度上创造参与和互动。[36]

于是，麦克卢汉认为，媒介的各种用途和内容“扮演的是配角”，而媒介本身，包括媒介自身的物理和技术属性、传播功能尤具有更重要的价值。因为它们本身就会给人、给人类社会带来变化，引起人的感知方式、实践方式乃至社会形态的某种变革。正是从这种意义上，麦克卢汉说“媒介就是讯息”。

媒介与文明、文化 麦克卢汉的“人体延伸论”以及“媒介即讯息”的观点，应用于对人类文化、文明和社会发展过程尤其是发展动因的阐释，就构成了其具有“媒介决定论”或曰“技术决定论”(因为麦克卢汉经常把媒介视为技术或等同于技术)色彩的基本媒介史观和文明史观。

麦克卢汉认为：一切媒介本身都对人和社会施加难以抗拒的影响——无论其传递的讯息是什么。技术革新是人的能力和感官的延伸，但是这种延伸反过来又改变了人的感官平衡，无情地重新塑造社会，而社会又产生技术。[37]

正是从“人(感官)—媒介(技术)—社会(文化)”三者之间的互动关系出发，麦克卢汉把西方社会文明发展史分为三个主要时期：口头传播时期(部落文化时期)；文字印刷传播时期(脱离部落文化时期)；电子传播时期(重归部落文化时期)。

在口头传播时期，即拼音文字发明之前，人的诸种感觉都非常发达，“人生活在感官平衡和同步的世界之中。这是一个具有部落深度和共鸣的封闭社会，这是一个受听觉生活支配，由听觉生活决定结构的口头文化的社会”。由于听觉生活具有通感和同步的性质，其行动和回应同步发生，因此，他们主要生活在没有中心也没有边缘的声觉空间的世界之中[38]。在这个声觉空间中，人们被拉进一张“部落网”，各种感觉器官可以同时受到刺激，但主要交流手段是言语。由于口语词比书面语承载着更丰富的情感，因此，部落人更加自然、和谐，富有激情。此外，基于部落人独特的时空观念和口头直接交往方式，他们过的是一种复杂的、万花筒似的生活，没有个人主义或专门分工，参与集体无意识，生活在魔幻的、不可分割的世界之中。因此，口头传播时期是部落化时期。

在文字印刷传播时期，首先是拼音文字的发明，“把部落人弹出了感官的平衡态，突出了眼睛的视觉”，改变了人们感知世界的方式：

> 拼音文字像炸弹一样降落到部落社会中，把视觉放到感官系统最高的等级。识字把人推出部落社会，让他用眼睛代替耳朵，用线性的视觉价值和分割意识取代了整体、深刻、公共的互动。拼音文字是视觉功能的强化和放大，它削弱听觉、触觉、味觉和嗅觉的作用，渗透到部落人非连续的文化中，把他的有机和谐、复杂通感转换成一致、连续和视觉的感知方式。直到今天，我们仍然把这种感知方式当作“理性”生活的标准。整合的人变成了分割的人。[39]

麦克卢汉认为，活字印刷的出现和推广，是拼音文字乃至人体又一次非常重要的延伸。“排印的范形，即一切机器的原型，保证了视觉偏见的首要地位，而且最终给部落人的门上贴上封条。线性的、一致的、可重复的铅字这种新媒介，以无穷的数量和以前不可能的速度复制信息，使眼睛在人的感官系统中稳获霸主地位。印刷术是人的一种急剧的延伸。它塑造和改造了人的整个环境——心理的和社会的环境。它直接导致了一系列根本不同的，而且似乎是不可比的现象的兴起：宗教改革、装配线及其后代、工业革命、整个因果关系的观念、笛卡尔和牛顿的宇宙观、艺术中的透视、文学中的叙事排列、心理学中的内省或内部指向。这一切都大大强化了个人主义和专门化的倾向，这两种倾向是两千多年前的拼音文字产生的。于是，思想和行动的分裂变成了体制。于是，分割的人——首先是被拼音文字分割——最后被印刷术剁成了字钉一样的东西。从那时起，西方人就成了谷登堡人。”[40]麦克卢汉还进一步指出：印刷术还直接促成了工业主义、民族主义乃至现代民族国家的诞生。因此，拼音文字、印刷术所带来的这一系列变化，可谓之为“去部落化”[41]。

在电子传播时期，以电力、电子技术和电子媒介为代表的电子革命，使人从感官乃至中枢神经的层面上得到进一步延伸。由此，带来了一系列相互关联的后果。

其一，电子革命“将恢复人的感官平衡态，使人重新部落化”。

麦克卢汉说：

> 电力媒介是电报、广播、电影、电话、电脑和电视。它们全都使我们的一种功能的感知得到延伸，就像原有的机械媒介一样：轮子是腿脚的延伸，衣服是皮肤的延伸，拼音文字是视觉的延伸。但是，电力媒介的功能不止于此。它们使我们的整个中枢神经系统提高和外化，因此使我们的社会和心理生存的一切侧面都发生转化。电子媒介的采用构成了分割的谷登堡人和整合一体的人之间的断裂界线。拼音文字的采用也是一样，它构成了口耳相传的部落人和视觉人之间的断裂界线。[42]

其二，在这个重新部落化的过程中，由于电力、电子技术和电子传播的存在，不仅使人与人之间的时空距离骤然缩短，而且形成了新的“整体电力场文化”(total electric field culture)。因此，整个世界紧缩成所谓的“地球村”(Global Village)。

早在《谷登堡群英》中，麦克卢汉就提到：

> 电磁波的发现，重新创造了一切人类事物的同步“场”。今天，人类大家

庭生活在“全球村”的情况之中。我们生活在一个单一的受限空间之中，部落鼓在其中回响。[43]

1969 年，麦克卢汉在《花花公子访谈录》中，再次对这个“重新部落化”和“地球村”非集中化和多样性的特质作过多方面阐释：

我早些时候所说的电子技术诱发的中枢神经系统的延伸，是我们浸泡在世界范围内的信息流动的“池子”。因此，这些延伸就能够使我们体现全人类。拼音文字的西方人那样冷漠、疏离的角色，在电子媒介引发的新型的深度参与前，就不攻自破了。这种深度参与使我们回到与自己和他人密切接触的状态。但是，电子信息运动的瞬时性质不是放大人类大家庭，而是非集中化，使之进入多样性部落生存的新型状态之中。[44]

他还说：“电子媒介使人集合在一个全球村里。全球村是一个丰富的、富有创造性的混合体。这里实际上有更多的余地，让人们发挥富有创造力的多样性。”[45]

其三，另一方面，电子媒介所造成的“重新部落化”和“全球村”，还会产生一系列副作用。

一是人体的“去感觉化”。

麦克卢汉说：电力技术一方面“使我们的感官膨胀，仿佛一夜之间就在全球罩上了一张硕大无朋的宇宙薄膜”；另一方面，我们的感觉外化，产生夏尔丹所谓的全球技术之脑。整个世界成为一台计算机，“一个电子大脑”；“我们的感官离体而去”[46]。

二是自我的“空心化”。

麦克卢汉认为，电子时代的“重新部落化”，“尤其是在拼音文字价值深入制度化的国家之中，这个过程能够给人造成很大的精神创伤。其原因是，原来分割的视觉文化和新型整合的电子文化造成了身份认同的危机，造成了自我的空心化。这就产生了可怕的暴力——这种暴力只不过是一种身份求索，无论是个体的还是团体的，社会的还是商务的。……一般的公民为此感到天塌地陷。电力媒介使人以部落的方式变形，我们一个个变得像颠来颠去的小鸡，拼命寻找原来的身份”[47]。

三是意识和无意识的“一体化”。

在麦克卢汉看来，电子时代的“重新部落化”以及“地球村”的形成，一方面具有“非集中化”和“多样性”的正面效应；另一方面又因为电子媒介“瞬间传播”及其造成的“相互共鸣”和“深度卷入”的存在，从而形成“联觉的、连续的和浑然一体的意识”：

我们正在进入一个环球舞台，当今世界是一场正在演出的戏剧。我们整个的文化栖息场，过去仅仅被认为一个容器，如今它正在被这些媒介和空间卫星转换成一个活生生的有机体。……个体的、隐私的、分割知识的、应用知识的、“观点的”、专门化目标的时代，已经被一个马赛克世界的全局意识所取代。[48]

总之，延续英尼斯媒介史和文明史相结合的思想传统乃至学术兴趣，以一种“马赛克”般的零碎、片断和驳杂的方式观照和阐释对象，在任意的挥洒、深刻的悖论和天才的洞见中揭示不同传播技术、传播媒介，尤其是电子技术和电子媒介对人类感觉，人的相互关系乃至社会组织和社会发展的影响，是麦克卢汉媒介理论的价值所在和个人特点。

[作于 2003 年，后编入《交流传播专题理论》(网络教材)]

注释：

[1]麦克卢汉：《传播的偏向·序言》，北京：中国人民大学出版社 2003 年版，第 2 页。

[2]英尼斯：《传播的偏向》，北京：中国人民大学出版社 2003 年版，第 77 页。(原文出自：President of British Association, 1934. Cited by F. M. Conford, "*The Invention of Space*", in *Essays in Honour of Gibert Murray*, London, 1936)

[3]英尼斯：《传播的偏向》，北京：中国人民大学出版社 2003 年版，第 72 页。

[4]英尼斯：《传播的偏向》，北京：中国人民大学出版社 2003 年版，第 113 页。

[5]英尼斯：《传播的偏向·作者前言》，北京：中国人民大学出版社 2003 年版，第 10 页。

[6]英尼斯：《传播的偏向》，北京：中国人民大学出版社 2003 年版，第 53 页。

[7]英尼斯：《帝国与传播》，北京：中国人民大学出版社 2003 年版，第 5 页。

[8]英尼斯：《传播的偏向》，北京：中国人民大学出版社 2003 年版，第 27 页。

[9]见 *Canadian Journal of Economics and Political Science*, reprinted in Society, p. 314, Free Press of Glencoe, 1955.

[10]英尼斯：《帝国与传播》，北京：中国人民大学出版社 2003 年版，第 3 页、第 8 页。

[11]英尼斯：《帝国与传播》，北京：中国人民大学出版社 2003 年版，第 5 页。

[12]英尼斯：《传播的偏向》，北京：中国人民大学出版社 2003 年版，第 1—2 页。

[13]英尼斯：《传播的偏向》，北京：中国人民大学出版社 2003 年版，第 2 页。

[14]英尼斯：《传播的偏向》，北京：中国人民大学出版社 2003 年版，第 2 页。

[15]麦克卢汉：《传播的偏向·序言》，北京：中国人民大学出版社 2003 年版，第 3 页。

[16]Marshall Soules: Harold Adams Innis: The Bias of Communications & Monopolies of Power, http://www.mala.bc.ca/~media113/innis.htm.

[17]麦克卢汉:《传播的偏向·序言》,北京:中国人民大学出版社 2003 年版,第 7 页。

[18]英尼斯:《传播的偏向》,北京:中国人民大学出版社 2003 年版,第 165—166 页。

[19]Philip Marchand:"Marshall McLuhan",July,2002,http://www. marshallmcluhan. com/marchand. html.

[20]H. M. McLuhan,"Full CV",http://www. marshallmcluhan. com/cv. html.

[21]根据麦克卢汉行文的原意,笔者认为译为《谷登堡群英:印刷文人的诞生》不妥。该书名应当翻译为《谷登堡环境:印刷人的形成》;现从俗。

[22]现通译《媒介即讯息》,不妥。

[23]埃里克·麦克卢汉,弗兰克·秦格龙合编:《麦克卢汉精粹》,南京:南京大学出版社 2000 年版,第 363 页。

[24]麦克卢汉:《传播的偏向·序言》,北京:中国人民大学出版社 2003 年版,第 3 页。

[25]麦克卢汉:《传播的偏向·序言》,北京:中国人民大学出版社 2003 年版,第 3—6 页。

[26]Edward T. Hall, *The Silent Language*, New York: Anchor Press/Doubleday, 1959, p. 79.

[27]H. M. McLuhan: *The Gutenberg Galaxy: The Making of Typographic Man*. University of Toronto Press, 1962, p. 4.

[28]麦克卢汉:《传播的偏向·序言》,北京:中国人民大学出版社 2003 年版,第 6 页。

[29]H. M. McLuhan: *Understanding Media: The Extensions of Man*. McGraw-Hill, 1964, pp. 3—4.

[30]H. M. McLuhan: *The Gutenberg Galaxy: The Making of Typographic Man*. University of Toronto Press, 1962, p. 4.

[31]H. M. McLuhan: *Understanding Media: The Extensions of Man*. McGraw-Hill, 1964, p. 4.

[32]H. M. McLuhan: *Understanding Media: The Extensions of Man*. McGraw-Hill, 1964, p. 4.

[33]H. M. McLuhan: *Understanding Media: The Extensions of Man*. McGraw-Hill, 1964, p. 7.

[34]H. M. McLuhan: *Understanding Media: The Extensions of Man*. McGraw-Hill, 1964, p. 8.

[35]H. M. McLuhan: *Understanding Media: The Extensions of Man*. McGraw-Hill, 1964, p. 8.

[36]H. M. McLuhan: *Understanding Media: The Extensions of Man*. McGraw-Hill, 1964, p. 9.

[37]埃里克·麦克卢汉,弗兰克·秦格龙合编:《麦克卢汉精粹》,南京:南京大学出版社 2000 年版,第 356 页。

[38]埃里克·麦克卢汉,弗兰克·秦格龙合编:《麦克卢汉精粹》,南京:南京大学出版社 2000 年版,第 364—365 页。

[39]埃里克·麦克卢汉,弗兰克·秦格龙合编:《麦克卢汉精粹》,南京:南京大学出版社2000年版,第365页。

[40]埃里克·麦克卢汉,弗兰克·秦格龙合编:《麦克卢汉精粹》,南京:南京大学出版社2000年版,第368—369页。

[41]埃里克·麦克卢汉,弗兰克·秦格龙合编:《麦克卢汉精粹》,南京:南京大学出版社2000年版,第356页。

[42]埃里克·麦克卢汉,弗兰克·秦格龙合编:《麦克卢汉精粹》,南京:南京大学出版社2000年版,第371页。

[43]埃里克·麦克卢汉,弗兰克·秦格龙合编:《麦克卢汉精粹》,南京:南京大学出版社2000年版,第191页。

[44]埃里克·麦克卢汉,弗兰克·秦格龙合编:《麦克卢汉精粹》,南京:南京大学出版社2000年版,第376页。

[45]埃里克·麦克卢汉,弗兰克·秦格龙合编:《麦克卢汉精粹》,南京:南京大学出版社2000年版,第391页。

[46]埃里克·麦克卢汉,弗兰克·秦格龙合编:《麦克卢汉精粹》,南京:南京大学出版社2000年版,第193页。

[47]埃里克·麦克卢汉,弗兰克·秦格龙合编:《麦克卢汉精粹》,南京:南京大学出版社2000年版,第376—377页。

[48]埃里克·麦克卢汉,弗兰克·秦格龙合编:《麦克卢汉精粹》,南京:南京大学出版社2000年版,第389页。

思想史与哲学

原始宗教与自律传统的起源

中国原始宗教意识和宗教文化的出现，恐怕是自工具和火的使用之后中国史前文化中最为重大的事件之一——它不仅为华夏民族从蒙昧走向文明提供了最早的社会基础和文化规范，而且为华夏文化的主体精神及其自律传统，提供了最初的思想源泉和文化原型。

这里所谓的原始宗教有两层含义：一是指原始社会时期的宗教；二是指原始形态的宗教。两者既有联系，又有区别。原始社会的宗教一定是原始形态的宗教；但原始形态的宗教不一定是原始社会的宗教。在下文中，笔者把史前和史初时期仍保留较多原始性而并未系统化或理论化的宗教，一并称之为原始宗教；并将对原始宗教文化的讨论大致划分为史前和史初两大时期。

一　史前时期（夏以前）

一个民族的文化泉源和传统可以上溯至该民族的史前时期。而史前时期的文化往往是与原始宗教文化密切相关的文化。那么，是否每个原始民族或部落都经历过原始宗教阶段？西方学者的看法不尽一致。塞缪尔·贝克(Samual Baker)就曾认为：在白尼罗最北地区居住的部落如丁卡人、希卢克人、努埃尔人、博尔人、阿利亚布人和希尔人都没有对神灵的信仰，没有任何崇拜或偶像膜拜[1]。而马林诺斯基(Bronislaw Malinowski)则说："不存在没有宗教和巫术的民族，不管它们多么原始。"[2]无论西方学者的观点如何不同，但对华夏民族而言，原始宗教的存在是一个不争的事实。

考古发现表明，早在约200万年前，中国现有的疆域上（巫山）就已经有了古人类的活动[3]。从旧石器时代早期，到新石器时代晚期，是世界范围内原始文化的发生发展期，也是中华民族和早期文明的孕育成型期。例如，在旧石器时代（约60万年前—1万年前），早期有"蓝田猿人"、"北京猿人"及其文化的存在，中期有"丁村人"、"马坝人"、"长阳人"及其文化的存在，晚期则有"河套人"、"山顶洞人"、"柳江人"、"资阳人"及其文化的存在。在新石器时代（约1万年前—4千年前），中期有"仰韶文化"、"马家窑文化"、"大汶口文化"、"青莲岗文化"、"屈家岭文化"的发现，晚期有"半山马厂文化"、"齐家文化"、"龙山文化"、"良渚文化"的发现，贯穿于中、晚期的，则有"细石器文化"的发现。

在上述不同的时代中，我们中华民族大致经历了原始家族群婚、母系氏族公社、父系氏族公社这样几个原始社会和文化的发展阶段。而贯穿于这些史前发展阶段的，是可谓之为“史前社会主要意识形态”的宗教文化的产生和发展。

从已有的考古发现中，我们可以看到，至少在旧石器时代晚期，或新石器时代，“灵魂”的观念已是原始初民中较普遍的观念。例如，从丧葬方式看，山顶洞人在尸体四周撒有赤铁矿粉粒（在同时期的欧洲、非洲、西亚的一些阿先连遗址，亦曾见同样的方式或红色的物质），据推断可能与灵魂的观念有关。在新石器时代的文化遗址中，生产工具和生活用品作为随葬品的习俗更为普遍。所有这些，说明原始初民相信某种形式的“死后生活”和“灵魂”的继续存在。灵魂观念的出现，即使不是宗教意识的结果，也至少为宗教意识和宗教文化的形成铺平了道路，敞开了大门。一般说来，任何水平或任何形式的宗教，势必是建立在超自然信仰基础之上的宗教；而灵魂，则是通往超自然世界的桥梁。从这个意义上讲，对于灵魂的信仰，实际上是原始宗教信仰的一个最基本的出发点和表现形式。事实上，原始宗教的最初和最普遍的形式，都与“灵魂”乃至“万物有灵”的思想有关。

所谓“万物有灵”，即爱德华·泰勒（Edward Burnett Tylor）所谓的“泛灵崇拜”，就是相信万物均有灵魂。与之相关的是“泛生崇拜”，即相信任何事物或现象，均由某种超自然的力量所操纵。泛灵崇拜和泛生崇拜，是原始宗教两种最基本的类别。当这两种宗教类别由一般宗教意识发展成为宗教崇拜制度时，便形成了两种基本的祭祀形式：个人祭祀和社团祭祀。前者主要是一种出于个人目的，并为个人所执行的个体活动；后者则是相关于群体的利害，并为群体所实施的群体性事件。

值得强调的是，在社团祭祀中，虽然宗教活动的参与者为某群体中的全体成员，但是，其仪式的主持者，却或为该群体的领导者，或为巫师、法师。而巫师和法师，无论其是业余还是专职，都被认为是具有一定“通灵”能力的人——他们能与神灵沟通（“见鬼”、“祈福”），传达或解释神灵的意愿（“占卜”、“问事”），并能乞求或利用神灵或超自然的力量为人们服务（“治病”、“祓禳”）。

于是，“灵魂”的观念，为原始宗教的发育提供了温床；而泛灵崇拜、泛生崇拜以及祭祀、巫术等，便成为原始社会中制度化和意识形态化意义上最具流行性和影响力的一种文化形态。由于原始宗教与灵魂观念如此密切的关系，我们不妨如此推断：原始宗教意识乃至仪式的萌芽，距灵魂观念的形成不会相去太远。“山顶洞人在尸体四周撒有赤铁矿粉粒”这一事实，既可是灵魂观念和“死后生活”的佐证，亦可解释为一种原始宗教意识和仪式。

如果说中国原始宗教起源可以上溯至旧石器时代晚期的看法还只是一种

推论，那么，说具有宗教或类宗教性的巫和巫术的流行不晚于新石器时代中晚期，则是被广泛认同的事实。在辽宁东沟后洼遗址，出土了刻有人、猪、鸟、虎、鱼形的石雕，宋兆麟先生认为这是巫觋施行巫术的手段。至于喀佐县东山嘴红山文化的建筑遗址，容观夐先生推测为古代北方民族萨满教祭天的场所。从大汶口文化开始，黄河流域即出现了一种陶鼓，其后在庙底沟二期文化、龙山文化、半山文化、马厂文化中均有发现，高天麟先生认为其中一部分可能是专为死者特制的通神灵的陶器。在仰韶文化和半山文化中，发现了据宋兆麟认为是绘有巫师形象的彩陶盆。在内蒙昭乌达盟巴林左旗富河沟门、辽宁羊头洼、唐山大城县、山东曹县莘家集、内蒙赤峰、蜘蛛山夏家店下层、赤峰药王庙、宁城南山根、北票丰下等遗址，均发现了一些用以占卜的无字卜骨[4]。所有这些，至少说明新石器时代中晚期以来，原始宗教、类宗教、巫和巫术在中国北方区域已广为流行。

那么，原始宗教与原始中国社会、中国文化，尤其是原始中国文化的主体精神间，到底存在什么样的关系呢？概括地讲，可以归纳如下：

其一，在灵魂的观念以及相关的原始宗教意识中，在人化过程中产生的、作为主体性之重要基础和前提之一的个体观念，进一步进入原始初民的意识领域。也就是说，灵魂和宗教意识的出现，意味着在自我意识和反思的层次上，个体乃至个体性主体的观念已经萌生。

换言之，当原始初民开始相信某种形式的“死后生活”和“灵魂”的继续存在时，这就说明他们已开始具备至少是朦胧的“个体”的观念。因为从逻辑上讲，“灵魂”既是“个体”得以生存的条件，又是“个体”的另一种持存形式；反过来说，如果没有关于“个体”的自我意识的存在，就没有与该个体相一致的“某人的灵魂”，没有与该个体相持存的“某人的死后生活”。于是，“灵魂”的观念的存在，反证了最原初的“个体”观念（尽管这些观念与我们今天的理解在水平或内涵上大不一样）的存在。这样，即使是在非常低级的原始社会或原始宗教文化中，“灵魂”实际上，或者至少在想象逻辑上，是具有“个体”意识的“影像”。所以泰勒说：

> 灵魂是不可捉摸的虚幻的人的影像，按其本质来说虚无得像蒸汽、薄雾或阴影；它是那赋予个体以生气的生命与思想之源；它独立地支配着肉体所有者过去和现在的个人意识和意志；它能够离开肉体并从一个地方迅速地转移到另一个地方；它大部分是摸不着看不到的，它同样也显示物质力量，尤其看起来好像醒着的或者睡着的人，一个离开肉体但跟肉体相似的灵魂；它继续存在和生活在死后的人的肉体上；它能进入另一个人的肉体中去，能够进入动物体内甚至物体内，支配它们，影响它们。[5]

灵魂的观念，不仅已经蕴涵着个体的观念，还暗示着作为支配个体的某种主体性和主观能动性的存在。——因为灵魂及宗教意识表面上指向彼岸，但实质植根于人所特有的持存欲望和超越品格，是人所特有的主体性和主观性的折射和寻觅。因此，不妨这样说：灵魂的观念，是原始初民对于个体的统一性、持存性乃至主体性的某种朦胧的想象和猜测；而哲学意义上最原初的主体观念的发生，也与灵魂的观念密切相关。例如，古希腊哲学中，德谟克利特、柏拉图和亚里士多德等，都曾把灵魂(ψυχη)当作认识的主体。

与之相关的，是宗教意识和仪式中所显现的群体观念以及群体性主体观念的萌发。

1922年，拉柔曾经为宗教下过一个在我看来稍嫌宽泛、但曾被广泛引用的定义。他说：宗教是人类"信仰、责任以及行为的总和。人类通过宗教来认识超自然的世界，向它尽自己的义务，并且乞求它的帮助"。"宗教就可视为是人们试图赖以控制世界上他们所不能控制的领域的信仰和行为方式。"[6]可见，在宗教意识中，人类虽仍然把自己看做自然的一部分而不是自然的主人；但是，他们至少已经将自身作为一种自然存在而与超自然区别开来——而这，至少意味着"人的类意识"，包括"群体意识"的觉醒。所以，当宗教或类宗教(如巫术)第一次在人类进化史上出现的时候，它将人类从自然与非自然、物与我不分的混沌状态，带入初步意识到人作为一个种群与周围世界有别的觉醒状态。这就实际上意味着"人的类意识"以及进入意识层面的"人类的超越性"的萌生。换言之，宗教不受时空自然秩序、现实条件和可能性的限制，赋予人类一种关于个人和集体的自我意识，以及关于现世或来世的生活的意义。"它从'邃古之初神灵的时代'中提取力量，给人以永生。它给人们超越艰难的世俗生活以达到(只要顷刻)精神的自我境界提供途径。"[7]从这种意义上讲，在人类进化的历史长河中，灵魂观念、宗教意识的首次出现乃至宗教自身的诞生，应当说曾是一个巨大的飞跃：像工具和火的使用一样，它不仅是人类特有的有意识的行为，而且直接促成了人类群体性主体观念乃至人类特有的超越品格的形成。这是其二。

其三，建立在灵魂信仰和泛灵崇拜基础之上的中国原始宗教意识、仪式等，尽管会因民族、地域和时代差异而各具特点，但是作为一种普遍存在的现象、特别是"集体有意识"，势必为早期华夏民族提供了最初的具有统摄性、承继性的意识形态、政治形式、社会规范、文化传统。而所有这些，构成了早期华夏世界走出蒙昧时期最普遍、最广泛、最具支配力量的"文明之律"。事实上，在早期华夏文明、文化诸要素的形成发展过程中，中国的原始宗教文化起了相当重要的关键作用。其影响之大、之深远，其后只有儒家文化可与之匹敌。

《艺文类聚》中引《古史考》曰："庖牺氏作，始有筮。"考古发现也证实了中国原始宗教、类宗教的起源早于文明史。中原龙山文化时代或历史记载的“五帝”时代，是我国从原始社会向阶级社会过渡，文明和国家逐渐形成的时代。“在这一时期中，巫的身份逐渐发生变化，即一小部分巫师与氏族首领的身份合而为一，氏族首领往往同时执行巫师的职能。”于是，正如李安宅先生早在1931年就曾指出过的：原始社会的宗教职业者，凭着自己的机巧，“由着私巫变成公巫。及为公巫，便是俨然成了当地领袖。领袖的权威越大，于是变为酋长，变为帝王——酋长帝王之起源在此”[8]。

宗教不仅在国家起源和政治统治集团形成方面起过十分重要的作用，而且在早期文化制度、文化建设、文化价值观以及哲学思想观的确立方面发挥着重大影响。例如，中国祖先崇拜的制度化和宗庙系统的出现，中国法律制度中的“习惯法”、“神判法”，中国文字、文学、艺术、哲学的起源，中国天文历算的发明，中国医学的建立和发展，以及中国最早的知识分子集团的形成，等等，无一不与原始宗教文化及巫师、祭师的活动密切相关。

于是，便形成了原始宗教文化与中国文化主体精神相关的第四点：中国原始宗教文化既为中国早期文化及相关主体精神的发育提供了土壤、养分、环境和生长的气候，同时又在相当的程度上决定了中国早期文化，尤其是文化主体精神的“它律性的自律”倾向。

一般说来，任何民族中任何形式的宗教，对社会和主体而言，都意味着是一种精神和行为规范方面的它律：“传统宗教巩固了群体的规范，给个人的行为提供了道德制裁，为共同体的平衡所依赖的共同目的和价值观念提供了基础。”[9]即使后来在社会、文化和文明的发展已经具有一定的水平时，宗教作为人类社会“诸律”之一，也仍然具有维系和规范人类生存和人类社会的某些功能。所以哈维兰说：

> 宗教与巫术的存在，为的是把生活的变幻不定，转变为生活的安定。同时，它们所共有的价值观、信仰和习惯，也会起着强有力的一体化作用。现存社会秩序的宗教合理化也是相当重要的，因此宗教也成为一种道德秩序。这样，一方面宗教与巫术间有着联系，另一方面，宗教与政治组织和社会控制也有着联系。[10]

但是，宗教在中国的发展具有自己独特的路径。恩格斯曾经指出：“古代的一切宗教都是部落宗教以及后来的氏族宗教，它们发生于而且结合着各该民族的社会和政治状况。”[11]中国原始宗教的情形也是如此。一方面，由于地域和自然环境方面的原因（如既缺少爱琴海域诸岛国那种便利的海路交通，又不像中东诸国那样地处欧亚或东西文化的交汇处），中华民族较长时期一直停留在以狩猎和采集为主要生产和生活方式的、自给自足同时又较为封闭的阶段。因此，当时世界范围内的人口迁徙、区域贸易、文化交流乃至宗教文化交流，便较少（相对而言）对从蒙昧走向文明时期的华夏民族产生影响。另一方面，由于中华民族自身的各种文明因素、文化成分、惯例自身尚处于孕育之中，缺乏尔后它们所逐渐形成和表现出来的那种强大的统一性和制衡力。因此，与世界各主要文化圈相比，中国的宗教一方面较长时期停留在原始宗教阶段，并对中国原始社会及其文化发生着重要的影响。不仅如此，中国原始宗教在尔后的发展中，就其形态而言往往少有制度和理论上的系统化，并在进入封建社会以后，很快就丧失其在国家和民族生活中的主流地位；不像欧洲、中西亚乃至印度等国曾经历过较长时期的政教合一的历史阶段。所有这些，造成了中国宗教源始性和氏族性更强的特点。而这些特点，又反过来影响着中国早期文化乃至主体精神“自律”品格的形成。

所谓源始性，主要有两层含义。一是指中国原始宗教一般由中国原始初民朦胧的宗教意识、本土化的宗教信仰和仪式直接演化发展而来。因此，其文化形式和内涵更切近人的自然本性和生命意识，具有源初意义上较强的自然性和自发性。二是指中国的原始宗教始终以宗教史上处于较低级阶段的泛灵崇拜和泛生崇拜为主要形式，且处于多神教阶段。因此，其对自然的崇拜和对超自然的崇拜是合为一体的，具有源初意义上较强的统摄性和含混性。

所谓氏族性，也有两层含义。一是指中国的原始宗教与原始初民的部落或氏族生活密切相关，其影响力渗透至原始初民部落或氏族性日常生活几乎各个方面，由此，形成了部落或氏族意义上的世俗性和类群性。故原始社会后期一方面形成了“民神杂糅，不可方物；夫人作享家为巫史”（《国语·楚语下》）的社会风气；另一方面，亦存在“非我族类不在祀典”的民族特点。二是指原始宗教与原始社会氏族文明密切相关。因而原始宗教在社会规范制裁、道德维系、心理慰藉、教化教养、文化传承以及意识形态控制诸功能方面，也具有浓重的以氏族生活为指归的社会性和功利性。

所有这些，使得中国的原始宗教文化和原始主体精神一开始便具有更突出的“自律”的倾向：对于原始初民而言，自然性和自发性可以使他们对宗教的选择更多地出自本能和自愿，统摄性和含混性使他们对原始宗教信仰、仪式既感到敬畏又感到亲和，世俗性和类群性使他们在宗教活动中得到精神慰藉和心理认同，而社会性和功利性又使得他们直接从宗教实践中培养出氏族群体意识和利害观念。于是，中国原始宗教的源始性和氏族性，使得原始初民将“它律性”的宗教之律转变为一种心甘情愿、自愿持守的“自律”。

二　史初时期（夏商周）

从公元前21世纪（夏）至公元前771年（西周），是我国自原始社会转入奴隶社会，继而向封建社会过渡的历史时期。在这一时期，华夏文明的诸多基本要素和形式得以发育或赋形。因此，从整个华夏文明史的宏观发展看，这一时期可谓之为古代文明[12]形成的史初时期。

在这一时期，中国史前宗教文化中的多神崇拜逐渐向一神崇拜发展，并出现愈来愈具有一神意味的“天”的观念。同时，从原始宗教中的世俗性出发，也逐渐形成较明确的“人”的观念。于是，“天”与“人”构成了中国史初宗教文化总体世界观中“对立统一的两极”，而史初初民及其文化的主体性也由之从这“对立统一的两极”中，得到首次较为明确的确立与消解。

所谓“天”，实际上是一个以“天”为核心概念和意象的、具有历史性的“概念族”。在夏商以前，它泛指一切自然和超自然，也包括多神意义上的诸神(天的基本义项既包括“天空”，“天体”，“天气”，“天象”，“自然”，“自然的、天生的”，“自然形质”等，又包括“天神、上帝、自然界的主宰者”，“神佛仙人或他们生活的‘那个世界’”等)。随着文明的形成、世俗最高统治权威的确立，中国原始宗教开始出现从多神崇拜向一神崇拜转化的趋向。于是，从夏开始，“天”的概念明确出现，并逐渐增加至高无上之大神的含义。殆至商、周，“天”一方面与“帝”或“上帝”等同，具有一神崇拜的意味；另一方面也保留着先前多神崇拜、超自然崇拜乃至自然崇拜的一些含义。这样，天，本质上是中国原始宗教源始性的一种表征。由于中国原始宗教的源始性主要体现为宗教意识起源方面的自然性和自发性，以及宗教崇拜形式方面的统摄性和含混性。因此，作为自然性和自发性、统摄性和含混性之统一表达的“天”的观念，对于早期先民而言，既是自然的，又是超自然的(《鹖冠子·度万》:“天者，神也”)，或是具有意志、人格的(《尚书·洪范》:“惟天阴騭下民”;《尚书·康诰》:“天乃大命文王殪戎殷”)；既是一神的(《尚书·泰誓》:“天视自我民视，天听自我民听”)，又是多神的，或是泛神的。于是，在直观而又含混、抽象而又笼统的“天”的观念中，史初初民体悟并获得一种最高意义上的、既是宗教的又是哲理的慰藉和解脱。——而这，正体现了宗教与文化和哲学的内在关联，也预示着尔后中国文化、哲学等与“天”的不解之缘。

至于“人”，则主要与中国原始宗教另一基本品格即氏族性相关。如前所述，这里所谓的氏族性，主要以中国原始宗教的世俗性和类群性、社会性和功利性为基本内涵。而作为这些基本内涵之统一表达的，是具有浓重社会意识的“人”的观念。就目前的发现来看，卜辞中所称的“人”，还没有和氏族分离——可见汉语中“人”字的出现，一开始就与氏族和群体相关，而少有个体的意味。西周时，也大抵如此。据《周书》、《雅》、《颂》及金文中所见的“人”字归纳，周时所谓“人”，计有下列各义：a. 氏族先王；b. 王者；c. 氏族贵族(君子)；d. 在位的职官[13]。春秋战国时代，“人”的含义有所扩大。但在当时的语义语用以及体现于这些语义语用的民族观念中，“人”虽然有时指称一种生命个体(《列子·黄帝》:“有七尺之骸，手足之异，戴发含齿，倚而趣者，谓之人”)，但更主要是一种社会类群(古时“人”泛指通

"民";而"民"专指则为百姓或非奴隶的自由人。阮元在校勘《尚书·尧典》"敬授人时"句时说:"古本人作民,注同。按:唐以前引此句未有不作民者。疏云:'敬授下人以天时之早晚。'下人,犹下民也。知孔疏所见之本犹作民字。后人因疏作人,并经传改之。自开成石经以后沿讹至今");虽然可以指涉自身(如"文如其人"之人),但更多地指涉他人(《尚书·秦誓》:"人之有技,若己有之");虽然是自然的(《尚书·尧典》:"神人以和"),或世俗性的(人的基本义项之一,即"人情事理"。《荀子·解蔽》:"庄子蔽于天而不知人"),但更主要是非自然的(即与"天然"相对而言的"人为"。《庄子·秋水》:"牛马四足,是为天;落马首,穿牛鼻,是为人"),或受制于天的。因此,中国人的"人"的观念,虽然一开始便不乏群体性、社会性或伦理性的意识,但很可能自原始初民时代起,便缺少对个体性乃至主体性的体认。——而这,同样为中国文化而后的发展,埋下关于人以及主体问题的伏笔。

值得强调的是,天与人,虽然是中国原始世界观中不同的两极。但这两极一开始就具有相互转化、渗透乃至调和的趋向。这主要表现在"天的人化",以及"人的天化"这种相互移位之中。

汉语中,"天"的本义即与人相关。天,其源始义指人的额部。《说文》:"天,颠也。"王国维说:"古文天字本象人形。……本谓人颠顶,故象人形。"(《观堂集林》)章炳麟也称"天即颠耳。颠为顶,亦为额"(《小学答问》)。至于"人",亦被认为是天地所生。《说文》:"人,天地之性最贵者也。"故"神人以和"(《尚书·舜典》)、"天人合一"自古便被认为是一种理想境界。于是,天的人化,人的天化,在华夏民族的原始文化和思维中,都被认为是一种自然而然的事情。到了从原始社会向奴隶社会过渡时期,由于社会、政治尤其是意识形态方面的需要,这种人化和天化的双向对移过程得以加速。在上古神话传说、古代典籍、夏商卜辞乃至早期语言文字中,都可找到相关佐证。

以五帝论,神话传说或古代典籍中的黄帝"生而能言,役使百灵",能"顺天地之纪,幽明之占,生死之说,存亡之难"。帝颛顼高阳则"养材以任地,载时以象天,依鬼神以制义,制气以教化,洁诚以祭祀"。帝喾高辛"生而神灵,自言其名。……历日月而迎送之,明鬼神而敬事之"。帝尧"其仁如天,其知如神"。舜即位后"肆类于上帝,禋于六宗,望于山川,编于群神"[14]。——五帝既是"天化"亦即"神化"的人;同时,他们也是"人化"的天。于是,夏商以后,"天"即"帝","帝"即"天"。

更值得注意的是,在中国原始宗教和原始文化中,天与人虽然可以互易调和,但由于宗教观念的存在,二者之间的关系总的来讲又具有不平衡性:即天"主"人"从"——天总是居于人之上(《说文》:"天,颠也。至高无上,从一、大")。于是,随着原始宗教进入社会伦理政治系统,天人之二元的互动,最终归结为"天尊人卑",归结为"人"对于"天"的屈从和皈依。

因此,天、人的观念、关系,在史初时期便最终发展为"人以天为律,使自身趋近于天”的核心价值观和终极理想。而史初时期占据主导地位的政治思想文化和制度文化，无一不与这种核心价值观和终极理想相关。

例如，在出现阶级之前，原始初民对原本为人的祖先的崇拜最终归结为对祖先神乃至天的崇拜。在出现统治集团、政权以及国家的雏形之后，天又被当作人世权利合法性的来源和理据，凡人世中居最高位之统治者，莫不以“承天命”或“天子”自居：“有夏服天命”（《尚书·召诰》）；禹“致孝乎鬼神”（《论语·泰伯》）。及至殷商时代，虽可能出现城市和国家这些公认为文明标志的萌芽（作为殷代文字的卜辞中，已有“封”、“邑”、“鄙”等字。侯外庐等藉此推断：“在殷代，国家已有萌芽。”[15]）；但是，已有的考古发现表明，“殷代的思想”，仍“以宗教占主要地位”[16]；一切“国之大事”，尤其是祭祀和战争（“祀与戎”），仍都要通过宗教仪式以取得祖先神或上天的认可。此外，与一神化趋向一致，“天”的观念也进一步集中和具化为富有意志、人格且为宇宙间一切事物的主宰者的“帝”或“上帝”：“甲辰，帝其令雨？”[17]“帝其令风？”[18]“帝其降堇？”[19]“伐卬方，帝受我又？”[20]西周时期，随着城市文明和自由民阶层的形成，统治阶级关于天人关系的看法有所变化，例如，从“敬德”、“保民”的立场出发，周公曾说“天惟时求民主”（《尚书·多方》）；“民之所欲，天必从之”（《尚书·泰誓》）。但是，“天命靡常”（《诗经·大雅·文王》），“享天之命”等仍然是西周统治阶级的基本思想；而周人的天道观和敬德论，也是殷代氏族宗教思想的延伸。

要言之，在中华民族从蒙昧到文明的第一次社会文化转型中，以史前、史初时期的原始宗教为母体，逐步形成了关于“天”与“人”原型观念以及建立在这种原型观念基础之上的文化模式。在这种原型观念和文化模式中，一方面天与人分处于二元对立结构的两极，由此孕育和建构了最原初的主体和主体性观念；但另一方面，人的观念本身就缺乏个体性和平等意识。加之在人与天的关系中，人并不具有真正的对等性——天“主”人“从”，且人被理解为须经由自身的努力而向天趋同，于是，这种对于主体的建构便一开始就包含着逻辑地消解着主体的内在矛盾。这一命定的，或曰带有原型意味的悖反及悲剧性，成为中国文化尤其是儒家文化自律传统的一个重要源头。[21]

［本文作于1997年（原为书稿《主体精神流变与中国文化现代转型》第二章第一节）；后载《华中学术》2010年第2期］

注释：

[1]塞缪尔·贝克：《尼罗巴西姆地区的种族》，转引自泰勒：《原始文化》第1卷，上海：上海文艺出版社1992年版，第423页。

[2]马林诺斯基：《巫术、科学与宗教》(1948)，转引自《威廉·A·哈维兰：《当代人类

学》,上海:上海人民出版社 1987 年版,第 502 页。

[3]杨兴隆:《记巫山早期古人类化石的发现》,《四川文物》1989 年第 1 期。

[4]童恩正:《中国古代的巫》,《中国社会科学》1995 年第 5 期。

[5]泰勒:《原始文化》,连树声译,上海:上海文艺出版社 1992 年版,第 416 页。

[6]威廉・A・哈维兰:《当代人类学》,上海:上海人民出版社 1987 年版,第 504 页。

[7]威廉・A・哈维兰:《当代人类学》,上海:上海人民出版社 1987 年版,第 502 页。

[8]童恩正:《中国古代的巫》,《中国社会科学》1995 年第 5 期。

[9]威廉・A・哈维兰:《当代人类学》,上海:上海人民出版社 1987 年版,第 502 页。

[10]威廉・A・哈维兰:《当代人类学》,上海:上海人民出版社 1987 年版,第 440 页。

[11]马克思、恩格斯:《论宗教》,北京:人民出版社 1954 年版,第 70 页。

[12]侯外庐说:"'古代'这一名词,从历史科学的严格意义上讲来,仅指特定的阶段,即文明确立和国家成立以后的奴隶制社会,不是指常识上一般所说的古时的意思。"(见《中国思想通史》,第 1 卷,人民出版社 1957 年版,第 3 页)本文在这种意义上使用"古代文明"一词。

[13]侯外庐等:《中国思想通史》第 1 卷,北京:人民出版社 1957 年版,第 34 页。

[14]童恩正:《中国古代的巫》,《中国社会科学》1995 年第 5 期。

[15]侯外庐等:《中国思想通史》第 1 卷,北京:人民出版社 1957 年版,第 12 页。

[16]侯外庐等:《中国思想通史》第 1 卷,北京:人民出版社 1957 年版,第 23 页。

[17]董作宾:《殷虚文字乙编》,台北:"中央研究院"历史语言研究所,1951 年,6951 片。

[18]董作宾:《殷虚文字乙编》,台北:"中央研究院"历史语言研究所,1951 年,3092 片。

[19]郭沫若:《卜辞通纂》,《郭沫若全集一考古编》第 2 卷,北京:科学出版社 1983 年版,373 片。

[20]郭沫若:《卜辞通纂》,《郭沫若全集一考古编》第 2 卷,北京:科学出版社 1983 年版,373、374 片。

[21]参见拙文《"人"与"天"——前期儒家与自律精神的确立》,《华中师范大学学报》2003 年第 5 期。

“人”与“天”：前期儒家与自律精神的确立

在中华民族从蒙昧到文明的第一次社会文化转型中，以史前、史初时期的原始宗教为母体，逐步形成了关于“天”与“人”的原型观念以及建立在这种原型观念基础之上的文化模式。在这种原型观念和文化模式中，一方面“天”与“人”分处于二元对立结构的两极，由此孕育和建构了最原初的主体和主体性观念；但另一方面，“人”的观念本身就缺乏个体性和平等意识。加之在人与“天”的关系中，“人”并不具有真正的对等性——“人”被理解为须经由自身的努力而向“天”趋同，于是，这种对于主体的建构便一开始就包含着逻辑地消解着主体的内在矛盾。这一命定的，或曰带有原型意味和内在悖论的主体性观念，在尔后中国文化尤其是儒家文化的发展中得到进一步体现。

在中国从奴隶社会向封建社会转型的历史过程中，儒家文化的兴起恐怕是自原始宗教文化滥觞以来又一影响深远的重大事件。我们甚至可以毫不夸张地这样说，中国此后长达 2500 多年封建社会的历史，就是儒家文化逐渐占据正统地位，并成为中国传统主流文化的历史。

无论从观念体系还是从实际形态看，中国封建社会儒家文化的发展呈现出十分复杂的情形；但从历史转折和文化变迁的角度分析，儒家思想文化的发展以魏晋为界大致可分为前后两个时期：前期儒家始于先秦而终于两汉，其基本的发展脉络，可以概括为“从儒者、儒学到儒教”。后期儒家起于魏晋而盛于宋明，其基本的理论走向，可以概括为“从玄学、理学到心学”。

由于后期儒家交汇于魏晋以后三教互补、三教合一的思想文化潮流，其间的文化变迁和主体精神流变，主要体现为儒释道互动互补和自律传统的进一步理论整合化；因此，这里暂且搁置不论而着重探讨前期儒家与自律[1]传统的确立问题。

一　原儒阶段(春秋战国)

所谓原儒，这里主要指以孔孟为代表的先秦经典儒学。而原儒文化，则就是以孔孟经典儒学为根基的早期儒家文化。

先秦时期是中国由奴隶社会而至封建社会的转型期，也是中国古代儒家思想文化以及其他一些十分重要的思想文化学派或传统的孕育期和赋形期。就先秦时期思想文化发展的总体走向而言，可以概括为“非中心化”或曰“边缘化”。其特征之一是西周官学的瓦解、春秋私学的发端以及战国诸子百家的兴起。

西周时期,“土地国有”、“宗子维城”、“学在官府”构成了西周社会的三大支柱。以周氏族为首的氏族贵族联盟不仅以“国有”的形式占有土地,以“宗法”制度维系政治统治,而且以“官学”的方式垄断思想意识的生产。春秋时期,随着土地私有化过程的加剧,氏族组织的解体,以及新兴地主阶级、平民阶级及其知识分子代表“贤人”的出现,经过近六七百年之久的酝酿,终于在春秋战国之交完成了“学术下于私人”的转化。作为这一转化的划时代标志,是孔墨显学的创立。战国时代,自春秋以来所开始的政治文化意识形态的非中心化和下移运动进一步加速,出现了“陪臣执国命”、“商贾出于王之市”和“士无定主”等政治、社会变革现象。于是诸子百家群起,形成了官学衰微而民间私学鼎盛的局面。而儒家学说和思想文化,则是始终与这一非中心化过程同步,并体现其基本精神的主要私学派别和文化。

谈到儒家的思想及其源流,过去的学者较多注意到商周以来的思想影响,而较少探讨其与原始宗教文化的关系。但是事实上,儒家文化尤其是原儒文化与原始宗教有着十分密切的联系。

首先,这体现在儒与原始或早期宗教职业者的关系方面。儒,实际上由巫、史、祝、卜这类宗教职业者分化而来。据说孔子(公元前551年—公元前479年)起初的职业即为“祝”,以相礼和办丧事为生——“出则事公卿,入则事父兄,丧事不敢不勉,不为酒困,何有于我哉?”(《子罕》)[2]祝,即男巫。《说文》:“巫,祝也。”段玉裁说:“祝”乃“莶”之误。而“莶,能齐肃事神明也。在男曰莶,在女曰巫。”《说文》曰:“儒,柔也,术士之称。”《周礼·天观·太宰》:“四曰儒,以道得民。”郑玄注:“儒,诸侯保氏有六艺以教民者。”贾公彦疏:“诸侯师氏之下,又置一保氏之官,不与天子保氏同名,故号曰儒,掌养国子以道德,故曰以道得民。”可见儒本身即术士,或者更准确地说,是熟悉诗书礼乐、为贵族服务、旨在以道得民的术士。

其次,儒作为孔子所创立的一种学术流派,与原始或早期宗教文化传统也有密切的关系。例如,孔子注《易》,并以《易》为儒学经典,而《易》本来就是与原始宗教有关的“卜算”之书。《周易》“观物取象”的基本方法和思路,源自于原始的龟甲骨占和鸟兽骨占;作为《周易》之经文的“卦辞”、“爻辞”其实就是卜算辞;而“象”、“传”所包含的“万物含生论”、“万物交感论”、“阴阳论”等,也莫不与原始宗教的“泛生论”、“泛灵论”,以及商周时代具有宗教神学色彩的“五行论”相关。所以《汉书·艺文志》说:“儒家者流,盖出于司徒之官,助人君顺阴阳明教化者也。”

儒与原始或早期宗教职业者这种密切的渊源关系,势必影响到原儒阶段儒家、儒学的基本世界观和主体观。例如,史前或史初宗教文化由“天一人”之两极所构成的基本世界观,仍然是原儒阶段儒家对世界看法的基本构架;而儒家文化中“性”、“命”、“礼”、“仁”等观念或思想,也可以在原始宗教乃至商周时期宗教神学中找到其各自的端倪。

当然，这里我们着重要讨论的是原儒文化的主体意识和自律精神问题。笔者的基本看法是：原儒文化一方面由于历史的原因继承和保留了原始宗教或商周文化中的一些原型观念，另一方面，它又相因于变化了的社会、时代，而将这些观念加以取舍、整理和系统化，从而建立起一整套以“天”、“人”为两极，以“礼”、“仁”为核心，以“圣人”或“神人”为人格理想的思想文化观念和价值系统。中国文化及其主体精神的变迁也因之进入一个更为自觉并更富有自律性的发展阶段。

如果说以孔子为代表的原儒思想文化一开始就否定了人，否定了主体性，这是不符合事实的。实际上，以孔孟为代表的原儒思想，乃至整个先秦哲学非常注重人的问题。甚至我们可以毫不夸张地这样说：从《论语》到《孟子》，讲的基本上都是“做人”或“人治”的道理。这与古希腊哲学一开始主要偏重于自然和世界“本原”问题的传统大不相同。换言之，与同时期的古希腊哲学相比，原儒思想乃至先秦哲学一开始就具有人本哲学的意味，而后者更多地具有自然哲学的色彩。那么，既然如此，为何儒家文化的实际演进和最终结果却以“非人”甚至“吃人”为本质和归宿呢？究其原因，这仍然与原儒对世界乃至对人的基本看法有关。

从哲学的角度看儒家文化，原儒的形而上思考仍然未脱离儒前时代的天人观，其对世界的基本看法仍然是围绕着天与人这对立统一的两极展开的，并且，在天与人二者的关系上，原儒强调的仍然是“天主人从”。

《周易》[3]作为儒家最早的经典，在从原始宗教文化向儒家文化的过渡中扮演着十分重要的角色。《周易》一方面充分肯定了无所不在的、具有原创力和统摄力的天道、天德——“大哉乾元！万物资始，乃统天”[4]；另一方面，又十分推崇能顺应天道、尽善尽性的人道、人性——“易之为书也，广大悉备。有天道焉，有人道焉，有地道焉”，“一阴一阳之谓道。继之者善也，成之者性也”。由此，形成了原儒文化“天人合德”的基本主体观和价值观——“大人者，与天地合其德，与日月合其明，与四时合其序，与鬼神合其吉凶，先天而天弗违，后天而天奉时。”

在这样一种主体观和价值观中，人，一方面作为天、地、人“三才”之一，获得了一种立于天地间的、相对独立的主体性地位——“昔者圣人之作易也，将以顺性命之理。是以，立天之道，曰阴与阳；立地之道，曰柔与刚；立人之道，曰仁与义。兼三才而两之，故易六画而成卦。分阴分阳，迭用柔刚，故易六位而成章。”（《周易·说卦传》）另一方面，对人的价值判断（“仁”、“义”）、理想人格的追求（“大人”、“圣人”），仍然以向天的顺应、皈依为最终的尺度和最高的境界——“与天地相似，故不违。知周乎万物，而道济天下，故不过。旁行而不大流，乐天知命，故不忧。安土敦乎仁，故能爱。范围天地之化而不过，曲成万物而不遗，通乎昼夜之道而知。”（《周易·系辞》）

在孔子和孟子（公元前 372 年—公元前 289 年；一说公元前 390 年—公元前

305年)的思想中,这种关于天与人的基本看法仍然得到延续。

"天",《论语》中49见,其中约半数指"上天"、"天神"、"天理"、"天道"等。孔子常常把"天"看做是一种人格神。例如,他在受到匡人围困时,就曾感慨说:"天之将丧斯文也,后死者不得与于斯文也;天之未丧斯文也,匡人其如予何?"(《子罕》)还如,他在宋国大夫桓魋要加害自己时也曾这样说:"天生德于予,桓魋其如予何?"(《述而》)在孔子的言谈中,天,不仅有人格、有意志,能决定人的命运;而且也是自然和社会的最高主宰。《论语》曾这样记载:"子曰:'予欲无言。'子贡曰:'子如不言,则小子何述焉?'子曰:'天何言哉? 四时行焉,百物生焉,天何言哉?'"(《阳货》)在回答王孙贾的问题时,孔子说:"获罪于天,无所祷也。"(《八佾》)孔子不仅肯定天的至高无上的人格神地位,还时常讲"命"或"天命"(《论语》"命"214见,其中约半数相关于命运之"命";还有3处直接讲到"天命")。孔子说:子曰:"道之将行也与,命也;道之将废也与,命也。……"(《宪问》)"君子有三畏:畏天命,畏大人,畏圣人之言"。(《季氏》)到了晚年,孔子愈发相信天命,并把知天命视为人格完善乃至成为君子的必备条件:"……五十而知天命";(《为政》)"不知命,无以为君子也"。(《尧曰》)

"人",《论语》中219见,其绝大多数指日常语义上的人。但作为一种理想和价值判断,孔子认为"人"当有神的"品格"。或者说,孔子以具有神性、神格的人为真正完善的人,或曰"圣人"。《大戴礼记》中,有一段孔子应鲁哀公问政之问答。孔子认为,人格和人的理性发展大致经历五个阶段,故可分为五品即五个等级:"庸人","士","君子","贤人","圣人"。孔子说:"所谓圣人者,知通乎大道,应变而不穷,能测万物之情性者也。大道者,所以变化而凝成万物者也。情性也者,所以理然、不然、取、舍者也。故其事大,配乎天地,参乎日月,杂于云蜺,总要万物,穆穆纯纯,其莫之能循;若天之司,莫之能职;百姓淡然,不知其善。若此,则可谓圣人矣。"(《哀公问五义第四十》)

在孟子那里,"天"虽然较之于孔子时减少了人格神的色彩——这是战国时期原始宗教影响逐步淡化的一种表征;但仍然具有最高意志。或者说,孟子更倾向于从"天意"、"天命"的意义上理解"天",并把这种意义上的天视为社会政治变迁、人事世事更迭的最高主宰者。孟子说,虽然"天不言,以行与事示之而已矣";(《万章·上》)但舜之所以得天下,归根到底是"天与之"[5]。他还把一切非人力所为或所能解释的现象归之于"天"或"命":"莫之为而为者,天也。莫之致而致者,命也。"(《万章·上》)于是"顺天者存,逆天者亡"。(《离娄·上》)便成为孟子社会历史观和伦理观中的一个基本思想。这种思想,势必影响孟子对"人"的看法。

同孔子一样,孟子认为人有"君子"与"野人"之分——"无君子莫治野人,无野人莫养君子"[6](《滕文公》);或"劳心"与"劳力"之分——人"'或劳心,或劳力。劳心者治人,劳力者治于人。'治于人者食人,治人者食于人,天下之通义也"[7](《滕文公》)。而孟子所谓的君子,圣人,一个重要的品性,是知天、知命,顺受其正——“君子行法,以俟天命而已矣。”(朱熹注:法者,天理之当然者也。《尽心·下》)“形色天性也。惟圣人,然后可以践其形。”(《尽心·上》)孟子还说:“莫非命也,顺受其正。是故知命者不立乎岩墙之下。尽其道而死者,正命也;桎梏死者,非正命也。”(《尽心·上》)

此外,同孔子一样,他认为人格的类型或人格发展也有一个可分的级次。《孟子·尽心》中有浩生不害与孟子这样一段对话:

> 浩生不害问曰:“乐正子何人也?”
>
> 孟子曰:“善人也,信人也。”
>
> “何谓善?何谓信?”
>
> 曰:“可欲之谓善,有诸已之谓信,充实之谓美,充实而有光辉之谓大,大而化之之谓圣,圣而不可知之之谓神。乐正子二之中,四之下也。”(《尽心·下》)

就算是圣人,在孟子看来还有高下之分。他说:“伯夷,圣之清者也。伊尹,圣之任者也。柳下惠,圣之和者也。孔子,圣之时者也。孔子之谓集大成。”(《万章·下》)于是,尽心、知性、知天,便成为孟子至高的人格和人生境界。

由此可见,孔孟原儒的理想人格,是圣人人格——“圣人,人伦之至也”(《离娄·上》);而圣人人格,实际上是“神人”人格——即以“天人合德”,或“与天地精神同流”(《尽心·上》)为最高境界的人格。所以,孔子说:“大哉尧之为君也!巍巍乎!唯天为大,唯尧则之。”孟子也说:“君子行法,以俟天命而已矣”(《尽心·下》);“形色天性也。惟圣人,然后可以践其形”(《尽心·上》)。在《中庸·右二十一章》中,这一人格理想得到更为集中的阐发:

> 惟天下至诚,为能尽其性;能尽其性,则能尽人之性;能尽人之性,则能尽物之性;能尽物之性,则可以赞天地之化育;可以赞天地之化育,则可以与天地参矣。

关于当时的“天人观”和“圣人”观念,庄子在论述西周、春秋、战国的思想变化和分期时,曾有一段很精辟的概括。庄子《天下篇》称:

> 古之所谓道术者果恶乎在?曰无乎不在。曰神何由降,明何由出,圣有所生,王有所成,皆原于一。不离于宗谓之天人,不离于精谓之神人,不离于真谓之至人;以天为宗,以德为本,以道为门,兆于变化,谓之圣人。

那么,如何致达“天人合德”这一最高境界呢?孔子、孟子都提出了以“礼”、“仁”为核心,以“克己”、“修己”、“修身”、“养性”为基本途径的解决方案。

“礼”,《论语》中75见,其日常语义主要指“礼意”、“礼仪”、“礼制”、“礼法”、“礼用”。如果说在这些语义和语用间有什么共同性的话,那么它们都相关于对某种最终可以归结为“天”(“天然”或“天意”)的事物、关系或秩序的认可肯定。例如,孔子十分赞赏的周礼,按其起源,本身即与对天的崇拜以及对祖宗一元神祭享的礼仪、礼器有关;而周公作礼,就是将宗庙的礼器固定化做氏族专政的宗礼。这样,周礼所维系的,实际上是以奴隶主贵族血缘关系为纽带的宗法制度,以及以“君君,臣臣,父父,子子”为基本内容的奴隶主贵族等级制;而这些在孔子看来,显然都具有“天然”或“天赐”的性质。正因为“礼”的理据或合法性归根到底源自于“天”,因此,对“礼”的顺从维护,实际上是对“天”的顺从维护。从这种意义上讲,“礼”,无论作为当时旧贵族或氏族专政的法权形式,还是作为原儒具有伦理学、政治学色彩的一个核心范畴,其本质都是“天”的观念在世俗社会、政治、法律乃至道德伦理领域里自然或逻辑的延伸。于是,当孔孟以“事君尽礼”(《八佾》)为己任,或强调“礼”的时候,他们本质上是强调世俗社会、政治、法律乃至道德伦理领域里的既有等级和秩序。所以孔子说:“礼乐征伐自天子出”,不能“自诸侯出”,更不许“陪臣执国命”。而礼的最终目的,是实施和维护统治:“上好礼,则民易使也。”(《宪问》)对于一般民众,则当“道之以德,齐之以礼”,使之“有耻且格”(《为政》)。孟子也强调:“不信仁贤,则国空虚。无礼义,则上下乱。”(朱熹注:礼义,所以辨上下,定民志。《尽心·下》)于是,“礼”便在原儒阶段发展成为政治和制度文化中的最高范畴。

至于“仁”,《论语》中111见,其中绝大多数指一种道德标准或人格价值:孔子说:“刚、毅、木、讷近仁”;(《子路》)“恭,宽,信,敏,惠”即仁。由于“恭则不侮,宽则得众,信则人任焉,敏则有功,惠则足以使人”(《阳货》),因此“能行五者于天下为仁矣”。此外,在孔子看来,仁,也是一种“道”。孟子转述道:“孔子曰:道二,仁与不仁而已矣。”(《离娄·上》)而“仁”之道,是可以经由主体的努力尤其是不断地自我修养和完善而致达的:“仁远乎哉?我欲仁,斯仁至矣。”(《述而》)所以,“当仁,不让于师”;“志士仁人,无求生矣害人,有杀生以成仁”(《卫灵公》)。于是,像“礼”一样,“仁”也是原儒伦理和思想文化中的一个核心范畴。

孟子作为孔子的继承者、思孟学派的代表人物,其对礼仁的看法一方面与孔子大致相近;另一方面,又增添了“义”、“气”、“孝”、“弟”等新的内容:

孟子见梁惠王。王曰:“叟不远千里而来,亦将有利于吾国乎?”孟子对曰:“王,何必曰利?亦有仁义而已矣。”(朱熹注:仁者,心之德,爱之理。义者,心之制,事之宜也。《梁惠王》)

“分人以财谓之惠，教人以善谓之忠，为天下得人者谓之仁。是故以天下与人易，为天下得人难。”(《滕文公》)[8]

王子垫问曰：“士何事?”孟子曰：“尚志。”曰：“何谓尚志?”曰：“仁义而已矣。”(《尽心·上》)

“居仁由义，大人之事备矣。”(朱熹注：大人，谓公卿大夫。《尽心·上》)

“仁，人之安宅也。义，人之正路也。旷安宅而弗居，舍正路而不由，哀哉。”(《离娄·上》)

“尧舜之道，孝弟而已矣。”(《告子·下》)

无怪乎程子这样说：“孟子有功于圣门，不可胜言。仲尼只说一个仁字，孟子开口便说仁义。仲尼只说一个志字，孟子便说许多养气出来。只此二字，其功甚多。”[9]

从上述引文中可以看出，孔孟所谓的“仁”或“仁义”，实际上是原儒“人”的观念，或者更准确地说“圣人”或“神人”观念的现实化和伦理化：

“仁也者人也。合而言之，道也。”(朱熹注：仁者，人之所以为人之理也。然仁，理也；人，物也。以仁人之理，合于人之身而言之，乃所谓道者也。《尽心·下》)

孟子曰：“仁，人心也。义，人路也。舍其路而弗由，放其心而不知求，哀哉!”(《告子·上》)

换言之，“仁”实际上是“圣人”人格的概括和范畴化，而“圣人”则是“仁”的观念的人格化。由于“天”与“人”构成了孔孟对世界看法的两极，因此，作为两者之自然延伸和对应的“礼”与“仁”，便有了内在的联系：

“礼”，作为世俗化的“天”(等级、秩序)，同时又是偏于社会、政治层面的“仁”——“不信仁贤，则国空虚。无礼义，则上下乱。”(朱熹注：礼义，所以辨上下，定民志。《尽心·下》)因此，“仁”的诸种品格，须以“礼”统领之——“恭而无礼则劳，慎而无礼则葸，勇而无礼则乱，直而无礼则绞。”(《泰伯》)

而“仁”，作为“神圣化”的“人”，同时也是偏于道德、伦理层面的“礼”——孟子曰：“君子所以异于人者，以其存心也。君子以仁存心，以礼存心。仁者爱人，有礼者敬人。爱人者人恒爱之。敬人者人恒敬之。”(《离娄·下》)所以，要到达“仁”的境界，也须从“克己复礼”做起——“克己复礼为仁。一日克己复礼，天下归仁焉。”(《颜渊》)

两者的互易、渗透、结合，便构成了原儒文化深层的宗教—神学底蕴和表层的政治—伦理色彩。前者可资解释儒学以后为何中国无国教而将儒学称儒教——

因为儒学已经具有宗教神学的一些最核心或基本的功能;后者亦可说明先秦以来为何中国尚众人而无个人、尚人治而无人权的传统——因为儒家政治和伦理均着眼于“众人之治”和“众人之德”。

于是,从“天”与“人”,至“礼”与“仁”,一种具有世界观和人生观意义的,涉及社会、政治、伦理、人格修养、思想文化乃至文学艺术诸方面的基本原则得以确立——这就是“自律”。

对于原儒来说,自律不仅仅是一种体现于圣人人格和礼仁观念中的客观精神,更重要的是一种主观追求。

孔子将这种主观追求概括为“克己”、“修己”。孔子说:“为仁由己,而由人乎哉?”(《颜渊》)而这种经由自身努力可以致达的“仁”,其基本内容就是“非礼勿视,非礼勿听,非礼勿言,非礼勿动”(《颜渊》)。孔子的学生说他有“四绝”:“毋意,毋必,毋固,毋我”(《子罕》)。孔子本人亦十分强调为人处世须具备“温、良、恭、俭、让”(《学而》);“刚、毅、木、讷”(《子路》);“恭,宽,信,敏,惠”(《阳货》);以及“恕”——“己所不欲,勿施于人”(《卫灵公》)等充满自律色彩的美德和人格。

孟子作为先天道德观念论者,一方面对孔子“性相近,习相远”的观念有所发挥,强调“性本善”——“人性之善也,犹水之就下也。人无有不善,水无有不下”(《告子·上》);并认为仁、义、礼、智作为“四端”、“四德”,是人的本性——“恻隐之心,人皆有之。羞恶之心,人皆有之。恭敬之心,人皆有之。是非之心,人皆有之。恻隐之心,仁也。羞恶之心,义也。恭敬之心,礼也。是非之心,智也。仁义礼智非由外铄我也,我固有之”(《告子·上》)。但是,另一方面,孟子并未因为人性本善,具有仁、义、礼、智这先天性的“四端”而放弃自律的要求。因此,他说虽然“万物皆备于我”,但仍须“反身而诚”;人性虽有善端,但仍须不断培养。于是,以性善论等先天道德观为前提,孟子进一步提出了以“守身”、“修身”,“知性”、“养性”,“寡欲”、“正心”等为基本内容的自律方法和原则:

> 孟子曰:“尽其心者,知其性也。知其性,则知天矣。存其心,养其性,所以事天也。殀寿不贰,修身以俟之,所以立命也。”(《尽心·上》)
>
> “有大人者,正己而物自正。”(《尽心·上》)
>
> “天下有道,以道殉身;天下无道,以身殉道。”(《尽心·上》)
>
> “养心莫善于寡欲,其为人也。寡欲,虽有不存焉者寡矣。其为人也多欲,虽有存焉者寡矣。”(《尽心·下》)
>
> “古之人,得志泽加于民;不得志,修身见于世。穷则独善其身,达则兼济天下。”(《尽心·上》)
>
> “征之为言正也。各欲正己,焉用战?”(《尽心·下》)
>
> “规矩,方员之至也。圣人,人伦之至也。欲为君尽君道,欲为臣尽臣道。

二者，皆法尧舜而已。”（《离娄·上》）

孟子曰：“事孰为大？事亲为大。守孰为大？守身为大。……守身守之本也。”（《离娄·上》）

“……故苟得其养，无物不长。苟失其养，无物不消。”（《告子·上》）

孟子曰：“有天爵者，有人爵者。仁义忠信，乐善不倦，此天爵也。公卿大夫，此人爵也。古之人，修其天爵，则人爵从之。今之人，修其天爵，以要人爵。既得人爵而弃其天爵。则惑之甚者也。终亦必亡而已矣。”（《告子·上》）

“大匠诲人，必以规矩。学者亦必以规矩。”（《告子·上》）

孟子曰：“君子所以异于人者，以其存心也。君子以仁存心，以礼存心。仁者爱人，有礼者敬人。爱人者人恒爱之。敬人者人恒敬之。”（《离娄·下》）

那么，这种“自律”的最终或曰最高目的又是什么呢？一言以蔽之，就是“律人”。孔子的“克己复礼说”已经明确道出了这一真谛：“克己”的目的，就是“复礼”，使“天下归仁”：“克己复礼为仁。一日克己复礼，天下归仁焉。”（《颜渊》）因此，自律精神在社会、政治领域里的实践和体现，就是自觉遵循“君君，臣臣，父父，子子”的社会等级和规范，施行礼治、德治和仁政。所以孔子说：“上好礼，则民易使也”（《宪问》）；“为政以德，譬如北辰居其所而众星共之”（《为政》）；“修己以安人”，“修己以安百姓”（《宪问》）。在思想文化和文学艺术领域，自律便意味着“志于道，据于德，依于仁，游于艺”（《述而》）；意味着“兴于诗，立于礼，成于乐”（《泰伯》）；意味着“思无邪”（《为政》）。

对孟子而言，以礼、仁为最高规范的自律，首先也是一种社会和政治需要。孟子说：“天下之本在国。国之本在家。家之本在身。”（《离娄·上》）因此，守身的目的，最终也可反推或归结为守家、守国、守天下。所以孟子说：“君子之守，修其身而天下平。”（《尽心·下》）“仁人无敌于天下”（《尽心·下》）；“三代之得天下也以仁。其失天下也以不仁”（《离娄·上》）；“不仁而得国者有之矣，不仁而得天下，未之有也。”（《尽心·下》）孟子还进一步举例说：“离娄之明，公输子之巧，不以规矩，不能成方圆。师旷之聪，不以六律，不能正五音。尧舜之道，不以仁政，不能平治天下。”（《离娄·上》）“老吾老，以及人之老；幼吾幼，以及人之幼；天下可运于掌。”（《梁惠王》）[10]

由此可见，自律之于孔孟，不仅仅是自律者本人获取“圣人”、“神人”人格的一种方法，更重要的是一种由已及人、使全社会“顺天承命”、致达“礼仁”境界的一种途径。于是，以孔孟为代表的原儒思想文化，虽然十分强调人性、人格的自我完善和主观能动性，并将史前、史初时期的原始自律精神扩展至与人以及人的活动相关的各个领域，如伦理、社会、政治、文化、文学等领域，从而赋予人的主体性乃至主体主观能动性以更加重要的地位；但与此同时，他们所提倡的主体精神，不仅是偏于自律一极的主体精神，而且归根到底，是一种以向宗教和宗法之"天"的皈依为最终目标，同时也带有更明确的社会政治功利目的、更浓重的伦理政治色彩的主体精神。这样，原儒文化不仅一开始就在确定主体性的同时便消解了主体性，而且其大力提倡的"自律"最终也就不可避免地转向为"律人"或曰"它律"。

二　汉儒阶段（两汉）

由孔子创立的儒家显学经由思孟学派的发展、荀子的集成光大而至汉代，便进入所谓汉儒阶段。在这一阶段，以董仲舒（公元前179年—公元前104年）为代表的官方儒家在汉武帝罢黜百家、独尊儒术的政策支持下，否定"子学"，开创"经学"，并将宗教神学和原儒儒学合为一体，致力于从儒学到儒教的历史性转变，使儒家文化最终成为封建社会占据主导地位的正统文化。而起源于原始宗教、滥觞于原儒文化中的自律精神，自此亦成为封建社会中长期具有支配性地位的主体精神和文化精神。

儒家文化之所以在汉代发生由"学"而至"教"的转变，一方面相因于原儒文化自身的宗教渊源和神学底蕴；另一方面，亦相关于封建集权的需要和思想主潮的变化。关于前一方面，笔者在上节已经涉及，这里主要谈谈后一方面的问题。

如前所述，先秦时期政治、思想、文化发展的总体趋势，可以概括为"非中心化"或曰"边缘化"。但是，以秦汉之际为始，中国政治、思想、文化发展开始了一轮新的"中心化"过程。其标志之一是封建集权统治的确立，宗教神学的中兴和儒家学说的定于一尊。

关于中国古代社会封建化的过程及其分期，史学界一直尚存在争论。但是，自秦兼并六国，中国始建立第一个统一的、多民族的封建专制主义国家，却是一个不争的事实。而"汉承秦制"，秦汉在制度上先后承袭、小异大同，也为古今史家所公认。例如，《史记》、《汉书》凡论及汉代的政治、经济、文化制度，"必首标汉袭秦制"。因此，说华夏文明至秦汉方完成从奴隶制到封建制、从宗子维城到中央集权的社会转型，应该是可以确立的。

与政治上封建化和集权化的转折相一致，秦汉之际的宗教亦发生了一统化的需求。事实上，从战国末叶开始，连年的兼并战争，导致各国政治、社会、文化和精神危机的加剧，因此谶纬禁忌之风日盛，迷信宗教的氛围日渐浓厚。然而，自殷周以来所形成的"古代世界的'天'已经被破坏了，古代世界的'先王'已经被清算了，各国独立的民族宗教已经被否定了"；故以邹衍为代表的阴阳五行家便逐渐占居重要的地位。"邹衍的神秘主义不仅要代替失去了的哲学，而且要代替失去了的宗教，而为新王朝的统治阶级服务。"[11] 但是，由于邹衍力图在"五行说"和"天道观"之间寻求某种折中和调和，所以，邹衍的"天"始终纠缠隐匿于五行之理，显得神秘朦胧暧昧，未能完成与中央专制主义的政治文化需求相一致的、以至上一统的“天”为核心的宗教观的创造。于是，基于社会、政治和文化转型的需要，以一个统一的宗教来补充和支持一个统一的帝国，从理论上系统证明神权和皇权的联系，便成为汉初官方意识形态的迫切需求和首要任务。

董仲舒执行了这样的任务：“他给新宗教以系统的理论说明，把阴阳五行说提到神学的体系上来，把‘天’提到有意志的至上神的地位上来，把儒家伦常的父权(它作为封建秩序的表征)和宗教的神权以及统治者的皇权三位一体化。”[12]在神学和儒学的结合中，开始了从儒学到儒教的历史性转变。

一般说来，以孔孟为代表的原儒文化虽然一开始便与原始宗教和神学具有千丝万缕的联系，但是，其主要的思想形式和论域与其说是神学，不如说是极富政治一伦理学色彩的人学。以邹衍为代表的阴阳五行说继承了殷周以来的“五行”说思想，并以思孟学派“天人合一”思想为基础，在儒道结合中赋予阴阳五行辨证与神秘兼具的色彩。但是，由于邹衍的“五行胜克说”和“五德始终说”未能理清“天”与“五行”的关系[13]；因此，邹衍的理论虽然通向神学和儒学，然而终未完成两者的统一和结合。

董仲舒显然意识到了这样一个根本性的问题：要建立彻底的神学体系，就必须消除以往宗教或类宗教观念中至上神的矛盾性，并赋予神学以某种实用性乃至实证性；另一方面，要寻求儒学的独尊地位，就必须把儒学宗教化，既使儒学中的基本范畴与神学中的最高范畴保持内在的一致性，又使儒学能得到神学上的某种证明。于是，董仲舒重新注目于神学和儒学中都认同的“天”的观念，并对这个观念进行了神学和儒学皆可赞同的重新阐释。

董仲舒的首要任务之一，是重新清理天与阴阳、五行乃至万物的基本关系，重新回复天主宰一切的至上神和人格神地位。

为了达到这一目的，董仲舒一方面从前人那里接受了阴阳、五行的基本概念，以及一个至少可以上溯至《尚书》、《易经》的古老的宇宙模式——“天地之气合而为一，分为阴阳，判为四时，列为五行”(《五行相生》)[14]。另一方面对这些概念、模式进行了神学目的论和儒学伦理观的解释：“天道之大者在阴阳，阳为德，阴为刑。”阴阳，作为德气与刑气(“阴，刑气也；阳，德气也”)，流转而为四时，四时便兼有了天的刑德，并进而为天的意志之体现：“春气爱，秋气严，夏气乐，冬气哀。爱气以生物，严气以成功，乐气以养生，哀气以丧终，天之志也。是故春气暖者，天之所以爱而生之。秋气清者，天之所以严而成之；夏气温者，天之所以乐而养之；冬气寒者，天气之所以哀而藏之。”(《阳尊阴卑》)

阴阳既与四时配，也与四方配：“阳气始出于东北而南行，就其位也，西转而北入，藏其休也。阴气始东南而北行，亦就其位也，西转而南入，屏其服也。是故阳以南方为位，以北方为修；阴以北方为位，以南方为修。”(《阴阳位》)阴阳在四时四方内的出入终始、流转运行，便产生了五行。而且，这五行出于天“有伦、有经、有权”的意志和安排：“故至春，少阳冬出就木与之俱生；至夏，太阳南出就火与之俱暖，此非各就其类而与之相起与？少阳就木，太阳就火，火木相称，各就其正，此非正其伦与？至于秋时少阴兴而不得以秋从金，从金而伤火功，虽不得以从金，亦以秋出于东方，俛其处而适其事，以成岁功，此非权与？……是故天之道有伦、有经、有权。”(《阴阳始终》)

通过对天与阴阳、五行的关系重新解释和描述，“天”就被从阴阳、五行胜克的受制中解救出来，反过来运行主宰阴阳、五行之理，使阴阳、五行之理成为“天”之所运和所现。由此，不仅使春秋以来因老子、宋钘、尹文、荀子和韩非等人予以理论颠覆的日渐模糊的天的形象重新清晰起来，而且使战国末叶驺衍学说中天与阴阳、五行的暧昧关系得到清理：万物统一于五行，五行统一于阴阳，阴阳统一于天。天自此获得了超越一切，包括五行胜克之理的造物主和至上神位置：

> ……天者，群物之祖也，故遍复包函而无所殊。建日月风雨以和之，经阴阳寒暑以成之。[15]
>
> 天者万物之祖，万物非天不生。(《顺命》)
>
> 天者，百神之君也，王者之所最尊也。(《郊义》)
>
> 天者，百神之大君也，事天不备，虽百神犹无益也。(《郊祭》)

由于天是宇宙万物的创造者，是众神之君，因此，天便成为一种至上神。董仲舒说：

> 天高其位而下其施，藏其形而见其光。高其位，所以为尊也；下其施，所以为仁也；藏其形，所以为神，见其光，所以为明，故位尊而施仁，藏形而见光者，天之行也。(《离合根》)

这样的至上神不仅有意志、有目的，而且有人格和好恶偏爱：“是故先爱而后严，乐生而哀终，天之当也……是故天数右阳而不右阴，务德而不务刑。”(《阳尊阴卑》)于是，在儒学化的“天之任阳不任阴，好德不好刑”，以及“显经隐权，前德而后刑”神学理论的支持下，汉武帝“阴法阳儒”的政治，乃至“独尊儒术”的文化战略，便同时具有了神学和儒学的根基。

在摆正了天的位置之后，董仲舒另一个重要的任务是“由天道推演人事”，对人尤其是天与人的关系予以重新解释。

天与人，如前所述，虽然是自原始宗教以来中国古代世界观中不可或缺的两极，然而，在不同时代或不同思想文化体系中，对两者的权衡轻重或关注的程度仍然是有所不同的。例如,就先秦神学和儒学而言,前者往往更偏重于天及天道问题,而后者则往往更聚焦于人以及人道问题。但是,自董仲舒开始,与汉代神学的儒学化和儒学的神学化趋向相一致,天与人及其相互关系在儒学和神学的结合中得到更为并重和集中的表述。

在董仲舒那里,人的地位似乎有所提升:有时天、地、人三者并举——“天地人,万物之本也;天生之,地养之,人成之。……三者相为手足,合以成体,不可一无也”(《立元神》);有时人与天地、阴阳、五行同位——“天、地、阴、阳、木、火、土、金、水,九,与人而十者,天之数毕也,故数者十而止……天至人而毕”(《天地阴阳》);有时人甚至被视为万物之至贵——“天地之精所以生物者,莫贵于人”(《人副天数》);人甚至可以“绝于物而参天地”(《立元神》)。但是,从根本上讲,董仲舒所理解的天人关系,仍然是天主人从。这主要集中体现于他著名的“天人感应”论。

天人感应论的基本思想之一是所谓“人副天数”。董仲舒认为,人是天所创造的,天所以生人,是为了实现天的意志。这样,人,归根到底,是天的缩影:

> 人之(为)人,本于天,天亦人之曾祖父也,此人之所以乃上类天也。人之形体,化天数而成;人之血气,化天志而仁;人之德行,化天理而义;人之好恶,化天之暖清;人之喜怒,化天之寒暑;人之受命,化天之四时。人生有喜怒哀乐之答,春秋冬夏之类也。喜,春之答也;怒,秋之答也;乐,夏之答也;哀,冬之答也。天之副在乎人,人之情性有由天者矣。(《为人者天》)
>
> 天地之符,阴阳之副,常设于身,身犹天也,数与之相参,故命与之相连也。(《人副天数》)

耶稣说上帝按照自己的样子创造了人类;董仲舒亦称人是天的缩影。两相比较,其人副天数思想的神学色彩不言而喻。

董仲舒“天人感应”论的又一基本论点是“谴告论”:人既为天所创造,当人违背了天的意志时,就会招致天的震怒;天亦会以各种灾异以示谴告和惩罚:

> 天地之物,有不常之变者,谓之异。小者谓之灾。灾常先至,而异乃随之。灾者,天之谴也;异者,天之威也。谴之而不知,乃畏之以威。……凡灾异之本,尽生于国家之失。国家之失,乃始萌芽,而天出灾害以谴告之。谴告之而不知变,乃见怪异以惊骇之。惊骇之尚不知畏恐,其殃咎乃至。(《必仁且知》)

作为“公羊春秋学”的代表人物,董仲舒习于以阴阳家之言解说《春秋》的微言大义，甚至不惜将春秋二百四十余年的历史启示，比附推衍至“非常异义可怪”的地步。此外，在《天人三策》中，他对春秋历史的解释，亦充满这种“天人感应”和“谴告论”的色彩：

> 臣仅案《春秋》之中，观前世已行之事，以观天人相与之际，甚可畏也。国家将有失道之败，而天乃先出灾害以谴告之；不知自省，又出怪异以警惧之；尚不知变，而伤败乃至。以此见天之仁爱人君而欲止其乱也。自非大亡道之世者，天尽欲扶持而全安之。事在强勉而已矣。[16]

董仲舒不仅谈“谴告”，也讲“祥瑞”或“天瑞”：

> 天之所以大，奉使之王者，必有非人力所能致而自至者，此受命之符也。天下之人，同心归之，若归父母，故天瑞应诚而至。《书》曰：“白鱼入于王舟，有火复于王屋，流为乌。”此盖受命之符也。[17]

由此可见，“人副天数”也好，“谴告”、“天瑞”也好，强调的都是“天主人从”的天人关系。所以董仲舒的天人感应论，虽然较之先前的神学或儒学更明确地强调天人的关联和统一；但是，另一方面，如同原始宗教和思孟学派的“天人合德”论一样，这种关联和统一并未在天人之间建立真正平衡的对等关系或平等关系。

这一点，作为天人感应论的核心和指归所在，很分明地体现在董仲舒的人性理论中，形成表面上是“天人感应”，而实际上是“人感应于天”的基本主体观和思想线索。

在董仲舒那里，“命”、“性”、“情”三者既有区别，也有内在的联系。董仲舒在回答汉武帝时说：“臣闻命者，天之令也；性者，生之质也；情者，人之欲也。”[18] 由于董仲舒认为“人受命于天”，因此，他对人性的看法也承接了“天命之谓性”[19] 的儒家传统，认为人性天施，且象天：“今善善恶恶，好荣憎辱；非人能自生；此天施之在人者也。”（《竹林》）又由于人性“本于天”、“上类天”，所以从根本上讲，人性不可更改：“人受命于天，有善善恶恶之性，可养而不可改，可豫而不可去，若形体之肥臞，而不可得革也。”（《玉杯》）

董仲舒一方面主张人性天成，不可更改，另一方面，又十分强调人性的差异、等级和教养之功。这主要体现在以下几个方面。

首先，董仲舒认为，由于人副天数，而天有阴阳之分，因此人之性本身，以及性与情之间，亦有阴阳之别：“身之名取诸天，天两有阴阳之施，身亦两有贪仁之性；天有阴阳禁，身有情欲栣，与天道一也。”（《深察名号》）于是，在天道与人道的对应中，天之阴阳与人之性情间也确立了某种对应关系：“身之有性情，若天之有阴阳

也。言人之质而无其情，犹言天之阳而无其阴也。”(《深察名号》)

其次，由于董仲舒天道观主张“阳尊阴卑”，所以相对应地，他对性与情关系的看法，也是“性尊情卑”。例如，在董仲舒著名的“性三品说”中，他就是依据性与情的关系，尤其是情的多寡，将人性分为三个等级的：一是所谓“圣人之性”，即情欲少，不教而能善者。二是所谓“中民之性”，即虽有情欲，但可为善亦可为恶者。三是所谓“斗筲之性”，即情欲盛，虽教亦难为善，只可为恶者。由于董仲舒认为“名性不以上，不以下，以其中名之”(《深察名号》)，因此，他实际上是主张“善过性，圣人过善”，只有“中民之性”需要并可以教养。

与上述问题相关的，是他对性与善关系的看法。董仲舒认为：善出于性中，而性未必已善、全善——“故性比于禾，善比于米；米出禾中，而禾未可全为米也；善出性中，而性未可全为善也。善与米，人之所继天而成于外，非在天所为之内也”(《深察名号》)。这样，善之于性，便只是一种先天的可能性——“善端”；而这种作为先天可能性的善端须经后天之教养方可为现实：

> 民之号，取之瞑也。使性而已善，则何故以瞑为号？以賨者言，言弗扶则将颠陷猖狂，安能善？性有似目，目卧幽而瞑，待觉而后见；当其未觉，可谓有见质，而不可谓见。今万民之性，有其质而未能觉，譬如瞑者待觉，教之然后善；当其未觉，可谓有善质，而不可谓善。……性如蚕如卵，卵待孵而为雏，茧待缫而为丝，性待教而为善，此之谓真天。(《深察名号》)

最后，也是最重要的，既然天命即性，而性尊情卑，待教而善；那么秉承天意，以天为律，通过王者的教化和自身的修养，开启善端，以性(阳)控情(阴)，“损其欲辍其情以应天”(《深察名号》)，便成为其文化观和主体观方面合乎逻辑的选择。所以，一方面，就个人或一般民众而言，体察天意的自省作用和修持之力就十分重要：“天不变道亦不变”[20]；“道莫明省身之天”(《为人者天》)；“内动于心志，外见于事情，修身审己，明善心以反道者也”(《二端》)。换言之，由于“天之所为，有所至而止；止于内谓之天性，止于外谓之人事，事在性外，而性不得不成德”(《深察名号》)，这样，通过内心的反省就可以把握“天地神明之心与人事成败之真”。另一方面，就王者或统治者而言，顺天承命的正统地位和教化之功也就成为理之必然：“天生民性，有善质而未能善，于是为之立王以善之，此天意也。民受未能善之性于天，而退受成性之教于王，王承天意，以成民之性为任者也。”(《深察名号》)那么，王者如何才能教化万民呢？董仲舒提出王者也须通过“正心”来“正万民”乃至天下，致达王道乐土：

> ……故为人君者正心以正朝廷，正朝廷以正百官，正百官以正万民，正万

民以正四方；四方正，远近莫不敢壹于正，而亡有邪气其间者。是以阴阳调而风雨时，群生和而万民殖，五谷孰而草木茂。天地之间，被润泽而大丰美；四海之内，闻圣德而皆徕臣。诸福之地，可致之祥，莫不毕至，而王道终矣。[21]

由此可见，董仲舒关于天与人及其相互关系的看法，归结到一点，就是“以天为律”、“天主人从”。这不仅是董仲舒天道观和人道观的核心意识，也是董仲舒哲学、历史、政治、伦理、文化观中的贯穿线索。从这样一种基本的世界观和主体观出发，自然会形成一整套强调秩序与持守，以它律性自律为本质，并与封建社会器物文化、制度文化相适应的思想文化体系。

以哲学思想论，董仲舒从“阳尊阴卑”的基本立场出发，表面上讲“合”——对立双方的统一，而实际上主张“主次有序”——即一方命定或永远地对另一方的统领或屈从。例如，他一方面说“凡物必有合，合必有上，必有下，必有左，必有右，必有前，必有后，必有表，必有里。有美必有恶，有顺必有逆，有喜必有怒，有寒必有暑，有昼必有夜，此皆合也。阴者阳之合，妻者夫之合，子者父之合，臣者君之合。物莫无合，而合各有阴阳。”(《基义》)另一方面，他又强调：“阴道无所独行，其始也不得专起，其终也不得分功，有所兼之义。是故臣兼功于君，子兼功于父，妻兼功于夫，阴兼功于阳。……阳之出也，常县于前而任事；阴之出也，常县于后而守空处，而见天之亲阳而疏阴，任德而不任刑也。”(《基义》)可见董仲舒之所以主张“阳尊阴卑”、“性尊情卑”，以及“阴法阳儒”、“显经隐权，前德而后刑”，莫不与这种对矛盾双方既定主次关系形而上的基本看法相关。由此亦可佐证董仲舒的“天人感应”，实为“人感应于天”。

以历史思想论，董仲舒以“天之道终而复始”的基本观念立论，将邹衍的“五德始终”说改头换面，提出了颇具历史循环论色彩的“三统说”。所谓“三统”，即黑统、白统、赤统。董仲舒以夏为黑统，商为白统，周为赤统。而历史上的改朝换代，无非黑白赤“三统”与夏商质文“四法”互相交错，以十二世为周期的历史大循环。另一方面，历史虽然是循环的，但贯彻历史之始终、“复而不厌者谓之道”；由于“道之大原出于天，天不变，道亦不变，是以禹继舜，舜继尧，三圣相守而守一道”[22]，于是，董仲舒得出了这样一种结论：改朝换代中，“受命之君”，为了与“前王”有别，虽然“必徙居处，更称号，改正朔，易服色”——此所谓“新王必改制”；但这都是因为“不敢不顺天志而明自显”，“若其大纲、人伦、道理、政治、教化、习俗、文义，尽如故，亦何改哉？故王者有改制之名，无易道之实”(《楚庄王》)。也就是说，最基本的价值观念、文化传统、尤其是统治之道是无须改变的。

与上述天道观、人性论以及哲学、历史思想密切相关的，是董仲舒的政治思想。关于政治权利的来源、作用和合法性，董仲舒的基本看法是王承天命，君权神授：“春露秋霜，皆出圣恩”，“受命之君，天意之所予也”(《深察名号》)。董仲舒还说：

天令之谓命，命非圣人不行；质朴之谓性，性非教化不成；人欲之谓情，情非度制不节；是故王者上谨于承天意以顺命也，下务明教化民以成性也。正法度之宜，别上下之序，以防欲也。修此三者，而大本举矣。[23]

与此密切相关的，是董仲舒对政治秩序的看法。董仲舒说：

《春秋》之法，以人随君，以君随天。曰，缘民臣之心，不可一日无君。一日不可无君而犹三年称子者，为君心之未当立也。此非以人随君耶？孝子之心，三年不当；三年不当而踰年即位者，与天数俱始终也。此非以君随天邪？故屈民而伸君，屈君而伸天，《春秋》之大义也。（《玉杯》）

关于政治制度的选择、重心和实施，董仲舒则强调奉天法古：

《春秋》之道，奉天而法古。是故虽有巧手，弗修规矩，不能正方圆；虽有察耳，不吹六律，不能定五音；虽有知心，不览先王，不能平天下。然则先王之遗道，亦天下之规矩六律已。故圣者法天，贤者法圣，此其大数也。得大数而治，失大数而乱，此治乱之分也。所闻天下无二道，故圣人异治同理也。古今通达，故先贤传其法于后世也。《春秋》之于世事也，善复古，讥易常，欲其法先王也。（《楚庄王》）

如果说董仲舒的政治思想，带有明显的伦理学色彩，那么同样地，董仲舒的伦理思想，也具有浓重的政治倾向。这主要表现为他以“天主人从”、“阳尊阴卑”为基本秩序，以伦理与政治间的对应和统一为基本关系，并使两者相互佐证支持，建立起以“三纲五纪”为基本内容的伦理学。所谓“三纲”，即君为臣纲，父为子纲，夫为妻纲：“君为阳，臣为阴；父为阳，子为阴；夫为阳，妻为阴。”由于“王道任阳不任阴”，“是故臣兼功于君，子兼功于父，妻兼功于夫，阴兼功于阳”，“王道之三纲，可求之于天……”（《基义》）所谓“五纪”（亦称“五常”），即“仁、义、礼、智、信”，它们被认为是调整规范伦理关系乃至社会和政治行为的五项基本准则。于是，“循三纲五纪，通八端之理，忠信而博爱，敦厚而好礼，乃可谓善，此圣人之善也”（《深察名号》）。

在文化战略和意识形态控制方面，董仲舒尤为推崇儒家意识形态及其价值观念，并十分看重教化乃至思想统制的功用。《汉书·董仲舒传》称：“推明孔氏，抑黜百家，立学校之官，州郡举茂材孝廉，皆自仲舒发。”从董仲舒的言论中，也可处处看到他对儒家价值观念情有独钟：“道者，所繇适于治之路也。仁、义、礼、乐，皆

其具也。故圣王已没,而子孙长久,安宁数百岁,此皆礼乐教化之功也。"[24]董仲舒还说:

……凡以教化不立而万民不正也。夫万民之从利也,如水之走下,不以教化隄防之,不能止也。是故教化立而奸邪皆止者,其隄防完也;教化废而奸邪并出,刑罚不能胜者,其隄防坏也。古之王者明于此,是故南面而治天下,莫不以教化为大务;立大学以教于国,设庠序以化于邑,渐民以仁,摩民以谊,节民以礼,故其刑罚甚轻而禁不犯者,教化行而习俗美也。圣王之继乱世也,扫除其迹而悉去之,复修教化而崇起之。教化已明,习俗已成,子孙循之,行五六百岁,尚未败也。[25]

由此可见,董仲舒的教化思想,明显包含着加强意识形态和思想控制,以维护封建君权统治的动机和目的。

综上所述,董仲舒之所以要回复"天"至上神的地位,重申"天主人从"的基本关系,强调秩序、持守、教化和思想统制的重要性,其根本目的之一,在于"推天施而顺人理"(《竹林》),"以天之端正王之端"(《二端》),论证君权神授的合理性及现存秩序的合法性,为封建主义集权统治寻找理论根据和文化对策。这样,以董仲舒为代表的汉代儒家,不仅巩固了先秦儒家政治伦理化和伦理政治化的既有倾向,而且促成了儒学和神学的进一步结合。作为其直接的结果,是神学的儒学化和儒学的神学化。所有这些,一方面从根本上进一步颠覆了中国文化深层意识结构中人的主体性地位,消解了原始宗教和原儒文化中原本就已经很脆弱的人本意识和主体精神,使中国文化它律性的自律传统得到进一步强化;另一方面,也从理论和意识形态氛围上奠定了整个中世纪中国神学和儒学相结合的基础,并为此后儒释道三教互补和融合的文化潮流廓清了在儒学传统、宗教情绪和神学意识方面的障碍。

[本文作于1997年(原为书稿《主体精神流变与中国文化现代转型》第二章第二节);后载《华中师范大学学报》2003年第9期]

注释:

[1]关于本文中的"自律"乃至"它律性自律"等概念,可参阅拙文《20世纪中国文学主体问题三论》,《华中师范大学学报(哲学社会科学版)》1997年第4期。

[2]除特别标注者外,本文所引《论语》,均出自杨伯峻编著:《论语译注》,北京:中华书局1963年版。

[3]《周易》成书,情况较为复杂。现在一般流行看法是:《周易》中的"经"即卦爻辞起

源于殷周之际（“文王作卦辞；周公作爻辞。”），而“传”即“十翼”的形成，则跨越周至战国（十翼之大部公认为孔子所作，但亦有伪托。流行的看法是：一、二、三、四为孔子所写，较为可靠；五、六常有添改，孔子自己的东西较多；七，更次之；八、九、十伪托。胡适持此说）。由于“经”早于孔子，而“传”至少部分与孔子有关，故笔者将《易经》、《易传》一并称之为《周易》，放在《论语》之前讨论。

[4]除特别标注者外，本文所引《周易》，均出自朱熹：《周易本义》，《四书五经》（影印本），天津：天津古籍书店1988年版。

[5]除特别标注者外，本文所引《孟子》，均出自朱熹：《孟子章句集注》，《四书五经》（影印本），天津：天津古籍书店1988年版。

[6]《中国哲学史资料选辑·先秦之部》，北京：中华书局1964年版，第379页。

[7]《中国哲学史资料选辑·先秦之部》，北京：中华书局1964年版，第385页。

[8]《中国哲学史资料选辑·先秦之部》，北京：中华书局1964年版，第386页。

[9]朱熹：《孟子章句集注·孟子序说》，《四书五经》（影印本），天津：天津古籍书店1988年版，第2页。

[10]《中国哲学史资料选辑·先秦之部》，北京：中华书局1964年版，第362页。

[11]侯外庐等：《中国思想通史》第2卷，北京：人民出版社1957年版，第86页。

[12]侯外庐等：《中国思想通史》第2卷，北京：人民出版社1957年版，第89页。

[13]在邹衍看来，天既是最高的主宰，同时又受五行胜克之理的支配。于是，天与五行孰主孰次，便是一个含糊不清的问题。

[14]除特别标注者外，本文所引董仲舒语，均出自董仲舒：《春秋繁露》，上海：上海古籍出版社1989年版。

[15]班固：《汉书·董仲舒传》，郑州：中州古籍出版社1991年版，第415页。

[16]班固：《汉书·董仲舒传》，郑州：中州古籍出版社1991年版，第412页。

[17]班固：《汉书·董仲舒传》，郑州：中州古籍出版社1991年版，第413页。

[18]班固：《汉书·董仲舒传》，郑州：中州古籍出版社1991年版，第413页。

[19]朱熹：《中庸章句集注》，《四书五经》（影印本），天津：天津古籍书店1988年版，第1页。

[20]班固：《汉书·董仲舒传》，郑州：中州古籍出版社1991年版，第416页。

[21]班固：《汉书·董仲舒传》，郑州：中州古籍出版社1991年版，第413页。

[22]班固：《汉书·董仲舒传》，郑州：中州古籍出版社1991年版，第416页。

[23]班固：《汉书·董仲舒传》，郑州：中州古籍出版社1991年版，第415页。

[24]班固：《汉书·董仲舒传》，郑州：中州古籍出版社1991年版，第412页。

[25]班固：《汉书·董仲舒传》，郑州：中州古籍出版社1991年版，第413页。

象论——兼论一种表现学的构想

"象",作为汉语言特有的表述、概念和范畴,在中国传统哲学、美学和文艺学发展中,占有十分重要的位置[1]。中国历史悠久而丰富的"象理论"和"象文化",亦极大地制约、规范或影响着中国人的民族思维模式、表达方式乃至整个文明史。可以毫不夸张地说:中华民族思维、民族文化和文明,具有浓重的"象本位"倾向和色彩。

然而,在中国当代相关学术领域中,"象"这一核心范畴及概念体系所蕴含的丰富思想,尤其是其更新发展的可能性,并未得到应有的重视和开发。

黑格尔说:"知识只有作为科学或体系才是现实的,才可以被陈述出来。"[2]笔者的象论,就是一种以"象"为核心范畴、自成体系的理论。一方面,它力图以历史学的眼光,回溯中国文化典籍中固有的关于"象"的术语、概念、范畴和思想,清理出"象"由哲学、美学领域向文艺学、文艺批评领域的推演、衍化和发展的脉络,归纳出其类别、范畴和理论体系,并对中国民族思维和民族文化"象本位"的特质,进行全景式的概括分析——这是象论的"历史篇"部分。另一方面,它还刻意从哲学思辨的高度,在对当今世界相关学术思潮的检视、比较和汲取中,阐发、建立起一种既是民族的又是现代的关于"象"的理论——这是象论的"理论篇"部分。

本文将省略象论的"历史篇",而仅纲要式地探讨"象论·理论篇"中的几个基本理论问题。此外,这种讨论,亦将侧重于从笔者另一相关思想——"表现学"的角度进行。

一　象论与表现学

象论的出发点乃至归宿是"表现学",而表现学的核心和基石,则是"表现"的观念[3]。

"表现",作为一个最基本的表现学术语和概念,其本义是"现",亦即"显",或"当下存在着的显"。换言之,笔者在将"表现"还原为"现"、等同于"现"的意义上,使用这一专门术语和概念。其情形,正如在西方哲学译著中,"存在"即"在"一样。

从"表现"唯名的定义看,表现即"现"或"显"的含义本身,即意味着一种基本逻辑环节的存在:表现之为"现",必有"现之所现"与"现之能现"。前者指一切

"现"以之出,并以之归的东西,后者指一切"现"以之用、以之任的东西。"所现"与"能现"相互作为对方的对象而存在;它们是表现之为"现"而逻辑地互设和内含着的两个基本环节和方面。

表现,既是所现与能现的对立统一,也是所现与能现经由"表现机制"的作用而相互转化的过程。

这里所说的"转化",有两重含义。一是指所现向能现的转化:所现作为能现的根据、对象,相因于各种内部和外部的因素,转化、过渡为作为自身对立面的能现。——笔者把这一意义上的转化过程,称之为所现向能现的"生成过程"。二是指能现向所现的"指示"和"回溯":能现既相因所现而出,同时又作为对所现的扬弃逻辑地"包含"并实存地显示和证实所现的存在。——这是表现由能现向所现的"还原过程"。

所谓"表现过程",就是所现与能现作为表现的两个构成环节的双向矛盾运动;而这一矛盾运动的物质或精神机理,就是所谓的"表现机制"。换言之,作为表现得以构成的又一基本要素,"表现机制"指称存在于表现过程中,使表现成为可能的一切规定性。又由于表现过程被分解为"生成过程"与"还原过程";因此,表现机制亦可相应地被区分为"生成机制"与"还原机制"。前者着重强调使所现转化为能现的物质机理;而后者主要指使能现能够"表现"所现的内在规定性——它们是一种机制的两个方面。

将"所现"、"能现","表现过程"和"表现机制"几个要素联系起来加以考察,就可以得到如下所述的关于"表现"的基本构成模式:

$$能现 \underset{表现机制}{\overset{表现过程}{\rightleftharpoons}} 所现$$

将上述表现构成模式应用到对具体表现形态和方式的分析,我们就可以导出与"表现"这一至高普遍概念相关的三个下位概念:"显现"、"映现"和"再现"。

"显现"是能现与所现直接关联的表现:在显现的构成中,所现与能现"同基"——材料或基质同一;"同构"——结构同一;"同涵"——内涵或内容同一;"同形"——形式或形态同一。从这种意义上讲,显现,按其方式而言,是一种"自现"。因此,"显现"或"自现"中,所现即能现;显象即对象。这正是客观物自身的存在本质态和方式。

所谓"映现",是能现与所现间接关联的表现:在映现的构成中,所现与能现具有"异基"、"异涵"的关系,即所现与能现不具有同一构成基质和内容;它们之所以能构成映现关系,在于它们之间存在着一种"表现中介",所现与能现经由这种"表现中介"而相互转化。说能现与所现的关联是"间接的",其根据就在于这种关联是经由"中介"实现的。而这种"中介",在本质上,是对存在于所现与能现各方中各自表现基质和机制的概括。换言之,映现的构成,不仅有赖于所现体的显现机制，而且相因于能现体的映现机制——尽管后者对于能现体自身而言，也是一种显现机制。这样，映现在本质上，就是一种“它现”——其能现外于所现，或显象外于对象的表现。思维与存在，主观意识与客观对象的关系，就是这样一种映现或它现关系。

就映现自身而言，它亦可被区分为“直观映现”与“逻辑映现”两类。直观映现，是能现与所现虽然“异基”、“异涵”，但却“同构”、“同形”的表现。当然，这里只是一种“直观地同”，“现象地同”而并非“本质地同”。因此，在直观映现中，能现与所现，存在着某种程度不一的相似性——所现对象的结构、形式，被或多或少地“录制”、“映射”、“留存”于能现显象之中。所以，我们说直观映现，是一种“直接性它现”——它是“象思维”的本质和形式。至于“逻辑映现”，则是能现与所现既“异基”、“异涵”，又“异构”、“异形”的表现。在这种表现中，能现显象与所现对象毫无共同之处。它们之所以能构成一种映现存在，一方面相因于它们之间的映现机制——内在逻辑；另一方面相关于它们共处于其中的外部环境的规定性——外部逻辑。换言之，在逻辑映现中，所现对象只能依据一定的逻辑关系而被“转译”为“相关”而不是“相似”的能现显象。因此，它是一种“间接性它现”——这是“符思维”的本质和形式。

至于“再现”，则是对于映现的“再表现”。这样，在“再现”中，其所现不仅包括了显现对象与显象，而且包括了映现对象与映象；所以，再现的能现，既是对显现体的表现，也是对映现体的表现。

像映现一样，再现亦可被区分为“直观再现”与“逻辑再现”。直观再现，是再现体对于被现对象的直观性表达。在直观再现中，和在直观映现中一样，尽管能现与所现的基质、结构相异；但却在内容和形式上相似。一切“象文化”，在本质和形式上，都是“直观再现性文化”。所谓逻辑再现，是再现体对于被现对象的间接性、逻辑性转述。在这种转述中，能现与所现既不“同基”、“同构”，亦非“同涵”、“同形”。这样，在逻辑再现中，将能现与所现联系起来的，主要是一种符号关系。一切“符文化”，本质上是“逻辑再现性文化”。当然，和在“映现”中一样，直观再现与逻辑再现常常是相互渗透或并行发生的。因此，我们说，直观再现、逻辑再现以及它们的复合——直观·逻辑组合再现，是构成一切人类文化和文明的三大存在形式和形态。

显现、映现、再现，作为表现学的三大范畴，不仅是对“表现”或“现”这一至高普遍概念的推演和展开，而且是对世界存在本质、状态和方式的新的表现学的理解。笔者认为：表现即存在。宇宙间万事万物的存在，按其状态，是“表现地存在”；按其本质，是“表现的存在”。前者说明“存在以表现显示自身”；后者强调“无无表现之在”，或曰“无表现之在非在”。又由于“表现”按照其内在逻辑联系，被区分为“显现”、“映现”、“再现”这三大依次递进的范畴，因此，我们亦得到关于表现的“度”的概念，并可根据“度”的概念进一步把“表现的存在”相应地划分为三大表现界：作为自在存在的“显现界”——此为“一度表现”；作为自为存在的“映现界”——此为“二度表现”；以及作为自在与自为统一存在的“再现界”——此为“三度表现”。这三大表现界，在一定意义上(不是全部意义上)分别对应于我们通常所说的客观物质世界，主观精神世界，以及主客观统一的再现世界。总之，就笔者的理解，这样的表现观，既是一种本体论，认识论，又是一种新的关于世界的哲学性思考——它以对“表现”问题的高度重视，建构起可与传统的“本体论”、“认识论”相互补充支持和说明的“表现论”体系。另一方面，这样的表现观，既突出了“存在——思维——再现”三者的区别和联系，又强调了三者在“表现”本质上的统一性，从而使对“表现”问题的研究，有可能发展成为一种涵盖面很广而概括性很强的新科学——即笔者所谓的“表现学”。

作为一种新的、综合性学科，表现学可以把过去近于孤立地在各学科中分别进行的关于各别表现问题的研究，如哲学中关于现象和意识的研究，美学中关于美的研究，心理学中关于感觉、表象、情绪的研究，语言学、文学、艺术学中关于语言表达和文艺表现的研究等，统摄整合为一个相互贯通的、以表现现象为共同研究对象的新的研究体系。象论，就是一种基于表现学观念，以“表现论”为基本理论和方法，并可归属于表现学门下的关于“象表现”的理论。象论的核心思想是“象即表现”，象论即“象作为表现”的理论。象论的研究领域包括作为一度表现的“物象”，作为二度表现的“心象”，以及作为三度表现的“模象”。一个完整的象论体系，理应是包括有“物象论”、“心象论”和“模象论”的体系。

二　物象论

“象”，作为对象客观存在之显现，即为“物象”。物象是作为自在显现界的一度表现，故又为“一度象”。

物象作为一度象，也是一种“显象”，它是存在的自身显现；而心象与模象则是所现在他物中的映象或再现象。

物象作为一度象，从表现的构成——能现与所现的关系看，是“物”与“象”的统一体：物即象，象即物。在自在存在界中，无“无物之象”，亦无“无象之物”。

物象即显象，亦即显现着的自在存在自身的观念，在下述两方面意义上，不同于许多西方哲学家所理解的“现象”观念。

一方面，它坚持“物、象统一”的一元论原则；而从巴门尼德、麦里梭、柏拉图到康德，许多西方哲学家虽认可“本体”、“物自体”的客观性或先在性，却在“现象”观上，坚持着本体与表现、物自体与现象对立的二元论思想。

另一方面，物象即物的观念，也强调着物象的客观性和物质性原则。而从贝克莱到马赫乃至胡塞尔、海德格尔、萨特等，他们虽主张现象的一元论原则，却把这种一元论，置于唯心论的基础之上：他们所理解的“现象”（胡塞尔），“显象”（萨特），本质上实为“意识”或某种心理性对等物。

而我所谓的“物象”，既是一元论的——它强调“物”与“象”的统一性和同一性，又是唯物的——它坚持物象的客观性和先在性。

以这种唯物的、一元论的“物象”观考察存在，可将存在还原为一无限的显象系列。笔者把某存在物无限显象之集合，称之为该物的“总象”——它是该存在物全部规定性之显现。同时把构成总象的各有限显现，称之为该物的“分象”——它是该存在物部分的、某一方面规定性之显现。这样，存在是一无限的显象系列的观念，以及总象与分象的概念，从表现学的立场，彻底取消了“物”与“象”，即存在与显象的对立：存在即显象。存在物全部地“在”，全部地“是”，即是说它全部地被置换为显象（总象）。存在物部分地“在”，部分地“是”，意味着它只是部分地，或在某方面被显现为分象。

此外，存在是一无限的显象系列，以及总象与分象的概念，还真正否定了传统哲学中“本体”、“本质”与“显象”的对立：显象的“背后”，还是“显象”。所谓本体、本质，只是作为存在之所现的显象。换言之，显象与本体、本质的区别，并无绝对的、实质性的差异，而仅具有逻辑上的相对性：存在于显象“背后”的所谓本体、本质，对于其“更后”的存在而言，又相对成为显象——由此而至无穷。于是，在表现学的存在论中，本体和本质，作为所现，不再具有传统哲学所理解的那种自足性、独立性，甚至是绝对性，而是被视做对于存在物近于无限的还原性显现中一个逻辑的而非“实体性”的层面或环节。以这样的观念看存在者，本体、本质即显象，显象亦即本体、本质。于是，我们既得到了“物象无内、外，里、表之别”的观点，也得到了“物象与本体、本质共在、互在”的观点。

三　心象论

“象”，作为对象在主体内之直观映现，即为“心象”。心象是作为自为映现界的二度表现，故可名之为“二度象”。

从表现作为过程的观念看，心象是客体作为物的存在，与主体作为物的存在相互作用的结果。我们通常把这种相互作用仅归结为主体一方的功能，这是片面的。因为在这种物质性的相互作用过程中，还应包括物象作为对象显现的物质活动的存在。这样，从表现论的观点看，物象转换为心象的过程，是所现和能现双方表现机制共同作用的结果——因为心象是对显现直接的和直观的映现；而显现则已包括了物的显现机制自身。如果说，心象作为表现，是物象显现机制与心象映现机制的统一，从这种意义上，我们可以把其中的映现机制，视为主体直观感知和抽象机制的对等物。

心象，按其在主体世界中的逻辑演进，可被划分为依次递进的三个层级：感象

→表象→意象。它们是主体直观映现的三个重要环节。

1. 感象。感象是主体对于物象的感性直观。作为直观映现的最初环节，感象仅意味着主体对于物象感性确定性的表现。这种表现，往往有赖于物象作为对象的并时性存在。它具有浑然一体、尚未完全分化的特征——未能进入真正的知觉水平。因此，感象是心象世界与物象世界的结合带和临界域，处于整个心象系统的最低层级，是一种"初原心象"。

2. 表象。当物象作为直接的刺激物缺失时，在主体直观映现系统中被保留、存贮，并可重构和唤回之"象"，即为表象。与感象相比，表象失却了感象的现实性、可感性和稳定性，却获得了延存性、概括性和可操作性。换言之，表象真正割断了感象与外在物象世界最后一丝的直接联系，使"象"由物质界完全进入了精神界。或者说，表象作为直观映现的一个环节，完成了物象至心象的扬弃过程，完成了"物"与"象"的分离过程，使"象"真正成为象——由"物象合一"的自在存在，变为"为物之象"的主观自为存在，从而获得了能现与所现的真正分离，使表现具有了真正的自主性和独立性。这是表象的一方面特征。另一方面，表象又离不开物象感性材料的规定性，它只是被设定为"在我之内、为我所知"的物象之象。因此，表象仍具有较大程度地受制于物象的特征，仍具有较强的感性规定性。——这是它与心象的最高层级"意象"所形成区别的地方。这样，相对于感象和意象而言，表象是直观映现的中间环节，可目为"中介心象"。

值得指出的是，我所谓的"表象"，与西方哲学中的一般"表象"概念，有重要的区别。在西方哲学中，"表象"的用法较为混乱：有时，它等同于"现象"，如叔本华；有时，它还包括"观念"，如洛克、黑格尔等。更普遍的是，在西方哲学中，"表象"往往被含混地指涉一切存在于意识中，而与现实存在对等的心理产物（这里当然也相关于国内翻译界的混乱）。而我所谓的"表象"，仅指心象系列中一个特定的层级，直观映现中一个特定的环节。

3. 意象。像表象概念一样，笔者所谓的"意象"，有自己特有的规定性，它既不完全等同于中国古典美学中的同名术语（——后者强调"情"与"景"的内在统一），又与西方哲学（如胡塞尔、萨特等人的"意象"观）、西方文学（如"意象派"之"意象"）中的"意象"概念形成区别。在笔者的象论框架中，意象是直观映现的最高环节，也是心象系统中的最高层级——它是"意"与"象"的有机统一。

在直观映现过程中，一方面，意象得之于对表象的进一步抽象和一般化，因此，它较之于表象具有更强的概括性和图式性。这一特征，使得意象以其"意"而趋向和逼近"概念"。事实上，在意象与概念间存在着一个相互融合、渗透的区域。——这也是人们为什么有时很难将某些意象与概念区别开来的原因。另一方面，意象又在对表象抽象化、一般化过程中，仍保留着感性对象的某些规定性。这一特征，使得意象以其直观和抽象并存的状态、特质，而归属于心象范畴。

笔者认为，在主体直观映现中，“意象”作为心象的最高层级，与主体逻辑映现中的“概念”层级处于对等的位置。它们分别构成了两种不同思维（映现）形式——象思维与符思维得以运作的基本单位。另一方面，就映现的逻辑环节看，意象又处于直观映现向逻辑映现、心象表现向概念表现过渡的中介区域。意象，作为直观映现的最后环节，一端指向表象、感象乃至客观物象世界——这是意象的直观表现性和具象性；另一端，则通向逻辑映现王国和纯观念的世界——这是意象的被现性和抽象性。

四 模象论——模象与符号的比较

“象”，作为物象与心象对立统一的直观再现，是为“模象”。由于模象归属于自在与自为相统一的三度表现，故又称为“三度象”。

如果说，在“二度表现”的心象领域，“物”与“象”以映现为机制和中介发生了分离，从而产生了“象”独立于对象物之外的自我性和自为性；那么，在三度表现的“模象域”，以直观再现为机制和中介，“物之象”与“心之象”合为模象而获得了真正独立自足的表现性。换言之，模象之象既不像物象之象那样，“是其所是”——能现与所现同一，象与物浑然一体；也不像心象之象那样，“是其所不是”——能现与所现异体异质，只是一种“我中之象”、“主观之象”，未获得真正的自在独立存在。模象之象，是真正的“表现象”——它“是其所不是之是”——在模象中，“象”既不是“物”，又表现“物”（客体）；既不是“心”，又表现“心”（主体）。它是表现真正超越对象和主体的自在又自为的存在。

当然，这里的所谓“超越”，并非指模象与物象、心象全然不发生关系。事实是，模象作为三度表现中的直观再现性存在，一方面经由思维主体的能动作用而指向心象与物象世界，从而使后两者均成为自己的对象（所现）——这是模象的意向性和表现性；另一方面，模象又作为人工创生的再现性存在，再度经由主体的映现机制，重新折返二度表现界，并规约二度表现中的认知活动，甚至影响对一度表现界的知识——这是模象的规约性和文化性。这样，模象作为对显现和映现的直观再现，又反过来影响着映现自身，并成为显现的一种特定存在。换言之，在模象阶段，“象”作为表现（再现），不仅包括了物象至心象的转变（否定），而且完成了心象至模象的扬弃（否定之否定），因此，模象既是一种心之象，又是一种物之象。就其存在状态看，模象体自身即是一种物象，由之，它本身又可成为映现和再现的起点和对象。——这是由表现向阐释的逆向运动。在下面的讨论中，笔者将着重分析模象的结构、功能、实态和应用问题，并将这种分析，结合于同“符号”——三度表现界中另一大表现形态——的比较。

1. 模象与符号的结构比较

笔者认为，模象与符号作为三度表现界中的两种基本再现形式——直观再现与逻辑再现，在构成要素和结构方面既具有同一性，又具有明显的差异。其同一性在于，它们都是由能现层和所现层构成的统一体；同时，从能现层的构成看，“象”中有“符”——模象并不是对象，而“符”中亦有“象”——符号无一定之“象”，难以为“符”。另一方面，即从两者的生成机制、构成要素和结构重心看，其差异性也是很显然的：模象得之于直观再现机制，所以它更偏重于“形”与“态”的构成要素，更强调“符”、“象”、“意”三者的结构关系。

具体地说，笔者将模象的构成区分为两个基本层面：“象体”与“象涵”。前者是模象的表现体；后者是模象所再现的内容。

就象体而言，亦可划分为两大要素：“象形”与“象态”。前者是物象客观感性信息和主体主观表达形式的统一；后者是模象象形与象体媒介综合作用的结果，即象形在某一表现基质载体上的形态化。

就象涵而言，亦可划分为两大要素：“客观象涵”，“主观象涵”。前者为“象中之物”；后者为“象中之我”。

2. 模象与符号的功能比较

模象与符号在构成要素和结构上的不同，极大地影响着它们各自在表达和阐释方面的功能。概括地说，模象以“象传”和“符指”并行的方式，进行表达；并以“解象”和“读符”相结合，而被阐释。至于符号，一般主要通过“符指”和“读符”过程，交流意义。

所谓“象传”，指模象通过模象体中的“形”、“态”要素，以及象体与象涵间的“模拟”、“对应”、“指索”、“借代”、“互渗”、“联想”、“象征”等关系，传达对象和主体的有关信息，特别是物象和心象信息——此为“象传功能”。

对于模象的阐释，实质上是在认识中将模象的发生过程予以“逆转”，即以“模象→心象→物象”的过程序列，将象体解释还原为象涵——此为“解象过程”。将模象的表达与阐释过程综合加以考察，可以发现，在人的认知活动、包括审美活动中，模象既是一种认识中介，同时亦可成为认知和审美的对象；而符号则主要只是一种认识中介和工具，即本身不能成为认识、特别是审美活动的直接对象。换言之，我们能从模象本身，直接认知所现的某些特征；但是，我们却很难从符号上，直观地把握所现对象。

3. 模象与符号的实态和应用比较

笔者认为：在人类的社会实践和文化现象中，模象和符号作为人类的表现实践和表达形态，实际上是相互渗透、混合并存的。但是，另一方面，我们又可依据它们在表达结构和表现功能上的偏重，而将人类交流传播的方式，区分为“模象式”和“符号式”，并归纳出两大基本的传播、表现形态，“模象表现态”和“符号表现态”。

这样，以人类的审美性再现和交流传播为例，可以把绘画、雕塑、摄影、书法、音乐、戏剧、舞蹈、影视艺术等，视为模象表现态艺术，简称“模象态艺术”——因其表达和传播形态为“模象优势态”。至于语言文学，则属于“符号优势态”艺术，故笔者称其为“符号态艺术”。

模象态艺术的主要特征是：a. 以模象为表现文本；b. 以“象传”和“符指”并重进行艺术传达；c. 以“解象”和“读符”方式并用进行阐释；d. 其“艺术形象”是直观模象与心象、物象的联动统一；e. 艺术文本交流传播时的“弱规约性”和“不可转译性”。

符号态艺术的主要特征是：a. 以符号构成表现文本；b. 以“符指”方式进行传达；c. 以“读符”方式进行阐释；d. “艺术形象”的间接性——“艺术形象”实为“艺术心象”；e. 艺术文本交流传播时的“强规约性”和“可转译性”。

值得指出的是，象论作为一种关于表现的理论，在应用于美学和文艺学领域时，同样适用于“符号态艺术”的分析，因为符号态艺术在能现层面虽以符号为文本，但在所现层面，仍主要相关于心象和物象世界的关系、内容、概括和表达(转述)问题。此外，符号态艺术的艺术思维，也相关于“象思维”机制，只不过在思维结果的表述上，采取了“二度编码”即符号化的方式。因此，象论作为一种哲学观、美学观和艺术观，其考察和适应对象，可包括一切美学和艺术现象。

不仅如此，象论，包括“模象理论”，由于“象”、“符”、“形”、“意”并重，还可以避免符号学和符号分析忽视艺术的直观感性特质，仅聚焦于“符”、“意”问题的先天不足——这主要来源于其“唯名论”、“观念论”的哲学传统，以及它与现代逻辑学(皮尔士)、语言学(索绪尔)的渊源关系，因而尤适用于艺术现象、特别是模象态艺术的分析，尤适用于模象态艺术与符号态艺术，以及模象态艺术中不同艺术样式的比较。由之，可生发出“象论美学”、“象论文艺学”、“造型艺术模象学”、“音乐模象学”、“戏剧模象学”、“影视艺术模象学”，以及“模象比较学”等理论性和应用性分支学科。

总而言之，如果说“象思维”与“符思维”，作为二度表现界中的两种映现机制，是人类两种最基本的思维模式；那么，“象表现”与“符表现”，作为三度表现界中的两种再现机制，则是人类两种最基本的表现方式。这两种基本思维模式和表现方式的运演、操作和互渗，创造了人类源远流长而又姿态万千的两大基本文化形态：“象文化”与“符文化”。而象论的提出，包括“表现学”的建立，将开辟一个全新的、广阔的思维空间和思辨领域，从而为哲学、美学、文艺学以及历史学、文化学、人类学、心理学、交流传播学、思维科学等，提供新的概念、范畴、方法、视域乃至理论框架。

[原载《华中师范大学学报》1990 年第 6 期]

注释：

[1]例如，“象与物”，“象与形”，“象与理”，“象与数”，“象与道”，“象与器”，“象与气”，“象与易”，等等，构成中国古典哲学中的一些最基本的概念或范畴族；而“象与言”，“象与文”，“象与心”，“象与意”，“象与真”，“象与神”，“象与虚实”，“象与情”，“象与境”，以及“图象”、“意象”、“形象”、“心象”、“兴象”、“喻象”、“乐象”、“想象”、“幻象”、“象征”、“言外之象”、“象中之象”、“象与非象”等相关表述和概念，也随见或贯穿于中国古代美学、诗学、文艺理论和文艺批评的典籍之中。就连中国人最主要的思维表达工具——汉字，也以“象形”、“象事”、“象意”、“象声”为其基本特征。

[2]黑格尔：《精神现象学》（贺麟、王玖兴译），北京：商务印书馆 1983 年版，第 14 页。

[3]所谓“表现学”，是笔者当时为摆脱符号学局限、纠正符号学偏颇所提出的一种理论设想。此外，将“象论”与“表现”问题联系起来进行思考也只是笔者当时的观点。在后来关于“象论”的思考和写作过程中，笔者的思想有了根本的改变。详见以下《象论》节选中关于“象”与“观”、“现”、“在”的有关论述。

从混沌到象

后现代哲学不屑于任何试图构造体系的努力。但是我仍相信黑格尔说过的话:“知识只有作为科学或体系,才是现实的,才可以被陈述出来。”[1]他还说:“哲学若没有体系,就不能成为科学。没有体系的哲学理论,只能表示个人主观的特殊心情,它的内容必定是带偶然性的。哲学的内容,只有作为全体中的有机环节,才能得到正确的证明,否则便只能是无根据的假设或个人主观的确信而已。”[2]

另一方面,哲学中任何严肃的理论探索,特别是追求完整表述乃至构筑体系的努力,往往都始于对可能成为其根基和基石的基本范畴的寻求、阐明或规定。然而,这对于哲学来说,是一件格外困难的事情。因为其他任何科学、尤其是经验科学,都可以找到以某些基本假设为根据的、在特定论域中具有自明性的基本概念、公理,作为界说和立论的出发点或前提(——当然,它们以后还可以回过头来审视自己的基础)。然而哲学没有这样幸运:它的性质和使命注定了是对于所谓概念、公理或理论基础,乃至这些概念、公理、理论基础赖于为据的基本假设的怀疑和清理;是对于规定或创立这些概念、公理、理论或基本假设的主体——人的反视和反思。再加上可作为哲学根基的这些基本范畴,往往都是最高范畴,或被视为最高范畴,而任何最高范畴在逻辑上都不可能被予以完全充分的“实存”或“对象”的定义;因此,哲学似乎一开始就被命定了永远是要挣扎在困境之中,永远是不得不向后看——寻找自己的故乡,向下看——寻找自己的根。

1　追寻起点

象论,作为关于“象”的理论,首先面临的,也是类似的困境:

一方面,为确立研究对象、规定探讨论域计,它一开始就必须回答“象何在?”的问题,即所欲研究的这个“象”,它是什么?而这个问题本身又至少涉及两个相关的问题:一是“象”作为一个术语,其自身的规定性是什么?——即这个表述自身的外延、内涵何在?二是“象”作为一个范畴,其自身之在又何在?

另一方面,对上述问题的回答,严格地说,应该是全部探讨的结论,——至少应产生于探讨之中,而不是它们的前提。不仅如此,“象”,无论是作为一个有待规定的表述,还是作为象论的最高范畴,在其自身的概念和范畴系中,既不可能以“属加种差”的方式界定;亦很难(基本上是不可能的)被完全自足地陈述或阐释。

这种情形,正如“在”在“在论”——本体论中,“思”在“思论”——认识论中不可定义一样。

所谓定义,就是对术语或概念进行规定。这种规定,按其性质,大致可分为“唯名的定义”、“实在的定义”以及“发生的定义”三类。也有人把后两类定义并为一类,称之为“对象的定义”。亚里士多德曾说过:定义的对象,“或者是事物,或者是词”。着眼于“词”,即符号术语的规定,是“唯名的”定义;从事物本身出发的定义,是“实在的”,或曰“对象的”定义。

从形式逻辑的观点看,“唯名的定义”往往只是一种同义反复:它至多提供被定义术语的历史性语源、日常语义以及某种出于特殊需求的限定,而在科学的阐明术语、概念自身的规定性方面,并不具有多少科学价值——因为它并未对被定义对象提供多少新的理解和认识。

因此,真正认识价值的,是“实在的”或者说“对象的”定义——即从术语或概念外延、指涉对象本身的本质规定性方面,来界说术语或概念。

当按照这一方式对“象”进行定义时,仍会遇到这样一个难以解决的问题:根据经典形式逻辑的观点,所谓正确的、明晰的定义,应能指明被定义对象最临近的“高一级”的“属”(亦称“类”)以及特有的“种差”;——这是问题的一方面。另一方面,正如定义理论的鼻祖亚里士多德所指出的,对于最高的类,对于终极的共同性来说,它(们)至少是不能按照这种“属+种差”的方式被规定的。而“象”,作为对[一切象][3]的最普遍本质特性的共同概括,本身就是最高的关于[象]的类概念;本身就是象论论域中“终极的共同性”。这样,“象”,至少在自身论域内,是根本无法予以“实存的”或“对象的”定义的。

换言之,“象”在自身论域中的不可定义性,还是为它在整个象论体系中的逻辑定位所决定的。在象论论域中,“象”是一个至高无上的上位概念:它可以分裂、分化、生长和推演出许多次属、次生概念——即基于“象”的一切外延或内涵所产生的概念。在这些次属、次生下位概念中,“象”的概念仍具有“终极的共同性”。这样,对于这些次属、次生概念来说,“象”是它们最高的“属”和“类”。后者可以以自身的“种差”加“属”的方式得到界说;而前者则不能仅因后者得到完整的表述。也就是说,从“象”可以推导、衍生出许多下位概念;但从这些下位概念却不能演绎、尤其是界定“象”这一最高上位概念。

这一情形,正如“在”在“在论”或本体论中,“思”在“思论”或认识论中,都无法被予以“实存的”界定一样。在黑格尔哲学中,“在”(“有”)是具有最高普遍性的概念,因此,黑格尔只能把“在”界说为“无规定性的单纯的直接性”[4]。在《存在与时间》中,海德格尔也明确指出:“存在既不能用定义方法从更高的概念导出,又不能由较低的概念来描述。”[5]在《唯物主义和经验批判主义》一书中,列宁也表达过类似的看法。他说:对于存在与思维“这两个根本概念,除了指出它们之中哪一个是第一性的，不可能，实质上不可能再下别的定义。”因为它们是“极其广泛的概念”[6]。

现在的问题是，“象”，作为[一切象]终极性的共同规定，在自身论域中固然不可定义；那么，是否能从其他论域，如从“在论”、“思论”中借用某些基本概念、范畴，作为象论的表述或逻辑起点呢？从理论上讲，这当然是可选择的——在很多情况下，这甚至是不可避免的。然而，就实际情况而言，这样做，得到的麻烦恐怕大大多于便利，至少在一开始是如此。

试以“在”为例。我们可以设想先把“象”界定为“具有某种规定性的在”。那么，这个“在”又何在呢？——它是什么？——它自身又具有何种规定性？事实上，“在”，是西方哲学中最古老、最基本，但同时又是最模糊、最混乱的哲学范畴和命题之一。说它“古老”，是因为两千多年前就有人把它作为一个哲学范畴加以讨论；说它“基本”，是因为两千多年来，几乎每一重大哲学问题或命题，最终都或隐或显地追溯到“在”的问题；说它“模糊”，是因为到目前为止，人们不仅依然对“在”各说各话，甚至在其基本外延和内涵的使用上，也是各取所需，歧见随见，甚至根本对立。可以毫不夸张地这样说：迄今为止西方哲学的历史，是对于“在”寻觅追问的历史，也是在“在”的问题上夹杂不清的历史。因此，当我把“象”界定为“如此这般的‘在’”的时候，马上面对的问题就是：你所说的这个“在”，在古今中外汗牛充栋多如牛毛令人目不暇接头昏眼花的如许“在论”或“在”的理解之中，它又何在?!

问题还不仅是如此。即使我们费尽气力说明论证了这里所说的这个“在”，不是那个或那些“在”，但，它是否真正具有概念上的自明性、逻辑上的自足性，还是一个很大的疑问。古往今来各家各派“在论”之历史，已经证明了这一点。

我们必须寻找追逼新的起点。

这个新的起点应该具有尽可能广泛的源初性——它对于任何论域中的任何问题或“对象”，最好都是同源的和源初的“开端”。

这个新的起点应该具有尽可能根本的终极性——一切发生学的或逻辑的回溯和穷究，一切综合的或分析的判断，最好都终止于它的“临界点”。

这个新的起点应该具有尽可能少的基本假设和理论包袱——它以最经济的不受追究的基本前提支撑着自己；同时，在其历史的或逻辑的演化发展中，较少受到来自传统或当下的文化干扰和理论“污染”。

这个新的起点还应该具有尽可能直接的明证性、尽可能完满的自足性——无论在经验的世界中，还是在所谓“超验”的领域，它的“存在”是比较难于置疑的；而对于它的“界说”又是最为明晰直接的。它较少甚至无须借助任何其他的概念、范畴来界说或规定自己。

这个起点，我以为就是“混沌”。

2 混沌

混沌未分 “混沌”，即“沌”；即“未分”。

《集韵·混韵》曰：“沌，混沌，元气未判。”在我国古代神话传说中，混沌指称天地未分之前状态[4]。

“分”，“别也。从八，从刀，刀以分别物也”（《说文》）。“分”，亦作“解”、“离”，“异”解。“别”，本义即为“分”。《说文》：“（别），分解也。”《广雅·释诂一》：“别，分也。”“别”，还作“明辨”、“区分”，“区别”、“不同”，“类别”、“特异”，“各”解（《汉语大字典》）。这些皆为“分”既有之意。

无分自然无别。从逻辑上分析，“别”即差异。差异则以有分为前提。混沌无分，自然浑然一体，无所区别——无差异。差异是“多”；无差异就是“一”，就是“太极”，就是混沌。因此，“未分”、“无别”，亦常作为对于混沌或太极的描述。曹植《七启》：“夫太极之初，混沌未分，万物分错，与道具隆。”《晋书·纪瞻传》：“太极者，盖谓混沌之时蒙昧未分，日月含其辉，八卦隐其神，天地混其体，圣人藏其身。”

混沌正因未分、无别，故是“一”，是“极”之“极”——“太极”。它“先于”一切“有分”，为万物之源。从这种意义上讲，即逻辑先在的角度看，混沌是万物之“始”、万物之“源”。事实上，无论在东方或者在西方，混沌及其相关或相近表述，如“太极”、“一”、“以太”等，都曾被当作宇宙的起源、万物之所出。

另一方面，从哲学的视点看，宇宙万物的一切“存在”——在者之在，无论其为“物”——物质性存在，还是其为“心”——观念性存在，都以有分、有别而为前提。有分、有别，是“非混沌”。因此，“在”源自混沌，又是对混沌的否定。正是从这个意义上讲，混沌是比“在”或“存在”更源始的范畴。——“在”无论作为“对象”还是“范畴”，本身即蕴涵或预设了“分”、“别”。

以物质性存在而言，“物”以“有分”而“有”。未分，则无所谓“物”与“非物”。混沌比任何“存在物”、“对象物”更原始——它还根本不是通常意义上的“物”、“存在”或“对象”。这样，在“在论”之论域中，混沌既非“有”，亦非“无”；既非“在”，又非“非在”。正因为它非“有”、非“无”，非“在”、非“非在”，故谓之“混沌”。

对观念性存在而言，“心”亦以“有分”而“是”。未分，则无所谓“心”——“感觉”、“意识”或“思维”等。正是对于“心”之混沌的否定，导致了真正的“主体”、“自我”、“思想”的产生。由此可见，在“思论”之论域中，混沌比“我”或“思”更原始——它非“我”、非“思”，却“伏藏着”“我”与“思”；或者更正确地说，是“我”与“思”之所出的源端或之所归的极致。

因此，混沌正因为“未分”，而为物之“初”、心之“初”。心、物之分野出于混沌，亦在混沌中归于同一。也就是说，混沌具有最广泛的源初性——它对于任何“对象”、任何论域而言，都是同源的和原初的“开端”。

混沌无对　混沌“未分”，“无别”，因而“无对”。

“对”，“应”也、“答”也。《说文》：“对，应无方也。”许锴：“有问则对，非一方也。”“对”，亦有“朝向”、“面对”，“相当”、“相配”诸义。《广雅·释诂》：“对，向也。”“对，当也。”《广韵·对韵》：“对，配也。”皆相关一方对另一方之关系。可见，对之为对，以有分、有别为前提。一分为“二”，分为“多”，方有“对”、“别”之可言。从“对”之其他各义，如“配偶”、“敌手”、“核对”、“投合”、“搀和”、“拼合”、“相互”、“对仗”乃至“平分成两分”（见《汉语大字典》）等，均可窥见“对”与“分”乃至“别”之关系。无分、无别、无差异，何“对”之有？

然混沌未分，未分无别，无别则无对，故混沌亦无对。事实上，混沌无对，即是“绝对”。“绝”者，断，竭，尽，止，灭之谓也。而断，竭，尽，止，灭皆为无，故无对即绝对。绝又有“最”、“极”、“全”之意。故混沌无对，绝对，是为“太极”，或曰“终极”。

“太极”或“终极”，都是“极”或“极限”，都是对混沌无对、绝对的表述。只不过人们把向源端回溯之极限，称之为源初或“太极”；而把向终端推演、穷究时之极限，称之为终极。

世间万事万物，无不或“成于”有分、有别、有对，而“止于”无分、无别、无对。“物”之为物，以差异，以及差异间的关系——“有对”确立自身：正是存在“物”与“非物”之“别”、之“对”，物才成为“物”而不是“非物”。

无别、无对或绝对便是“无它”而仅有“自身”——甚至连“自身”也不“是”。无怪康德把这种“无对之物”（一种不得不为之的矛盾的说法。因为严格地讲：无对则无物。）称之为“物自体”，并宣布其“不可知”。“不可知”者，混沌是也。

从这种意义上讲，“无对”是“在”或“非在”的临界点或转换点：由“在”回溯或推演至“无对”，便为“自在”、“非在”，乃至“无所谓‘在’与‘非在’之境”。而由“无所谓‘在’与‘非在’之境”，超越“无对”，进入“有对”，便为“在”了，或有“在”与“非在”之别了。

不仅如此，对于任一已成为在者的“对象物”的“现象论”的或“本体论”的拷问追逼，无论指向源端或终端，都将导致混沌——无对或绝对。

例如，物之为“对象”，其“物质基质或本原”何在呢？由宏观而至微观；由实体而至元素、分子、电子、粒子、夸克……最终将导致无对或无限。而无对、无限即是绝对或混沌。（所谓“测不准原理”——混沌之一述也。）

还如，思之为“对象”，其“构成或本体”何在呢？由感觉、知觉而至思维；由前意识、意识而至潜意识……最终仍归于朦胧无识与混沌——思之无对，或绝对。

由此可见，无对是万物之“初”，亦是万物之“终”。未分与无对，使混沌既具有最基本的源初性，又具有最根本的终极性。对任何事物——无论传统意义上称之为“客观的”或“主观的”，在任何方向上的穷究，都将最终止于混沌的“临界点”、混沌的“黑洞”——或更正确地说——“混沌之域”(在这里,“域”也只是比喻的说法,并不确切——因为“混沌”无法真正界定言说之)。

混沌无形 混沌未分,无对,亦无“形”。

“形,象形也。从彡,开声。”(《说文》)徐灏注笺:“象形者,画成其物也,故从彡。彡者,饰画文也。”

“形”,作名词,有“形象”、“形体”、“形状”、“样子”、“容貌”诸义项。

形象,形体——“形,体也。”(《增韵·青韵》)《易》曰:“在天成象,在地成形,变化见矣。”可见“形”与“象”有别,又有联系,且可对举。

形状,样子——“形,状也。”(《字汇·彡部》)《书·说命上》:“乃审厥象,俾以形旁求于天下。”

容貌,神色——“形,容也。”(《广雅·释诂四》)王念孙疏:“形为容儿之容。”《穀梁传·桓公十四年》:“望远者,察其貌,而不察其形。”范甯注:“貌,姿体;形,容色也。”

上述义项,都相关于“分”、“别”、“对”:无分、无别、无对,浑然“一片”,何以有“形”之谓?

汉语中,“形”亦有“对照”、“比较”之意。《淮南子·齐俗》:“故高下之相倾也,短脩之相形也。”还如成语“相形见绌”。——这更是以“有分”、“有对”、“有别”为前提。

“形”,还有“表现”、“显露”的意思。“形,见也。”(《广雅·释诂三》)“形,现也。”(《增韵·青韵》)《礼记·乐记》:“感于物而动,故形于声。”郑玄注:“形,犹见也。”成语有“喜形于色”。

而混沌中,“蒙昧未分,日月含其辉,八卦隐其神,天地混其体,圣人藏其身”。——此“含”、“隐”、“混”、“藏”四字,正是对于“表现”、“显露”的否定。

混沌无识 混沌未分,无对,无形,故而“无识”。

“识,知也”(《说文》);“认识也”(《玉篇·言部》)。作名词,则为“知识”、“见解”,“思想”、“意识”。佛教中,“识”表示六种识身,即眼识、耳识、鼻识、舌识、身识、意识。可见“识”之谓,是精神活动、精神活动的所与乃至精神活动的主体的合取——三位一体。

混沌即昧、即无识。从语义、语用看,混沌本身即有“无识”、“无知”义;常作为对无知无识状的描绘。《白虎通·天地》:“混沌相连,视之不见,听之不闻。”如果说,这还是对混沌之为“物”的描述;那么,下面便是对混沌之为“心”——“不知貌”的注解。《庄子·在宥》:“混混沌沌,终身不离。”郭象注:“混沌无知而任其自复,乃能终身不离其本也。”古汉语中,“沌”又通“敦”。《集韵》:“敦,愚儿。”《老子》:“我愚人之心也哉!沌沌兮。俗人昭昭,我独昏昏。”王弼注:“无所别析,不可为明。”李善曰:“湛然不动谓之心,分别是非谓之识。”——可见“识”以“分”、“别”、

“对”为前提。无分无对,无对无别,无别无识。故混沌无识,无识即混沌。因此,混沌是识的完全充分的否定——世间诸识真正的零坐标。

另一方面,识又起于混沌。《杂阿含因缘经》云:“识缘于行”,“行缘于无明”。“无明”(Avidyā)者,佛经有多解,其一为蒙昧无知也[5]。由“无明”(蒙昧)而至“行”(行为和意向),而至“知”,则为“识”。故识起于混沌,是对于混沌的否定。正是在对混沌的否定中,识确立自身。反之亦是如此:对于世间诸识的任何穷究或回溯,将归于或止于混沌。识之“源”、“初”为混沌;识之“终”、“极”亦为混沌。混沌是对于“识”的源初性和终极性的表述——一切对于“识”的发生学或逻辑的回溯或穷究,一切综合的或分析的判断,都将最终止于“混沌”的“极限”。

混沌无可言说 与混沌的源初性和终极性相关联的,是混沌的明证性、自足性和“不可言说”性。

正因为混沌具有源初性——是万物之源;因此,无“物”可为混沌之所出或“条件”。也正因为混沌具有终极性——万物(当然也包括“识”)以之为归;故混沌即为最高的“属”,或最终的“唯一”。换言之,混沌之为混沌,其“之下”无“初”,“之上”无“终”,“之外”无“它”。——混沌就是自身,并且充分自足。

混沌的这种“自身性”、“自足性”完满、充分到了这样的程度,以至任何对于混沌规定甚至言说,在逻辑上都是与混沌的本质不相容的——“反混沌的”。因为它将导致对混沌的否定。

于是,混沌之于“言”,是真正无须界说的——混沌无可言说。

“言”,本义为“直言”(《说文》),“讲说也”(《荀子》杨倞注)。“言”,还有“告”,“知”,“述”,“释”,特别是“记载”,“意想、料想”,“见解、意见”,“学说、主张”等义项(《汉语大字典·六》)。——这些均与“识”在语源、语义乃至语用上有相通之处。可见“言”中有“识”,“识”中有“言”。“言”、“识”不可分也。——“识”本身就“从言”。

严格地说,混沌作为“独立的对象”(在这里,“对象”之谓,只是一个不得不为之的借用的说法——因为任何[事物]一旦成为“对象”,就既不“独立”,亦已经不是混沌了。理由如后),是无可言说的。——一旦被说起,它就成为“识”与“言”的对象,而不是真正的混沌了。因此,凡能被思及、言及的混沌,只能是“非独立的混沌”,“与识、言共在的混沌”,“走向澄明的混沌”。

“识”与“言”,在本质上是“混沌之澄明”。在“识”与“言”中,“混沌”一方面确定着自己,另一方面又消解着自己。——这是混沌异于其他任何对象或范畴的本质所在。例如,“物”、“心”之为对象,“在”、“思”之为概念、范畴,均可在识、言中获得哪怕是最稀薄的规定,趋向显明;但对于混沌来说,这种规定和显明将导致混沌自身的否定。

混沌的这一特质,决定了“混沌”之于“识”与“言”独特的关系:一方面,混沌缘于识、言,又止于识、言;另一方面,识、言源于混沌,又否定着混沌。

然而,也正因为上述原因,混沌可以以否定自身的方式获得规定。即在识与言中澄明自身、解构自身。同时,识、言又在混沌之澄明中规定着自己。——于是,混沌之述,或对于混沌的言说,一方面澄明着混沌,另一方面,又消解着混沌;一方面有赖于识、言的介入、参与,另一方面,又导致着识、言自身的建构和规定——即一系列相关概念、范畴和术语的确立。

混沌无象 混沌"未分、无对、无形、无识、无可言说",因而"无象"。——无象,可以说是对混沌最初源的描述和概括。

3 象:源始的理解

象,甲骨文作(前三·三一·三)、(乙九零六);金文作(师汤文鼎);隶为(《说文·象部》),(《老子·乙·前七八上》)。究其初始义,指涉今仍以之为名的一种哺乳动物:"象,长鼻牙,南越大兽,三年一乳。象耳牙四足之形。凡象之属皆从象。"(《说文》)从"象"字与其指谓对象的象形关系而论断"象"的源始义,其指称大象这种动物,大概是确凿无疑的了。

其后,在汉语言的发展演进中,象的外延、内涵不断发生变化,产生出许多新的义项,并在其语用方面经历了一个由具象到抽象,由日常表达到哲学思辨的发展过程。

《尚书》、《老子》中的"象" "上三古"时期的口头语言自然已不可考;保存下来的文献也极有限,而且其真伪存疑颇多。但作为对远古时代"象"的最早语义、语用情形的考察或揣摩,这些最早的文字记录,仍是唯一的依据。

查《全上古三代秦汉三国六朝文》,所收"上古"四篇佚文中,无"象"字。

《尚书》五十八篇中,一般认为有今文二十九篇,象字六见:计有《尧典》三见,《舜典》一见,《益稷》二见。余被视为古文者,象字三见:计有《胤征》、《说命上》、《微子之命》各一见。(注:一般认为今文较为可靠。当然也不尽然,如第一篇《尧典》,就存疑颇多。)考察其义项或用法,可大致归纳为如下九项:

观天之器。

《尚书·尧典·1》:"历象日月星辰,敬授民时。"[9]

蔡沈注:"象。所以观天之器。"

相貌。

《尚书·尧典·2》:"静言庸违,象恭滔天。"

蔡沈注:"象恭。貌恭而心不然也。"

姓名。

《尚书·尧典·3》:"象傲。"

蔡沈注:“象。舜异母弟名。”

天象。

《尚书·胤征·古文·1》:“昏迷于天象。”

物象。

《尚书·益稷·1》:“予欲观古人之象。”

蔡沈注:“象。像也。日月以下物象是也。”

形象。

《尚书·说命·上·古文·1》:“乃审厥象。俾以形旁求于天下。”

蔡沈注:“详所梦之人。绘其形象。旁求于天下。”

象刑。

《尚书·益稷·2》:“皋陶方祗厥叙,方施象刑,惟明。”

《荀子·正论》:“世俗之为说者曰:‘治古无肉刑而有象刑:墨黥;慅婴;共,艾毕;菲,对屦;杀,赭衣而不纯。治古如是。’”杨倞注:“象刑,异章服,耻辱其形象,故谓之象刑也。”[10]

按:关于“象刑”之解,历代歧义颇多,大致分为两派:“画像说”与“垂法说”(后者如“训象为法”、“训象为垂法”、“训象为象其所犯”等)。在笔者看来,两说均程度不同涉及或暗含“象”之“形象”问题。

示。

《尚书·舜典·1》:“象以典刑,流宥五刑,鞭作官刑,扑作教刑,金作赎刑。”

蔡沈注:“象。如天之垂象以示人。而典者,常也。示人以常刑。”

法,效仿。

《尚书·微子之命·古文·1》:“惟稽古,崇德象贤。”

蔡沈注:“崇德,谓先圣王之有德者则尊崇而奉祀之也。象贤,谓后嗣子孙有象先圣王之贤者,则命之以主祀也。”

《仪礼·士冠礼》:“继世以立诸侯,象贤也。”郑玄注:“象,法也,为子孙能法先祖之贤,故使之继世也。”

《尚书》之后,存疑较少、且成一家之说的哲学专著首推《老子》。《老子》五千言,“象”五见。其意有:

似。

《老子·1-1》:“吾不知谁之子。象帝之先。”[11]

王弼注:“……不亦似帝之先乎。”

又,王安石:“‘象’者,有形之始也;‘帝’者,生物之祖也。故《系辞》曰:‘见乃谓之象’。”

形、状。——与物相对而言。

《老子·14-1》:“是谓无状之状。无物之象。是为恍惚。”

王弼注:“欲言无邪而物由以成。欲言有邪而不见其形。故曰无状之状。无物之象也。”

注:苏辙、吴澄本中为“无象之象”。

形象。

《老子·21-1》:“道之为物。惟恍惟惚。惚兮恍兮。其中有象。恍兮惚兮。其中有物。”

吴澄:“形之可见者,成物;气之可见者,成象。”

“大象”——道。

《老子·35-1》:“执大象。天下往。”

王弼注:“大象,天象之母也。”

河上公:“象,道也。”

成玄英:“大象,犹大道之法象也。”

林希逸:“大象者,无象之象也。”

《老子·41-1》:“大象无形。”

王弼注:“有形则有分。有分者,不温则炎,不炎则寒。故象而形者非大象。”

又:“凡此诸善,皆是道之所成也。在象则为大象。而大象无形。”

《周易》中的“象” 《周易》中,情况较为复杂。笔者遍读易经,“经”之卦爻辞无“象”字(——这大概与卦爻辞形成大大早于“十翼”有关。按今流行之说,文王作卦辞;周公作爻辞);唯“传”即十翼中“象”字频见(——十翼之大部公认为孔子所作;但亦有伪托。流行的看法是:一、二、三、四为孔子所写,较为可靠;五、六常有添改,孔子自己的东西较多;七,更次之;八、九、十伪托。胡适持此说);且哲学意味更趋浓厚。

据初步统计:

《周易·象传》中,排除高达数百见的“象曰”不计,“象曰”论及的“象”字仅三见。《周易·系辞传》则大谈“象”,可谓“易、象”论。其中涉及“象”之句段,约有二十二处(据《周易尚氏学》注解分段);其“象”字出现者,有三十七见。(后历代注、易学典籍中,“象”愈见其多。)

考察《周易·十翼》,其“象”字的语用、语义较之于《尚书》中明显趋于繁复。

一、作名词

天象,星象。

《周易·系辞上·1-1》:“在天成象,在地成形,变化见矣。”[12]

韩康伯:“象,况日月星辰;形,况山川草木也。悬象运行,以成昏明。山泽通气而云行雨施,故变化见也。”(p.76上)

孔颖达:“正义曰,象谓悬象,日月星辰也。形谓山川草木也。悬象运转而成昏明。山泽通气而云行雨施,故变化见也。”(p.76上)

《周易·系辞上·11-2-2》:“是故,法象莫大乎天地;变通莫大乎四时;悬象著明莫大乎日月;崇高莫大乎富贵。……”

《周易·系辞下·2-1》:“古者包羲氏之王天下也,仰则观象于天,俯则观法于地,观鸟兽之文与地之宜,近取诸身,远取诸物,于是始作八卦,以通神明之德,以类万物之情;作结绳而为网罟,以佃以鱼,盖取诸离。”

《文心雕龙·书记篇》:“法者象也。”

自然之象;景象。

《周易·系辞上·11-2-2》:“是故,易有太极,是生两仪,两仪生四象,四象生八卦,八卦定吉凶,吉凶生大业。”

注:四象者,一说为“春夏秋冬”四季之象。两仪生四象,即天地生四季。(《正义·疏》,p.82 上)

物象;形象。

《周易·系辞上·2-1》:“圣人设卦观象。系辞焉而明吉凶。刚柔相推而生变化。”

孔颖达:“正义曰,谓圣人设画其卦之时,莫不瞻观物象,法其物象,然后设之。”(p.76 下)

征兆。

《周易·系辞上·10-1》:“一阖一辟谓之变,往来不穷谓之通,见乃谓之象,形乃谓之器……”

韩康伯注:“兆见曰象,成形曰器。”(p.82 上)

《正义·疏》:“萌兆乃谓之象,言物体尚微也。”

与卦爻象相关之征象。

《周易·系辞上·2-2-2》:“是故,吉凶者,失得之象也。悔疚者,忧虞之象也。变化者,进退之象也。刚柔者,昼夜之象也。”(p.76 下)

《周易·系辞上·9-2-2》:“……极其数,遂定天下之象。”

《周易·系辞下·1-1》:“八卦成列,象在其中矣。……”

韩康伯:“备天下之象也。”

易象,卦爻之象。

《周易·系辞上·2-2-3》:“是故,君子所居而安者,易之序也。所乐而玩者,爻之辞也。是故,君子居则观其象而玩其辞;动则观其变而玩其占。是以自天佑之,吉无不利。”(p.77 上)

韩康伯:“象,总一卦之义也。”

孔颖达:“象谓卦下之辞,言说乎一卦之象。”按:可见“言乎象”,即言说卦象。

《周易·系辞上·9-1》:“……以制器者尚其象……”

《周易·系辞上·11-2-3》:“易有四象,所以示也。系辞焉,所以告也。定之于吉凶,所以断也。”

《周易·系辞上·12-1》:“子曰:书不尽言,言不尽意,然而圣人之意,其不可见乎?子曰:圣人立象以尽意,设卦以尽情,伪系辞焉以尽其言,变而通之以尽其利,鼓之舞之以尽其神。”

按:立象以尽意,立卦象以尽意也。孔颖达对这一段有较确切的解说[13]。

《周易·下·9-2-2》:“八卦以象告,爻象以情言,刚柔杂居,而吉凶可见矣。”

韩康伯注:“以象告人。”

卦。由卦爻之象而借指为卦。

《周易·系辞上·5-1》:“生生之为易。成象之为乾。”(p. 78 中下)

韩康伯:“拟乾之象。”

孔颖达:“谓画卦成乾之象。拟乾之健,故谓卦为乾也。”

卦爻辞之合称。

《周易·系辞上·3-1》:“彖者,言乎象者也。爻者,言乎变者也。”(p. 77 上)

蔡沈注:“彖,为卦辞,文王所作者。爻,为爻辞,周公所作者。象,指全体而言。”

二、作动词

像;似。

《周易·系辞下·1-2-2》:“爻也者,效此者也。象也者,像此者也。爻象动乎内,吉凶见乎外,功业见乎变,圣人之情见乎辞。”

孔颖达:“象也者,像此者也,言象此物之形状也。”

《周易·系辞下·3-1》:“是故,易者,象也。象也者,像也。”

拟:摹写,模拟、象征之。

《周易·系辞上·6-1》:“圣人有以见天下之迹,而拟诸其形容,象其物宜。是故谓之象。”(p. 79 上)

韩康伯:“乾刚坤柔,各有其体。故曰拟诸形容。”

孔颖达:“象其物宜者,圣人又法象其物之所宜。若象阳,物宜其刚也。若象阴,物宜其柔也。是各象其物之所宜。六十四卦皆拟诸形容象其物宜也。若泰卦,比拟泰之形容,象其泰之物宜……”(p. 79 中)

注:物宜。宜,通作仪,通作义。故引申为外表。

《周易·系辞上·12-2-2》:“是故,夫象,圣人有以见天下之迹,而拟诸其形容,象其物宜。是故谓之象。”(p. 83 上)

《周易·系辞下·9-1》:“是故,变化云为,吉事有祥;象事知器,占事知来。”

孔颖达:“象事知器者,观其所象之事,则知作器物之方也。”(p. 91 上)[14]

表示为;符号化为。

《周易·系辞上·7-1》:“大衍之数五十有五,其用四十有九,分而为二以象两,挂一以象三,揲之以四,以象四时,归奇于扐以象闰,五岁再润,故再扐而后卦。”

仿效。

《周易·系辞上·11-2-3》:“是故,天生神物,圣人则之;天地变化,圣人效之。天垂象,见凶吉,圣人象之。河出图,洛出书,圣人则之。”

上面以几部有代表性的早期先秦典籍为例,回溯了“象”的语源、语义和语用的早期历史。那么,在哲学方面,更确切地说,在对于“象何在”或“什么是象”的理解方面,这种语言方面的历史考察,可以给我们什么相关的逻辑启示呢?

在以下的各节中,笔者将以“混沌”为“参照”,结合传统哲学的术语、概念、范畴,对“象”的相关本质特征作一些初步的“描述”。

4 象——混沌之澄明

象有分 在本章第2节,笔者曾经得出这样的结论:混沌“未分、无对、无形、无识、无可言说”,因而“无象”。——无象,可以说是对混沌最初源的描述和概括。那么,反言之,作为“无象”或“混沌”的对立面,“象”的第一个最初源、最基本的逻辑规定性,则应当是“非混沌”。也就是说,“象”或许还具有其他的或更多本质规定性,但是,就混沌与象的关系看,“象”的第一个“无争议的”,或曰“自明性的”逻辑规定性,应当是包括,或者说具有“分、对、形、识、言”的“非混沌”。事实上,无论从有关的语源、语义、语用的分析中,还是从发生学、历史学和逻辑学的考察中,“象”都恰恰以“有分、有对、有形、有识、有言”而构成对“混沌”的否定。

象“有分”。——象因“分”而“有”;以“分”为“有”。

“分”是“变易”、“差异”和“杂多”。故“象有分”,是说“象”以“变易”、“差异”和“杂多”为成因和存在。——这是对混沌之“未分”状态的否定。

《周易·系辞》曰:“易有太极,是生两仪,两仪生四象,四象生八卦……”这一段,既是《周易》之“宇宙论”;又是《周易》之“象的发生论”。它所包含的“象”乃至宇宙万物源于未分——太极,又始于有分的思想,是朴素而深刻的。当然,这里所谓的象,还是指具体有形的“季候之象”,“天象”等。

“分”,如前所述,本义为“别”;亦作“解”、“离”,“异”解。因此,“分”,首先意味着“分解”,“离析”,“变异”。从哲学的角度看,就是“变易”和“转化”。象,无论其为“季候之象”、“天象”,还是其为“物象”、“心象”、“形象”、“意象”、“图象”、“象征”等,都是“变易”、“转化”的结果。故《周易》曰:“生生之为易”;又曰:“易者,象也。”可见,“象”之为象,首先以“变易”为前提。

“分”作“别”,还有“明辨”、“区分”,“区别”、“不同”,“类别”、“特异”,“各”诸义。这样,“分”,就是“差异”,“区别”。“有分”,从哲学的观点看,就是“有差异”,“有区别”。故“象”不仅因“有分”而“生”,而且因“有分”、“有别”而为“万象”。这样,“象”,无论作为范畴——万象之概括;还是作为外延对象——万象自身,都源自于“差异”,同时成自于“差异”。

在汉语中,“分”的不少义项还都意味着对“一”的否定:“解”——将整体解析为“部分”或“个体”也;“异”——非此之“彼”在,或彼、此不同一也;“各”——诸“个”之谓也。这样,说象“有分”,就是说“象”是传统哲学意义上的“多”或“杂多”。尽管西方传统本体论哲学或重“一”而轻“多”,或重“多”而轻“一”;但是,在把与“象”密切相关的另一范畴“现象”视为“多”或“杂多”这一点上,却是毫无争议的。可见,说“象”因“有分”而为“多”,是对作为“一”或“太极”的混沌的消解,至少不会招致普遍的怀疑。

这样,我们得到关于“象”的第一个哲学性描述:象始于“分”——以“变易”、“差异”和“杂多”构成对混沌的否定和自身的规定。

象有对　象“有分”,即“有对”。象“有对”——象因“对”而“有”,以“对”为“有”。

“对”,就是“相对”,就是“对立”、“对应”乃至“合取”诸种联系形式和方式。“象有对”,是说“象”缘于并存在于以“相对”为本质的“对立”、“对应”乃至“合取”诸种“联系”之中。反之,“无对”则“无象”。因此,象,又是对混沌之“无对”状态的否定。

如前所述:“对”,从语义上讲,有“应”、“答”、“朝向”、“面对”,“相当”、“相配”诸义。——它们皆相关一方对另一方之关系。故所有的“对”,皆可概括为“相对”。

“相”,“关联也”。所谓“相对”,是指各“事项”,或曰“相关项”,具有某种实质的或逻辑的联系。“相对”的基础和必然性来自于“差异”与“区别”;无差异,无区别,像混沌那样“浑然一体”,自然就是“一”或“同一”;也就无“相关项”的存在——“无从相对”。

这样,我们说象“有分”,也就意味着象必然“有对”。而“有对”,也就意味着作为“杂多”的诸“相关项”间差异乃至对立的存在。在中国朴素的“象的发生论”中,——“易有太极,是生两仪,两仪生四象,四象生八卦……”讲的不仅仅是“‘分’而有象”,而且也包括“‘对’而有象”:正是在“太极”的“分化”中,在“两仪”的“对立”中,象得以产生;而象的产生,则构成对“太极”即“混沌”的根本的否定。从这种意义上讲,象之为“象”,不仅相关于“分”——即“变易”、“差异”、“杂多”存在,而且更相关于作为“杂多”的诸事项间“对立”、“对应”等相关存在和相对联系。因此,在古代乃至现代汉语中,“象”与“相”在不少语境中可通用或互换。

“相对”的形式之一是“对立”。所谓“对立”,是指处于相对关系中的“事项”或“相关项”,具有某种非同一的甚至否定性的联系。就“象”的各别义项和外延看,我们似乎很难觉察“象”的“相关项”,或者说“象”与“所象”间的否定性关系。但是,以“混沌”为参照,我们可以发现:象之为“象”,首先以一种基本的对立关系存在为前提——“象”与“混沌”的对立。

混沌“无对”——是谓“绝对”。在“绝对”中,一切处于源初或终极的状态;一切处于无外或封闭的状态。由此构成我所谓的“绝对之域”。而“绝对之域”,从“在论”论域观之,它根本排除混沌以外的任何“存在”;从“现论”的论域观之,它将一切蔽绝于“黑暗”之中;从象论的论域观之,它就是对于“象”的否定——“非象”。这样,象“有对”,首先意味着“象”有其“对立面”——“非象”。没有“非象”的存在,也就无所谓“象”的存在。反言之,正是在对“无对”、“混沌”、“非象”的对立和否定中,“象”得以确立。于是,“象”与“非象”的对立,构成了“象”的相对性的一个基本内容,并以此成为“象”的自身之在的又一必须的前提乃至必然的结果。

“相对”的另一形式是“对应”。所谓“对应”,是指处于相对关系中的“事项”或“相关项”具有某种肯定性的联系。“对”之义项中,有“应”、“相当”、“相配”诸义——它们都蕴涵着“对应”这种逻辑联系。事实上,“象”的全部义项或外延,几乎都相关于“对应”问题。

以名词类为例:“相貌”之象(《尚书·尧典·2》),总是“人”之象;“天象”之象(《尚书·舜典·1》,《尚书·胤征·古文·1》),总是“天”之象;“物象”之象(《尚书·益稷·1》),总是“物”之象。至于“征兆”(《周易·系辞上·10-1》),“征象”(《周易·系辞上·2-2-2》,《周易·系辞上·9-2-2》),“卦爻象”(《周易·系辞上·2-2-3》,《周易·系辞上·9-1》,《周易·系辞上·11-2-3》,《周易·系辞上·12-1》,《周易·系辞下·9-2-2》,《周易·系辞上·5-1》)之象,也总与其“对应者”——或曰“对应项”而为“象”。

以动词类为例:“似”(《老子·1-1》),“像”(《周易·系辞下·1-2-2》),“拟”、“象征”(《周易·系辞上·6-1》),“仿效”(《周易·系辞上·11-2-3》)之象等,皆有其“对应项”。无对,“似”、“像”、“拟”、“象征”、“仿效”等何以出之、言之?

如果说,“对立”主要着眼于“分”——“相关项”之间的差异性和互异性,并以“分”构成“象”的逻辑前提;那么“对应”则强调的是“合”——“相关项”之间同一性和统一性,并以“合”形成“象”的最终形式。由此,我们可以发现,象之为“象”,不仅相因于“分”,相关于“对”,而且有赖于“合”——相关项的对应与合取。不过,“对立”也好,“对应”也好,本质上都是“相对”。所以,继“象始于‘分’”之后,对“象”的描述可加上“象缘于‘对’”。

象有形 象“有分”、“有对”,亦“有形”——“象”以“形”而“有”,其“有”为“形”。

“形”,相关于“物”的空间属性、外部特征,相关于“对象”的可感要素或感性存在形式,相关于“事项”的结构、形态及其表现与理解。所有这些,又都实际上与我们通常所说的“象”相周延,而与“无象”或“混沌”相拒斥。

不仅如此,中国古代哲学有云:“形而上者谓之道,形而下者谓之器。”因此,尽管象论之域可以扩展至“形而上”或“形而上学”的领域，但“象自身”，或更准确地说，“象的外延对象本身”是“形”，或“形而下”，故属于“器”，或曰“经验世界”范畴。因此，象“有形”，即意味着“象”以“形”而“有”，其“有”亦为“形”。这不仅是对混沌之“无形”的否定，而且也是对“象”的实际存在形态、状态和方式的描述。从这种意义上讲，尤其是原初语义与逻辑上讲，象不仅始于“分”，缘于“对”，而且成于“形”。

“形”，作名词，有“形象”、“形体”、“形状”、“样子”、“容貌”，乃至“形态”、“形式”诸义项。这些，即使在语源、语义、语用的意义上，与“象”大多是相通或交叉的。

从象的字源、词源看，“象”字本身就起源于对于“形”——大象的“形”、“体”特征——的模仿。即象在文字符号的形成和性质上，一开始，就以与可感对象的象形关系为基础(见《说文·象部》)。

从象的指称和外延看，象的诸多义项，在绝大多数情况下，尤其是在《老子》之前的古代典籍中，都相关于对应项的“形象”、“形体”、“形状”等要素或层面，或更准确地说，都是对“有形之物”或“可感之物”的表述。如：“观天之器”(《尚书·尧典·1》)；“相貌”(《尚书·尧典·2》)；“天象”(《尚书·舜典·1》，《尚书·胤征·古文·1》)；“物象”(《尚书·益稷·1》)；“形象”(《尚书·说命上·古文·1》)。换言之，在早期先民的思维和表述中，有形之物及其感性特征并非一定可谓之“象”；但象之所称，一定必相关于“可感之物”及其“形”。故王安石曰：“‘象’者，有形之始也。”

值得强调的是，《老》、《易》以降，随着形而上的哲学思辨日渐发达，随着“形”自身的词义、概念趋于多样化尤其是抽象化，“形象”之“形”虽不再是象的唯一必要因素(——如“大象无形”、“心象”等)，同时，出现“形态”、“形式”这类可指称较抽象的“事项”，而并非完全只适合于“物质物”或“可感物”的表述；但是，在绝大多数情况下，“形”与“象”仍密切相关，以至发展出至今仍在现代汉语中沿用的“形象”等双音节词。从现代汉语大量与“象”相关的语词、语用中——如“抽象”、“具象”、“感象”等——可以看出，“物”的感性要素和特征，特别是物的“形”、“式”、“态”及其“程度”等，仍然是象之为象，或构成“象”的类别、性质的极重要的参照因素或条件。

“形”，作动词，有“比较”、“对照”的意思，也有“表现”、“显露”的意思。这些，与“象”在语言学和哲学方面也极有关系。关于“比较”、“对照”与“象”的关系，笔者在论述象“有分”、“有对”时已经涉及，故不赘述。下面，着重谈谈“形”的后一类义项与“象”的关系问题。

《广雅·释诂三》：“形，见也”；《增韵·青韵》：“形，现也。”而《周易·系辞》曰：“见乃谓之象。”可见，“形—现—象”，三者即在语言方面也有着密切的联系。而语言，归根结底，置根于思维和存在本身："有形"方有"象"；"有形"方可"现"。"形"即"象"，而"象""有形"；"现"即"象"，而"象"可"现"。故"形—象"、"现—象"不仅常在中国古典文献中"对举"、"比照"或"连用"，而且最终定型固化为"形象"、"现象"这些合成词和特定表述。由之，不仅成为中国思想史中重要的术语和概念，而且亦是西方哲学史上一直关注的概念要素或范畴。关于"现"，以及"现"与"象"的关系问题，是象论乃至"现论"的核心问题。在以后的有关部分，笔者将着重讨论这些问题。

象有识 象"有分"、"有对"、"有形"，故有"识"且可以"识"。事实上，象不仅"有""识"，而且因"识"而"有"——"会于识"。这是一个问题的两个方面。

"识"，如先前提到的，在佛学中曾被划分为"六识身"："眼识、耳识、鼻识、舌识、身识、意识。"从心理学和哲学的角度看，前"五识"可概括为"感觉"；第六识"意识"相近于现在所说的"思维"。而"感觉"与"思维"之合取，便是作为"主体"的"人"。可见"识"之谓，是精神活动、精神活动的所与乃至精神活动的主体的三位一体。

"象"与"识"的关系，在象的语源、语义、语用中也可寻觅窥见其端倪。

象，作"形"解，其与"形"相关的概念族——"形象"、"形体"、"形状"、"样子"、"容貌"，乃至"形态"、"形式"诸义项等，皆莫不诉诸"感觉"。没有"主体人"的"感觉之识"，从发生学角度讲，也无以"有形"或"有象"。故"象会于'识'"，首先是会于"感觉之识"。

在人之"六识"中，作为感觉之识的"眼识"位于"六识"之首。"眼识"，"观也"，或"观之所得也"。"观"亦有"见"、"审"乃至"想"等义。"观"之所对，"物"也，"对象"也；"观"之所得，"形"也，"象"也。故"象"即"观"。因此，在现代汉语不少语境和语用中，"外观"几为"象"的同义语。而"客观"、"主观"亦往往频繁组合于"存在"——"物"，"现象"——"象"等，构成具有内在逻辑联系的哲学术语、概念或范畴。

古代汉语中，"观"还有"想"的意思。或者反而言之："想"亦有"观"的意思。"想"字，从"心"从"相"，"心"上有相；相者，观也。故"想"为观于心，心之观也。而心之观亦为"象"："象"作动词，就有"意想"、"想象"之意。于是，我们以"观"为"桥梁"，由"眼识、耳识、鼻识、舌识、身识"——"人的感觉之识"，进入"意识"——"人的思维之识"。

"韩非曰。人希见生象。而按其图形以想其生。故诸人之所以意想者皆谓之象。"又，"似古有象无像。然像字未制以前。想像之义已起。故周易用象为想像之义"(《说文·注》)。可见"象"之为"象"，不仅因于"物"，成于"形"；而且会于"观之识"，"想之识"，无此物而想之谓之象；反之亦是如此：心中有"观"、有"象"(相有而解：观与象)，相与心随谓之"想"。故汉语中又有"想象"、"心象"、"意象"诸词之谓。

象有言　从语言哲学的观点看，“识”与“言”有着内在的相互依存性。正因为“象”“有识”，故“有言”。

如先前所述，“言”，本义为“讲”、“说”。“言”，还有“告”，“知”，“述”，“释”，特别是“记载”，“意想、料想”，“见解、意见”，“学说、主张”等义项。——这些均与“识”在语源、语义乃至语用上有相通之处。故“言”中有“识”，“识”中有“言”。“言”、“识”不可分也。——“识”本身就“从言”。

根据“符号学”的观点，“言”就是“符”，或者说“符号化”的过程和结果。象有言，一是说象包含了“符”或“符号化”过程。例如，象的一些有关义项，如“卦爻”、“图像”、“符号”、“象征”等，都是与“符”乃至“言”相通或相关的。象有言，还是指“象”“可言之”。《周易》中之“象曰”实为“曰象”——说“象”；而“爻辞”、“彖”等，也是对于“爻象”、“卦象”的解说、解释。《周易》有“彖者，言乎象者也”语（蔡沈认为这里的“彖”就是指卦爻辞）；孔颖达也有“彖谓卦下之辞，言说乎一卦之象”的解释。可见，象“有言”，“可言”。

根据传播学的观点，“言”也是“传达”或“交流”。而传达、交流就是“讲”、“说”、“告”、“知”、“述”、“释”、“记载”等活动、行为或方式。而这些，也正是“象”的交流传播功能。混沌“不可言说”，就是不可交流；不可交流也就不可“识”，不可“知”——是谓“混沌”。而象，则可知、可识、可以交流和传播。《周易》曰：“易有四象，所以示也。”还有：“八卦以象告。”韩康伯注：“以象告人。”可见象可以“示”，可以“告”也。不仅如此，在很多情况下，“象”甚至比狭义的“言”更具表达和表现功能。故《周易》有“书不尽言，言不尽意”，“立象以尽意”之语。

根据哲学的观点，“言”，像“识”一样，归根到底，相关于“是”的问题；而“是”，无论作为“思”还是“思之所得”，归根到底，相关于“人”的问题。因此，“言”，无论作为事实还是范畴，总是“人”之所为，主体之所为。故汉语中，“言”还有“意想、料想”，“见解、意见”，“学说、主张”等义项。——这些都相关于人的主体活动和结果。所以说“象有识”、“象有言”，归根结底，指“象”具有“人本性”和“主体性”。这一点，尤其明显地体现在“象”之为“像”的一大类义项族中。

在中国古代乃至现代汉语中，“象”的语义、语用在很多语境中与“像”通。究其原因，在于“象”不仅相关于“物”的“客观要素”、“客观存在”，而且相关于“人”的“主观因素”或“主观活动”。这里且不说“象”字之产生源于人的“象形”活动和表达，单就“象”之“像”而论，——包括“象”的其他诸义如“似”、“拟”、“类”、“仿”、“效”等，它们都密切相关于“人”或“主体”的交流、传达、表现活动和实践，以及这些活动和实践的结果或创造物：“图像”、“符号”、“象征”等。

“象”，即“像”。段玉裁说：“古书多假象为像。”（《说文·注》）

象之为“像”，作动词解，有“想象”、“相似”、“模拟”、“仿效”、“象征”、“符号化”

等意。(见《老子·1-1》,《周易·系辞下·1-2-2》,《周易·系辞上·6-1》,《周易·系辞上·12-2-2》,《周易·系辞下·9-1》,《周易·系辞上·7-1》,《周易·系辞上·11-2-3》。)

象之为"像",作名词解,有"图像"、"卦象"、"符号"、"象征"等意。(见《周易·系辞上·2-2-2》,《周易·系辞上·9-2-2》,《周易·系辞下·1-1》,《周易·系辞上·2-2-3》,《周易·系辞上·11-2-3》,《周易·系辞上·12-1》,《周易·系辞下·9-2-2》,《周易·系辞上·5-1》。)

然而,无论作动词还是名词,象之为"像",都与人密切相关:或指人的"为象之为";或指"人为之象"。故"象"依"人"而立则为"像"。因此,象,作为一种范畴,无论从发生学的角度看,还是从逻辑的角度看,它都既相关于"物",又相关于"人"——预设或内含着观察、认识或表现主体的存在。

综上所述,"象",从逻辑构成的角度分析,"有分"、"有对"、"有形"、"有识"、"有言"。从发生学的角度考察,还可以说"象""始于分,缘于对,成于形,会于识,告于言"。所有这些,尽管很难说是对于"象"的全部的实义性描述或逻辑规定,甚至很难说是对于"象"的具有特异性或唯一性的本质揭示;但是,说它们与"无分、无对、无形、无识、无可言说"之"混沌"正好相反——前者是对后者的否定,应该是无可怀疑的。这样,如果说"混沌"的全部规定性在于它的"否定"性——混沌"未分、无对、无形、无识、无可言说"——因而是一个"负概念";那么,"象",正是对否定的否定——"有分"、"有对"、"有形"、"有识"、"有言"——因而是由混沌而来的第一个"正概念"。正是从这种意义上讲,我们得到对于"象"的第一个逻辑规定和实义性描述:"象",是混沌之澄明。

[节选自《象论》书稿(作于1994—1996年)第一章]

注释:

[1]黑格尔:《精神现象学》(贺麟、王玖兴译),北京:商务印书馆1983年版,第14页。

[2]黑格尔:《小逻辑》(贺麟译),北京:商务印书馆1980年版,第56页。

[3]为避免"名""实"不同指称之混淆,笔者特用双引号表示范畴或概念,用方括号指涉近于"自在自足存在"意义上的事物或常说的"客观对象"。下同。

[4]黑格尔:《小逻辑》(贺麟译),北京:商务印书馆1980年版,第189页。

[5]马丁·海德格尔:《存在与时间》(陈嘉映、王庆节合译),北京:生活·读书·新知三联书店1987年版,第5页。

[6]《列宁选集》第二卷(第二版),北京:人民出版社1995年版,第107页。

[7]无论在古代中国还是西方,混沌一词常被用于指涉宇宙未形成之前的混乱状态。如在古希腊哲学中,不少人认为混沌为宇宙之源。现代数学、物理学、气象学中,亦有所谓"混沌理论"(Chaos Theory),主要研究非线性系统在一定条件下表现出的"混沌"现象。

[8]《大毗婆沙论》:问何故名无明。无明是何义。答不达不解不了是无明义。问若尔除无明诸余法。亦不达不解不了。何故不名无明。答若不达不解不了以愚痴为自相者是无明。

[9]《书经集传·蔡沈注》:见《四书五经》,天津:天津古籍书店 1988 年影印本。文字出处标注方式为《书名·篇名·次序》。下同。

[10]《荀子集解》(下),北京:中华书局 1988 年版,第 326—327 页。

[11]王弼:《老子注》,据《诸子集成·三》,北京:中华书局 1978 年 8 月版。文字出处标注方式为《书名·章·次序》。下同。

[12]《十三经注疏·周易正义》(阮元校刻本),北京:中华书局 1980 年影印本。文字出处标注方式为《书名简称·篇名·段落编号—次序》。下同。

[13]见《十三经注疏·周易正义》(阮元校刻本),北京:中华书局 1980 年影印本,第 82 页。

[14]"事"即"物",有时可同义而用。故"事"亦可"观"。《玉篇》:"物,事也。"笔者曾以"物象"为"显象",且言"物象"、"事象",从语源学和概念内在逻辑上讲,都是有所据的。

从象到象域

当我们把“象”理解为“混沌之澄明”时，我们似乎开始找到一条澄清“象”自身之“混沌”的途径——因为作为一个范畴，“象”开始在与“混沌”的对立中获得自己具有某种自明性和初原性的规定性。但是，当我们对“混沌”和“象”的本质与关系作进一步的拷问，尤其是进一步追逼“混沌”的作为“起点”或“象”的绝对对立面的“理据”，挖掘“象”的后验乃至先验的逻辑“根源”时——即“混沌何以‘在’？”“象何以在？”或“混沌作为起点如何可能？”“象如何可能？”的问题时，我们的处境立刻又变得不妙起来。

例如，即使笔者将“混沌”自身的问题暂时悬置，存而不论，单就“象是混沌之澄明”的命题而言，也存在一些令人头痛的基本问题：“象”，作为“混沌之澄明”，是如何“澄明起来”——从前者过渡到后者的呢？或者换句话说，在象与混沌之间，是否存在某种“中介性”、“过程性”或“逻辑性”的东西呢？如果答案是否定的，那么，从“未分、无对、无形、无识、无言”之“混沌”中，如何能“蹦出”一个“有分、有对、有形、有识、有言”的我们称之为“象”的东西的呢？如果答案是肯定的，那么，这个能使“未分、无对、无形、无识、无可言说”的“混沌”，而为“有分、有对、有形、有识、有言”的“象”或曰“澄明”的具有中介性、过程性或逻辑性的东西又是什么呢？

上述这些问题，也是长期困扰笔者关于“象”的具有基本“本体论”、“认识论”乃至“逻辑论”和“范畴论”意义的问题。例如，它涉及“象是什么？”“象如何在起来？”等本体论问题；涉及“象与思的关系”，“象的后验性或超验性”等认识论问题；涉及“混沌与象的逻辑联系或中介机制”，以及“混沌作为‘起点’的基本假设”，乃至“象作为最高上位概念的基本定位”等问题。

对于上述问题的探讨，正是本书所致力的目标之一。因此，在本章中，笔者不可能对这些问题作全面的分析。本章只想简要地表达笔者这样一种基本理解：“象之在”，“象何以在”，乃至“从混沌到象过渡”的问题，或许相关于多种“因素”或范畴，牵涉到多向度的“论域”；但是，这一切如果不是首先、那么至少是相关于“观”、“现”、“在”的问题：从语言的角度考察，“象”本身就包含了“观”、“现”、“在”的概念要素；从发生和逻辑的角度看，“象”产生于“观”、“现”、“在”，同时又以“观”、“现”、“在”构成对混沌的否定以及自身的“澄明”。

1 观

从混沌到观 正如细心的读者或许已经意识到的，即使在先前对于“混沌”的“描述”中，我们似乎就已经陷入起初所欲极力避免的理论上的“困境”和逻辑上的“悖论”：我们企图为象论寻找一个具有“尽可能广泛的源初性”，“尽可能根本的终极性”，“尽可能少的基本假设和理论包袱”，以及“尽可能直接的明证性、尽可能完满的自足性”的逻辑起点或支点；然而，我们所找到的这个新的起点或支点——“混沌”，却在逻辑上被认为是“不可真正思及或言说的”。换言之，能被言说和思及或曰建构起来的“混沌”，只能是违背“混沌”本性的、处于消解之中的“相对的混沌”。那么，且莫说我们对“混沌”的表述是否真的具有“有效性”(validity)，仅就我们先前的初衷和目的而言，我们又如何能以这样一个不可捉摸的“支点”支撑自己，或从这样一种不可言及、玄而又玄“起点”真正“开始”呢？

笔者认为，“混沌”作为逻辑起点和理论支点的“优势”或“诱惑力”就正蕴涵在“混沌”的这种“独特的性质”之中：“混沌”本质上既不是一种传统哲学意义上的“范畴”，也不是一个真正的“概念”——至少不是一个真正的“正概念”。“混沌”具有“空无”或“元负”的性质——因为它“本质上”拒绝任何“实在的”外延或内涵；而对这个具有“空无”或“元负”性质“混沌”的任何视点、方向或论域的切入，都将导致对“混沌”的否定和对一切作为非混沌的“切入者自身”的肯定——因为对“空无”或“元负”的否定，在逻辑上就意味着“有”和“正”的产生。况且，相对于“混沌”而将一切基本假设或有待阐释、界定的概念首先视为“非混沌”，至少在逻辑上是“简明”和“可以自圆其说”的。这样，对任一视点或论域而言，“混沌”就成为最无须界说或无须争议的具有“原点”意味的“起点”或“支点”。

正因为上述原因，“混沌”一方面“无识”；另一方面又为“诸识”提供着最“虚怀”的“场所”，最基本的“参照系”。“混沌”一方面“不可言说”；另一方面又为“言说”提供了最“简明”的语境，最“无歧义”的“语言”和“言说方式”。因此，笔者在上一章中曾说：“混沌之述，或对于混沌的言说，一方面澄明着混沌，另一方面，又消解着混沌；一方面有赖于识、言的介入、参与，另一方面，又导致着识、言自身的建构和规定——即一系列相关概念、范畴和术语的确立。”于是，象论，或曰“关于‘象’的‘识’和‘言说’”，便可以从“对不可言说的‘混沌’的‘言说’”开始，并以“可以言说的‘混沌’之‘识’”作为最终的“参照”。

以上述观点和立场来重新审视“混沌”，我们首先可以发现：在关于“混沌”的表述中，不仅预设了用于描述混沌的“分、对、形、识、言”的存在，更重要的是在“分、对、形、识、言”“之前”和“之上”，还预设了一个无所不在的“观”和“观者”的存在：因为“分、对、形、识、言”，均意味着一个“外于”它们，又“相关于”它们的“主体”或“行观察者”、“行判断者”的存在。不仅如此，就连“混沌”的语义性概念乃至逻辑性概念自身，也是内含着“观”的存在：“混沌”，就其自身而言，无所谓“混”与“沌”；惟有对“观者”而言，才有“混沌”之谓。

于是，作为可以言及的“对象”，“混沌”不再是一个具有“尽可能广泛的源初性”、“尽可能根本的终极性”、“尽可能少的基本假设和理论包袱”，以及“尽可能直接的明证性、尽可能完满的自足性”的逻辑起点或支点，它本身已成为与“观”相对而言的东西。然而，这并不说明“真正的混沌”并不存在，而是再次说明凡能被言说的“混沌”，已经是“相对中的混沌”了——即因“观”而确立，并对“观”而言的“混沌”了。从这种意义上讲，“混沌”自被“确立”、“言及”之刻起，就已经处于与“观”的对立和相在、共在之中，并开始自身的否定——“去蔽”。

因此，可以这样说：凡是“可以言及的混沌”，或“相对中的混沌”，总是因“观”而建构自己，同时因“观”而解构自己。这样，如果说“混沌”因“观”而“肯定自己的存在”，那么，“混沌”同样因“观”而“否定自己的存在”——“观”，实际上是对于混沌的否定，即“去蔽”。

观即去蔽　“观，谛视也。从见，雚声。”(《说文》)考察“观”之义项，与“象”或象论有关者大致有以下诸类。

一类：“观”作“观看，观察，观赏”。

仔细看，观看——《说文·见部》：“观，谛视也。”段玉裁注：“寀谛之视也。《穀梁传》曰：‘常事曰视，非常曰观。’”《广雅·释诂一》：“观，视也。”

观察，审查——《周易·贲》：“观乎人文，以化成天下。”孔颖达疏：“言圣人观察人文，则诗书礼乐之谓，当法此教而化成天下也。”

观赏；欣赏；观摩——《尚书·无逸》：“继自今嗣王，则其无淫于观，于逸，于游，于田。”《左传·襄公二十九年》：“请观于周乐。”

二类：“观”作“示人，显示”。

示人，给人看——《尔雅·释言上》：“观，指示也。”《尚书·益稷》：“予欲观古人之象。”《吕氏春秋·博志》：“此其所以观后世已。”高邮注：“观，示也。”

显，显示，炫耀——《汉书·严安传》：“调五声使有节族，杂五色使有文章，重五味方丈于前，以观欲天下。”颜师古注：“孟康曰：‘观，尤显也。’师古曰：显示之，使其慕欲也。”

三类：“观”作“认识，看法，思维，智力”。

认识，看法——“夫似是之言莫不动听；因形设象；易为变观。”(阮瑀：《为曹公作书与孙权》)《后汉书·文苑传·黄香》：“‘此天下无双，江夏黄童者也。’左右莫不改观。”

思，思维；智力——《大乘义章·卷二》：“粗思曰觉，细思曰观。”

四类：“观”作“容饰，外观；景象，情景”。

容饰，外观——《礼记·玉藻》：“既服，习容，观玉声，乃出。”陈澔集说：“容观，容貌及仪观也。”

景象，情景——《论衡·别通》：“人之游也，必欲入都，都多奇观也。”现代汉语中，仍保留大量与该义项相关的词语，如“奇观”、“壮观”、“大观”、“旧观”、“外观”等。

五类：“观”，读四声，指中国古代建筑或仿古建筑中的“望楼，阕”；或泛指“高大的建筑”。

单从“观”的上述义项看，它们就与“混沌”构成直接或间接的否定。

“观”的第一、二类义项——“观看，观察，观赏”以及“示人，显示”，是对“混沌”“无分”、“无对”的直接否定：因为无论是“视”之观，还是“示”之观，都意味着“混沌”无分、无对，浑然一体状态的打破，以及二元乃至多元因素、关系、结构的建立。

“观”的第四、五类义项——“容饰，外观；景象，情景”，以及“望楼，阕”或“高大的建筑”，既内含着“有分”、“有对”的逻辑和现实关系，也意味着是对“混沌”“无形”的间接否定：因为它们作为“物”之观、“景”之观，首先都“有形”，或都包含“形”的要素。

“观”的第三类义项——“认识，看法，思维，智力”，则是对“混沌”“无识”、“无言”的直接否定：它们或是“识”与“言”形式和内容，或是“识”与“言”的条件和能力。但不论为前者还是后者，它们都是“非混沌”——亦即“澄明”自身。

当然，从逻辑分析的角度看：任何“混沌以外”的事项，无论其为范畴、观念，还是事物、事件、行为或过程，本质上都可最终归结为“混沌之否定”。然而，值得强调的是，“观”对于“混沌”具有更直接、更源初的否定性。这不仅仅表现在我们上面所已经指出过的“混沌”与“观”“与生俱来”的互设性方面，更重要的是体现在“观”之于“混沌”最根本的对立性或曰“摧毁性”方面：正是“观”的出现，将“未分、无对、无形、无识、无可言说”的“混沌之域”予以摧破，而“澄现”出一片“有分、有对、有形、有识、有言”的“有象之域”或曰“澄明之域”。

将本节以及上节的有关论述结合起来，我们不难得出这样的结论：“观”，作为对逻辑关系和现象世界中“诸观”之概括，无论从语言或逻辑的意义上讲，均构成对“混沌”的否定。换言之，“观”，无论作为一种逻辑支点、范畴，还是作为诸观之存在，自“混沌”被思及、言说之刻起，就已经同时确立了自己，并在这种确立中将自身乃至“混沌”一同“导向”和“置身于”澄明之域。这样，“混沌”之“未分、无对、无形、无识、无言、无象”，在“观”中得到最初原的否定——观而有分、有对、有形、有识、有言。于是，以混沌为起点，以观为中介，混沌之域渐趋消解——这便是“象”的诞生；或者说，“澄明”之域的诞生。正是从这种意义上讲，“观”而“去蔽”；“观”即“去蔽”。

观：此与彼　观的本质是“去蔽”，而“去蔽”的最直接和最源始的阶段，就是“有分”、“有对”——“此”与“彼”的确立。

如前所言：混沌“未分”，而观“有分”。正是“观”的出现，将“自身”与“非自身”的“混沌”，或曰处于“混沌状态的‘事项’或‘它物’”（——一种借喻的说法，因为此时的、尚处于混沌中的[事项]或[它物]还不是真正已获规定性的可以言说的“对象”）“区分”开来，建构出“此”与“彼”。——这是“混沌世界”的第一次“分裂”，由此，便开始了一系列趋于无限的“有分”的过程。其结果就是“混沌”之“一”的解构和“多”的产生。而从“一”到“多”，就是有分、有象。

如先前所述，“分”作“别”，有“明辨”、“区分”，“区别”诸义。这些都相关于“观”的第一类义项：“仔细看，观看；观察，审查；观赏，欣赏，观摩”。

从上述这些最接近“观”之本源义的诸义项看，它们不仅仅相关于一般性的“见”或“视”，更重要的是相关于“仔细看”和“观察，审查”意义上的“见”。因此，“观”的简化字可拆解为“又见”：认真、反复地“看”，此所谓“谛视”也。——而这些，正与“明辨”、“区分”、“区别”之“分”相通。因此，即使从语源、语义的角度看，“观，有分”。

那么，从逻辑的观点看，这种以“谛视”、“又见”为本义的“观”意味着什么呢？首先，它意味着一种基本逻辑视点以及由此所带来的基本逻辑要素和结构的出现：“此”与“彼”的出现。

换言之，正是在“谛视”、“又见”之“观”中，以“观自身”为基本逻辑视点，“混沌之域”出现了一系列既相互关联、又有所区别的“分化”。

首先，“观”的介入，意味着先前“元气未判”的混沌中，出现了作为“自身”的、本质为“判”的“观”，以及作为“非观”“非自身”的、本质为“未判”的“混沌”。而“观自身”就是“此”，而“非观的非自身”或曰“混沌”就是“彼”——事实上，“混沌”之为“混沌”，就在于它是“观”之“彼岸”意义上的“彼”。这是“混沌之域”的第一次最初原的分化——“自身”与“非自身”，或曰“此”、“彼”间的分化。这种分化直接导致了两种结果：即“观”的“自身之此”的确立，与“非观”的“非自身之彼”或曰“混沌”的确立。

“混沌”在“观”中既确立着自己，同时又消解着自己。当“混沌”因“观”之“此”而成为“非观”之“彼”时，“未分、无对、无形、无识、无言、无象”之“混沌”，便由“自在—绝对”之域进入“相在—相对”之域，而成为“观”乃至“识”与“言”的“对象”（一种比喻的说法），亦即“相对混沌”了。由此可见，在“相对的混沌”，或曰作为“观”的“对象”而可以“被思及言说的混沌”阶段，“混沌”作为一个“负概念”，已经有其“微薄之象”了。这是“混沌”之域的又一次分化：在这种分化中，“绝对混沌”成为“相对混沌”的“彼”，而“相对混沌”成为“绝对混沌”之“此”。于是，“混沌”开始由“彼岸”走向“此岸”——走向“澄明”。

这种以“观”为中介，以“此—彼”为基本逻辑要素的分化仍在继续。当“混沌”因“观”而成为“相对的混沌”时，后者作为与“观”之“此”相对而言的东西，则已经具有作为“所观”之“彼”的意义。——这是一种发生于“观”与“相对混沌”间的分化。在这种分化中，“相对的混沌”一方面是一种相对于“绝对的混沌”的“此”；另一方面它又成为相对于“观”的“彼”——所观。这样，相对的混沌进一步走向“澄明”，即成为与“观”相在、相对的东西。

在相对于对“观”而言的“所观”之中、之间，继续出现新的“此”与“彼”以及“此”与“彼”间的分化。一方面，对于“观”而言的所观之“彼”，因为存在与“观”的联系，而实际上成为“观”之一部分。于是，所观之“彼”转化为“观”之“此”。另一方面，所观之“彼”本身也因为“观”的介入，互分“彼”“此”。这样，所观之间亦分化出具有规定性“此者”与“彼者”，亦即传统西方哲学所谓的“这一个”或“那一个”——由“一”而为“多”。故“观”又有“多”义：“观，多也。”（《尔雅·释诂下》）于是，至此开始有了真正的存在和逻辑意义上的“事项”或“它物”。——这些都意味着对“混沌”的进一步否定。

由此可见，正是以“观”为中介，在“观”所形成的“此”“彼”之分，以及因“观”而引起的“此”与“彼”的不断建构和消解过程中，“混沌”不断地相应发生“分化”和“解体”，最终走向了自己的对立面。于是，以“混沌”为原点，“观”分化出方向、极性相反，但又对立统一的“此一彼”之观。从这种意义上讲，“观”以“此”与“彼”构成自己最基本的逻辑要素、环节和结构；并以“此与彼的对立统一”构成对混沌最初原、最基本的否定。故“观”而“去蔽”，“观”即“去蔽”。

“去蔽”则为“现”。

2 现

从观到现 如果说“观”以“去蔽”构成对“混沌”的逻辑否定；那么，这种“去蔽”的本质、过程和结果，就是“现”。

“现”，古通“见”。

甲骨文中，“见”书作（《甲三五二一》），（《后下一一·一》）；匽侯鼎作；墙盘作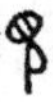；江陵楚简作；《说文》则为。究其本义：“见，视也。从儿，从目”（《说文》）。段玉裁说：“见”为会意字——“用目之人也”。

可见“见”，无论作为“视”，还是“用目之人”，都相关于“观”或“观者”。

“见”为多音字。读作 jian——四声，与“观”有关的有下列诸义。

看见，看到——“见，视也。”（《说文·见部》）段玉裁注：“析言之，有视而不见者；浑言之，则视见一也。”

接触——“见风水涸，鱼化为石。”（《内江石壁鱼》）在现代汉语“见水”，“见火”，“见光”等说法中，仍保留该义项。

见地，见解——晋王豹："敢以浅见，陈写愚情。"(《与齐王冏笺》)现代汉语中，亦有"高见"、"愚见"、"先见"等词。

了解，知道——"他日吾见蔑之面而已，今吾见其心矣。"(《左传·襄公二十五年》)《淮南子·修务》："今使六子者易事，而明弗能见者何?"高邮注："见，犹知也。"

预料，预见——"见胜不过众人之所知，非善之善者也。"(《孙子·形》)还如："见胜而战，弗见而诤，此王者之将也。"(《孙膑兵法·八阵》)

听到——"见说云中擒黠虏，始知天上有将军。"(王维：《赠裴旻将军》)

打算，拟议——"见欲移居相近住，有田多与种黄精。"(张籍：《寄王侍御》)

"见"，读作 xian——四声，则有"显示"、"显露"、"出现"、"实现"诸义：

"见，露也。"(《广韵·霰韵》)

"见，显也。"(《集韵·霰韵》)

《周易·乾》有"见龙在田"句。《汉书·元帝纪》有"天见大异"语。在《楞严经·卷六》中，"见"已写为"现"："我于彼前，皆现其身。"(上述语言材料多转引自《汉语大字典》)

所有这些，均与"观"语义相同或相近：

一、"观"作"观看，观察，观赏"类——对应于"看见，看到；接触；听到"之"见"。

二、"观"作"示人，显示"类——对应于"显示；显露；出现"之"见"。

三、"观"作"认识，看法，思维，智力"类——对应于"见地、见解，了解，知道"之"见"。

四、除上述与"见"具有直接对应性的三类义项外，"观"的"容饰，外观；景象，情景"等义项，作为"见"之"所对"、"所得"，仍在逻辑和实质上相关于"见"。

那么，"观"与"现"这种语言学方面的联系能给予我们什么哲学方面的启示呢？概括地讲，可以说"观"与"现"互在，互有。

所谓"观"与"现"互在，互有，主要是说"观"与"现"，不论在发生学还是逻辑学的意义上，都是相互设定和包含的。

从发生学角度看，"现"一方面因"观"而"有"——因"观"的存在而"在起来"。离开了"观"，也就是说，离开了"观"的意义上的"见"，也就谈不上所谓"现"。从这种意义上讲，"观"而"现"——"现"相因于"观"，也是"观"的结果。但是另一方面，从逻辑的角度看，"观"也因"现"而"有"——离开了"现"之存在；或者说，离开了万物之"现"，或"现着"的万物，"观"也就无从而"有"——"无从观之"了。因此，在作为历史真实与逻辑真实之"忠实记录"的语源和语义中，保留了"现"与"观"的发生学和逻辑学的联系：一方面，"现"来源于"见"；而"见"就是"观"(——如"看见，看到；接触；听到"诸义项)；另一方面，"观"亦"从见"，且因"所见"而为"观"(——如"容饰，外观，景象，情景"诸义项)。

“观”与“现”互在,互有,还意味着“现”中有“观”,“观”中有“现”。“现”中有“观”,是说凡“现”,总是包含着“观”的“现”。或者更确切地说,要想从“现者”中将“观”的“因素”剔除而得到“非观之现”,至少在现实中是不可能的。换言之,离开了“观”,至少在现实的或经验的世界中不可能设想“现”的实际的存在。另一方面,在现实的或经验的世界中,无“现”之“观”也是不可思议的。“观”的确立,也就意味着“现”的同时确立。——此所谓“观”中有“现”。

至此,我们便可以得出这样的结论:在“由混沌而至象”的发生过程和逻辑环节中,如果说“观”具有“中介”的性质;那么,“现”则是对这个中介过程的结果,乃至作为这个结果的“象”的基本逻辑结构和本质的描述。

去蔽则现——走向澄明　“蔽”,本义为“小草”或“小草貌”。《说文》:“蔽,蔽蔽,小艸也。从艸,敝声。”

或许因为小草细细蒙蒙,浑然一片,遮掩一切,故“蔽”在以后的语言进化中,衍生出“遮盖”、“挡住”、“隐蔽”、“掩饰”、“蒙蔽”、“壅蔽”、“屏障”等义项。这些,均相近于“混沌”之义或“混沌”之状:混沌中,“蒙昧未分,日月含其辉,八卦隐其神,天地混其体,圣人藏其身”。这“含”、“隐”、“混”、“藏”四字,讲的都是“蔽”——是对混沌之“蔽”的描述。这样,混沌“无分,无对,无形,无识,无可言说”,以“象”论之,混沌“无象”;以“观”论之,混沌“非观”;以“现”论之,混沌“非现”——“非现”即“蔽”。

但是,另一方面,无论“蔽”之“遮盖”、“挡住”、“隐蔽”、“掩饰”、“蒙蔽”、“壅蔽”、“屏障”等义项也好,还是“混沌”之“含”、“隐”、“混”、“藏”之状态也好,归根到底,都是因“观”的存在而成立的;离开了“观”,不仅没有所谓“蔽”,连“混沌”也是不可在这里言及的。由此可见,“去蔽”之谓,对“观”而言才是可以理喻的。

“去,人相违也。从大,凵声。”(《说文》)去,有“去掉”,“除去”,“放弃”,“失掉”,“离开”,“距、距离”,乃至“过去的”等义。“去蔽”,就是“去除”和“弃离”蔽;也意味着使“蔽”“成为过去”,“不再是蔽”。——正是在这一点上,“去蔽”与“澄明”构成对等的表述。

“澄”者,“清”也:“澄,水清定”(《广韵·庚韵》);“明”者,“可辨”、“可识”也。而“清”或“可辨”、“可识”均因“观者”而可设定和理喻。故“澄明”者,“观”使之然也。

另一方面,“澄明”者,“去蔽”、“非蔽”也:“澄”用作动词的基本义项之一,就是“使澄清”。用于“混沌”,就是使“混沌”得以“澄清”、“澄明”,不再是“混沌”。故“去蔽”、“非蔽”则为“澄明”;而“澄明”亦有“去蔽”、“非蔽”之意。于是,由“蔽”而至“非蔽”;由“混沌”而至“澄明”,即是“现”。故“澄明”即是“现”;或曰“走向澄明即是现”。

“澄明”亦非“物”、非“心”,而是一种状态、阶段、境界,或简称为“域”。凡进入

"澄明之域"者，在"物"则"有分、有对、有形"；在"思"则"有识、有言"。故为"非混沌"。而"非混沌"就是"去蔽"。因此，"去蔽"，无论是对于具有"本体"性质的混沌范畴自身来讲，还是对于具有混沌"属性"的"前事项"而言，它都意味着一种"由蔽到非蔽"的性质乃至状态的改变，意味着一种"由混沌而至澄明"矛盾对立运动和过程的发生——这也是所谓"走向"的含义之一："走向"者，"运动和过程"之谓也。

于是，以"观"为中介，以"现"为过程，"混沌"在逻辑乃至实际上，均遭致否定。所谓"澄明"，就是对这个过程和结果的一种"诗意的"同时也是"本质的"描述。在这种"诗意的"同时也是"本质的"描述中，一种包罗万象的最基本的对立——混沌与澄明两极的对立——被鲜明地揭示出来；而我们所谓的"世界"，不过是与"混沌之域"相对而言的"澄明之域"。而澄明之域的一个最基本、最具有本质性的表征，就是"有象"。

要言之，混沌"未分、无对、无形、无识、无言"，因而"无象"，因而是"蔽"。而"观"与"现"，作为从混沌走向澄明的中介、机制和过程，则是"分、对、形、识、言"得以产生的逻辑前提、发生机制和中间环节。世间一切"前事项"或"前在"正是以"观"、"现"为中介、机制和过程，而由"未分、无对、无形、无识、无言"的"无象—混沌之域"，进入"有分、有对、有形、有识、有言"的"有象—澄明之域"。正是从这种意义上讲，"观"就是"去蔽"——"走向澄明"。"走向澄明"就是"现"。

现：显与潜　"现"，作为"去蔽"和"澄明"，按其本质，首先是一种纯粹的逻辑规定性——"显"与"潜"的对立统一。

"显"，本义为"头明饰"。基本义项有"光明、明显"，"公开、显露"，"显扬、显著"，"表面"，以及"见"等。而这些，与"现"均相通。

"见"作"现"的最基本的含义，有"显示"，"显露"，"出现"：

"见，露也。"(《广韵·霰韵》)

"见，显也。"(《集韵·霰韵》)

从"现"的语源、语义考察，"现"的基本义项之一就是"显"。这说明"显"在"现"中，具有原初的意义——是最初原的"现"。而去蔽之最初原、最直接的结果，就是"显"。从这种意义上讲，"显"是"现"之为"现"的最原始的阶段、最基本的要素。

"潜"，"涉水也。一曰藏也"(《说文·水部》)。后衍生出"暗流"，"隐藏"，"埋葬"，"暗中"、"秘密地"，"逃亡"，"深、深处"，"测量、探测"，"水生动物"等义项。正是在"藏"、"隐"、"暗"、"深"乃至"不可见"等意义上，"潜"与"显"形成参照、对立乃至统一——"潜"因"显"而"潜起来"；"显"亦因"潜"而"显起来"；"现—潜"之互动合取，便是逻辑意义上的"纯现"。

"显"与"潜"，作为概念或范畴，是在对"现"由"混沌而至澄明"，"由蔽而至无蔽"的性质和过程已经"初步把握"的前提下，而对"现"之存在所作的进一步的，同时具有逆向性的描述。从这种意义上讲,“显·无蔽·澄明”,与“潜·蔽·混沌”各构成相互对应和对立的概念族;同时,在每一概念族之中,形成了一个相互联系且可相互说明,但在内涵充实程度上逐次后退,而在外延范围上逐次扩张的级次。

按照这种理解,我们便可把“显”与“潜”界说为“无蔽”与“蔽”,乃至“澄明”与“混沌”沿内涵轴向的具化,以及沿外延轴向的减缩。

值得强调的是,“显”与“潜”,作为“无蔽”与“蔽”在更高层次上(——因为“现”的范畴已经得到确立)的对应,并非后一组概念的又一次简单“重复”;而是意味着“现”真正“现起来”。即“现”完成了其“由蔽到显,由显到潜”的全部过程。从这种意义上讲,“显”与“潜”,又并非完全等同于“无蔽”与“蔽”。

具体地讲,“蔽”因“去蔽”而为“无蔽”,只是“现”之过程的“前半程”;姑且名之为“出现”——即“显露”。在“出现之现”或“显露之现”中,“现”之重心在“出”,在“露”。以混沌和象为参照,“出现之现”或“显露之现”只是意味着混沌之域中,出现、显露出一块“有象的”或曰“无蔽的空地”。因此,由“蔽”而至“无蔽”仅为“去蔽”或“出现”。

“现”继续着它的“螺旋循环之旅”:在“有象的”或“无蔽的空地”中,“现”由“出现”向名之为“现出”的后半程继续运动和转化——“显露”进一步发展为“显示”。这样,在“现出之现”或“显示之现”中,“现”之重心由“出”和“露”转向“呈”与“示”——故谓之“显”。换言之,在“现出”阶段,“现出”之“显”或曰“显示”之“现”不仅“呈露”着“已现的自身”,而且“现出”或“揭示”、“指示”着“未现的对应项”。这样,相对于已现之“显”而言,就有了在逻辑上处于“现”中的未现之“潜”。由于这“未现的对应项”是为“显”所揭示、现出的,因而这“未现的对应项”只能是“现中之潜”,而非完全的“蔽”,更不是“混沌”。但另一方面,这“未现的对应项”又的确非“显”,所以,它仍然是“现中之蔽”——故名之“潜”。于是,“潜”又可成为新的“去蔽”的对象,在新的“现之轮回”中,开始“由潜到显,由显到潜”新的对立、转化和统一运动,而至无限之循环。

这样,我们不仅得到对于“现”的过程性描述,而且得到对于现的实质性界说:“现”,归根到底是一种“由潜到显,由显到潜”的对立统一运动过程。该过程以“蔽与去蔽”为基本形式,以“出现和现出”为基本指向,以“显与潜”的矛盾对立统一运动构成自己的存在领域和本质。

于是,我们便进入“在”的论域。

3　在

从观、现到在　从象论的视点和论域看,如果说“观”而“现”,那么,亦可以说“观”、“现”而“在”。“观”、“现”,作为对“混沌”的否定,“去蔽”和“走向澄明”过程,从“在论”的观点看,也就是“在起来”的过程。换言之,在“混沌”走向“澄明”而至

"有象"的过程中,"观"强调的是"前提"和"中介性","现"强调的是"转化"和"过程性",而"在"则更着眼于"结果"和"现实性"。

单就语源学和范畴史的角度考察,"在"与"现"乃至"观"这两个术语和概念自身,也具有直接的渊源关系和内在的逻辑联系。

在印欧语系中,"在"的表述形式来源于"是";而"是"的词根实际上有两个。一是"es"。希腊文为"ειμι"(eimi),梵文为"as",拉丁文为"sum"或分词"esse"。究其本义,"es即依靠自己的力量能运动、生活和存在"。"说某物es,就是说某物自然而然地出现在那里,生存在那里。可见这个此词的本意有显现、呈现的意思,包含后来'存在'的意思。"在以后的发展中,es演变为系动词"是",并进而成为对具有抽象意味的存在的表述。在古代印度哲学中,as也"偏重于单纯的、抽象的存在,或静止的、绝对的存在;以as为词根的sat、satra,在印度哲学中表示最终的、真实的存在"[1]。

"是"的另一个词根是"bhu"、"bheu"。希腊文为"φυω"(phyo),梵文为"bhu",拉丁文为"fui"、"fou"。bhu、bheu的原意就是"依靠自己的力量能自然而然地生长、涌现、出现"。后来,在印度哲学中,bhu、bheu与as所指正相反:它"表示变化的、相对的东西,指现象方面的事物"。同时φυω(phyo)在希腊语中也主要指"自然而然成长的、变化的东西,最后变成φυσισ(physis,自然、本性),指本性上就有力量成为'如此如此'的东西"[2]。

印欧语系中,"是"的词根沿上述两个方向的演化,表征了"是"与"什么"的分野;同时,也揭示着对于"在"或"存在"两种基本理解的分化。这是问题的一方面。另一方面,它又反过来说明:"在",无论作为"本在",还是"存在",起先都是相关于"现"和"观",甚至都是以"现"为"本"、为"缘"的——"是"的两个原始词根的本义,都是以"现"为核心概念要素,同时又以"观"作为预设和隐含的逻辑前提的。

此外,就"在"与"现"的语源、语用、语义联系看,印欧语系中"在"或"存在"的表述,竟也大都包涵汉语"现"用于表示时间的另一层主要含意——"当下"、"现在"、"正在发生"等。例如,在巴门尼德之后,用作表示"在"或"存在"的"是",既不是"过去式",也不是"将来时",而主要为"现在式",或具有"现在正在发生着"意味的"动名词"。如,在希腊文中,巴门尼德主要以联系动词ειμι的现在陈述式第二人称单数εστιν表示"在";柏拉图和亚里士多德则以ειμι的中性分词ον表述"在"。在法文、英文中,表述"在"或"存在"的etre,being或it is等,都具有"现在"、"当下"的时态含意。至于德文,虽是以系动词的原形sein表述"在"或"存在";但也因无时态之分而将"现在"包含于自身之中了。

当然,对于哲学思考而言,更重要的是概念、范畴间的相互关系,尤其是逻辑联系。从这个角度思考问题,"在"与"现"乃至"观"也具有内在的、甚至是本体论的联系。

如前所述,“在”与“现”、“现”与“观”在语言、范畴的形成演化上,具有“同源”、“同根”的历史联系。这种历史联系,实际上是内在逻辑联系所使然。换言之,“在”与“现”、“观”与生俱来的内在联系,追根溯源,恐怕还在于这样一个简单的事实:人们之所以意识到“在”,首先是因为人们面对着“现”——“观现”。或者更确切地说:人们首先是因“观”而知“现者”,因“现者”而知“在者”的——即“观”而后“现”,“现”而后“在”。对于早期先民来说,一切处于“未现”状态的“蔽”,甚至包括“已现”状态中的“潜”,都是“不在”或曰“非在”。唯有直观中的“现者”——如人的“目之所视”(这正是汉语“现”的本义),才是可谈论或证实的“在者”。这一点,在“人”作为个体发展的儿童阶段——它对应于“人类”作为群体进化的“早期先民阶段”,甚至在人们“一般性认识”或“日常性思维”中,都表现得非常明显:“未被观察者,不现;未现者,不在。”而说某物或某事项“在”,或是“在者”,首先意味着它(们)在“观”中“出现”、“显现”了——成为“现者”。于是,在早期先民乃至早期哲学家的理解中,“在”或“在者”就自然而然地被“等同于”“现”或“现者”了。或者,更确切地说,“在”和“在者”的概念,便源于和相因于“观”和“现”而产生了。从这种意义上讲,“现”是比“在”更原始的概念;而“观”是比“现”、“在”更“前在”的前提。

不仅如此,又由于“现”或“现者”在“观”中——无论是直观,还是直接性的判断行为,总是表现为“当下”、“此刻”、“正在”等时态性质和特征;因此,“在”的观念和表述形式,也就自然而然地包含或显示出“现”的时间性要素和规定。无论在汉语还是在其他语种中,“在”的概念和表述形式,往往也与“当下时间”或“时间性的现”密切相关。例如,在英文中,各种“现在时”和“进行时”往往不仅表示某事项“存在”,而且表示其“正在存在”。在汉语中,“现在”、“正在”、“现实”等词语、语义,以及“在……”、“……在”等语用方式的形成,也反映了“在”与“现”乃至“观”的内在逻辑联系。

积淀保留在语言或日常思维中的这些理解虽然带有直观的、朴素的倾向,但是,它却有意无意地涉及这样一个对本体论、认识论乃至笔者所谓的“现论”都具有至关重要意义的基本命题:“在”,总是“现者的在”和“现在的在”;而“现者”和“现在”的在,归根到底,是相对于“观”或“观者”的存在。于是,笼罩在“在”自身之上的“混沌的迷雾”亦开始澄明:“在”,不论作为“观之念”还是作为“观之所指”,从象论的观点看,也不过是“观之所得”,或曰因“观”、“现”而获致的“混沌之澄明”——“象”。这样,“在”,无论作为概念、范畴,还是某种“现实”,在我的“观点”和“观域”中,不再是某种“超验的”、“形而上”的东西,而是至少可以先从“经验”或“形而下”的论域中开始分析的东西。

在何在?——语言的启示 应当承认,“在”,作为西方哲学中最古老、最基本,但同时又是最模糊、最混乱的哲学范畴和命题之一,其包含或涉及的问题是十分复杂的,因而对其进行清理或界说的难度是可想而知的。——这也不是本书的任务。然而,不加拷问、辨析而直接和简单地使用或移用"在"这一术语、概念和范畴,也是我首先不能接受的。——那样将使我要么重蹈覆辙,陷入以往"在"之概念或"在论"之泥淖中不能自拔;要么自入歧途,因基本表述、概念的混乱以及起始立场、逻辑的矛盾而不知所终。

因此,当我不得不面对"在"这个古老而又常新的哲学话题的时候,我不得不反复追问自己这样一个曾经苦恼过许多代人的问题——即"在何在?"的问题。为了尽量减少问题的复杂性,我对这一问题先作如下的限定:在本章中,"在何在?"首先是对"在"这一术语和概念自身之在或在之状态的发问:在我自己的话语和语境中,我所说的这个"在",内涵外延何如? 具有什么自己的规定性?

"在"何在? 也是对"在"之在,或"在"之是的本体论意义上之追问:我所谈的这个"在",作为一个哲学范畴,它是什么? 或表述了什么? 若作如是的理解,理由何在?

这些不全是哲学问题,至少有不少非哲学问题:它们不全是对于"在"的哲学性追问;它们更切近于对"在"的语源学、语义学考察,对"在"的概念的或逻辑的分析。然而,非哲学问题,或者说语源学、语义学,乃至概念、逻辑的问题,对于许多哲学问题或曰哲学困惑来说,它们往往既是后者之所出,又是后者之所解。

作为象论的一个部分,这里不可能详尽地探讨阐述这些问题;但是,以这些问题为思考的出发点或参照系,尽量廓清自己将要涉及的论域,尽可能明确地界定术语,规范表述,却是一个必须首先面对的环节。

语言是哲学的存身之处;没有语言就没有哲学。语言也是哲学观的始作俑者,许多基本哲学概念、范畴、思想或体系的异同,往往可追溯语源、语义及语用方面的内在因素和逻辑。语言还是哲学家的"滑铁卢";许多哲学家的困境和失败,许多哲学问题的的困惑和纠缠不清,往往最终归结于语言的误用或混乱,归结于由于这种误用或混乱所造成的基本术语和概念的含混和歧义。

如前所述,在印欧语系中,我们译作"在"或"存在"的,是作"是"、"有"解的系词或它的分词、动名词:希腊文为"ειμι"——音译为 eimi,梵文为"as",拉丁文为"sum"或分词"esse",法、德、英文分别为"esse","sein"、"being"。当然,在不同的时代、不同的哲学家那里,甚至在同一哲学家的同一文本中,"在"的语言表述不尽相同。但是,这些表述大多与系动词和实义动词兼为一身的"是"和"有"有语源学的关系,却是具有普遍性的事实。

"在"(being)源于系动词和实义动词兼为一身的"ειμι",意味着什么呢?

其一,它意味着"在"这一表述实际上包含着"两种概念要素"——"有"与"是"。换言之,在"在"之范畴中,积淀着"有"与"是"两种义项的意义成分。

其二,由于在语言的发生、进化中,实义动词的出现早于系动词的出现,因此,"在之'有'"的义项当比"在之'是'"的义项更源始;而"在之'是'"的概念则比"在之‘有’”概念更抽象。这也就是说，作系动词解的“是”比作实义动词的“有”，更接近“在”进化为范畴的阶段。即“在”之发生学的逻辑顺序当为“有—是—在”。

其三，在语言规则和语用实践中，系词也好，系动词也好，总是作为谓词使用的，亦总是以其前后项的存在为前提的。因此，“在”，无论其为“有”，还是其为“是”，总是相关于作为谓词前后项之对应物的“什么”。——无“什么”，“在”，或“是”、“有”，便无所系之，无所谓之。由此可见，“在”之源，“在”之在，亦相关于“什么”。离开了“什么”，就难以言“在”。

其四，“在”源于系动词，具有谓词语用功能这一事实，以及系词和谓词在语用方面的关联和判断功能，说明“在”至少相关于两种联系的存在：一是系词“所系”的前后项间的某种联系的存在，即作为述说对象的各“什么”之间关系的存在。——如果没有系词“所系”的、作为前后项的“什么”之间的某种联系，系词本身或无由发生，或毫无意义。二是语言讲述者对于语言所述对象或所述事实联系的存在。——无述者对于所述对象的关系存在，自然无所述，亦无所谓判断。这就意味着“在”之表述，本质上是一种基于“联系”或“关系”的表述。

其五，上述结论，以及“在”直接由系词进化而来的这一事实，还意味着“在”之表述实际上预设和蕴涵着“主体”或“思”的存在。而“主体”或“思”的存在，实际上，也意味着“观”和“观者”的存在：“在”，无论为“有”，还是为“是”，都是主体或主体性的“观者”所行的判断。而判断则总是将“思”包括于内的“观”之运作；或至少相关于“思”乃至“观”。从这种意义上讲，“在”又是对于“观者”和“观”而言的，与“观”同在、共在。

将以上五点综合起来，可以得到对于“在”的这样一个源始的描述：“在”，相关于“有”与“是”；相关于“什么”；相关于“联系”；相关于“主体”与“思”，“观者”与“观”。

而所有这些，又都在本质上是对“混沌”的否定。从这种意义上讲，“在”，归根到底，也可视作“混沌之澄明”——在海德格尔对“在”的论述中，就多次将“在”比作“林中的空地”，将“在起来”的过程比作“去蔽”的过程。不仅如此，在对于“在”语源学的考证过程中，海德格尔还接触到了“在者”与“现者”乃至“观者”的关系问题，并提出“存在如何显现”是“在之根”。因此，无论从语言学、逻辑学还是哲学的意义上讲，“在”的问题又都相关于“混沌”、“观”、“象”乃至“现”的问题。关于“在”与“现”、“观”、“象”三者的内在联系将主要留在此后的相关部分讨论；下面仅着重分析“在”的最本原的要素和环节——“有”与“是”的问题。

在：有与是　由于“在”在语源乃至语义、语用方面与“有”与“是”的直接联系，因此，当人们在思考“在”的问题时，或当人们追问“在何在？”的问题时，就会因视点或着重点的不同，而产生两种完全不同的对于“在”的基本理解。

“有”与“是”，就概念发生学的角度看，源自“观”对于“现者”或“诸象”不同视点的切入和由之而来的各有侧重的理解。前者源自“诸象之直观”——“观”对于“现者”或“诸象之存在”这一事实，以及“诸象”所具有的“有性”的直接的把握；而后者则更切近或倾向于对“现者”“有象”这一“存在事实”乃至“象”自身之所出和之所归的追问——“诸象之反观”。

换言之，“有”之为“在”，着眼于“现者”的直观性的“有性”或“存有性”。因此，它偏重于对于“有象的经验世界”的描述。作为概念，对应于传统哲学所谓的“现象”范畴，是现象之思。从这种意义上讲，“有”在经验世界中有“相应的”对等物——它是对于经验世界中万事万物——[诸现者]、[一切象]之“存有”、“存在”的直接的“抽象”，是“万有”之有，与“无”相对而言之“有”。

而“是”之为“在”，则着眼于“现者”、“诸象”的反观性的“是性”或“规定性”。因此，它偏重于对经验世界的拷问——是什么东西决定了经验世界中的“万物万象”是这样而不是那样？它关心的是由经验世界所激发的、而又往往是超出主体经验之外的东西。从这种意义上讲，它对应于通常所说的“本体”范畴，是本体之思。

斯特劳森(P. F. Strawson)曾用图象表示特性归与的手段，意在说明他自己所谓的“预设的类”概念以及相关论点，以解决界定“存在”作为逻辑谓词时的逻辑问题。尽管人们对他的观点还并非一致认同，但他所采用的方法，对于理解我所谓的“两种在”——“有之在”与“是之在”的区别，并解释这种区别的哲学意义，是很有启示意义的。

当表示这样一个陈述——“至少有一个 x 存在”时，可以先画一个尽可能小的圆圈。

“有些 x 存在。”——画一个较大一点的圆圈。

如此等等。

在这种图示表达中，“有之在”中“有”的基本意义便被形象地揭示出来：

1)“有”与“无”对，并且是对于“无”的否定。

2)“有”的外延似乎是无限的，并非预先存在。

3)“有”虽然也有“判断”之意，但更多是“有—无”对应之义上的判断。

至于对于“是之在”中“是”的描述，情况就恰恰相反：

一个事项类的存在是确定的，因此可先画一个圆圈表示之。当说到“其中某些事项具有某些特性”时，便意味着把圆圈中的某些部分画上阴影。

换言之，当人们“在使用‘存在’来把一个事项指派给如上所述的一个子类的情形下，人们实际上所做的事情与其说是画一个圆圈，倒不如说是把圆圈的一部分画上阴影。因此，在这样一种情形下使用‘存在’是起论断作用的”[3]。

可见，在这种判断中，“存在”即“在”更多为“是—否”方面的对应之义。而且，这里有一种被斯特劳森称作“预设的类”的存在。——当人们说“是”时，就已经预设着“是”的“类概念”了。换言之,在笔者看来:“有”较少“思之预设”而更多地诉诸直观或直观中的对象,而“是”则较多地依赖于先在或先行规定。

这样,“是之在”与“有之在”的区别,也能在图示中被形象地揭示出来:

1)“是”并不与“无”对,而是对“非是”而言,是对“非是”的否定。

2)“是”的外延一定是有限的,并且预先存在着。

3)“是”的判断意味非常浓,并且毫不含混——要么“是”,要么“非是”。

以上的描述还可以解释:若“以是为在”,则必然将“在”理解为预设的——即先验的绝对:作为“是”的圆圈已经预设在那里了。从主体而言,判断只是主体将既定的已有之“是”导向或赋予对象。从对象而言,其“小的本体”只是“大的本体”之分有。这正是柏拉图到康德、黑格尔等人的基本思路——尽管他们的哲学如何表面上不同。

将以上两种图示结合起来,还可以窥见“有之在”和“是之在”的相互联系。

就“有之在”而论,在“至少有一个 x 存在”的陈述中,“x”之所以为“x”而非“非x”,就已经意味着“x 之是”的存在。换句话说,这一陈述实际上等于这样一种命题:“至少有一个东西是 x,它存在。”因此,“至少有一个 x 存在”实际上也预设了“x”事项类的存在。这样,无论作为其表述的“圆圈”画得多么小,就其“是性”而言,该“圆圈”已经在逻辑上对等于“是之在”图示中那个先行画下的圆圈了。

就“是之在”而论,在“其中某些事项具有某些特性”的陈述中,“有”更是“某些事项具有某些特性”存在的“条件”。或者反过来说,“其中某些事项具有某些特性”的陈述本身就意味着“有这样一些事项,它们具有某些特性”。在该陈述的图示中,无论先行存在的“圆圈”,还是后来画上的“阴影”,既是“是之在”,也是“有之在”。

这样,无论就“有之在”观之,还是就“是之在”观之,“有”中有“是”,“是”中有“有”,“有”、“是”合一,是为“在”。

或者更精确地说:“在”之外延,包含了“有”与“是”之外延,或至少与后两者之外延重合;“在”之内涵,亦含有、交会或交叉于“有”与“是”两者之规定性。从这种意义上讲,“在”,是“有”与“是”之统一。——“在”既“有”亦“是”。或者说,“在”中有“有”,有“是”。将“在”分而析之,“在”有“有之在”与“是之在”之别。将“在”合而观之,“在”是“有之在”与“是之在”之合取。

总结上面的分析,可以得出这样的一种认识:“在”,作为一个概念或范畴,从发生学的角度看,本身就来源于对混沌的否定,来源于对混沌招致否定之后所得到的“象”的直观和抽象——“有”与“是”。这样,“在”,从其概念之生成或获得之时起,就其“纯粹的逻辑规定性”而言,本身就积淀着“有”与“是”这两种概念成分;同时亦在逻辑上蕴涵着“有之在”和“是之在”这两种“在”之层面。正是这两种概念成分和逻辑层的对立统一,构成我们“笼统地”称之为“在”的哲学表述。从这种意义上讲,笔者认为“在”的本质,就其自身而言,是“有与是的对立和统一”。

4 象与观·现·在

象与观 无论从语言的角度考察,还是从发生和逻辑的角度分析,“象”本身就包含了“观”的概念要素;“象”产生于“观”,同时又以“观”构成对混沌的否定以及自身的“澄明”。

如前所述,笔者将“观”的义项,曾经归纳为五类:即“观看,观察,观赏”之“观”;“示人,显示”之“观”;“认识,看法,思维,智力”之“观”;“容饰,外观;景象,情景”之“观”;“望楼,阙”或泛指“高大的建筑”之“观”。

那么,“观”的上述义项与“象”有什么直接或间接的关系呢?归纳起来,大致有以下几种情形:

一、“象”源于“观”。“象”,作为“象形文字”之“象”——对“南越大兽”之“形”的描绘,起源于“观”——观看、观察之行为和活动。此外,“象”的源始义项之一,即为“观天之器。”

二、“象”用于“观”。“象”,作为“观天之器”(《尚书·尧典·1》),本身就用于“观”——为“观”之“器”。

三、“象”为“观”之所对。“观”与“象”对,“观”、“象”之共用,最早亦见于《尚书》:“予欲观古人之象”(《尚书·益稷·1》)。此外,《尚书·说命》中,也有“乃审厥象”之语。“审”,“观”也。所以,“象”可“观之”也。

四、“象”为观之所得。“天象”,为观天之器所得之“象”(由此或可推知:“天象”之义项,或当早于“物象”)。又,吴澄《老子》注:“形之可见者,成物;气之可见者,成象。”

此后,象与观在“所对”和“所得”方面有关者,频见于《周易》,如:“仰则观象于天……”(《周易·下·2-1》);“圣人设卦观象”(《周易·上·2-1》);“君子居则观其象而玩其辞”(《周易·上·2-2-3》)。

五、“象”即是“观”。在先秦两汉的汉语言和汉语文献中,“观”已有“象”的“容貌,容饰;外观;景象,情景”诸义。在其后的汉语言的发展中,“观”与“象”之联系愈见频繁,无论在“外观”类——如“相貌,容饰;景象,情景;外形,外表”等义项,还是在“内观”类——如“认识,看法,见解;思维,思想;智力”等方面,“象”与“观”均相近或相通。即使在现代汉语中,“象”与“观”在不少语境、语用中同义。而现代汉语哲学、美学、文艺学、心理学等文献中,以“观”为核心概念的术语、范畴,如“客观”、“主观”,“观点”、“观念”,往往更常见地组合或对应于以“象”为核心概念的术语、范畴,如“现象”、“表象”、“意象”等。

由此可见,无论在语言学方面,还是在发生学和逻辑学方面,“象”与“观”均具有十分密切的内在联系。从这种意义上讲,“象”有“观”,“观”有“象”;“象”即

"观","观"即"象"。这样,对于"观"与"象"关系的进一步的分析,不仅有助于把握"观"的本质,而且还可以揭示"象"与"观"的内在联系尤其是"象"自身的本质。

从后验的观点看,"观"本身也是"象"——对现象世界"诸观"之概括。因此,"观",无论作为一个范畴还是存在,本身已是"置身于"澄明之域。从这种意义上讲,"观"归属于"象"。

但是另一方面,"象"又来源于或者说相因于"观"——正是在"观"中,或者说因为"观"的存在,"象",乃至"混沌"才真正确立或建构着自身的存在。如果我们不仅对于"象",而且对"象"得以确定自身的对立面"混沌"也进一步加以穷根究底,我们不难发现可以支持上述论点的理据。

如笔者在上一章及本章有关部分已经提到的:凡能被言说的"混沌",已经是"相对中的混沌"了——即因"观"而确立,并对"观"而言的"混沌"了。从这种意义上讲,"混沌"自被"确立"、"言及"之刻起,就已经处于与"观"的对立和相在、共在之中,并开始自身的否定——走向"澄明"了。

所以,笔者曾得出这样的结论:凡是"可以言及的混沌",或"相对中的混沌",总是因"观"而建构自己,同时因"观"而解构自己。这样,如果说"混沌"因"观"而"肯定自己的存在",那么,"混沌"同样因"观"而"否定自己的存在"——"观",实际上是对于混沌的否定——"走向澄明"。而"澄明"即"象"。从这种意义上讲,自"混沌"被思及和言说之刻起,它便开始走向"澄明"——这便是"象"的诞生。从这种意义上讲,"象"的发生,不是在"混沌"之外,而是就在"混沌"的建构之中:从"混沌"建构之刻起,它就同时处于解构之中——这就是"象"。于是,当"混沌"被理解或表述为"未分、无对、无形、无识、无言、无象"时,此刻的"混沌"已经有"微薄之象"或曰"无象之象"了。故老子曰:"是谓无状之状。无象之象。是为恍惚。"而王弼注则更为精妙:"欲言无邪而物由以成。欲言有邪而不见其形。故曰无状之状。无物之象也。"——这些,本意讲的是"道",而实际上则涉及"混沌";因为"道",作为"恍惚","混沌"之别名也。因此,"混沌"无象,又有象;而"大象无形",又实为"混沌"。因此,以上李、王之言,都可视为对"混沌"与"象"共在、互在、对立转化关系的描述。

这样,"象",作为"混沌之澄明",既是"有中介"的,又是"无中介"的:以"象"溯"观","混沌"与"观"皆本是"象";以"观"取"象","象"与"混沌"皆为"观"。从这种意义上讲,在"混沌"、"象"、"观"之间,并不存在孰先孰后的问题。但是,当我们试图描述"混沌",并以"描述后的混沌"为立论和逻辑起点时;或者说,将"混沌"纳为"识"与"言"的"对象"时,我们也就赋予了"观"的先在性。当我们把"象"源初地理解为"混沌之澄明"时,我们也就确立了"观"的中介性。当且仅当从这种意义上讲,"象",产生于"观"对"混沌"的建构和消解之中。或者说,"混沌"之"未分、无对、无形、无识、无言、无象",正是在"观"中得到最初源的否定——观而有分、有对、有形、有识、有言。于是,以混沌为起点,以观为中介,混沌之域渐趋消解,并以“有象”而走向澄明。——这就是“现”。

象与现 如同“象”与“观”具有历史的和逻辑的内在联系一样,“象”与“现”也可以说是一对具有辩证统一关系,并可相互解说、支持的“孪生概念”。从语言学的角度考察,“象”本身就包含了“现”的概念要素;从发生论和逻辑的观点看,“象”产生于“现”,同时又以“现”构成自己的基本逻辑结构和本质。

先前,我曾对“象”的语源、语义、语用进行了回溯和辨析。如果予以进一步归纳,我们可以发现,“象”的基本义涵主要有二类:名词性的“象”,如“天象”、“物象”、“形象”、“相貌”、“肖像”、“征象”、“符号”等;动词性的“象”,如“模拟”、“描绘”、“象征”、“相似”、“效法”、“想象”等。“象”的这两大类义涵,都密切地相关于“现”的问题。

就名词性的“象”看,“天象”、“物象”、“形象”、“相貌”、“肖像”、“征象”、“符号”等,皆为一定“事项”以一定方式“现”而为“象”。故《周易》曰:“见乃谓之象。”从这种意义上讲,“象”作为名词,作为范畴,其最基本、最核心和最具稳定性的涵义和概念要素,是作为动名词的“现”。这样的“现”,在动名词的意义上,就是指“现出的东西”——即“现者”。所谓“象”,就是“现者”或“现者之现”。

就动词性的“象”看,“模拟”、“描绘”、“象征”、“相似”、“效法”、“想象”等义项,都包含有动词之“现”或“表现”的意思。或者说,它们的本质,都相关于动词性的“现”——表现过程、表现活动意义上的“现”。因此,象作为动词,其最基本、最核心和最具稳定性的涵义和概念要素,仍然是“现”——不过是作为动词的“现”,即“现出”这种过程或活动本身。从这种意义上讲,所谓“象”,就是“表现过程”和“表现活动”。

象与现的内在联系,不仅仅体现在汉语言,或以汉语言为符号系统的中国哲学、美学、文艺学乃至佛学等范畴体系中,而且还以惊人的相似性出现于许多域外民族的语言和思想形式中。

例如,在印欧语系及其哲学著作中,许多重要的、与象相关的词汇、术语、概念或范畴等,都密切地相关于“现”的问题。

在印欧语系中,与汉语中的“象”有相合之处,同时也常汉译为“现象”的 phanomen(德)、phenomene(法)、phenomenon(英),无论在其古代语源还是在其现代语义方面,都相关于“现”,甚至是直接由“现”演化而来的:上述三词的语源都可以追溯到古希腊语——φαινομενον。由于 φαινομενον 是由动词 φαινεσναι 派生而来的;而 φαινεσναι 即意味着“显示自身”——“显现”;“因此,φαινομενον 等于说,显现着自身的东西,显现者,公开者。”可见,西方哲学中“现象”一词的原初义、本义,就是“现”或“现者”——“就其自身显示自身者,公开者。”[4]此后,尽管“现象”一词作为一个哲学范畴,在以后的不同时期或不同哲学家的理解中发生了不同的变化;但是,"现象"之为"现"的基本义涵得到了保留。大概也正是"现"与"象"有着如此紧密的内在联系,所以,国人在翻译 phanomen(德)、phenomene(法)、phenomenon(英)时,绝大多数人总是将"现"与"象"合为一体而名之为"现象"。即使有少数人译法有别,但"现"仍是他们不得不考虑的基本参照点。故亦有"出现"之译名——其实在笔者看来是最确切的译名[5]。

除此之外,印欧语系哲学、美学、心理学文献中许多与"象"有关的重要术语、概念、范畴,也大多与"现"有着语源、观念乃至逻辑的联系。例如,德文中有erscheinung(现象,现像,显现),vorstellen(表象,观念),zeigen(显示),anschein schein(假象),aufleuchten(亮相);法文中有 presentation(外表,相貌,表象),representation(表现,再现,图现,表象),apparence(外貌,表象,显象,现象)等;英文中 appearence(现象,出现),idea(观念,图象),presentation(呈现,表现),representation(表象,再现),image(图象,形象),sign(符号,征兆,兆象)等。所有这些,都不同层面、不同程度地内含着或相因于"现"的观念;并以"现"构成某种"内在或终极的共同性"。

上述事实,一方面说明"现"作为一个基本范畴在哲学、美学等相关学科中的重要性——因为许多基本的本体论和认识论问题,都千丝万缕地相连于"现"的观念和问题。另一方面,它们也证实着"象"的问题,归根到底相关于"现"的问题:"象"就是"现";"现"就是"象"。从这种意义上讲,象论的核心和基石之一就是"现",象论是包括"象作为现"——包括"现者"和"现的过程",以及"象如何现"的理论。

值得强调的是,如果对"现"与"象"的关系进一步分析,我们可以发现:"象"作为"现",或"现者之现",可以分解为"显象"与"潜象"两个相互关联的环节或层面。

如前所述,"现",按其本质和逻辑结构,"是显与潜的对立和统一"。就"显"与"潜"的关系而言,它们无论作为"现"的构成环节,或作为"现者"的逻辑层面,是相互关联而又相互区别的。其相互关联之处在于:"显"与"潜"是相互设定、彼此互在的两个方面;舍弃一方,就无所谓"现"了。其相互区别之处在于:作为"现者"或"现"得以构成的两个层面或环节,"潜"一方面是"显"的根据和归宿,另一方面,它又相对于"显"的直接性而言是"未现"。换句话说,"潜"是"现中之未现",或"现者之隐":一方面,其存在已经由"现"并在"现中"被"指示"或"揭示"着——因而它不同于"蔽";另一方面,它在"现中"的存在又具有"间接性"——它并未在直接、包括直观的方式或状态中"呈现",而必须以"显"为中介和前提。与之相反,"显",则是"现中之澄现"或"现者之呈现"——即"现者"的直接"出现"或"存在"。这是因为,在逻辑上,"显"在任何条件下都是"未现"的绝对的对立面,其存在自身便意味着对"未现"或"潜"的否定;在实存中,"潜"往往具有"后验"甚至"超验"的性质——它的"在起来",往往产生于由"显"向"显背后"的回溯或追究,因此,它带有先天的

“间接性”;而“显”则是“先天直接的”——只要它是“显”,作为“显”而“在起来”,它就必然是“现出”或“显现”的直接存在,即“现”的“当下实现和现实化”。事实上,在经验世界中,在日常思维的领域,我们通常所直接观察到的“现者”,或所直观理解到的“表现”,实际上都是“显之现”,或更正确地说,“现者的显层面”。

这样的“显之现”,或“现者的显层面”,从象论的观点看,就是“显者之象”——“显象”。与之相对而言的“潜之现”,或“现者的潜层面”就是“潜象”。于是,我们从“现”与“象”的同一性、对应性和互释性出发,得到象论一对重要的“下位概念”:“显象”和“潜象”的概念。以这对概念来分析“象”,可以把“象”解说为“显象与潜象的对立统一”。

不仅如此,“象”,作为“显象和潜象的对立统一”,不仅仅是将“现”的规定性与实在性集为一身的“现者”——“象者”,而且是一个“现而有象,象中有现”的“象过程”。

“现而有象”,是指“象”源于“现”,成于“现”:是“现”从无象的“混沌”之域中,以“相在”为机制,“开辟”、“呈露”出一“澄明的空地”——是为“有象”。这是“象过程”中“由蔽到去蔽,由去蔽到显”的具有发生学和逻辑学意义的辩证运动。

“象中有现”,是指在“既成”之象中,“现”的“显与潜”的对立统一已经“具化”和“渗透”于“象”之中,构成了“象”之“显象·潜象”的对立统一。这是“象过程”中“由显到潜,再由潜回到显”的具有认识论和本体论意义的辩证运动。

这样,“象”之为象,既包含了两种“现”的辩证运动过程:“蔽与去蔽”,“显与潜”的对立统一过程,又因这两种“现”的过程而成为“实现的现者”。于是,笔者“象就是现者,是现的过程和实际形态”的观念,便解释了“象何以现”的“象的表现论”问题,以及“象何以有,何以在”的“象的本体论”问题。

下面,笔者将结合“象”与“在”的关系,进一步讨论上述问题。

象与在 如“象”与“现”一样,“象”与“在”也自有其内在的联系。

以象论的角度观之,“在”,在发生学和逻辑学的意义上,都相关于、甚至来源于“象”。事实上,“在”之概念的获得;包括“在”的相关原生概念如“是”、“有”以及“在”的相关下位概念,如我们以后将要详细讨论的“相在”、“实在”等概念,都与“象”密切相关:作为概念,它们都是人对世界“抽象”的表述;作为所指,它们都是以“象”为中介的、人对于世界的“意象性”或“对象性”的把握。从这种意义上讲,“有之在”来源于和对应于“象”的直接性或直观性,而“是之在”则相关于“象”的本质、本体追问和判断。“纯在”出自于人对“象”的本原或理据的好奇或想象,而“实在”则是人对于“象”不可回避的现实性和当下性的认可或解释。

以“在论”来论“象”,“象”当然“在”:“象”,无论作为名词性的“象”或“象者”,还是作为动词性的“象过程”,归根到底,都是“在”。而且,“在论”的诸概念、范畴也可以为“象”及其相关表述,提供具有“本体论”意味的规定。下面,我们将着重讨论这方面的问题。

如前所述，笔者曾经把“在”描述为“是与有的对立和统一”。“象”，作为“在”，或者说，只要象“在”——“有象”、“是象”，它亦必然是“是与有的对立统一”。

从“在论”的观点看，“象”首先是“有”，属于笔者所谓的“有的世界”。而“有的世界”，也就是“现象世界”、“经验世界”。这样，“象”以现象世界、经验世界的“直接性”、“直观性”构成自身一个最显著的存在本质和特征。

另一方面，“象”也是“是”，或者说，它本身亦渗透着“是之在”，同时亦指向“是的世界”。“象”之所以是“象”，而不是“非象”，就已经说明它已经具有最基本的相对于“非象”而言的“自身之是”——“本在”的规定性了。此外，“此现象”之所以为“此现象”，而非“彼现象”，也说明“象”具有“个体”乃至“本体”意义上的规定性。还如，“象”，作为具有“表现性”的“现者”，作为“显象与潜象”辩证统一，不可避免地将运思的方向，导向作为“现象”的显象乃至作为“对象”的潜象背后的“先验的”或“超验的”存在，并以这种存在——即便它们是假设或虚拟的——“规范”、“整理”或“限定”“象”自身的意义。于是“是”便转化为“有”了。因此，“象”，既是“有而为象”，亦是“是而为象”；既有“实在”之象，亦有“纯在”之象。

不仅如此，“象”不仅是“是”与“有”，或“纯在”与“实在”的对立统一，而且是“自在”与“相在”的对立统一。

正如“绝对的自在”非在一样，“象”亦不可能是“绝对自在”的。这是问题的一方面。另一方面，即使这里所谈到的“自在”是“相对的自在”，但是，如果将该后验性的“自在”与相在中的“非自在”——即“它在”——“割裂”开来，或者说，人为地“悬置”起来，那么，[该自在]至多只能是一个“超验物”，或仅是一种在后验意指或想像意味上产生的“微薄的前对象”，而无法真正“有象”。从这个意义上讲，“自在无象”。

反言之，只有当“自在”本身即是，或转化为“相在中的自在”，并与“它在”相在、共在时，才有“象”可言。也就是说，只有当“前在者”从“自在态”转入“相在态”，并经由“相在”而重新返归于“相对而言的自在”，同时仍“持有”与“其它在者”的联系时，才产生在实存和逻辑意义上都完满、充分的“象”。从这种意义上讲，“相在有象”。或者说，“象”以“相在”而“是”，而“有”——而“在起来”。

将“象”与“在”的观念结合起来看，“象”经由“相在”而“在起来”的过程，也就是一个“对象化”与“现象化”辩证统一、并行发展的“象过程”。

所谓“对象化”，从“实在”的角度看，指“实在之在”由“无限定性存在”而为“有限定性存在”；从“纯在”的角度看，指“纯在之在”由“一般性存在”而为“特异性存在”。这两种转化，都以实存的或逻辑的“相在”关系为基本前提、条件乃至内在动因和机制。离开了这种“相在”关系，任何“在”或“在者”，充其量只能算是一种“普在性存在”而非“对象性存在”。

例如,[物]、[人],作为理论假设中“不与它在者发生关系的自满自足、自己是其所是的存在”,充其量,要么只能是一种除了基本的意指性外无其他限定可言的“超验者”,要么只能是除了基本的“类的一般性”外而无其他特异性可言的“纯在者”。事实上,严格说来,这种基本的“意指性”或“类的一般性”也意味着“相在”关系的存在:“意指性”总是“此在”对“彼在”的“意指”;而“类的一般性”的获得,总是相关于“非此类的它类的一般性”。这样,[物]、[人],即使在其最纯粹、最一般的意义上,就已经是处于与[非物]、[非人]的相在之在中了。因而,它们也就具有哪怕是最“微薄”的对象性了。从这种意义上讲:正如自在是相对的,而相在是绝对的一样,普在性存在总是相对的,而对象性存在总是绝对的。于是,我们可以得出这样的结论:凡“在”,总是“对象性存在”;而“相在”的本质之一,从象论的观点看,就是“对象化”。正是在“对象化”与“相在化”具有同一性和对应性这一点上,“象”与“在”具有了最根本的“本体论”同时也是象论的联系。

我们的讨论还可以更深入一步:在“对象化”或“相在化”过程中,到底发生了什么呢?这个问题,恰恰是整个象论要着力探讨的基本问题之一。这里,仅谈一谈笔者的基本看法。即,在“对象化”的过程中,处于“混沌之域”或“前在状态”中的“事项”——“前对象”,或因其自身蕴含的差异、矛盾,或因为“它在者”的介入,发生了一系列以“相在化”为本质和指归的实存的或逻辑的矛盾运动。在这种矛盾运动中,先前处于“混沌态”或“前在态”的“事项”一方面确立了自身——“自在”,同时也确立了对方——“它在”。于是,这种“有分”、“有对”造成了“混沌之域”的分化,并在分化中“澄清”出“在的空地”,由此,使“事项”得以由“前在”进入“在”,由“前对象”成为“对象”——“互为对象”了。

可见,对象化的本质,就是处于“混沌之域”或“前在状态”的“事项”或“前在”,经由相在化而获得相对于“混沌”而言的“澄明性”或“在性”,并进而由一般的、普遍的、具有自在意味的“在”,转化为具有“限定性”、“特异性”,尤其是“相对性”的“在者”——“对象性存在”。这种对象化的过程,从“现论”的观念看,也就是“现而在”、“现而有象”的基本前提和初始性环节。

如果说,对象化是由“前在”到“在”,由“在”到“在者”的中介或必然环节,或是“在者”成为“现者”的第一步,那么,“现象化”则可被视做“对象化”过程的继续和必然结果,是“在者”成为“现实存在”或“实现的现者”的最后完成。

从“在”之范畴演进看,对象化,是“在”由一般的、无限定性的“普在”,具化为具有特异性和限定性的“定在”的过程;由自在性的“事项”或“物”,具化为具有相在性的“对象”的过程。在对象化过程中,主要的环节、形式和情境,是在者由“自在”向“为它”,即由“己”而至“彼”的“彼化”——“它在化”。即“此在”与“彼在”相互设定,并因为这种相互设定,尤其是“它在”的存在而“在起来”。

与之相关联而又有区别的,是“现象化”。在“现象化”过程中,发生了一个由

"外"而至"内"的"内化"或曰"回溯"运动:以相在为中介,已经处于"为它—它为"或"为我—我为"状态中的"在者",再次向"自在"返回,即由"彼"向"己"返回,追逼、求证自身的"根据"、"本体"或"自身之在"。于是,在这种回溯和追逼中,以对象化为前提,"自在"便成为相对于"它在"或"相在"而言的"内"、"本"或"潜",而"它在"或"相在"便成为相对于"自在"而言的"外"、"标"或"显"。由之,"在"不仅具化为"对象",而且进一步转化为"现象":在者成为"外"与"内"、"标"与"本"、"显"与"潜"的对立统一,即所谓"现象"与"对象"的对立统一。——是为"象"。换言之,"在",经由"对象化"和"现象化"这种"双向运动",终于以"象"的现实形态而真正"现起来"、"在起来",成为将"存在性"与"表现性"集为一身的"现实的"和"实现的"存在。

要言之,所谓"象",实际上或曰本质上是以"相在"为内在动因,以"现"为基本形式,并经由"对象化"和"现象化"的双向过程而得以最终成为"现实的在者"和"实现的现者",亦即"在"与"现"的对立统一。

象即域——观·现·在的互动与合取 在前面几章中,为了分析和论述的方便,我们分别讨论了"观"、"现"、"在"的问题。实际上,"观·现·在"三者是相互关联、共生共存、"三位一体"的。同时,正如笔者在前面所已经分析的那样,它们也是可以相互解说、相互支持,甚至"循环论证"的。

究其原因,这首先是因为它们在"人本性"、"基本起点和语境"方面的"共有"或"分享"。"观"、"现"、"在",无论作为各自论域中最高范畴,还是作为对于相关事项的概念性或实质性描述,归根到底,都源自于"人"对"混沌之域"不同视角的切入和澄清,因而它们在对"混沌的否定"以及这种否定的"人本性"这一点上,具有共同的逻辑起点和"先验性"前提。此外,这些不同论域中的概念、范畴乃至观念等,本身就来源、形成于我们生活于中的这个共同的世界。其差异的形成,仅在于"人"在观照、凝视、思辨或表述他所面对和生存于中的世界时,在视角、立场、重心、层面、侧重点乃至语境等诸方面的不同。这样,尽管不同的论域、话语有各自不同的着眼点、讲述对象和讲述方式,但这些,不妨碍不同论域间的对话,不妨碍隶属不同论域概念族间的相互说明、阐释和支持。——因为从根本上讲,千百年来人们讲述或重复的,很可能是"同一个故事"。事实上,哲学史上千差万别的基本概念、范畴、观念和命题,无非都是思维的形式、过程和结果(思想)的整理和记录。而这些,几乎无一例外地源自于或相因于这样一个简单的关系或"情结":人和他生活于中的世界。而"观"、"现"、"在"三者间实存的和逻辑的联系,从根本上讲,也植根于此。

其次,正如我们在前面不断涉及或强调过的,"观"、"现"、"在"三者间的内在联系,是以"发生学"和"逻辑学"意义上的相关性和必然性为基础的。从语言、概念或范畴的形成衍化上看,"观"、"现"、"在"三者或在语言方面具有某种"同源"、

“同根”的历史联系,或在概念的外延和内涵方面具有某种“同一性”、“重叠性”或“交叉性”。所有这些,实际上是三者之间内在的逻辑联系所使然。例如,以“在—现—观”为序:“在”,总是“现之在”;而“现之在”,就是“观”。——这是“从纯在之域向实在之域”,“从抽象到具象”追溯和还原的过程。以“观—现—在”为序:“观”,缘于“现”,归于“在”——这是从“具象到抽象”,“从有的世界(实在)向是的世界(纯在)追逼和穷究的过程”。还如,以“现”为“中介”,可以把“在”理解为“现之观”;把“观”理解为“在之现”。而以“观”为“中介”,可以说“在之‘观’”为“现”;“现之‘观’”则为“在”。

应该强调的是,“观”、“现”、“在”三者既是相互关联的,又是相互区别的。这种相互区别,或曰相异性主要体现在以下方面:作为术语和概念,它们往往指称事项或世界的不同方面乃至方向;作为不同论域中的最高范畴,它们分别代表着对事项或世界的不同的运思重点或方向。

“在”,主要强调事项或世界的“先验性”或“超验性”意义上的“本体性”或曰“存在性”。因此,“在论”往往“重理性而轻感性”,往往以传统哲学中所谓的“本质”、“本体”或“实体”作为自己思辨的焦点。它关心的是事项或世界“是否在?”“为何在?”以及“何以在?”之类的问题。

“现”,则与“在”在概念、观念和论域上形成明显的对照:它主要侧重于事项或世界的“经验性”或“后验性”意义上的“表现性”。因此,“现论”虽然不回避传统哲学所谓的“本体之思”,但相对于“在论”而言,它更关注过去常常在传统哲学中被“轻视”的所谓“经验世界”或“现象世界”,因而具有“经验之思”、“现象之思”的特点。此外,如果说“在”的观念,比较注重事项或世界具有“静止”、“绝对”意味的“本原性”、“本体性”或“实体性”;那么,“现”更强调事项或世界在“转化”和“相对”意义上的“逻辑性”和“过程性”。

至于“观”,则兼有“在”与“现”在概念、观念和论域诸方面的侧重点和聚焦层面。一方面,它以“表现性”与“存在性”相统一的观念,将“经验”、“后验”的世界与“先验”、“超验”的世界联系起来,寻求“现”与“在”,“现象”与“本体”、“本质”的实存的和逻辑的关系,并将这种关系最终统一在“主观”与“客观”的对立和统一之中;另一方面,它把“在”、“现”均视为一个过程,在“在的过程”和“现的过程”中,描述“在”与“现”的现实状态和本质特征。这样,“观”的运思焦点,在于以“此”与“彼”、“我”与“非我”、“主观”与“客观”等观念重新解释或描述事项或世界的现实性和逻辑性。

由此可见,“观”、“现”、“在”,作为各自不同论域中的最高范畴,产生于并且在本质上是人对于周围世界不同视点、方向和层面的切入和理解。正是共同的人本性和世界本身内在联系相互作用,构成了“观”、“现”、“在”三者的相关性。而人和世界多样联系的可能性,以及人和世界自身的差异和丰富性,则导致了“观”、

"现"、"在"三者的相异性。

正因为"观"、"现"、"在"相关同时又相异，这使得它们之间就具有某种内在的对应性和互释性。这种对应性和互释性也为我们对这三个不同论域中的最高普遍概念乃至它们各自下位概念的规定、解说或描述，提供了共同的基础和可能性。

例如，以"现"来思考"在"，我们可以得到这样的理解："在"，就是"现"。由于"现"就是"去蔽"，而"去蔽"既是一种"过程"，亦是一种"结果"；既是一种实存的状态、方式，亦是一种逻辑环节和逻辑本质。因此，"在"，归根到底，"现"而"在"，是"现者之在"。而所谓的"在者"，在任何条件、状态或情形中，首先都是"现者"。这样，也回答了"在何以在"的问题：在，去蔽而在，现而在。或者说，"非在"或"前在"者因去蔽而"在起来"。

以"在"来思考"现"的问题，我们可以得到这样的解说："现"，就是"在"。由于凡存在都是相在存在，因此，"现"，更确切地说，是"相在之在"。或者说，"现"的本质是"相在"。而所谓"现者"，就是"相在者"。这样，也就回答了"现何以现"的问题：现，相在而在——而"有"，而"是"，而"为现"。或者说，"事物"——一种借用的说法；其严格的表述应为"非现"或"前现"者——因相在而"现"。

以"观"来思考"在"和"现"，我们可以得到如下的描述：就范畴自身的本质而言，"在"、"现"乃至一切范畴、概念都是"观"，其区别仅在于"观点"——"观"的切入点乃至角度，"观念"——"所观"，乃至"观域"——"观取"的范围或"论域"等方面的不同。就范畴之所指、外延及其相互关系而言，"在"之"现"为"观"；而"现"之"在"亦为"观"。这样，"在"与"现"实为"观"之"分授"与"分享"，而"观"则为"在"与"现"之"统一"或"合取"。于是，我们对"在何以现"和"现何以在"的问题就有了立足于"观论"或象论的解释："在，观而现"；"现，则观而在"。

概言之，"在"、"现"、"观"，作为人对于共同世界的不同切入、理解和概括方式，作为各自论域中最高普遍范畴，具有相互阐释、说明和支持的意义：从"现"来考察"在"，可以说"现"而"在"、"在"就是"现"。"在论"或"本体论"就具有了"现论"的色彩——"现论的本体论"。从"在"来思考"现"，可以说"在"而"现"、"现"就是"在"。"现论"或曰"表现论"也就有了新的规定性——"本体论的现论"。从"观"来考察"在"、"现"，可以说"在"、"现"均是"观"；或者说"观"而"现"、"观"而"在"。"观论"或"认识论"就将"本体论"和"表现论"结合起来，成为"既是本体论又是表现论的认识论"。正是这三种基本范畴、视点和论域的对位、对应和互释，为我们进一步分析"象"的问题，提供了一个具有统一性的范畴体系、理论框架和言说系统。

在这样一种具有统一性的范畴体系、理论框架和言说系统中，"象"就不再仅仅与"观"、"现"、"在"各别地、分立地对应互释，而是与整个"观·现·在"构成了相互参照、解释和言说的关系。而"象"这种可与整个"观·现·在"相互参照、解释和言说的“理据”，是为上面我们所分析指出的“观”、“现”、“在”三者之间的内在联系所决定和确立的。

以这种新的更高一级的“观点”——“视点”来重新审视“象”，“象”就不再是，至少不仅仅是，单纯的、具有“单子”或“单子之集合”意义上的“者”——“象者”，而是“互动性的”、“合取性的”“场”或“域”——“象域”。

换言之，正因为“观·现·在”共在、互在，“象”，既是“观”，又“非观”；既是“现”，又“非现”；既是“在”，又“非在”；既是“象”，又“非象”。“象”，归根到底，是“观·现·在”的互动与合取，是“观·现·在”“三位一体”。

从这种意义上讲，“象”，既置身于“观·现·在”之间，又高居于“观·现·在”之上——前者强调的是“象”对于“观·现·在”三者的“中介性”，后者强调的是“象”对于“观·现·在”三者的“统领性”。

所谓“象”的“中介性”，是指“观”、“现”、“在”各自都以“象”为中介，而转换过渡为对方。

例如，“观”之“象”为“现”；“现”之“象”为“在”。反之亦然：“在”之“象”为“现”；“现”之“象”为“观”。换言之，我们因“观”之“象”而知“现”；因“现”之“象”而知“在”；因“在”之“象”而知“观”或曰有“观”。这样，在“观·现·在”之间，总存在一种“环节”，一种“纽带”，一种“中间地带”。从这种意义上讲，对于“观·现·在”而言，“象”什么都是，又什么都不是。也就是说，“象”的逻辑规定性，相因于它在“观·现·在”中的“位置”而“有”，而“是”。反言之，“观”、“现”、“在”的各自的规定性，亦以“象”为最初源的契机和最后的指归。

于是，从“象”无所不在的“中介性”，我们窥见“象”高居一切的“统领性”——“象”高居于“观·现·在”之上，将“观·现·在”笼罩在自己的“澄明”之中。换言之，“观”、“现”、“在”，无论作为对象性存在，还是作为观念性或范畴性存在，归根到底，都是“象”，都是作为“澄明”一方而与“混沌”的对立。如果说“观”、“现”、“在”作为不同的基本范畴而在相互之间有什么区别，那么这种区别也主要仅在于它们对“澄明之域”各有侧重的划分，以及它们在“澄明之域”中各自不同的角色和结构功能：采用一种比喻的说法，“观”以主体性和相对性确立着澄明之域的“疆域”；“现”以表现性和结构性显露着澄明之域的“内容”；“在”以存在性与逻辑性揭示着澄明之域的“底蕴”。“观·现·在”三位一体，互为作用，构成了我们称之为“澄明”的存在。——这就是“象”。

于是，从“象”高居一切之上的“统领性”，我们又看到了“象”自身的消解：“象”非象，或更精确地说，“象”非“象者”，而是“观·现·在”三位一体、相互作用所构成的“场”或“域”。

从本书的一开始，笔者首先将“象”的界定和规定性暂时“悬置”，试图以最少的理论假设、最少的理论包袱确立逻辑支点、辨析基本范畴、廓清主要论域，以期最后能以最明晰的方式规范对于“象”的表述，逼近“象”的本质或“本体”。然而，最终所致达的结果，却导致了对“象”自身的消解——“象非象”！

于是，理智和逻辑对于“象”无情、无尽的似乎非常神圣的严肃追逼拷问，变成了颇为滑稽的“唐吉珂德式的对于风车的战争”——一场或许是永远没有胜利者的“战争”：在从“混沌”而至“观·现·在”这样一种具有统一性的范畴体系、理论框架和言说系统中，关于“象”的源始的理解或曰“日常的、经验性的观念”被消解掉了：“象”，根本不是我们先前所理解的，或“预设”、“假定”的那种类似某个“苹果”的[外观]，某个“人物”的[相貌]一样具有“实体性”、“个体性”，或“自身完满性和自足存在性”的“东西”；而是一种似乎很“虚幻的”，“依附于什么却又很难从什么中剥离的”，“向它凝视伸手而它又会从你的眼前消失、从你手中滑掉的东西”——就像被追赶捕捉中的人自己的“影子”。

然而，也正是在这种不断建构同时又不断解构的过程中，“象”的“本来面目”也得到“还原”——即关于“象”自身的“混沌”亦同时得到“澄明”：“象”，归根到底，是一个“事件”——“象事”，一种“过程”——“象过程”，一种“场”或“域”——“象域”。

［节选自《象论》书稿（作于 1994—1996 年）第二章］

注释：

[1]本段材料援引自汪子嵩等：《希腊哲学史》第一卷，北京：人民出版社 1988 年版，第 610 页。

[2]观点源自金克木：《试论梵语中的有——存在》，载《哲学研究》1980 年第 7 期；材料转引自汪子嵩等：《希腊哲学史》第一卷，北京：人民出版社 1988 年版，第 610 页。

[3]A. C. 格雷林：《哲学逻辑引论》，北京：中国社会科学出版社 1990 年版，第 156—157 页。

[4]上述引文见马丁·海德格尔：《存在与时间》（陈嘉映、王庆节合译），北京：生活·读书·新知三联书店 1987 年版，第 36 页。

[5]见[加拿大]华特生编选，韦卓民译：《康德哲学著作选读》，北京：商务印书馆 1963 年版，第 24 页。

从象域到象域之象

如同把“象”理解为“混沌之澄明”时所发生问题一样:当我们从“混沌”而至“澄明”的过程中“剥离”出“观”、“现”、“在”三大基本范畴,并以之为基础,把“象”理解为由“观·现·在”所构成“场”或“域”时,我们仍然又面临着新的问题。

首先,“象”乃至“象域”的观念,虽然相关于“观”、“现”、“在”诸范畴的确立,虽然可以借助于“观”、“现”、“在”及其相关概念族而得到某种程度的解说,然而,要真正实行这种解说,又不至于陷入无意义的循环论证或同义重复之中,就必须对“观”、“现”、“在”范畴自身进行更严格的规定和更进一步的分析。

不仅如此,就“观”、“现”、“在”自身而言,它们作为仅仅停留在各别之最高纯粹规定性阶段的范畴,一方面是近于“空无”的——而“空无”在本质上则逼近“混沌”;另一方面也是无法真正严格界定的——因为它们已经致达了本概念族系的最大的“类”。于是,如何既满足对“观”、“现”、“在”自身及其下位概念进行更进一步和更严格规定的逻辑需求,同时又解决“观”、“现”、“在”在自身论域中的不可定义性,便成为我们必须面对并加以解决的又一新的问题。

此外,更重要的是,当我们把“象”或“象域”理解为“观·现·在”的互动与合取时,这种“互动与合取”的本质到底是什么?它们对于“象”和“象域”乃至“观·现·在”自身的确立到底具有何种意义?或者说,“观·现·在”到底以何种方式相互联系、并构成我们称之为“象域”的“域”?在这种“象域之域”中“观·现·在”自身又发生了何种变化?这种变化与“象”的发生或逻辑规定又有何种关系?“象”之为“象”或“象域”的发生学和逻辑学相统一的理据何在、本体何在?所有这些,都是须进一步分析和解决的问题。

关于上述问题的分析、解答将在以后各章中逐次展开。这里仅就与论域的确立和展开有关的基本前提作一点提示。笔者认为:“象域”的观念,虽然相关于“观”、“现”、“在”诸范畴的确立,以及借助“观”、“现”、“在”及其相关概念族而对“象”之澄明本质的进一步描述;然而,当“象域”作为“观·现·在”之互动合取的统一“场域”的澄明性已经确立之后,当“观”、“现”、“在”再重新被置放于这个新的更大的“象域”意义上象论之论域之中时,“观”、“现”、“在”自身的性质也随之变化,由先前近于空洞的、分立意义上的自身存在——即作为“纯观”、“纯现”、“纯在”的各自存在,转化为较为充实的、相互联系的、具有统一性的“相观”、“相现”、

"相在"。于是,"观"、"现"、"在",不仅变成了多元并存的"观・现・在",而且成为"作为象域"的"观・现・在"。

不仅如此,以"象域"的观念考察"观・现・在",我们还可以发现这样一种差异:"作为象域的观・现・在"与"象域之中的观・现・在"是显然有别的:前者强调的是三位一体的整体性,即三者归一的统一性;后者强调的是整体中的部分,统一中的差异。因此,就"象域之中的观・现・在"而言,它既不同于"前象域"阶段的"观"、"现"、"在";又有别于"象域"阶段中的"观・现・在"。

于是,结合前面所提出有关范畴、概念、观念,尤其是笔者关于"观・现・在"三者之间对应性、互释性的理解,我们就有可能对"象域之域"乃至"象域之中的观・现・在"的规定性,以及它们作为不同范畴—概念系自身和之间的层级、结构、内涵、外延、对应、联系等,进行更深入一步的系统分析。由此可深化我们对于"象"作为"场域"的本质认识,并为尔后对于"域象"乃至"诸象"的把握,提供一个具有内在联系和统一性的术语、概念、规则、参照框架和基本言说系统。

1 象域与域象

象域——一种基本理解 "域,区处也。"(《集韵・职韵》)在汉语中,"域"主要有"邦国";"区域";"范围"、"境界";"居处"等义。(《汉语大字典・一》)

"场",本义为古代祭神用的平地:"场,祭神道也。"(《说文》)这里的"也",如段玉裁注,指"处"。汉语中,场亦有"场地"、"场所"、"领域"等义。

从语义乃至哲学的立场分析,"域"(field,domain)和"场"(field)有相通之处:在"具象"的意义上,它们都指一定界限之内的某种空间性或时—空统一性存在;在"抽象"的意义上,它们可泛指一切有限或相对自成体系的"事项"。

在近现代物理学和数学中,"域",尤其是"场",是两个很重要的概念。物理学以"场"指称物质间相互作用的范围,并认为它是物质存在的一种基本形态。"场"亦指称"分布在空间区域内的物理量或数学函数。如温度场;速度场等"。在数学中,"域"指具有特定性质的"交换环"乃至拓扑学区域。"场"和"域"的概念以及相关"场理论",尤其是"量子场论",对其他近现代科学乃至人文社会都曾产生过较大影响。

在本文中,为了表述的需要,笔者常常在两种既有联系、又有区别的意义上使用"场"、"域"二词,并赋予它们不同的广狭之含义。关于狭义的含义,笔者将在以后论述"象场"时加以界定。这里,仅谈谈广义的"场、域"(field)概念。

就广义而言,"场"与"域"是相通的。这种相通性,基于"场、域"之间的共同联系:场即域,域亦即场。所谓"场域性",也是在相通和广义的意义上使用这两个基本术语。如果要对"场"或"域"在互通互换意义上予以进一步界定,笔者所谓的广义的"场"、"域",主要指称诸事项——无论它们是实体性的还是观念性的——因相互关联和作用所构成的实存的或逻辑的“范围”和“统一”。或者更准确地讲，就是诸事项相在、共在的统一存在本身。

从这种意义上讲，“象”，就是“场”或“域”，即“观・现・在”三位一体，相互作用，相在、共在的存在本身。如果我们对“观・现・在”也进一步加以分析，这三者自身也都是“场”或“域”，即“观域”、“现域”、“在域”。因此，所谓“象域”，也就相应包括“观・现・在”这三种基本范畴，以及各自所形成的场域：观域・现域・在域。

在“观域”中，“此”与“彼”相在、共在的统一存在，构成了“观”的存在本身，以及“观”的“场”或“域”。“此”与“彼”既是“观”，又是“所观”，同时也是观之所在、所及乃至所不及。换言之，以“观”论之，“观”存在于“此—彼”之间；凡超越“此—彼”之外者，非观——即为“混沌”。于是“观”之不及之域，即混沌之域，由此我们可以以“此”、“彼”为两个相互关联但方向互逆的向量，描述观域的范围和界限。当且仅当在这一前提下，我们可以把“此—彼”的对立统一，以及这个对立统一“以内”的范围，视为“观域”，而将这个范围的“以外”视为混沌。必须强调的是，这里所谓的“内”、“外”，或观域与混沌之域的“分界”，可以是时—空间性的，但并非仅只有时—空间性。从根本上讲，“观域”的存在，以及“观域”与“混沌”的界域之分，是逻辑的而并非时空性或物质实体性的。这样，在“此—彼”所构成的场域中，那一“非此”、“非彼”，“未分”、“无对”的逻辑“原点”、“零点”，也就仍然是“混沌”。这样，所谓“观域”的不及之处，并非仅限于“此—彼”之外；也包括于“此—彼”之“未分、无对、无形”之中——当然，从严格的逻辑意义上讲，此时已无“此—彼”之谓了。故自然是混沌。

同理，在“现域”和“在域”中，“显—潜”，“有—是”，亦分别构成“现”与“在”的存在自身和“场域”。对“现”而言，“显—潜”的对立统一就是“现”；同时“显”与“潜”构成了一切“现”所由发生于中的“现域”。对“在”而言，“有—是”的对立统一就是“在”。同时，一切“在”，存在于“有”与“是”所构成的“在域”之内。于是，同“观域”一样，“显—潜”和“有—是”之外，对于“现”和“在”而言，非现、非在，是谓混沌。而“无显”、“无潜”，“无有”、“无是”，或“显—潜”、“有—是”“未分、无对”之“原点”、“零点”，同样也是混沌。

应该着重指出：观域、现域、在域本质上是互在、相在，交叉重叠的，也就是说，它们具有统一性。其理据就在于我们先前已经指出过的：观、现、在三者之间具有内在的逻辑联系——它们实际上三位一体。如果说它们之间有什么不同，这种不同仅存在于切入点和论域方面。从这种意义上讲，观域、现域、在域以其各有侧重点的视角、参照系和范畴系，构成了对“象”乃至“观・现・在”各自存在本质、存在形式、存在机制具有统一性的描述和解释系统。

象域——一种基本模式 笛卡尔认为人类应该且可以使用数学的方法来进行哲学思考。我亦觉得哲学要从纯粹形而上的冥思玄想中走出来，可以将最基本的数理、逻辑形式与辩证逻辑、辩证思维结合起来，以表述厘清范畴、概念及其相互关系。所谓"象域模式"，即笔者称之为"象域"的东西在"识一言"之观念范畴领域里的既具有"直观性"、"辨证性"，同时又具有"形式化"和"模式化"色彩的表述。（见下图）

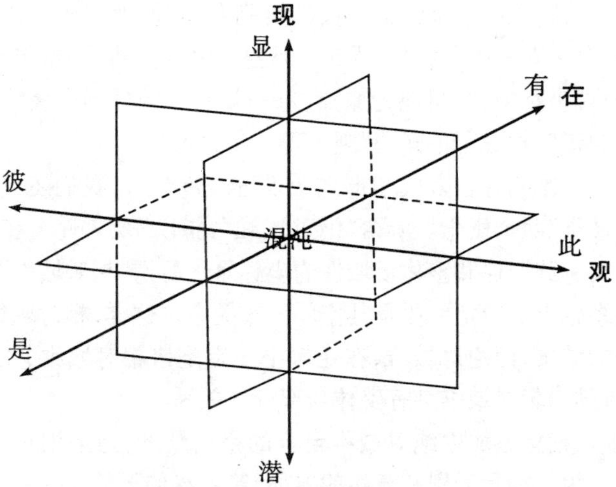

图：象域的基本模式

下面，笔者将对这一象域模式予以进一步的阐发。

域轴·域维·域度 如前所述，象作为"域"，可以理解为"观·现·在"之互动合取的统一场。由于"域"即广义的"场"，而"场"在现代物理学和数学中指称"分布在空间区域内的物理量或数学函数"，因此，我们可以将"象之场域"表述为以"观·现·在"为数轴，以观之"此一彼"、现之"显一潜"、在之"有一是"为互逆极的、具有空间分布性的一种数理形式。

又由于对于空间分布性的描述，可以采取笔者所改写的笛卡尔空间直角坐标系的描述形式（可理解为两组笛卡尔空间坐标在互逆向量上的对接，故增加了标识互逆性质与向量的另外三个箭头）。由于一组空间直角坐标系的形式，可以理解为过空间一个定点O（原点）的三条相互垂直的数轴（X轴、Y轴、Z轴）的相交结构，因此，我们可以将象域之坐标系表述为以"混沌"（O）为原点，以"观"（X）、"现"（Z）、"在"（Y）为三条相互垂直的数轴，且同时具有六种极性与向量的数理形式（这是与普通直角立体坐标系不同的地方）。

所谓"域轴"，就是指构成象域坐标的"观·现·在"之轴。从数学或场论的观点看，域轴即"数轴"或"向量"。从象论的角度理解，域轴是对构成象域之不同范畴及其相互关系的形式化表述。由于象域可以理解为范畴意义上的"观·现·在"之场，因此，象域的坐标系或模式便可表述为由"观轴·现轴·在轴"三轴相交所建立的空间直角坐标系。同样，又由于观分"此一彼"、现分"显一潜"、在分

“有一是”,故“观轴·现轴·在轴”三轴相交所建立的空间直角坐标系具有六种极性与向量。

所谓“域维”,为象域坐标中作为不同空间分布的“观”、“现”、“在”之极性、向量及其相互关系所构成。由于象域坐标本身是为“观·现·在”三个不同的“域轴”及六种极性所决定的,因此,域维按其类别和本质,为“观·现·在”三轴及“此一彼·显一潜·有一是”六极所界定。从这种意义上讲,域维与域轴或具有同等的涵义:在象域坐标中,以混沌为原点,每一具有不同轴向一极性的“观·现·在之轴或曰之向量”,构成了不同的“观·现·在之维”。

如果我们对域维的存在方式和形式予以进一步分析,我们还可以得到“绝对域维”和“相对域维”两个概念。所谓“绝对域维”,指以“观·现·在”三轴相交为原点所形成的具有统一性和整体场域性的坐标系。所谓“相对域维”,指象域坐标中任意一轴或多轴上的特定线段及其空间分布关系。这样,相对域维势必是处于绝对域维之中的域维,而绝对域维,在逻辑上一定是诸相对域维之和。从这种意义上讲,绝对域维与相对域维具有整体与部分的关系。

所谓“域度”,指称象域中绝对域维自身的空间量度,乃至相对域维自身和之间的空间关系。为了有示区别和表述的方便,笔者将偏于前者——即绝对域维自身的空间量度——意义上的域度,称之为“绝对域度”;将偏于后者——即相对域维之间的空间关系——意义上的域度,称之为“相对域度”。

一般说来,绝对域度作为绝对域维自身的空间量度,只能是以“混沌”为原点而向“非混沌”之域的无限延伸和扩张——亦即“观·现·在”互动合取、三位一体的具有统一性的自我展开。在这种展开中,其中任一一维并不具有任何主导性质或优势地位。因此,对绝对域度的量度标准只有两个相互消长基本的向量:混沌性和非混沌性——澄明的程度。

至于相对域度,由于它的本质是对相对域维自身和之间的空间关系的表述,而相对域维又总是意味着任一相邻二边或三边不同向量所“规定”或“圈定”的特定空间区域;因此,相对域度作为一种空间量度,一方面总是一种相涉于不同性质向量或曰维度的“度”;另一方面,这种“度”还可能表现出相涉域维数量和性质上的区别或程度。例如,某一相对域维可能仅具“观维”和“现维”;或者,也可能是“观·现·在”三维皆有,但却以“在维”优势。此外,相对域度的“相对性”还体现在对诸相对域维空间或逻辑关系的表述或分析上。例如以某特定相对域维A为“观点”、“切入点”或曰“参照点”,其与相邻域维B或相隔域维C间的关系,就具有不同的域度。或者说,域维B、域维C相对于域维A就具有不同的域度。

域性·域极·域值 值得强调的是,在象域坐标或象域模式中,域轴虽然也具有向量的性质——它可以被理解为一种具有方向性的连续量;但是,就域轴作为“观·现·在”的形式表述而言,一般纯粹数学之数轴的那种“精确的量”的观念被淡化，而代之于对“性”——即“性质”之“性”的强调。这样，对于域轴乃至整个象域具有决定性意义的，不是纯数学意义上的“量”，而是象论意义上的“性”——范畴自身的本性或曰本质。由是，我们便导入“域性”的概念。

所谓“域性”，指称象域中域维自身之性质。由于域维来源于并归结于构成象域的观·现·在之对称向量，因此，域性从根本上取决于构成域维之向量——亦即域轴的性质。又由于域维有绝对与相对之分，因此，域性亦相应地有“绝对域性”与“相对域性”之别。

就绝对域性而言，它是对绝对域维亦即构成象域诸向量之性质的描述。由于绝对域维指称以“观·现·在”三组互逆向量或曰三轴相交为原点所形成的、具有统一性和整体性之场域或三维坐标系，因此，绝对域性势必是同时具有“观性·现性·在性”的域性。又由于象域坐标中任一一点，都首先是处于绝对域维中的一点，因此，凡象域中之事项，首先必定是具有绝对域性的事项。

就相对域性而言，它指称相对域维之性质。由于相对域维指象域坐标中任意一轴或多轴上的特定线段及其空间分布关系，因此，相对域性便取决于构成相对域维之各别诸维的性质及其相互关系。例如，在象域坐标中，“观”之域维便具有“观域性”或曰“观性”；“现”之域维便具有“现域性”或曰“现性”；“在”之域维便具有“在域性”或曰“在性”。同理，以“观维”和“现维”共同构成的“观—现之维”势必同时具有“观性”和“现性”，或曰“观—现性”。

当然，另一方面，在域轴上，“方向”和“量”仍然是一个不能忽略的概念——它主要体现为一种“极向”和“模糊的量”，即“域极”和“程度”。于是，“观轴”、“现轴”、“在轴”，作为构成象域之坐标系的三大基本域轴，不仅以其“性质”，而且以其“极向”和“程度”构成对象域坐标自身，乃至对于位于象域坐标系中之事项的表述系统。

换言之，所谓“域极”，指域轴的极性。由于构成象域的各域轴自身，都是基于一定性质的、具有“相反相成”两种基本对立统一因素的域轴，因此，每一域轴自身，在象域坐标中不仅具有不同的性质和程度，而且还具有不同的“极性”。或者说，凡经由相交原点的域轴，在基本轴性上虽然未发生根本的变化，但在极性上却走向了自己的“对立面”。因此，原点本身便成为区分域轴之“程度”和“极性”的基本出发点。例如，在“观轴”上，“观”之“此—彼”便是“观”经由原点后所形成的不同的极性。从象论的立场看，正因为“观”是“此与彼”的对立统一，因此，“观”之为“轴”，势必也是具有“此—彼”之两极性的域轴。

所谓“域值”，也有“绝对域值”与“相对域值”之分。绝对域值指象域坐标中任意一点相对于原点的值。由于象域可以被形式化地表述为以“观·现·在”三个不同性质的向量所构成的三维坐标，因此，“绝对域值”归根到底，来源于并可归结为一定的“观·现·在”之值——即“观值·现值·在值”。换言之，“绝对域值”即象域坐标中相对于“原点”(亦即象域坐标中的“零点”)而言的任一点或曰任一“事项”的“观·现·在”之性质和程度的规定性。

至于“相对域值”,指任一相对域维、域性之“值”。由于相对域维、域性在“观·现·在”之场域性上具有非完满性和非充裕性,因此,相对域值总是具有较大的相对性或非平衡性。例如,在“观—现”之二域维中,其域性就只具有“观性·在性”;其域值就只具有“观值·现值”,而且还可能是“观值优势”或“现值优势”之值。这样,处于“观—现”之二维中的事项,就只能仅获得“观—现”方面的性质和程度的规定性。

域场·域区·域限 从上面的象域模式中还可以看出:象域,作为一种形式化的三维坐标和逻辑化的图示系统,其在空间分布上也具有自己“场”、“区”、“限”——也就是“域场”、“域区”、“域限”。

所谓“域场”,指构成象域的、相对而言只作为某种域维而存在的特定的场域。由于象可被理解为观·现·在之合取互动的场域,因此,域场亦可相应地被划分为“观之域场”、“现之域场”、“在之域场”。为表述方便,我们把它们分别称之为“观域或观场”、“现域或现场”、“在域或在场”。——这正是广义之“场、域”与狭义之“场、域”的区别所在,也是象域可被划分为“观域·现域·在域”的理据所在。

这样,在形式化的、以象域坐标或模式表述的象之场域中,域场便成为构成象域的“次级单位”或曰“次级系统”。换言之,如果把整个形式化意义上的象域理解为由观·现·在所“圈定”、“界定”的逻辑框架或曰表述系统;那么,所谓域场,则为这个框架中的“次属部分”、系统中的“次系统”。由此可见,在广义的意义上,即象作为“场”或“域”的意义上,象域与域场,并无本质区别。但是,在象域的形式化的表述中,尤其是在象域之坐标系或象域模式中,域场则是构成象域的次属部分或次系统。

如果我们对域场进一步加以解析,我们还可以得到“域区”和“域限”的概念。

所谓“域区”,即由一定域场中具有某种同一“极性”的特定的区域。由于象域可以被划分为三个基本域场,而每一域场都有对立统一的两极,因此,所谓域区,实际上是由具有“同一极性”的象场中六个特定基本区域所构成。譬如,以“观”为例,“观之场”,可依据其“此·彼”之对立,按其相同的“次域性”——如“此性”和“彼性”——分别划分为“此域区”和“彼域区”。同理,亦可得到构成“现之场”的“显域区”与“潜域区”;“在之场”的“有域区”与“是域区”。

至于所谓“域限”,则是构成域区的基本空间单位;亦是象域中最小基本组成部分。由于象域可以被表述为由观·现·在三轴相交所形成的、以“混沌”为原点的三维空间,因此,在象域坐标或模式中,域限指以观轴·现轴·在轴相交点为原点,而向各自轴向、极性延伸所形成的任一三维空间——类似于笛卡尔直角空间坐标系中的八个“卦限”。必须强调的是,在象域模式中,域限虽是构成象域的最小基本空间单位，但是这里所谓的最小，是相对整个象域而言的。就域限自身看，可以说“其内无小，其外无大”。它唯一的极限，是止于“观・现・在”相交亦即“不分”的原点——“混沌”。

2　象域之观

在之观：有观与是观　从“象域”的基本观念出发，并以象域坐标和模式为参照系，以关于象域结构的诸基本概念为言说系统，我们就有可能对作为象域之基本构成要素或部分的“象域之观・现・在”，予以进一步的分析和较严格的界说。

就“观”而言，当它仅仅停留纯观的论域中时，它只能被较空泛模糊地表述为“此与彼的对立统一”。然而，当“观”被置放入“象域”，而与“在”、“现”发生关联时，“观”便开始由“纯观”向“象域之观”转化，获得较明确的“在性”和“现性”。

这样，所谓“在之观”，就是将“现”的问题暂时搁置或“归零”，仅在“观—在”之域维，或曰“观—在”相互作用、联系之“场”中，以“在”论“观”而获得的关于“观”的描述。——或更准确地说，“在之观”可被理解为在“象域模式”中，将“现值”取零，仅以“观轴”和“在轴”为坐标系取值的“观”。于是，“在之观”实际上是无“现值”而仅具有“在—观值”的、具有二维性的“平面性”的观。

由于“在”曾被理解为“有与是的对立统一”，而“观”则是“此与彼的对立统一”；因此，“在之观”，实际上可被理解为以“此—彼”、“有—是”为界所“圈定”的“在—观之域”。(见下图)

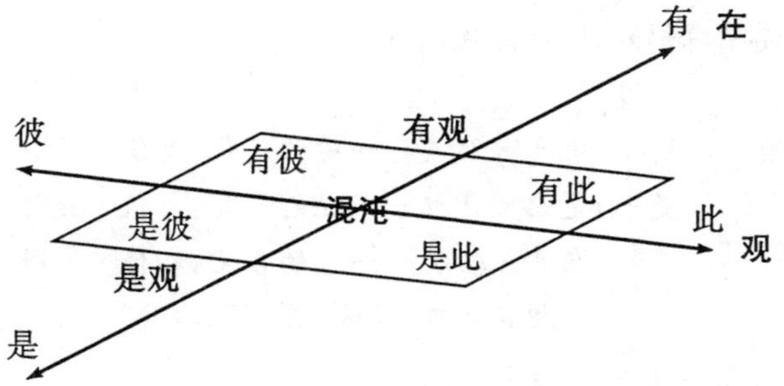

图：在之观

就“在—观之域”而言，以“在”论“观”，“在之观”就可以被划分为“有之观”——“有观”，与“是之观”——“是观”。

从上图中可以看出：“有之观”，是由“有—此—彼”之场所构成的“观”；而“是之观”，则是由“是—此—彼”之场所构成的“观”。因此，凡位于“有—此—彼”之场的“观”，皆是具有“有值”、“有性”的观；而位于“是—此—彼”之场的“观”，皆是具有“是值”、“是性”的观。

又由于“观”本身有“此”、“彼”之别。于是，“有之观”可相应划分为“有之此”——“有此”，与“有之彼”——“有彼”；而“是之观”亦可划分为“是之此”——“是此”，与“是之彼”——“是彼”。换言之，“有之观”实际上是“有此·有彼”之观；而“是之观”则是“是此·是彼”之观。

“有此·有彼”与“是此·是彼”概念之获得，一方面，意味着“观”因置身于“象域”而在“在”的逻辑介入所导致的分裂，这种分裂的直接结果之一是具有“在值”、“在性”的“观”的下位概念——“有之观”与“是之观”的产生。另一方面，也意味着“观”之“此·彼”因向“在域”的延伸和具化——即“此·彼”与“有·是”的结合——而获得“有性”和“是性”，于是，“观”亦相应地获得了“在值”、“在性”——即所谓“在之观”的诞生。

“在之观”的观念，不仅为“观”提供了一种基于“在”的分类标准以及相关概念族，同时也为“观”的本质之理解，提供了一种以“在”为参照系的具有内在逻辑联系的解释。

例如，在构成“有之观”与“是之观”的两组概念——“有此·有彼”与“是此·是彼”中，“有此”与“是此”、“有彼”与“是彼”又各自构成两对概念：“有此·是此”与“有彼·是彼”。由于“在”是“有与是的对立统一”；于是“有此·是此”便是“在此”，而“有彼·是彼”则是“在彼”。“在此”、“在彼”互动合取，便构成“观—在之域”中的“相在性场域”或曰“相在”。以“相在场”或“相在”的观念看所谓“观”，“观”本质上便可理解就是“相在之观”，或者说“观因相在而在”。由此，“观何以在”的本体论问题便得到了一种解说；“观”自身亦在象域的“观—在之域”中得到了具有本体论意味的“澄明”。

将以上论述结合起来，可以得到如下之简要描述：

在之观	有观：有此·有彼——观的有化：有值·有性
	是观：是此·是彼——观的是化：是值·是性
	在此·在彼——观的在化：在值·在性
	相在之观（观的“在论”本质）

现之观：显观与潜观　与“在之观”的情况类似，“现之观”是将“在”的问题暂时搁置，以“观—现之域”为坐标系所获得的关于“观”的描述。这样，同“在之观”一样，“现之观”可被理解为在象域模式中，将“在值”取零，仅以“观值”和“现值”而获得规定性的“观”。

由于“现”在最初原、最基本的意义上是“显与潜的对立统一”，因此，“现之观”，也可以被理解为是以“此—彼”、“有—是”为限和取值所形成的“现—观之域”。（见下图）

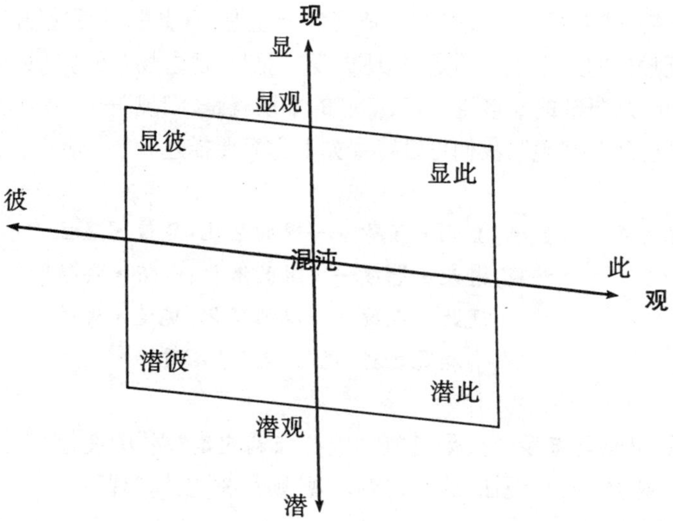

图：现之观

在“现—观之域”中，以“现”论“观”，“现之观”可被划分为“显之观”——“显观”，与“潜之观”——“潜观”。前者是由“显—此—彼”之场所构成的“观”；后者是由“潜—此—彼”之场所构成的“观”。这样，“显之观”与“潜之观”的区别就在于：前者是以“显”赋值，具有显值、显性的“观”；后者则以“潜”赋值，具有潜值、潜性的“观”。

以观之“此”、“彼”，看取现之“显”、“潜”，“显之观”可相应地被区分为“显之此”——“显此”，与“显之彼”——“显彼”，而“潜之观”亦可被区分为“潜之此”——“潜此”，与“潜之彼”——“潜彼”。于是，所谓“显之观”，实际上是由“显此·显彼”所构成的“观”；而“潜之观”，则是由“潜此·潜彼”构成的“观”。

同“在—观之域”中发生的情形一样，“显此·显彼”与“潜此·潜彼”概念之获得，一方面意味着置身于象域的“观”因与“现”的结合而衍生出一系列具有“现值”、“现形”的下位概念；另一方面，也意味着“观”之“此”、“彼”与“现”之“显”、“潜”的结合而获得“显性”和“潜性”。两者的结果都是“观”之“现值”、“现性”的获得，即“现之观”的产生。

“现之观”的观念及其相关概念族，虽然建立在“观”、“现”之范畴已经确立的基础之上，但并不意味两者间的循环解释和论证。更具体地说，对“观”而言，与“现”相关之“观”，本身即意味着不再是“纯观”而是处于“现—观之域”乃至“象域”之观。此外，“现之观”也意味着“以现取观”而获得的“现观”——“观”在象域之中与“现”相参照而得以定位和赋值的一种“新的”较为充实的“观”。更重要的是，像“在”与“观”的关系一样，以“现”论“观”，以及“现之观”的诸概念族，为“观”的本质理解，尤其是发生学意义上的解释，提供了又一视角。

例如，由“显此·显彼”、“潜此·潜彼”这两组概念，我们可以得到另一种组合:“显此 · 潜此”与“显彼 · 潜彼”。前者实际上是“现此”,而后者为“现彼”。由于“现此 · 现彼”的对立统一即是“相现之观”,而“相现之场”又与“现一观之域”完全重合;因此,从“现”的角度论“观”,“观”的本质就是“相现”——“相现即观”。

于是,以“现”论“观”,我们可以得到如下之简要描述:

现之观　　显观:显此 · 显彼——观的显化:显值 · 显性

潜观:潜此 · 潜彼——观的潜化:潜值 · 潜性

现此 · 现彼——观的现化:现值 · 现性

相现之观(观的“现论”本质)

观之观:此观与彼观　如果说“在之观”强调的是“观”的在值、在性,“现之观“强调的是“观”的现值、现性;那么,“观之观”则是将“在”、“现”合一而对“观”之观值、观性的进一步分析。

这样,所谓“观之观”,是将“在 · 现 · 观”三者统一起来,以“观”为主要描述对象,并与“在”、“现”共同参照、定位、取值所获得的“观”。以象域模式为描述体系,“观之观”是以观“此一彼”、“有一是”、“显一潜”三组“次场域”所共同构成的“观”。从这种意义上讲,“观之观”是同一层级概念中就其自身而言最现实、最充溢、最全面的“观”:它既具有在值、在性,又具有现值、现性,同时又以前两者的值和性充实丰富着自己的观值与观性。因此,在象域模式的描述中,“观之观”或者说“在一现一观”之域具有“立体性”——本身即是“象域之观”最充分的体现。(见下图)

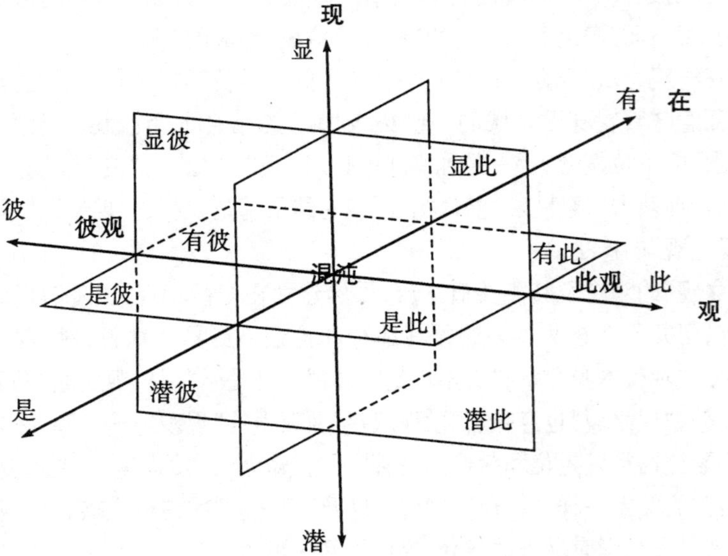

图:观之观

从上图中可以看出,以“观”之“此一彼”视之,“观之观”可相应分之为“此之观”——“此观”，与“彼之观”——“彼观”。前者是由“此”出发的“现·在域”之观；后者是基于“彼”的“现·在域”之观。

“此之观”或曰“此观”，作为由“此”出发的“现·在域”之观，实际上是“在此”与“现此”相统一的“观”——即“有此·是此”与“显此·潜此”所构成的观域或观场。这样，“此观”的本质是“观”的在此、现此化。

同理，“彼之观”或“彼观”作为基于“彼”的“现·在域”之观，是“在彼·现彼”相统一的“观”——即以“有彼·是彼”与“显彼·潜彼”为基本逻辑内容所构成的“观”。其本质是“观”的在彼、现彼化。

在“观”之概念族中，“此观”、“彼观”与“此”、“彼”的根本区别，在于后一对概念只意味着“观轴”上的一个具有“此值”、“此性”的向量或“连续的点”；而前一对概念则是与“在轴”和“现轴”互为参照所赋值、定性的“连续的线和面”。从逻辑关系或实存状态上看，“此”与“彼”，是对作为全部“观之观”的“此观·彼观”的抽象概括；而“此观”、“彼观”则对等于“此”、“彼”全部外延之存在的“在此·现此”和“在彼·现彼”。

这样，从上述意义上讲，“此·彼”之观具有“纯观”的性质；正因为“纯而又纯”，“此”与“彼”仅是因“观”而“生”，同时又是作为“观”之基本逻辑要素和结构的两个“中空的筐”——任何与“观”相关的事物、事项皆可被装入这两个相互设立的“筐”。至于“此观”与“彼观”，则具有更充实的内涵：它们是以“在性”和“现性”规定和充实着自身的“实在的筐”。换言之，“此观”与“彼观”，是“此”与“彼”因“在·现”范畴的存在而从“纯观”之观向“象域”之观的充实。

作为“纯观”之观向“象域”之观的充实，“观之观”以及“此观·彼观”的概念，较之于“此”和“彼”，更充分地揭示出“观”与“在”和“现”之间的本质联系和互动合取的关系：“此观”与“彼观”实际上是由“在此·现此”与“在彼·现彼”所构成。由于这前、后三组概念的“纵向组合”就是“观”、“在”、“现”自身，因此，“观”的本质就是“在与现”的互动合取。

又由于“在此”与“在彼”的对立统一就是“在观”；“现此”与“现彼”的对立统一就是“现观”。因此，“此观”与“彼观”乃至“观”自身本质上也可以理解为“在观”和“现观”的对立统一，亦即“相在”与“相现”。从这种意义上讲，“观之观”的形成和本质，也就相因和相缘于“相在”和“相现”。或者说，“相在、相现”故为“观”。

这样，通过对“观之观”及其下位概念的层层分析，“观”的“现”、“在”之本质，尤其是其“相在、相现性”亦得到“在论”与“现论”相统一的揭示和阐发：

观之观	此观：在此（有此·是此）	·现此（显此·潜此）	——观的在此·现此化
	彼观：在彼（有彼·是彼）	·现彼（显彼·潜彼）	——观的在彼·现彼化
	在观	**现观**	**——观的在现化**
	相在、相现之观（观的“在·现论”本质）		

象域之观的本质——相观　从“在之观”、“现之观”，到“观之观”，随着“观”的内涵不断充实和丰富，“观”的本质也愈加澄明：“观”，归根到底，是“象域之观”；而“象域之观”的本质，归根到底，是基于“相在·相现”的“相观之观”。

实际上，在上面对“诸观”——“在之观”、“现之观”、“观之观”的分析中，我们已经涉及“相观”的观念：所谓“相观”，就是“观”得以构成的诸要素、环节或方面在逻辑的或/和实存的意义上的联系，尤其是对立统一。正是这种联系和对立统一，使得诸观真正“在起来”、“现起来”、“观起来”。从这种意义上讲，“相观”之观，是象域中“诸观”——“在之观”、“现之观”、“观之观”之互观、合观或“观域”。其基本“区域”可相应地划分为“有观·是观”、“显观·潜观”和“此观·彼观”。（见下图）

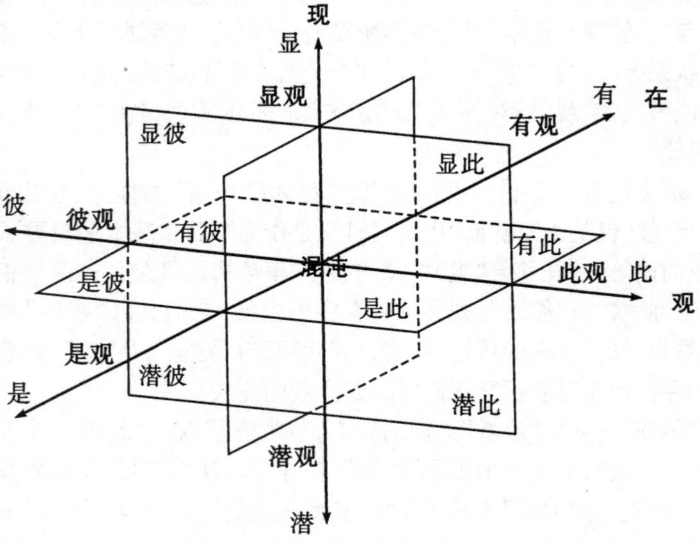

图：相观

例如，就“在之观”而言，“在之观”之成为“在之观”，或曰“观”的一种领域或范畴，就在于“有之观”与“是之观”因“在”自身的“分有性”——“在”即“有·是”——而相互内在联系，或曰“相观”。于是，“在之观”不仅仅因“相在”而“观”，同时亦因“相观”而“在”。

同理，就“现之观”而言，作为其基本环节或方面的“显之观”与“潜之观”，也因为“现”自身的“显·潜”之统一性而形成其“相观性”。于是，“现之观”既因“相现”而“观”，同时也因“相观”而“现”。

如果说在“在之观”和“现之观”中，“相观”之得以确立的理据还具有某种“外在性”或“非自足性”的话——它们都须借助“纯观”之外的某种范畴的内在逻辑确立“相观”关系，那么，在“观之观”中，“相观”的逻辑和“动因”就源自于“观”自己：“观”，本身即意味着“此”与“彼”的对立统一；因此，“观之观”作为“此观·彼观”的对立统一，本身即是自满自足的、具有最充分的内在性的“相观”之观。从这种意义上讲，“观之观”是“相观”的最完整的表述形态。或者说，“相观”之本质和形式在“观之观”中得到最充分自足的体现。从这种意义上讲，“观之观”就是“相观”。(见下表)

观

此 **彼**

有此 是此 显此 潜此 有彼 是彼 显彼 潜彼

（在此） （现此） （在彼） （现彼）

此观 **彼观**

（在此·现此） （在彼·现彼）

观之观

（相在·相现）

相观

从上表中可以看出，“此观”与“彼观”的对立统一就是“相观”，而“相观”就是“观之观”——以“观”切入“在·现之域”，再由“在·现之域”重返于“观域”的“观”。或者说，“观”之成为“观”，“观”之所以“在起来”、“现出来”，是因为“相观”。所谓“相观”，实际上是对基于“观”之“此·彼”的“象域”中全部“在此·现此”与“在彼·现彼”“相观”(相关)关系或状态的描述。在这种描述中，“观”之“相观性”可以以“在”之“相在性”和“现”之“相现性”得到解释。

例如，当“观”仅停留在“纯观”之层级时，“观”的全部内涵仅能被表述为“此”、“彼”之分。然而，当“观”被置入象域，成为“象域之观”时，“观”之“此”、“彼”便开始与构成“在”、“现”的诸要素或环节发生联系，形成“有此、是此、显此、潜此”，与“有彼、是彼、显彼、潜彼”两大族系——它们实际上意味着“观”的“此”、“彼”之内涵外延在象域中的确立和丰富，由此促成了“此观”与“彼观”的诞生。由于“有·是”即为“在”，“显·潜”即为“现”，因此，作为“此观”与“彼观”之内涵外延的“有此、是此、显此、潜此”与“有彼、是彼、显彼、潜彼”，实际上就是“在此、现此”与“在彼、现彼”。从这种意义上讲，“此观”与“彼观”的形成，来源于“在此”与“现此”、“在彼”与“现彼”的互动合取。故“此观”与“彼观”可表述为“在此·现此”与“在彼·现彼”。

现在的问题是，“此”与“彼”、“此观”与“彼观”就其作为对立项而言，虽然包含了“在”与“现”的要素或环节，却并没有在“观”的意义上真正完全地在起来、现起来——因为它们毕竟还只是分离的、处于相对之中“在此”与“在彼”、“现此”与“现彼”，而“在此”与“在彼”并非等同于“在”，“现此”与“现彼”并非等同于“现”。因此，只有当“在此”与“在彼”合而为一，“现此”与“现彼”合而为一，即“相在”、“相现”起来，“观”的全部要素或环节乃至“相观”自身才能真正“在起来”和“现起来”。从这种意义上讲，“在此”与“在彼”的对立统一就是“相在”，“现此”与“现彼”的对立统一就是“相现”。由于“相观”可以理解为“此观”与“彼观”的对立统一，而这种对立统一的逻辑内涵也就是“相在”和“相现”，因此，“相观”之形成和本质，也就相因和相缘于“相在”和“相现”。或者说，“相在”、“相现”，故“相观”。由于“相观”即“观之观”，所以，可以说“相在·相现”故为“观”。

诸观乃至整个“象域之观”最终都可追溯或还原为以“相观”构成自身的基本逻辑形式和实际存在的观念，对于进一步理解“观”如何消解“混沌”，以及深入把握“观”如何与“现”、“在”的发生联系，均具有十分重要的意义。

如前所述，“混沌”未分而“观”有分，有分则有对。当“观”因“有分”而确立了“此”与“彼”的基本逻辑要素和结构时，“观”就已经“有对”了：在“分”之发生中，可以看到“对”的形成和对“分”的介入。从这种意义上讲，“有分”的过程，亦是“有对”的过程。

不过，从另一方面讲，“有分”强调的是“此与彼的分化”——“从一到多”；而“有对”则强调的是“此与彼的合取”——“对立中的统一”。这一点，从“分”与“对”的基本语义的区别中也可以体味出来。从语义、语用看，“分”强调的是“别”、“解”、“离”、“异”、“各”。而“对”则更侧重以“别”、“解”、“离”，“异”、“各”为前提的“相对中的相合”：“对”，“应”也、“答”也。《说文》：“对，应无方也。”许锴：“有问则对，非一方也。”故“对”中亦有“相当”、“相配”诸义：“对，当也。”“对，配也。”（《广雅·释诂》）“对”，还有“朝向”、“面对”的义项：“对，向也。”（《广韵·对韵》）所有这些，皆相关处于“分”之中的各方之间相对乃至相合的关系。这样，因“观”而确立的、以“此”与“彼”之分为特征的逻辑要素，在“有对”中结合为“此—彼”相在、互在的逻辑结构。于是，在“混沌”因“观之分”而逐步消解的同时，出现了因“观之对”而逐渐“澄明”的“有对”和“相对”之域。

这样，所谓“澄明”，不仅意味着“混沌”“未分”状态的解构，同时也意味着混沌之“无对”或“绝对”状态的打破，以及“有对”和“相对”状态的确立。正是在这种“此与彼”的基本对立和统一中，“混沌”的“无对”或“绝对”得以消解，出现了“有对”乃至“相对”。而“有对”、“相对”，无论对于“观”自身的概念演进，还是对于“澄明之域”中的“此”与“彼”，都意味着“相关”——“相观”。

“相观”的出现，使这种处于“象域”之中，以“此观”和“彼观”构成自身全部存在的“观”，就不再仅仅是以“此”、“彼”之分为基本要素和结构的“纯观”，而是将“此·彼”合而为一，并在“象域”中与“在”、“现”相互关联的既“有分”，又“有对”；既具有“在性”，又具有“现性”的“此观”与“彼观”相统一的“相观”之观。从这种意义上讲，“在之观”、“现之观”、“观之观”，实质上均可理解为经由“相对”环节而进一步获得规定的“诸观”。这样，“相观之观”乃至“诸观之观”的出现，不仅意味着“纯观之观”的进一步“澄明”，而且意味着对于“混沌”之“无对”或“绝对”的更彻底的否定。

要言之，作为“观”的基本要素的“此”与“彼”、“此观”与“彼观”及其对立统一结构,归根到底,源自于"象域"中"在此·现此"与"在彼·现彼"及其对立统一。而"在此·现此"与"在彼·现彼"的对立统一,就是"相在·相现"亦即"相观"。由于作为"此观"的"在此·现此",与作为"彼观"的"在彼·现彼"构成了全部"象域之观"内涵与外延,因此,"象域之观"的本质和基本形式就是"相观"。于是,通过对"象域之观"及其下位概念的层层分析,"观"的"相观"本质,以及"相观"的"相现·相在"的本质亦得到"观论"、"在论"和"现论"相统一的揭示和阐发。

3　象域之现

观之现:此现与彼现　笔者曾经把"现"界说为"显与潜的对立统一"。当"现"被置于象域之中时,"现"便与"观"、"在"发生关系,成为具有"观性"与"在性"的"象域之现"。所谓"观之现",就是从"观"与"现"相联系的角度而对"象域之现"的一种切入和理解。

在象域之坐标系中,"观之现"可表达为将"在值"取零,仅以"观轴"和"现轴"取值所构成的"现域"。这样,"观之现"与上一节所论述过的"现之观"具有"同域性"。所不同者,仅在于分析描述重心的差异方面:"现之观"强调的是以现论观、以现取观;而"观之现"则强调的是以观论现、以观取现。从术语的表达看,两者均具有偏正词组的性质;其区别在于前者以"现"限定和修饰"观",后者以"观"限定和修饰"现"。

在"观·现之域"中,以观论现、以观取现,"现"则可被理解为仅与"观"相联系、只具有"观值"的"现"。由于"观"可进一步分解为"此"与"彼"的对立统一,因此,观之现实际上是象域坐标中由观之"此·彼"与现之"显·潜"所定位的"观—现之域"。(见下图)

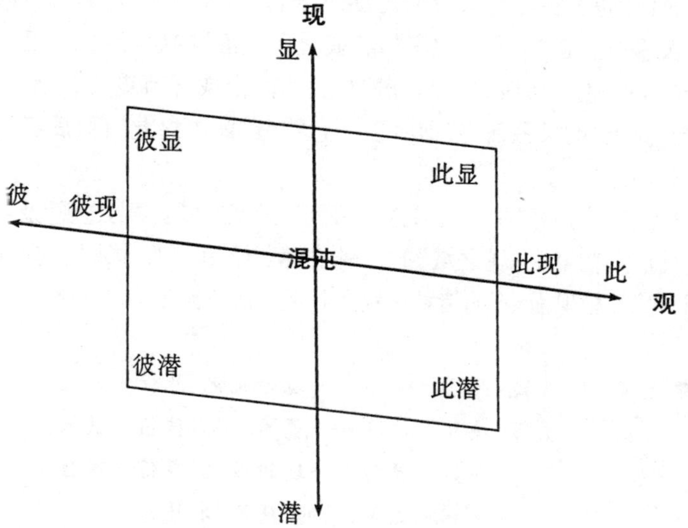

图:观之现

从上图中可以看出,以观之“此”、“彼”看取现,观之现可区分为“此现”与“彼现”。前者是由“此一显一潜”之场所构成的“现”;后者是由“彼一显一潜”之场所构成的“现”。换言之,因观有此、彼之分,故观之现亦可相应划分为“此现”与“彼现”。

又由于“现”自身是“显”与“潜”的对立统一,因此,“此现”实际上可理解为“此显·此潜”,“彼现”则为“彼显·彼潜”。

“此现”以及“此显”、“此潜”概念之获得,意味着现的“此化”,即“现”在“观”的介入下获得了“此值”、“此性”。同理,“彼现”以及“彼显”、“彼潜”,意味着“现”的“彼化”——获得“彼值”、“彼性”。由于“此·彼的对立统一”就是观,故“此现·彼现的对立统一”就是“观之现”。

“观之现”的观念及其相关概念,一方面剥离出“象域之现”的一大类别和概念族,具化了对于“观”的存在形式和方式的理解;另一方面,也从“相观”的角度,揭示了对于“现”的本质认识。

例如,作为“观之现”的两大方面或环节的“此现”与“彼现”,包含了“此显·此潜”与“彼显·彼潜”。而后两组概念的“纵向”对应组合——其理据来自于这两组概念的对立统一便是“此现”与“彼现”,因而即是“观之现”——便构成“观之显”与“观之潜”。由于“观之显”与“观之潜”的对立统一也就是“相观”,所以,“观之现”也就是处于“相观”关系中的“现”。

还如,以观论现,观之“此·彼”与现之“显·潜”也具有某种对应关系:对于观者而言,“显”,往往更具有“此性”;而“潜”往往更具有“彼性”。因此,在日常经验世界中,“此”与“显”、“彼”与“潜”也具有更直接的对应性。这样,以“观”取“现”,“现”之“显·潜”也就往往意味着观之“此·彼”的基本逻辑关系。此外,即使单就“此现”或“彼现”论,在“此显·此潜”或“彼显·彼潜”的组合中,各组中与“显”相关的方面或环节,也一定较之于与“潜”相关的方面或环节更具有“此性”。譬如,就“此显”与“此潜”的关系而言,前者往往意味着“此中之此”,而后者则相对前者而言成为“此中之彼”。

由此可见,“观”乃至“相观”,渗透一切“现”乃至“在”。“观之现”及其诸下位概念,就是这种情形在“观—现之域”的一种表述。于是,“观即现”、“现即观”;或者说,“相观而现”、“相现而观”的诸种命题在此又一次得到证明和支持。(参见下表)

观之现　　此现:此显·此潜——现的此化:此值·此性

彼现:彼显·彼潜——现的彼化:彼值·彼性

观显·观潜——现的观化:观值·观性

相观之现(现的“观论”本质)

在之现:有现与是现　“在之现”是将“观”的问题搁置,从“在”的基点出发所获得的关于“现”的认识。因此,在象域坐标系中,“在之现”可表述为“在轴”和“现轴”于其值为零的“观轴”处相交所获得的“在—现”之域;亦即以在之“有·是”与现之“显·潜”所赋值、定性的“域”。(见下图)

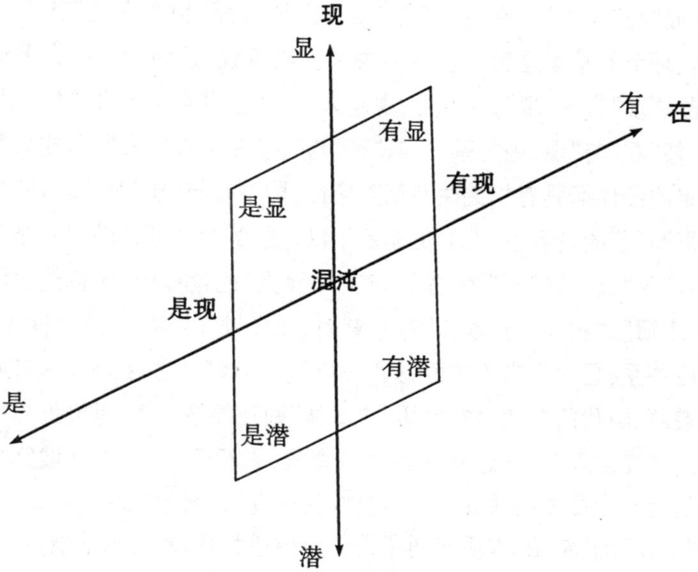

图:在之现

从上图中可以看出,“在之现”可以因“在”的“有—是”之分,而相应地划分为“有现”与“是现”。前者是由“有—显—潜”之场所构成的“现”,即具有“有性”的“显”与“潜”;后者是由“是—显—潜”之场所构成的“现”,即具有“是性”的“显”与“潜”。

如果对“有现”与“是现”进一步加以分析,“有现”是“有显”与“有潜”的对立统一,而“是现”则是“是显”与“是潜”的对立统一。这样,“有现”或曰“有之现”意味着“现”的基本构成要素或环节的“有化”——“现”在“在域”中取得“有值”、“有性”。而“是现”或“是之现”则是“现”的基本构成要素或环节的“是化”——“现”在“在域”中获得“是值”、“是性”。由于“在”是“有与是的对立统一”,因此,“在之现”亦相应地是“有现与是现的对立统一”,亦即“有显·有潜”与“是显·是潜”的对立统一。

“在之现”的观念,如同“观之现”的观念一样,一方面从“在”的视角切入“现”,分离出“有现”、“是现”及其相关下位概念;另一方面,也在“在”与“现”的关联中,进一步展开了“在”、“现”间具有互释性和统一性的观点。

例如,由于“在之现”来源于“有现”与“是现”,乃至“有显·有潜”与“是显·是潜”,而后者的“纵向”组合就是“在显”(有显·是显)与“在潜”(有潜·是潜),以及“相在”(在显·在潜),因此,可以说“在之现”的本质是“现”的“在化”——即“现”因与“在”相交而获得“在值”和“在性”。

此外,“在之现”乃至“现”自身,也是相因于“有”与“是”内在的统一性而“在起来”的:“在显”与“在潜”之合取,就是“相在之现”,而“相在之现”就是构成“在之现”诸要素、环节的基本逻辑或现实的关系。或者说,正因为“现”先天地具有“相在性”,因此,“现”方为“现”,或方可“现起来”。从这种意义上讲,“相在即现”。

还有,像“观”与“现”的关系一样,“在”与“现”在基本构成要素或环节方面,往往相应一定的条件而具有相关性乃至对应性,即“有”与“显”对,而“是”与“潜”对。例如,在“形而下”的世界里,人们更偏重于以“显”为“有”,以“潜”为“是”。反之亦然,即以“有”为“显”,以“是”为“潜”。在“形而上”的世界中,如传统哲学中,所谓“现象”与“本质”、“实体”与“本体”等范畴对,也反映了“现·在”之间上述这种基本逻辑对应关系:显现出来的东西,如“现象”、“实体”一般被划入笔者所谓的“有的世界”;潜藏、隐伏的东西,如“本质”、“本体”则往往被视为“是的世界”。

要言之,“在之现”的观念及其相关概念族,来源于“在—现之域”中诸基本要素或环节的互动合取或曰对立统一;这种“在—现”之间的互动合取或曰对立统一使得“象域之现”的“在论”本质得到了进一步描述和解释。(见下表)

在之现　　有现:有显·有潜——现的有化:有值·有性
　　　　　　是现:是显·是潜——现的是化:是值·是性
　　　　　　在显·在潜——现的在化:在值·在性
　　　　　　相在之现(现的“在论”本质)

现之现:显现与潜现　从“现”固有的逻辑环节出发,并在与“观”、“在”相联系的“统一场”中考察“现”的构成、形态和本质,我们便得到“现之现”的观念:所谓“现之现”,是将“观·在·现”三者统一起来,以“现”为主要描述对象,并与“观”、“在”共同参照、定位、取值所获得的“现”。

在象域坐标中,“现之现”既可以理解为以“现”之“显·潜”,看取“观”之“此·彼”和“在”之“有·是”所获得的具有整个象域之规定性的“现”,亦可以理解为从“观·在”之角度而对于“现”的逻辑内涵和存在方式进行进一步分析所获得的“现”。但不论在哪种切入方式或理解中,“现之现”均避免了单纯的“观之现”或“在之现”的片面性,或曰在象域坐标中的“平面性”,成为既具有“观值”、“观性”与“在值”、“在性”,又具有更丰富的“现值”、“现性”的“现”。因此,“现之现”是“象域之现”最完满自足的表达,其在象域模式中的也因之具有“立体性”。(见下图)

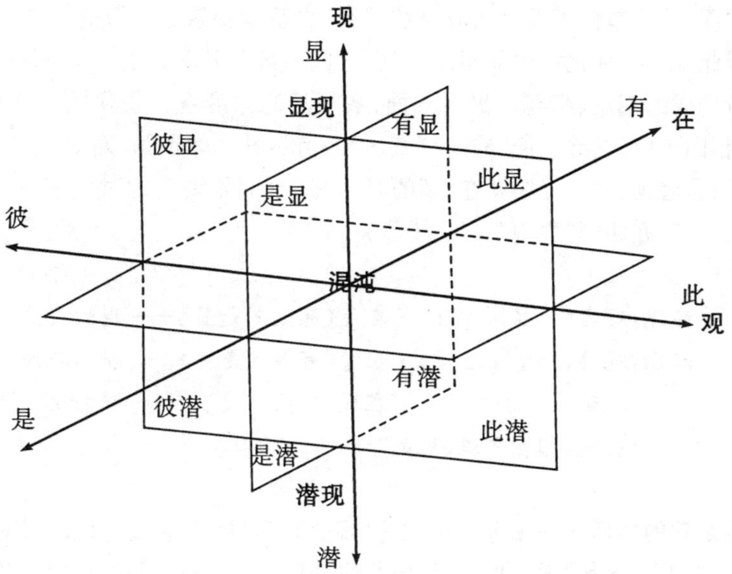

图:现之现

由于“现”就自身而言可被理解为“显与潜的对立统一”,因此,以“现”论“现”——象域之现,“现之现”实际上是“显现与潜现的对立统一”。

所谓“显现”,从上图中可以看出,是从“显”出发的“象域”之现;亦即整个象域中的“显层”或曰“显区”。由于象域的构成,包括了“观”与“在”,因此,“显现”亦相应地以整个“观·在之域”的“显层”——即“显观”与“显在”——构成自身的全部外延。

同理,所谓“潜现”,是基于“潜”的“象域”之现,即从“现”的角度所看取的整个象域中的“潜层”或曰“潜区”。由于象域包括了“观·在之域”,因此,“潜现”亦相应地以象域中的“潜观”、“潜在”构成自身的全部外延。

如果我们对构成“显现”与“潜现”的要素进一步加以分析,我们可以发现:前者实际上以“此显·彼显”(观显)和“有显·是显”(在显)构成自己的全部存在;后者则以“此潜·彼潜”(观潜)和“有潜·是潜”(在潜)作为自己的内涵。这样,所谓“显现”,本质上是现的“观显·在显化”;所谓“潜现”,则是现的“观潜·在潜化”。而两者的对立统一,就是现的“观化”和“在化”——亦即作为“现之现”的“现化”。于是,“现之现”的本质便由之得到揭示:所谓“现之现”,来源于象域中的“现”与“观”、“在”联系互动以及由此所进一步形成的“观化”、“在化”和“现化”。

不仅如此,“现之现”以“显现”和“潜现”构成自身的对立统一,并可以进一步解析为“观显·在显”与“观潜·在潜”,乃至“此显·彼显·有显·是显”与“此潜·彼潜·有潜·是潜”的对立统一这一事实,也从“观·在·现”联系和互动的角度,对所谓“观化”、“在化”乃至“现化”的本质进一步予以揭示:从“观”、“在”的角度看,由于“现之现”包含了以上构成“观”、“在”之基本要素和环节的“此·彼”、“有·是”,因此,所谓“现化”,也就相因于“观之此·彼”与“在之有·是”各自的内在统一性所构成的相观、相在。另一方面,从“现”的角度看,“观化”和“在化”的动因,又都相因于“现之显·潜”的内在统一性:前者具体体现为“观显”与“观潜”的对立统一;后者则为“在显”与“在潜”的对立统一——而两者的对立统一,即是“相现、相在之现”,亦即“现之现”。(见下表)

现之现　　显现:观显(此显·彼显)·在显(有显·是显)——现的观显·在显化
　　　　　　潜现:观潜(此潜·彼潜)·在潜(有潜·是潜)——现的观潜·在潜化
　　　　　　　　观现　　　　　　**在现**　　　　　　——**现的观在化**
　　　　　　　　相观、相在之现(现的“观·在论”本质)

象域之现的本质——相现　正因为“现之现”是整个象域之现的最完满的表达形态,而“相现”又是“现之现”的最核心的“现论”之本质,因此,可以说象域之现的本质,归根到底就是“相现”。

换言之,所谓“相现”,是指“现”得以构成的诸要素、环节或方面,在逻辑或实存意义上形成了联系互动,尤其是对立统一。正是这种联系和对立统一,使得诸现真正“在起来”、“现起来”、“观起来”。从这种意义上讲,“相现”之现,是象域中“诸现”——“观之现”、“在之现”、“现之现”——相互作用、互现合现所形成的“现域”。其基本“区域”包括了“此现·彼现”、“有现·是现”以及“显现·潜现”。(见下图)

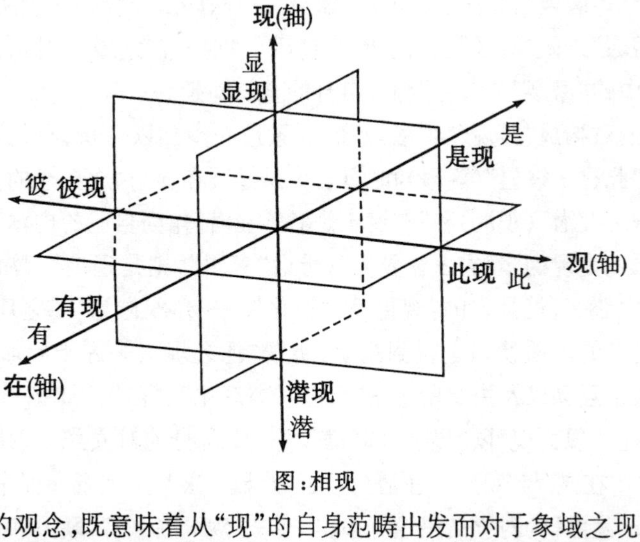

图:相现

“相现”的观念,既意味着从“现”的自身范畴出发而对于象域之现内在逻辑关系的描述;又意味着将“现”置于“相观·相在·相现”之场中来追逼“现”的本质。

例如，在“相观一相现之场”中，“观之现”之成为“现”的一种基本形式和存在方式，就在于这种“现”是以“观”自身的“此·彼”之“相观性”而成为“此现”与“彼现”。同时，“现”自身的“显·潜”之统一性亦为“观”的“此·彼”之相观性提供了解释：“此”即“显”；“彼”即“潜”。反之亦然——“显”为“此”；“潜”为“彼”。于是，“观之现”既因相观而“现起来”，亦因相现而“观起来”。

同样，在“相在·相现之场”中，“在之现”一方面因“有·是”之“相在”而确立其“在性”；另一方面又因“显·潜”之“相现性”而确立其“现性”。于是，作为“在之现”构成要素、环节或方面的“有一显”、“是一潜”亦相应地获得其对应性和互释性：“有”即“显”；“是”即“潜”。或者说，“显”为“有”；“潜”为“是”。“在之现”亦因相在、相现而在起来和现起来。

当然，如笔者曾经指出过的，象域之现最完满和充溢的存在形态是“现之现”，即从“现”出发切入“象域”，同时又由“象域”反观“现”之“本体”的“现”。即以“显现”和“潜现”的对立统一描述整个象域之全部“现性”的“现”。在这种描述中，一方面，“相现”从“诸现”的存在形式和联系方式方面，显露着“观”与“在”的本质；另一方面，“相观”和“相在”亦进一步从“诸观”和“诸在”的角度，揭示着所谓“现”的本质。（见下表）

现

显 **潜**

此显 彼显 有显 是显 此潜 彼潜 有潜 是潜

（观显） （在显） （观潜） （在潜）

显现 **潜现**

（观显·在显） （观潜·在潜）

现之现

（相观·相在）

相现

从上表中可以看出，作为“现论”之最高范畴的“现”，其自身的“混沌之澄明”，始于“显”、“潜”之分。当“现”被置入象域，成为“象域之现”时，“现”之“显”、“潜”便与“观”、“在”的诸要素发生联系互动，形成具有场域性的“此显、彼显、有显、是显”与“此潜、彼潜、有潜、是潜”两大族系。这两大族系的形成，一方面标志着“现”之“显”、“潜”在象域中确立（也是限定）其外延，丰富（也是具化）其内涵；另一方面，它们反过来说明：“现”之“显·潜”，来源于对“此显、彼显、有显、是显”与“此潜、彼潜、有潜、是潜”的抽象。

又由于“此·彼”即为“观”，“有·是”即为“在”，因此，作为“显现”与“潜现”之全部外延的“此显、彼显、有显、是显”与“此潜、彼潜、有潜、是潜”，实际上就是“观显”、“在显”、“观潜”、“在潜”。也就是说，以“观”、“在”论“现”，作为“现”之下位概念的“显现”、“潜现”，本质上可以理解为“观显·在显”与“观潜·在潜”。或者说，

"显现"与"潜现",乃至"显"与"潜",来源于对"观显·在显"与"观潜·在潜"的抽象。

如同笔者在分析"相观"时指出的那样,"显"与"潜"、"显现"与"潜现",虽然包含了"观"、"在"的要素或环节,却没有在完整的"现"的意义上"在"起来——因为它们仍然处于作为对立项的"分离状态"之中,而"分离的""观显·在显"与"观潜·在潜"虽然预设了"显"与"潜"乃至"现"的存在,却还并不是完整的、自足的"现"。因此,只有当"显"与"潜","显现"与"潜现"有分、有对、合而为一,即相观、相在起来,"现"的全部要素或环节才能真正由对立而至统一——是谓之"相现"。事实上,在上一节的分析尤其节末的图表中,"相现"的相观、相在性,以及"现"自身的对立统一性已得到揭示:"现之现"本质上是"显现"与"潜现"对立统一所形成的"相现"。而"相现",从其构成要素和结构看,又是"相观之现"(观显·观潜)与"相在之现"(在显·在潜)的对立统一。反言之,单纯的、分离意义上的(亦即片面的)"显现"、"潜现",乃至"观显、在显、观潜、在潜",虽然是包含于"现之现"之中的要素、环节或方面,但毕竟不能成为完整的"现之现"的逻辑的或实存的系统。惟当它们基于"现"自身的、内在的"显·潜"之对立统一性而结合为一个整体,"现之现"自身方才可以确立。——这种基于"现"自身的内在"逻格斯"所形成的既对立、又统一的互动关系,就是"相现"。

从以上的分析中还可以看出:一方面,"相现"有赖于"相观"与"相在";另一方面,"相观"、"相在"亦有关于"相现":在"现之现"的领域中,"相观"、"相在"的确立,是以"现"之"显·潜"的对立统一为逻辑前提的。换言之,首先因为有"现"之"显·潜"之分,方有"观"之"观显·观潜"之分,"在"之"在显·在潜"之分。从这种意义上讲,以"观显·观潜"之分为前提的"相观",以"在显·在潜"之分为前提的"相在",归根到底,又可反溯为以"显·潜"之分为前提的"显现·潜现"乃至"相现"自身。这样,"相现"的观念,又从"现之现"乃至"现"的角度,为"相观"、"相在"的本质提供了另一解释——正因为"相现"的存在,或者说,正是因为处于"相现之场"中,"观"与"在"才获得各自的"现性",并通过这种"现性"进一步获得"相观性"和"相在性",成为现实的"象域之观"和"象域之在"。

4 象域之在

观之在:此在与彼在 同"观"、"现"一样,当"在"处于象域之中而具有场域性时,我们便得到"象域之在"的概念。所谓"观之在",就是处于"观—在之域"中的一种象域之在。

在象域坐标中,"观之在"可表达为将"现值"取零,仅以"观轴"和"在轴"取值所构成的"在域"。由于前者以"此"、"彼",后者以"有"、"是"构成各自的两极,因此,“观之在”实际上是以“此”、“彼”、“有”、“是”所取值、定性的与“观”相交的“在”。如果单纯从场域的范围看,“观之在”与“在之观”同域,但前者是以“在”取“观”,——强调的是“观”的“在性”;后者是以“观”取“在”,——从“观”的角度,分析“在”的要素、结构和性质。

从后一种立场出发,“观之在”,可以理解为“观”之“此·彼”与“在”之“有·是”所涵盖、限定的“观一在之域”。其基本构成可划分为“此在”与“彼在”。换言之,“观之在”,是“此在与彼在对立统一的在”。(见下图)

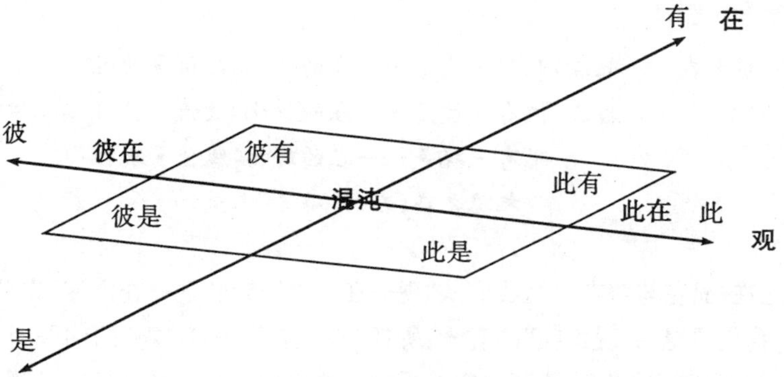

图:观之在

从上图中可以看出,“此在”,或曰“此之在”,是由“此一有一是”之域所构成的“在”;“彼在”,亦即“彼之在”,是由“彼一有一是”之域所形成的“在”。因而,前者具有“观”之“此值”、“此性”;后者具有“观”之“彼值”、“彼性”。又由于“在”本身可分解为“有”与“是”,因此,“此在”相应地可区分为“此有·此是”,“彼在”则为“彼有·彼是”。于是,“观之在”可以细分为“此有·此是”与“彼有·彼是”。

“此在·彼在”,乃至“此有·此是”与“彼有·彼是”这两组概念,一方面描述了“在”因置身于“观域”而在“观”的作用下所产生的“观化”——即“在”的两大基本构成要素“有”与“是”分别获得“此性”、“彼性”,由此导致了“观之在”的两大基本环节“此在”与“彼在”的诞生。另一方面,它们也意味着“在”之“有·是”对于“观”而言,总是处于“此·彼”之分、之对中的“有·是”。换言之,在“观·在之域”中,“有”或“是”,总是“或此、或彼之有、是”;而“在”,总是“或此、或彼之在”。这样,在“观·在之域”中,无“此·彼”,或无“观”之“在”“非在”。或者说,“在”因与“此·彼”或“观”的结合而具有“此·彼性”或“观性”;同时,具有“此·彼性”或“观性”的“在”,就不再是“纯在”意义上的“在”,而是“象域之在”。

“观之在”的观念及其下位概念,不仅为“在”提供了一种基于“观”的理解方式和分类方法,同时也为“在何以在”的基本“本体论”问题,提供了一种与“观”相关的解释。

例如,“观之在”的构成,可以分解为“此在”与“彼在”;而“此在”与“彼在”,如前所述,又可以分解为“此有·此是”和“彼有·彼是”。由于“此·彼”之合取为“观”,因此,就后两组概念而言,它们实际上包含了“观有”(此有·彼有)与“观是”(此是·彼是)——即“在”的“观化”。由于“观有”与“观是”的结合,就是“此在”与“彼在”的结合乃至“观之在”自身,因此,“此在·彼在”相在为在,实际上意味着“观有·观是”相观为在。或换句话说,“观之在”,就其构成要素的内在逻辑而言,已经蕴涵着“相观故相在”的观念。

将上述论点结合起来,可以得到如下之简要描述:

观之在　此在:此有·此是——在的此化:此值·此性

彼在:彼有·彼是——在的彼化:彼值·彼性

观有·观是——在的观化:观值·观性

相观之在(在的“观论”本质)

现之在:显在与潜在　当我们从“观—在之域”转向“现—在之域”来分析象域之在时,我们便得到“现之在”的观念:所谓“现之在”,是将“观”的问题暂时搁置,仅从“现”的角度切入“在”所获得的关于“在”的认识。在象域坐标中,“现之在”可以表述为“现轴”与“在轴”于其值为零的“观轴”处相交所限定的“现—在之域”。亦即以“现”之“显·潜”与“在”之“有·是”所赋值、定性的“域”。(见下图)

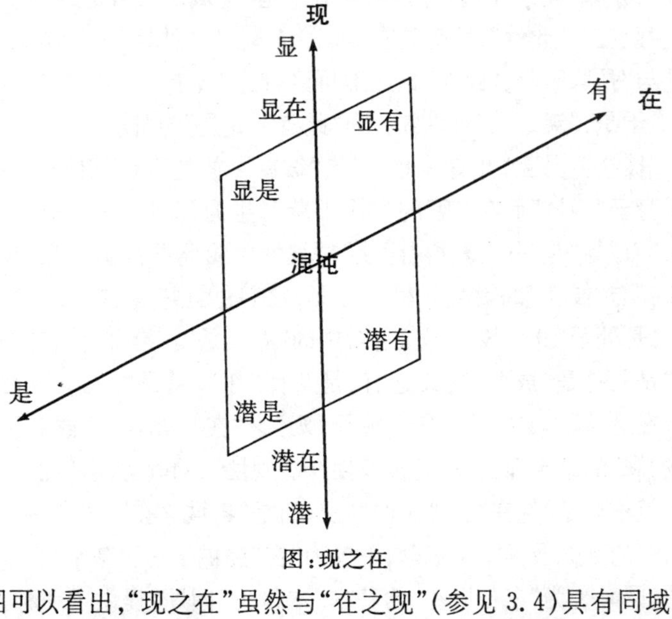

图:现之在

从上图可以看出,“现之在”虽然与“在之现”(参见3.4)具有同域的性质,但后者是以“在”论“现”,故所得出的关于“现”的“在”之理解,是“有现”与“是现”之别;而前者是以“现”论“在”,其着眼点在于以“现”切入“在”,因而所得出关于“在”

的"现"之理解,是"显在"与"潜在"之分。换言之,"在之现"强调的是"现"的"有性"、"是性"乃至"在性",因此,所谓"在之现",即"具有在性的现"。至于"现之在",强调的是"在"的"显性"、"潜性"乃至"现性",这样,所谓"现之在",即指"具有现性的在"。

"现之在",作为具有现性的"在",是由"显有·显是"和"潜有·潜是"的对立统一所形成的"在"。前者来自于"在"之"有·是"在"现·在之域"中的显化,即"在"因与"现"相交而获得"显值"、"显性"。后者来自于"在"之"有·是"的"潜化",即"在"因与"现"相交而获得"潜值"、"潜性"。由于"现"是"显"与"潜"的对立统一,因此,"现之在"便相应地是"显在"与"潜在",亦即"显有·显是"和"潜有·潜是"的对立统一。

"现之在"的观念,如同"观之在"的观念一样,一方面从"现"的角度切入"在",分离出"显在"、"潜在"及其下位观念;另一方面,也在"现"与"在"的关联中,进一步揭示了"在"的相关本质。

譬如,在构成"现之在"的"显有"、"显是"和"潜有"、"潜是"诸要素或环节中,"显有"与"潜有"的结合就是"现有","显是"和"潜是"的合取就是"现是"。这样,"现之在",实际上也就是"现有"与"现是"对立统一之在——亦即"相现之在"。或者说,"现之在"因相现而获得了"现值"、"现性"。

此外,"现之在"的"在"自身,作为包含了"现"之"显·潜"象域之在,也是基于"显·潜"的内在统一性而"现起来"。换言之,使"现之在"之各要素、环节结合为一个具有整体性之存在的这种统一性,不仅来自于"有·是"之间先天的"在"之联系,同时也来自于"显·潜"之间先天的"现"之联系。正是这两种联系,使得象域之在不仅在"有·是"的统一中"在起来";同时也在"显·潜"的统一中"现起来"。由于"纯粹之在"在"认识论"的论域中源自于对于"象域之在"——包括"现之在"——的抽象,因此,"在"在语源和逻辑上均蕴涵着与"现"之先天的联系,于此亦可得到一种解释。

将以上论点概括起来,可以得到如下的表述:

现之在　　显在:显有·显是——在的显化:显值·显性

　　　　　　潜在:潜有·潜是——在的潜化:潜值·潜性

　　　　　　　　　现有·现是——在的现化:现值·现性

　　　　　　　　　　相现之在(在的"现论"本质)

在之在:有在与是在　同"观之在"和"现之在"一样,"在之在"也是一种象域之在。所不同者,前者都是从"在"之外的视点切入"在"之分析;而后者则主要从

“在”自身固有逻辑环节出发考察“在”。当然,这种考察也是以整个象域为参照系,即将“在”置于整个“观·在之域”和“现·在之域”的。因此,“在之在”作为象域之在,既有别于“观之在”、“现之在”,又有别于“纯在之在”。

概括地讲,“在之在”,是将“观·现·在”三者统一起来,以“在”为主要描述对象,并与“观”、“现”相参照、定位、取值所获得的“在”。

在象域坐标中,“在之在”既可以理解为以“在”之“有·是”,看取“观”之“此·彼”、“现”之“显·潜”所获得的对于整个象域具有统摄性的“在”;亦可反过来理解为从“观”、“现”的视角逼近“在”,从而挖掘出的与整个“观·现”之域均具有内在逻辑联系的“在”。在以上正反两种方式的理解中,“在之在”均在象域坐标中呈现出“立体性”:它一方面与“观轴”相交而具有“观值”、“观性”,与“现轴”相交而具有“现值”、“现性”;另一方面,也是更重要的,它将自身之轴上先前近于纯粹的“有”与“是”,具化为实存的“有在”与“是在”,从而使整个象域之在得到最充盈的体现。(见下图)

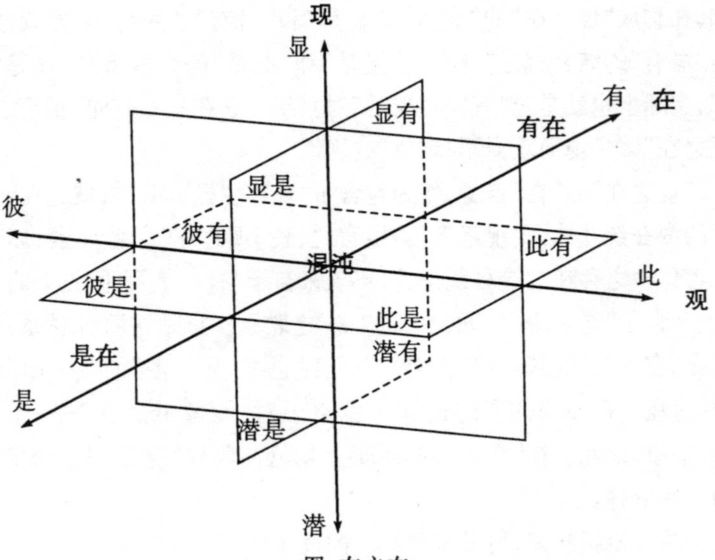

图:在之在

从上图中可以看出,“在之在”以“有在”和“是在”构成自己全部的存在。所谓“有在”,是基于“有”的象域之在,即由“在”之“有”与“观”之“此·彼”、“现”之“显·潜”相交所构成的象域之“有区”。所谓“是在”,是基于“是”的象域之在,即由“在”之“是”与“观”之“此·彼”、“现”之“显·潜”相交所构成的象域之“是区”。“有在”与“是在”之合取,便构成了从“在”所观取的整个象域之存在。

如果对“有在”与“是在”进一步分析,前者实际上是象域之“观有·现有”,即由“此有·彼有”与“显有·潜有”所构成的“观·现之有”——亦即“在”的观有、现有化；后者则为象域之“观是·现是”，即由“此是·彼是”与“显是·潜是”所构成的“观·现之是”——亦即“在”的观是、现是化。反言之，“观有、现有化”的“在”，是谓“有在”；“观是、现是化”的“在”，是谓“是在”。这样，“有在”与“是在”就不再是“在轴”上单纯的、仅具有“有值”、“是值”之连续性的“点”或“向量”，而是与“观、现轴”相交的、同时具有“观值”与“是值”的连续的“面”或“场”。

“在之在”，以及“有在”、“是在”等相关下位概念之获得，进一步从“在”与“观”、“现”相互联系的角度，揭示了“在”的场域性及其相关本质。

如前所述，“在之在”作为“有在”与“是在”之统一，可进一步分解为“观有”(此有·彼有)与“现有”(显有·潜有)，“观是”(此是·彼是)与“现是”(显是·潜是)。由于“有·是”为“在”，因此，“观有”与“观是”的合取就是“观在”；“现有”与“现是”的合取就是“现在”。这样，对于整个“在之在”而言，其场域性不仅表现在“有在”与“是在”的统一性方面，而且也蕴涵在“观有”与“观是”、“现有”与“现是”，乃至“观在”与“现在”的统一性方面。正是这后一类的统一性，揭示着“在之在”的相观、相现的本质。

此外，“在之在”的观念，也从“有·是”之内在统一性的角度，对“观、现之在”的本质予以解说：凡象域之观，总是“此有·彼有”、“此是·彼是”之观；凡象域之现，也必定是“显有·潜有”、“显是·潜是”之现。因此，从象域的观念看，象域之观和象域之在的确立，一方面基于它们各自内含的“此与彼”、“显与潜”的统一性，另一方面，也相因于“在”之“有·是”所固有的“凝聚力”。换言之，正是“在”之“有·是”与生俱来的“相在性”，使观之“此·彼”与现之“显·潜”不仅“观起来”、“现起来”，而且还现实地“在起来”。

归纳以上论点，可以得到如下之简要描述：

在之在	有在：观有(此有·彼有)·现有(显有·潜有)——在的观有·现有化		
	是在：观是(此是·彼是)·现是(显是·潜是)——在的观是·现是化		
	观在	**现在**	**——在的观现化**
	相观·相现之在(在的“观·现论”本质)		

象域之在的本质——相在　“观之在”、“现之在”、“在之在”，都是象域之在的诸种类别和形态。那么，统贯于这些类别和形态的象域之在的基本形式或曰共同本质又是什么呢？回答是“相在”。

所谓“相在”，是指“在”得以构成的诸要素、环节或方面，在逻辑或实存的意义上形成了联系互动、对立统一。正是这种联系互动、对立统一，使得诸在真正“在起来”、“现起来”、“在起来”。从这种意义上讲，“相在”的本质是“联系”，尤其是具有多元相关性与对立统一性的联系。而联系的本质，从象论的观念看，来自于象域自身的场域性。这样，所谓“相在”，归根到底，是对象域中“在”之场域性的描述。或者更具体地说，相在之在，就是对象域中“诸在”——“观之在”、“现之在”、“在之在”——的“在场”(在之场)。其基本区域亦可相应地包括“此在·彼在”、“显在·潜在”、“有在·是在”。(见下图)

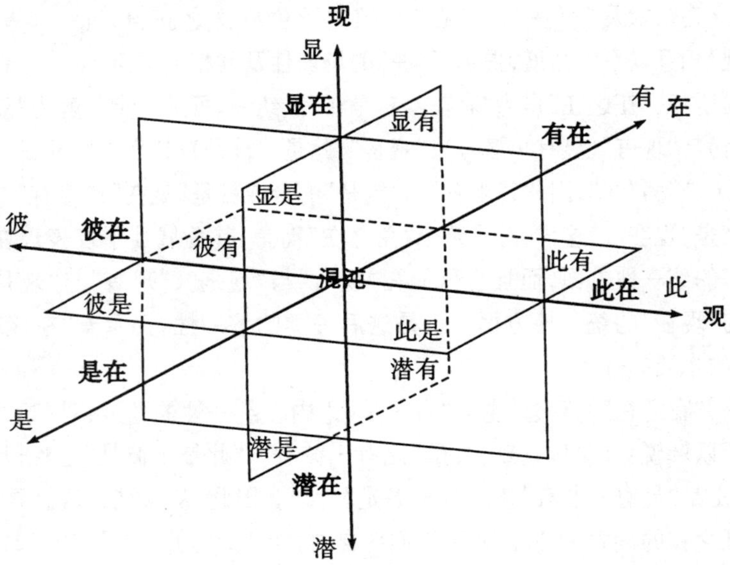

图：相在

就“观之在”而言，其相在性主要体现为“此在”与“彼在”的内在联系和对立统一：一方面它们以“观”自身所包含的“此”与“彼”的相观性使“在之此”与“在之彼”相观地相在起来；另一方面，又以“在”自身的“有”与“是”的先天联系，从“此有·此是”与“彼有·彼是”的基本相在环节入手，使“此在”与“彼在”乃至“观之在”相继“在起来”。

就“现之在”而言，其相在性主要体现为“显在”与“潜在”的内在联系和对立统一：一方面它们以“现”自身所包含的“显”与“潜”的相现性使“在之显”与“在之潜”相现地相在起来；另一方面，又以“在”自身的“有”与“是”的先天联系，从“显有·显是”与“潜有·潜是”的基本相在环节入手，使“显在”与“潜在”乃至“现之在”相现同时相在起来。

一般来说，体现在“观之在”和“现之在”中的相在性虽然“始于在”，却分别“终于观”或“终于现”。换言之，“观之在”和“现之在”最终都以“相观之在”或“相现之在”而在起来。但是，在“在之在”中，“相观”和“相现”虽然作用于整个“在”之过程，并对“相在”之形成予以促进和推动；然而，就“在之为在”的最本原和最基本的动因而言，“相在”始终是“在之在”乃至整个象域之在的最核心的本质和最完满的

形式。(见下表)

在

有　　　　　　　　　　　　　　　　是

此有　彼有　显有　潜有　此是　彼是　显是　潜是

(观有)　　(现有)　　(观是)　　(现是)

有在　　　　　　　　　　　　　　　　是在

(观有·现有)　　　　　　　　　　　(观是·现是)

在之在

(相观·相现)

相在

从上表中可以看出,“在”从近于“混沌”的“纯在”阶段向具有“澄明性”的象域之在的趋进,始于“有”、“是”之分。由于“有·是”为“在”,因此“在”在其“纯粹”阶段就已经因“有·是”之有分、有对而“相在”了。换言之,“有”与“是”实际上是比“在”更源始的范畴,而处于源始的、分离状态的“有”、“是”因为“不相在”而“非在”——或仅仅为“前在”。唯当“有”与“是”相互联系、对立统一地“相在”——其表述形式为“有·是”,“在”自身才作为一个具有相在性的统一体而真正“在起来”。

当然,“在”之相在性体现在“在”之不同的“具化阶段”,并相应地具有其不同的基本内涵和外延。例如,当“在”由“纯在之域”进入“观·现·在互动之场域”——即象域时,“在”之“有·是”在象域中就不再是具有相在性两个单纯的逻辑环节,而成为以“此有·彼有”与“显有·潜有”、“此是·彼是”与“显是·潜是”为内涵和外延的两大层面。于是,象域之在的相在性也随之具有更丰富的内容和形式,这主要体现在它们一方面保留着“在”之“有·是”的最基本的相在性,同时,又因“观”、“现”的介入而增加“此·彼”、“显·潜”之相观、相现性。由于这种相观、相现性在这里并不是**以纯粹的、最本己形式**体现出来的,而主要是融入和具现为象域之在自身的存在,因此,它们最终**归依了**相在性并使后者得到解释和充实。从这种角度理解,象域之在的相在性不仅体现在“有·是”之间,而且还进一步体现在它们更具体更充实的形式——“此有·彼有”、“显有·潜有”、“此是·彼是”、“显是·潜是”之间。

值得强调的是,在上述层级的相在之中,也就是在“此有·彼有·显有·潜有”与“此是·彼是·显是·潜是”的相在层级中,“在之有、是”虽然具有无可置疑的“观性”和“现性”,但其“在性”却相对而言具有“片面性”或曰“非完满性”。这主要体现在“有”之层面与“是”之层面的分离。例如,就“此有·彼有”、“此是·彼是”而言,其“此·彼”已经作为统一的“观”之存在而分别与“有”、“是”相在了,——其结果是“观有”、“观是”;但是,就“有”、“是”自身而言,它们虽然“观起来”、“现起来”了,却未在合二为一的意义上真正充分自足地“在起来”。因此,只有当“有在”之“观有·现有”与“是在”之“观是·现是”完全统一,合取为“观在·

现在”时,象域之在才能最充分自足地“在起来”。从上表中可以看出,惟有在“相在”阶段,这种“有在”与“是在”才真正由分而合,获得完全的对立统一。故象域之在的最充分的形式是“观有·现有”、“观是·现是”的结合;亦即“有在”与“是在”的结合。而“观有·现有”与“观是·现是”的结合,或者说“有在”与“是在”的结合,就是“在之在”,亦即“相在”。正是从上述意义上,我们说“在之在”、乃至整个“象域之在”的本质就是“相在”。

5 象域之象

观之象:此象与彼象 以上,我们分别讨论了象域之观、现、在,并指出它们各自的本质是相观、相现、相在。象域之观、现、在,以及相观、相现、相在观念之获得,不仅有助于深化我们对于象域本身所具有的场域性之认识,而且直接促成了“象域之象”观念的产生:所谓“象域之象”,就是象域中因“观·现·在”之互动合取所构成的相观、相现、相在之象。据此,我们亦可进一步将象域之象划分为“观之象”——相观之象、“现之象”——相现之象、“在之象”——相在之象。

就象域之观而言,其相观性的本质,尤其是“此观”与“彼观”的观念已经揭示出“观之象”的存在:“此象”与“彼象”。

笔者曾经指出:象,作为混沌之澄明,本质上是由“观·现·在”的互动合取所构成的场或域。反言之,凡相涉于“观·现·在”三者互动合取之场域者,皆已“有象”了。

笔者还曾指出:象域之观的本质是“相观”,其典型形式是“观之观”,即“此观”与“彼观”的对立统一。在我们对于“观之观”和“此观”与“彼观”的分析中,前者(“观之观”)已经被界说为是将“在·现·观”三者统一起来,以“观”为主要描述对象,并与“在”、“现”共同参照、定位、取值所获得的“观”。在象域坐标中,“观之观”被描述为以观之“此·彼”,与在之“有·是”、现之“显·潜”三组“次场域”所共同构成的“观”。因此,“观之观”是既具有在值、在性,又具有现值、现性,同时又具有更丰富的观值与观性的“观”。

将以上两个论点结合起来,我们不难得出这样的结论:所谓象域之观,实际上就是“象域之观象”;而作为象域之观典型形式的“观之观”,实际上是象域之观的典型之观象。这样,象域之观的本质,最终被包容于象域之象中。或者说,象域之观,实际上是象域之象的一种现实形态。——这也就解释了我们为什么可以以象域坐标或模式表述象域之观的内在的理据性。

事实上,在笔者对于象域之观、尤其是“观之观”的分析中,象域之观,包括“观之观”已经被解释为一种“象域之象”——或更准确地说,象域之观象。例如,构成“观之观”的“此观”与“彼观”,已经在与“现”、“在”之结合中分有整个象域之外延。

从这种意义上讲，“观之观”，就是“观之象”；“此观”与“彼观”，也就是“此象”与“彼象”。（见下图）

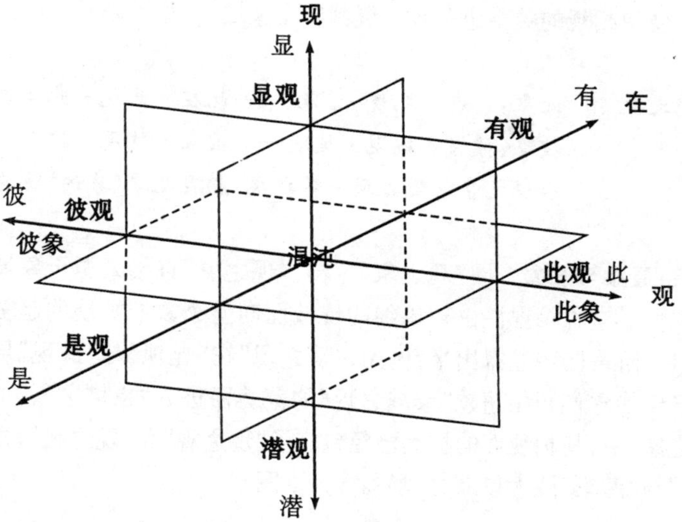

图：观之象

值得强调的是，“观之观”，或“此观”与“彼观”，虽然在外延方面与“观之象”或“此象”与“彼象”重合，但是，在内涵方面，它们两者间存在本质的区别。

“观之观”，或“此观”与“彼观”，强调的是以观取观、以观论观，即以“观”之“此·彼”看取处于“此·彼”之联系中的“观”。因此，构成“此观”、“彼观”乃至“观之观”的逻辑要素是“在此·现此”与“在彼·现彼”。——即以“在”、“现”来解释“观”之“此”、“彼”乃至“观”自身。

但是，在“观之象”，或“此象”与“彼象”中，强调的是以观取象，以观论象，即以“观”之“此·彼”看取具有“观·现·在”之联系的整个象域。这样，作为“观之象”或“此象”与“彼象”基本逻辑环节的就是“此在·此现·此观”与“彼在·彼现·彼观”。由于“象”即“观·现·在”，因此，“此在·此现·此观”就是“此象”，而“彼在·彼现·彼观”就是“彼象”。或者说，“此象”的本质是“此在·此现·此观”；“彼象”的本质是“彼在·彼现·彼观”。从这种意义上讲，“此象”与“彼象”是比“此观”与“彼观”更丰富、更具象的范畴，而“观之象”则是比“观之观”更具象域性的存在。

例如，构成“观之象”的两大系列——“此在·此现·此观”（此象）与“彼在·彼现·彼观”（彼象）——的互动合取，即为“观之在·观之现·观之观”。可见“观之象”，实际上是象域之中的所有与“观”相关的“观·现·在”——即“观象”。反言之，正是因为象域中存在着以“观”赋值、定性的“观·现·在”，故存在着所谓“观之象”。

要言之,“观之象”本质上是以“观”之“此”、“彼”所统领和分有的“在·现·观”之场域。即所有处于相观关系中的“观之在·观之现·观之观”。这样,“观之象”的观念,便使相观的关系进一步扩展到整个象域。(见下表)

观之象　　此象:此在·此现·此观——此在·此现·此观之象

　　　　　　彼象:彼在·彼现·彼观——彼在·彼现·彼观之象

　　　　　　　观之在·观之现·观之观:相观之象(象的“观论”本质)

现之象:显象与潜象　同“观之象”一样,“现之象”直接来源于象域之现更为扩大的相现性。这种相现性由较单纯的现域而向整个象域扩展的趋势在象域之现的“现之现”阶段已经显露出来:例如,“现之现”在“显现”与“潜现”层面丰富充溢的程度已经使它们开始超越“象域之现”的范畴而进入“象域之象”的领域。但是,在“现之象”中,其相现性的扩大已经包容了“现之观”和“现之在”,由此形成了所谓“显象”与“潜象”两大象域之“场”。(见下图)

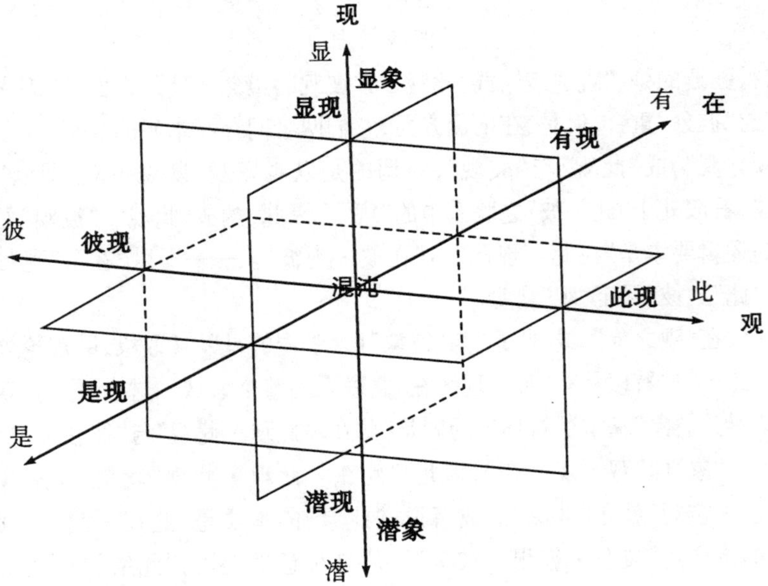

图:现之象

从上图中可以看出,所谓“显象”,即“显在·显观·显现”自身;所谓“潜象”,亦即“潜在·潜观·潜现”三位一体。前者是“显在·显观·显现化”的“现”;后者是“潜在·潜观·潜现”的“现”。这就使得“现之象”既与一般的“现”包括“现之现”相联系,又同后者形成明显的区别。

如先前所述,从“现”固有的逻辑环节出发,并在与“观”、“在”相联系的统一场中考察“现”的构成、形态和本质,我们便得到“现之现”的观念:“现之现”,是将

"观·在·现"三者统一起来,以"现"为主要描述对象,并与"观"、"在"共同参照、定位、取值所获得的"现"。由于"现"就自身而言可被理解为显与潜的对立统一,因此,以现论现——象域之现,"现之现"实际上是"显现"与"潜现"的对立统一。

"显现"与"潜现"的概念的出现,将整个象域划分为显、潜两大次场域。"现之现"便由"现的领域"伸展至"象的领域"——"现之现"在与"观"、"在"的全方位的结合中转化为(亦即"实现为")"现之象"。从这种意义上讲,作为象域之现的典型形式,"现之现"实际上就是"现之象";"显现"与"潜现"也就是"显象"与"潜象"。当然,在象域之现其他较为不够充分或完满的阶段或方面,如"观之现"、"在之现"中,因相现性的存在亦蕴涵着现之"象性"。正因为整个象域之现皆具有程度不等之象性,故象域之现可以在象域中得到分析和表述。

"现之象"作为"显象"与"潜象"的对立统一,一方面在外延上与"现之现"或"显现·潜现"交叉;另一方面则在内涵上与后者形成区别。这主要表现在"现之现"侧重于"现"乃至"现"的"显·潜"对立统一的本质和逻辑结构问题;而"现之象"则聚焦于"象"乃至"象"的"相现性"本质和存在形态、方式。换言之,"现之象"是比"现之现"更为丰富的范畴——它将"显在·显观·显现"和"潜在·潜观·潜现"包容一身,以"现"之"显·潜"而将整个象域之象划分为"显象"与"潜象"。这样,"显象"与"潜象"的概念,虽然相关于"现"的观念和"现域",但其内涵已"溢出"后者之外。

例如,在"现轴"上,"显现"与"潜现"虽然比"显象"与"潜象"更分别靠近"显"、"潜"两极;但后者却因比前者更贴近"观"、"在"之域而具有更丰富的观性和在性。这样,所谓"显象",实际上是"显在·显观·显现"自身;所谓"潜象",亦即"潜在·潜观·潜现"三位一体。前者是"显在·显观·显现化"的"象";后者是"潜在·潜观·潜现化"的"象"。由于"现之象"是"显象"与"潜象"对立统一的象,而这种对立统一实际上意味着"显在·显观·显现"与"潜在·潜观·潜现"的互动合取,因此,"现之象"的本质就不单是一般的仅限于现域的"相现之象",而更应是扩大到"在"、"观"之域的"现之在·现之观·现之现"之象。(见下表)

现之象　　显象:显在·显观·显现——显在·显观·显现之象
　　　　　　潜象:潜在·潜观·潜现——潜在·潜观·潜现之象
　　　　　　　现之在·现之观·现之现:相现之象(象的"现论"本质)

在之象:有象与是象　在"观·现·在"之互动作用的场域中,如果说相观为"观之象"、相现为"现之象",那么相在则为"在之象"。"在之象"是象域之在与象域之观、之现交汇互动后之必然结果。反言之,"在之象"的本质是以"在"之"有·是"而对整个象域的看取和分有。(见下图)

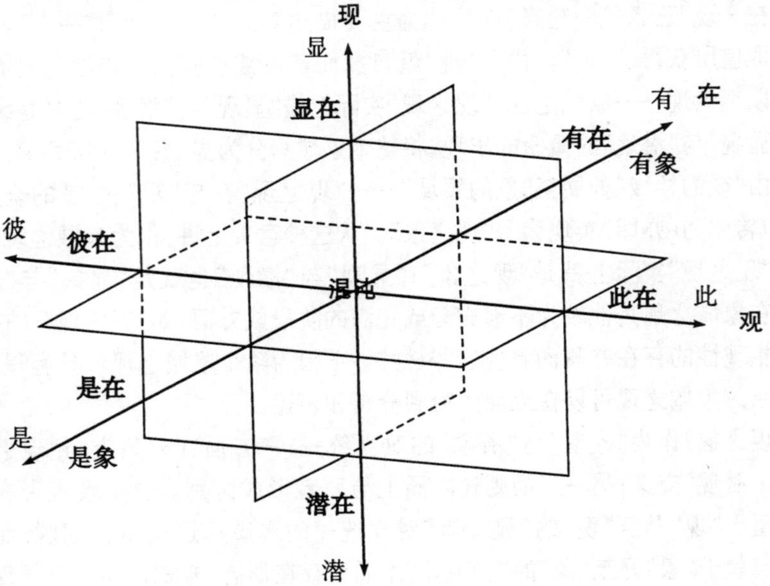

图:在之象

从上图中可以看出:“在之象”同“在之在”一样,均以“在”之“有·是”为基本出发点;它们对整个象域的分有,也都建立在“有·是”之分和之对上。所以“有象”、“有在”与“是象”、“是在”,均首先是在域之象、在域之在,并可在“在轴”上得到对应的表述。所不同者,“在之象”是以“在”定性的“象”,故其内涵为“有象”与“是象”之统一;而“在之在”,包括其他象域之在,是以“象”(域)定性的“在”,故其内涵是“有在”与“是在”的统一。

如果对“有象”和“是象”进一步予以分析,前者实际上是“观·现·在”在“有”的层面上的统一,即“有观·有现·有在”三位一体;后者是“观·现·在”在“是”的层面上的统一,即“是观·是现·是在”三位一体。我们曾经多次指出“观·现·在”即“象”;因此,“有”、“是”之“观·现·在”,就理所当然地是“有象”与“是象”了。

又由于构成“有象”与“是象”的两组次概念,即“有观·有现·有在”与“是观·是现·是在”,可以组合为“在观·在现·在在”,这就揭示了“有象”与“是象”所谓对立统一的含义:即“观·现·在”因“有·是”之固有的先天联系而“相在起来”。因此,“在之象”归根到底是源自于“观·现·在”在“有”与“是”这一基本环节上的相在性。或者说,“在之象”本质上首先是相在之象。

然而,正如我们在前面的分析中一再指出过的,在“在之象”中,其相在性已经由较纯粹的在域扩大到整个象域:即,在“在之象”中,不仅包括了象域之在典型形式“在之在”,而且还囊括了所有与“在”相关的相在形式,如“在之观、在之现”。于是,“在之象”就不仅仅是与在域之在相关的“象”,而且是与整个“观·现·在域”

即象域相关的“象”。也正是因为这一缘故，在之象可以理解为“在之观·在之现·在之在”之统一。（见下表）

在之象	有象：有观·有现·有在——有观·有现·有在之象
	是象：是观·是现·是在——是观·是现·是在之象
	在之观·在之现·在之在：相在之象（象的“在论”本质）

象域之象的本质——相象　“观之象”、“现之象”、“在之象”的观念，打破了分立的象域之观、象域之现、象域之在的疆域，从“扩展的”相观、相现、相在的角度对象域之象的本质予以解说，这样，不仅有助于我们对于象域之观、现、在本身所具有的场域性之认识，而且可以进一步深化我们对于象域之象乃至象域自身之本质的理解：所谓象域之象，归根到底，就是相观、相现、相在之象；所谓象域，也就是相观、相现、相在互动合取之域。而这种相观、相现、相在的互动合取，就是“相象”。（见下图）

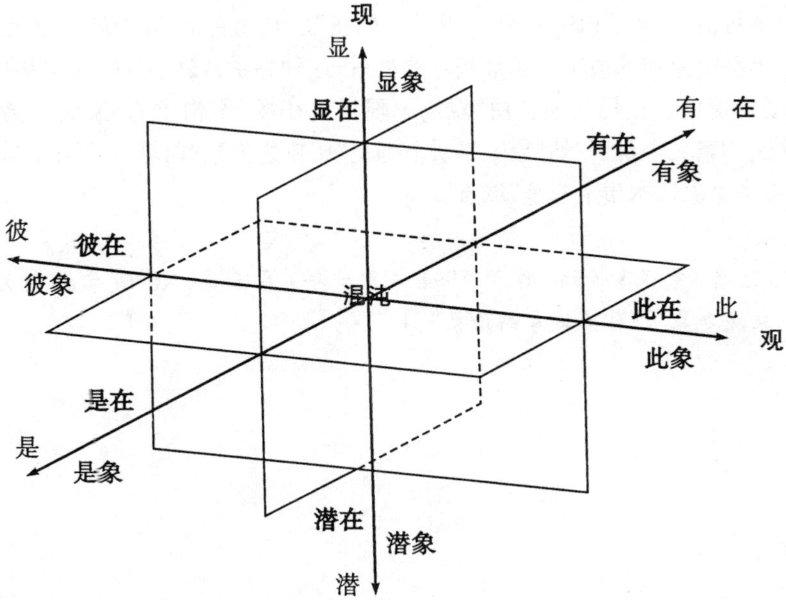

图：象域之象——相象

换言之，所谓“相象”，就是相观、相现、相在三位一体、互动合取的联系以及由此所形成的具有更高层级的场域性。正是这种联系和场域性，不仅使各有侧重、貌似分立的象域之观、象域之现、象域之在结合为一个整体，从而导致“观之象”、“现之象”、“在之象”的诞生，更重要的是，它还进一步赋予“观之象”、“现之象”、“在之象”一种更高的统一性。由此，使观域、现域、在域集纳于象域之中，同时使象域归根到底是“相象之域”——即“相观·相现·相在之域”。

应该指出的是，即使在“较片面的”象域之观、之现、之在中，或者在“较单纯的”相观、相现、相在中，也存在“相象性”。这主要是为它们“本身即在象域之中”的前提和性质所决定的。在前面的有关分析中，我们实际上已经涉及这个问题。

譬如，在对于象域之观的分析中，“现之观”、“在之观”、“观之观”以及相观的观念，都涉及置身于象域之中的“观”与同处于象域之中的“现”、“在”乃至“相现”、“相在”之联系。而我们对于象域之观以及相观的界说，也是在这种联系中进行的。以“相观”问题的分析为例，笔者曾经指出，“观”之“此”、“彼”实际上就是“有此·是此·显此·潜此”与“有彼·是彼·显彼·潜彼”；“此观”与“彼观”就是“在此·现此”与“在彼·现彼”。至于“相观”，其本质也就是“相在·相现”。象域之观与象域之现、之在的这种互释性归根到底来自于象域本身的“场域性”或曰“相象性”。事实上，所谓象域，就是“相观·相现·相在之域”，或曰“相象之域”。而所谓“象域之观”或“相观”，则只是以此为前提和参照系的、侧重于“观”自身的一种切入和理解。至于象域之现、象域之在，或相现、相在，其被象域之“场域性”或“相象性”笼罩、渗透的情形正与象域之观或相观同。

由此可见，相象，作为“相观·相现·相在”之互动合取，是“统领”、“支配”和“渗透”于整个象域的最本质和最基本的关系；这种关系，归根到底，来自构成象域的“观场·现场·在场”，来自由“观场·现场·在场”所构成的“象域之场”的抽象。从这种意义上讲，一切“象”，本质上都是“相象之象”、“象域之象”；而“相象之象”、“象域之象”，本质上都是“域象”。

［节选自《象论》书稿（作于1994—1996年）第三章。后两章标题为：“域象——象域之象”、“作为域象的诸象”。］

主要著述目录

主要著作、教材

《中国现代电影文学史》(上),高等教育出版社,1985年。

《中国现代电影文学史》(下),高等教育出版社,1987年。

《人类交流与传播》,上海文艺出版社,1990年。

《中国现代文学社团流派史》,副主编,华中师范大学出版社,1997年。

《多源与多元:从中国留学族到新月派》,华中师范大学出版社,2002年。

《现代中国文学·网络课程》(光盘版),主编,高等教育出版社,2003年。

《现代中国文学史》,主编,湖北教育出版社,2004年。

《现代中国文学主潮》(光盘版),主编,华大网络教育技术公司,2005年。

《现代中国文学史》(修订版),主编,湖北教育出版社,2011年。

主要论文等

《重新评价胡适〈尝试集〉》,《破与立》,1979年第4期;后入选《胡适研究资料》,北京十月文艺出版社,1990年。

《一个亟待开发的研究领域》,《语言文学论文集》,华中师范大学,1983年。

《象论——兼述一种表现学的构想》,《华中师范大学学报》,1990年12月。

《一种值得注意的思想文化倾向——"新保守主义"》,《华中师范大学学报》,1996年11月;后被《新华文摘》、《人大复印资料》转载。

《新保守主义与新批判主义》,《钟山》,1996年12月。

《20世纪中国文学主体问题三论》,《华中师范大学学报》,1997年第4期。

《留学族群视域中的新月派》,《华中师范大学学报》,2000年第1期。

《从中国现代文学到现代中国文学》,《文学评论》,2000年第4期,后为《中国社会科学文摘》2000年第6期全文收录。

《一个元神话的建构与拆解》,《华中师范大学学报》,2001年第6期。

《"人"与"天"——前期儒家与自律精神的确立》,《华中师范大学学报》,2003年第5期。

《现代科学技术实践与现代中国文化生态》,《江汉论坛》,2007年10月。

《现代中国文学研究的史学问题》,《江汉论坛》,2008年5月。

《原始宗教与自律传统的起源》,《华中学术》,2009年。

《关于中国现代文学史起点问题的对话》(笔谈);《新华文摘》2009年11期全文转载。

《沈从文与张爱玲之比较》,《小说评论》, 2010年7月。

《现代中国文学的组织化传统》,《华中师范大学学报》,2011年第3期。